Viele Begriffe sind uns vertraut und geläufig: wir verwenden sie, ohne einen weiteren Gedanken an ihre Herkunft zu verschwenden. Die Menschen, die diesen Begriffen ihren Namen gegeben haben, bleiben uns unbekannt. Das ›Lexikon unbekannter Bekannter‹ hilft sie richtig einzuordnen und stellt Zusammenhänge her. Neben »Verkannten« wie der geschmähten Xanthippe, dem unglückseligen Johannes Ballhorn (»verballhornen«), dem zu Unrecht herabgesetzten Jacques de Chabannes, Seigneur de La Palice (»Lappalie«) stehen Paten wie Charles Cunningham Boycott (»Boykott«), Theodore Roosevelt (»Teddybär«) oder Charles Lynch (»Lynchen«).

Im ›Lexikon unbekannter Bekannter‹ ranken sich Fakten, Bilder, Anekdoten und Geschichten um über 250 Begriffe, die auf einen Namen zurückgehen. Neben einer höchst vergnüglichen Lektüre ist das Buch gleichzeitig eine spannende und faszinierende Kulturgeschichte von Achilles bis Graf Zeppelin.

Tamar Lewinsky, geboren 1975, studiert an der Universität Zürich Sprachwissenschaft, Germanistik und Hebräisch. ›Das Lexikon unbekannter Bekannter‹ ist ihre erste Buchveröffentlichung.

Tamar Lewinsky

Das Lexikon unbekannter Bekannter

Geflügelte Namen von Achilles bis Graf Zeppelin

Fischer Taschenbuch Verlag

Veröffentlicht im Fischer Taschenbuch Verlag GmbH,
Frankfurt am Main, Dezember 1999
Lizenzausgabe mit freundlicher Genehmigung
der Oesch Verlags AG, Zürich
Die Originalausgabe erschien unter dem Titel
›Geflügelte Namen. Das Lexikon unbekannter Bekannter
von Achilles bis Graf Zeppelin‹.

Druck und Bindung: Clausen & Bosse, Leck
Printed in Germany
ISBN 3-596-14367-5

Vorwort

Ein Wort, das von einem Namen abgeleitet ist, bezeichnet man in der Etymologie als Eponym. Manchmal ist der Ursprung eines Wortes auf den ersten Blick zu sehen, oft jedoch ist er kaum mehr zu erkennen. Aber immer ist es faszinierend, sich die Frage zu stellen: Wer war eigentlich der Mensch, der hinter dem Namen steckt?

Dieses Buch versucht, Antworten auf diese Frage zu geben. Dabei strebt es nicht die Vollständigkeit eines wissenschaftlichen Werkes an. Es will vor allem Geschichten erzählen, Geschichten von Menschen, die unsere Sprache und damit unser Denken geprägt haben.

A

Achillesferse

Achilleus

Zeichnung aus dem 19. Jh.

Ein seltsames Schicksal, wenn einer dank seiner Ferse in den Wortschatz eingeht. Genau dies aber geschah Achilleus, dem schönsten, stärksten und schnellsten Mann unter den Griechen vor Troja.

Nach der Ilias war Achilleus der Sohn des Peleus, des Königs der Myrmidonen, und der Nereïde Thetis. Die Mutter – als Tochter eines Meergottes war sie unsterblich – wollte auch für ihr Kind den göttlichen »Status« erlangen. Über ihre Methoden existieren zwei Überlieferungen. Nach der ersten salbte sie Achilleus tagsüber mit Ambrosia und hielt ihn in der Nacht über eine Flamme, um alles Menschliche aus ihm herauszubrennen. Nach der zweiten Überlieferung tauchte Thetis ihren Jungen kopfüber in das Wasser des Styx. Nach beiden Versionen hielt sie ihn an der Ferse fest, so daß Feuer und Wasser diese nicht berührten. Darum blieb Achilleus an der Ferse verwundbar.

Achilleus wurde von Chiron, dem einzigen »guten« Kentauren, und von Phoinix großgezogen, die ihn in die Rhetorik und in die Kriegskunst einweihten. Vor Beginn des Trojanischen Krieges brachte Thetis ihren Sohn zu König Lykomedes von Skyras, um ihn vor dem Schicksal zu schützen, denn sie wußte aufgrund eines Orakelspruchs, daß Achilleus vor Troja fallen würde. Dort lebte er, als Mädchen verkleidet, und nutzte die Zeit, um sich mit der Königstochter Deidameia zu vergnügen, die er dann auch heiratete. Achilleus aber verriet sich dem listenreichen Odysseus *(☞ Odyssee)*, der geschickt Waffen in die Nähe der Mädchengruppe zu schmuggeln wußte. In seinen Mädchenkleidern stürzte sich Achilleus darauf und ... war entlarvt. Mit Odysseus und Patroklos zog er alsbald in den Kampf.

Während der ersten neun Jahre des Trojanischen Krieges führte Achilleus die Griechen an und half mit, dreiundzwanzig Städte rund um Troja zu zerstören.

Homers Ilias setzt erst im zehnten Kriegsjahr ein, als Achilleus' Lieblingssklavin und Geliebte Briseis von Agamemnon geraubt wurde. Achilleus weigerte sich darauf, weiter an den Kämpfen teilzunehmen. Die Trojaner drangen bis in die griechischen Lager vor. Schließlich gelang es Patroklos, die Trojaner zurückzudrängen, dann aber fiel er im Kampf mit Hektor. Aufgewühlt durch den Tod seines Freundes, kehrte Achilleus zurück auf das Schlachtfeld. Er jagte Hektor, den Mörder seines Freundes Patroklos, dreimal um die Stadtmauer, bevor er ihn tötete. Durch den Pfeil des Paris, dem Apollon selbst die Hand führte, wurde Achilleus an seiner Ferse tödlich verwundet.

Im alten Griechenland, damals, als man sich noch genauer an die Geschichte und nicht nur an die Ferse erinnerte, wurde Achilleus an unzähligen Kultstätten, u. a. in Pontos, Elis, Sigeion und in Lakonien, als Held verehrt.

Adam Ries(e) ☞ **Nach Adam Riese**

Adamsapfel

Adam

Die Geschichte, die der Menschheit zum Verhängnis wurde: Im Paradies von der Schlange verführt, kostete Eva eine Frucht vom Baum der Erkenntnis. Auch Adam probierte ein Stück. Als ihm klar wurde, was er getan hatte, blieb ihm vor Schreck ein Bissen im Hals stecken. Seither haben sich nicht nur die Kleidersitten der Menschen (mehr oder weniger) stark verändert, sondern auch der männliche Kehlkopf. Der Bissen, den der glatthalsige Adam schlucken wollte, ist noch heute bei vielen Männern zu sehen: der Adamsapfel, der als Zeichen für die Vertreibung aus dem Paradies gilt. So jedenfalls wird es in einer verbreiteten Volksetymologie erklärt.

Ältere Schriften allerdings lassen andere Vermutungen zu. In arabischen medizinischen Schriften wurde der männliche Schildknorpel, der vorstehende Teil des Kehlkopfes, als Granatapfel bezeichnet. Daraus wurde im Deutschen die Bezeichnung Adamsapfel. Da der Granatapfel in der Mythologie als Fruchtbarkeitssymbol und Götterfrucht gilt, ist die romanische Variante als Analogie dazu zu verstehen. Adam steht für das Paradies, der Adamsapfel ist also die Paradiesfrucht.

Nicht eindeutig belegt ist eine Herleitung über das Hebräische. Man vermutet, daß der Adamsapfel im Hebräischen »Mannesapfel« genannt wurde. Denn Adam ist in dieser Sprache nicht nur ein Eigenname, sondern bedeutet ganz einfach auch »Mann«.

Interessant sind auch die Bezeichnungen in verschiedenen Dialekten. So ist in süddeutschen Mundarten das Wort »Apfel« durch Ausdrücke für das Kerngehäuse ersetzt worden. Man beschuldigt in diesen Fällen Eva, sie habe ihrem Adam nur gerade die Überreste des Apfels gegönnt. In nördlicheren Gebieten ist Eva schuldlos, der Adamsapfel wird dort »Bierknoten« genannt und soll auf männliche Trinkgewohnheiten hinweisen.

Diese letzte Variante ist nicht die schlechteste – und das nicht nur aus feministischer Sicht. Denn in der Bibel findet sich nicht *ein* Hinweis darauf, daß die Früchte am Baum der Erkenntnis Äpfel gewesen sind.

Adonis

Adonis

Wieder einmal hatte die Liebesgöttin Aphrodite die Hand im Spiel, als sich Smyrna (oder Myrrha) in ihren eigenen Vater, den König Kinyras, verliebte. Der Königstochter gelang es, ihn zu täuschen und sich von ihm schwängern zu lassen. Die Geschichte flog aber schon bald auf, und Smyrna wurde – auf eigenen Wunsch – in einen Myrrhenbaum verwandelt. Als Kind aus dieser inzestuösen Beziehung brachte der Myrrhenbaum Adonis zur Welt.

Die Liebesgöttin Aphrodite verliebte sich sofort in das Produkt ihrer Intrige. Sie gab das Kind Persephone in Pflege, der Göttin der Unterwelt. Diese war bald so angetan von dem Kleinen, daß sie ihn nicht mehr zurückgeben wollte. Schließlich einigten sie sich darauf, daß Adonis ein Drittel des Jahres bei Persephone im Hades und ein Drittel bei Aphrodite auf der Erde verbringen sollte. Über die restliche Zeit des Jahres konnte er selbst entscheiden. Gern verbrachte er als Geliebter der Aphrodite auch das letzte Drittel auf der Erde. Doch das Glück währte nicht lange. Noch als strahlender Jüngling wurde Adonis auf der Jagd von einem Eber zerrissen.

Aphrodite und Adonis
Nachzeichnung (19. Jh.) eines Werkes des Bildhauers Antonio Canova (1757–1822)

Adonis wurde als Vegetationsgott verehrt, denn so wie die Vegetation jedes Jahr im Herbst zu welken beginnt, also gewissermaßen stirbt, mußte auch er sich einmal im Jahr in die Unterwelt begeben. Und wie die Natur im Frühling konnte auch er jedes Jahr für eine kurze Blütezeit zurückkehren. Deshalb wurde er gleich noch zum Auferstehungsgott ernannt.

Jeden Frühling feierten die griechischen Frauen die »Adonia«, einen zweitägigen Adonis-Kult. Am ersten Tag wurden Trauerprozessionen für den Vegetationsgott abgehalten, am folgenden Tag feierte man seine Auferstehung. Beliebt waren die sogenannten »Adonisgärtchen«, Gefäße mit schnellwelkenden Pflanzen.

Er muß wirklich ein echter Adonis gewesen sein, daß nicht nur sterbliche Frauen ein solches Aufheben um ihn machten, sondern selbst Göttinnen sich rettungslos in ihn verliebten.

Alexandriner

Alexander der Große (356–323 v. Chr.)

Es würde zu weit führen, hier die ganze Lebensgeschichte des berühmtesten Feldherrn des Altertums zu erzählen, nur um zu erklären, warum diese Versform nach ihm benannt wurde.

Es würde auch zu weit führen, hier alle seine legendären Heldentaten aufzuzählen. Daß er den ☞ Gordischen Knoten zerschlug, ist allgemein bekannt. Alle Schlachten zu erwähnen, in denen er triumphierte, dazu fehlt der Platz. Erinnern wir hier also nur an seinen Triumph über den Perserkönig Darius III. – ein Datum, das allen geläufig sein sollte, die einmal ein humanistisches Gymnasium besucht haben *(drei, drei, drei, bei Issos Keilerei)*. Als er mit dreiunddreißig Jahren am Fieber starb, hatte Alexander den größten Teil der damals bekannten Welt erobert und war bis nach Indien vorgedrungen.

Konzentrieren wir uns also lieber auf jenes französische Heldenepos aus dem 12. Jahrhundert, den »Roman d'Alexandre«, in dem die Heldentaten des makedonischen Feldherrn besungen werden, und zwar in auf zwei Halbverse aufgeteilten Zeilen von zwölf (bei klingendem Ausgang) oder dreizehn Silben. Dieses Versmaß eignet sich hervorragend für pointierte Gegensätze und Vergleiche und wurde über Jahrhunderte zum bestimmenden Versmaß der französischen Dichtung. In der literaturkritischen Fachterminologie wird es Alexandriner genannt nach dem Epos, in dem es zum erstenmal verwendet wurde.

Natürlich gehört hierher ein Beispiel für einen Alexandriner. Man könnte zu diesem Zweck einen beliebigen französischen Klassiker zitieren. Aber das allerschönste Beispiel findet sich in einem Comic, in »Asterix und Kleopatra«. Asterix, Obelix und Miraculix reisen eilends in die ägyptische Stadt Alexandria (auch sie nach Alexander dem Großen benannt), denn Miraculix' Freund, der Ägypter Numerobis, hatte den Druiden im verschneiten Gallien aufgesucht, um ihn um Hilfe gegen Cäsar zu bitten. Als er im wehr-

Ausschnitt aus dem »Alexanderfries« (1812, Quirinal, Rom) von Bertel Thorvaldsen (1768–1844). Nachzeichnung aus dem 19. Jh.

haften Dorf eingetroffen war, begrüßte Numerobis den Druiden mit den Worten:

> *»Je suis, mon cher monsieur, très heureux de vous voir«*
> *(»Ich bin, mein lieber Freund, sehr glücklich, Sie zu sehn«),*

worauf sich Miraculix an die neugierig herbeigeeilten Gallier wendet und erklärt: *»Das ist ein Alexandriner!«*

Algorithmus

Abu Abdallah Mohammed ben Musa al-Chwarismi (787–847)

»Als ich darüber nachdachte, wonach die Menschen beim Rechnen streben, kam ich zum Schluß, daß sie immer eine Zahl suchen.« Mit diesen Worten beginnt das Kompendium, das der persisch-arabische Mathematiker Abu Abdallah Mohammed ben Musa al-Chwarismi um 825 im Auftrag des Kalifen al-Mamun verfaßte. Die Arbeit, die erste ihrer Art in arabischer Sprache, hat die grundlegenden Gesetze der Algebra zum Inhalt. Lange Zeit galt ben Musa deshalb als Erfinder dieser Rechenkunst, obwohl er im Vorwort zu seinem Auftragswerk lediglich sagt, der Kalif habe ihn dazu animiert, die algebraischen Operationen in eine allgemein verständliche Form zu bringen.

Für die Gelehrten in Westeuropa waren quadratische Gleichungen und Bruchrechnungen damals Neuland. Als schließlich eine lateinische Übersetzung des Kompendiums erschien, mühten sich italienische und französische Gelehrte mit ben Musas Gleichungen ab. Die erste lateinische Ausgabe von 1143 trug zu Ehren des arabischen Mathematikers den Titel *»Liber Algorizmi«;* der Name des al-Chwarismi ist in dieser arg verstümmelten Version allerdings kaum mehr zu erkennen. In der Folge etablierte sich »der Algorismus« als fester Ausdruck.

Im Deutschen ist der Algorismus als Begriff seit Mitte des 13. Jahrhunderts nachgewiesen und bezeichnete damals die Rechenkunst mit den Zahlen aus dem Dezimalsystem. Ab dem 16. Jahrhundert findet sich die Bezeichnung Algori*th*mus in Anlehnung an *arithmós,* das griechische Wort für Zahl. In unserem Zeitalter sind mit dem Begriff Algorithmus Verfahren bezeichnet, anhand deren mathematische und logische Aufgaben schrittweise gelöst werden können.

Alzheimerkrankheit

Alois Alzheimer (1864–1915)

»Früher, wenn man sich keine Namen merken konnte, hieß das vergeßlich. Inzwischen heißt das Alzheimer. Und wieder muß man sich einen Namen merken.«
Wenn Harry Rowohlt seine Kolumne *»Pooh's Corner. Meinungen und Deinungen eines Bären von geringem Verstand«* (in: Die Zeit, Hamburg) mit diesen Sätzen einleitet, schlägt er damit gleich zwei Fliegen auf einen Streich: Einerseits gibt er uns eine – zugegebenermaßen derb zugespitzte – Definition der Alzheimerkrankheit. Gleichzeitig beschreibt er aber auch einen Vorgang, dem viele Eponyme ihre Entstehung verdanken. Oft muß man sich einen neuen Namen oder einen neuen Begriff einprägen, wenn ein altes Phänomen einleuchtend beschrieben und wissenschaftlich erforscht worden ist.

So auch im Fall des deutschen Psychiaters und Pathologen Alois Alzheimer. Alzheimer studierte in Würzburg und Berlin. Nach seiner Promotion fand er eine Assistentenstelle an der Städtischen Nervenheilanstalt in Frankfurt am Main. Es folgten Jahre in Heidelberg und München. Seine wissenschaftliche Karriere beendete er als Professor der Psychiatrie und Neurologie in Breslau.

In seiner Forschungsarbeit versuchte Alzheimer vor allem, anhand der Hirnanatomie Krankheiten zu identifizieren. Dies gelang ihm aber nur bei Krankheiten, die sichtbare Schäden am Gehirn hinterlassen. Der Schizophrenie oder dem manisch-depressiven »Irresein«, wie das damals hieß, kam er deshalb nicht auf die Spur.

Als erster konnte er anhand seiner Methode jene Form der Altersdemenz beschreiben, die wir heute »Alzheimerkrankheit« nennen. Dabei werden Hirnzellen irreversibel abgebaut; die betroffene Person verfällt in einen Zustand absoluter Hilflosigkeit.

Ein Medikament gegen dieses Leiden ist trotz intensiver Forschungsarbeit noch nicht gefunden worden.

Amerika

Amerigo Vespucci (1451–1512)

Amerigo Vespucci stammte aus einer wohlhabenden Florentiner Bankiersfamilie. Seine Jugend verbrachte der wißbegierige Italiener damit, Karten und Bücher zu sammeln, am liebsten solche über Kosmographie und Astronomie. In diesen jungen Jahren wurde er als Sekretär des italienischen Botschafters nach Frankreich geschickt. Schon ein Jahr später kehrte er wieder zurück und wurde zum Leiter einer Handelsfirma ernannt, die der mächtigen und einflußreichen Familie Medici gehörte. Um 1492 schickte man ihn nach Sevilla, wo er eine Firma aufbaute, die Schiffe der spanischen Entdecker mit den Vorräten versah.

Durch seine Arbeit wurde Amerigo Vespucci selbst vom Reisefieber gepackt. Es wird berichtet, er habe vier Reisen in die Neue Welt unternommen, eindeutig belegt sind allerdings nur zwei. Seine erste Expedition stand unter der Schirmherrschaft der spanischen Krone. 1499 segelten vier Schiffe unter dem Kommando von Alonso de Ojeda von Cadiz nach der Neuen Welt. Vespucci war als Zahlmeister an Bord gekommen und genoß viele Freiheiten, nachdem er bald von Ojeda zum Steuermann ernannt worden war.

Als die Kapverdischen Inseln vor Westafrika erreicht wurden, trennte sich Amerigo von der Expedition, um selbst auf Entdeckungsreise zu gehen. Am 27. September 1499 war es soweit: Vespucci sah, wahrscheinlich als erster Europäer, die Küste Brasiliens und segelte in die Amazonasmündung. Schlechte Windverhältnisse und fehlende Vorräte zwangen ihn danach, die Insel Hispaniola (heute Haiti und die Dominikanische Republik) anzusteuern, wo er sich zusammen mit Ojeda für die Rückfahrt bereit machte. Unterwegs hatte er auf den Bahamas gleich noch 200 Einheimische gekidnappt, um sie als Sklaven nach Spanien zu bringen.

Auf seiner zweiten Reise segelte er unter der Flagge Portugals. Auf der Überfahrt traf er die Expedition von Pedro Cabral, die gerade aus Brasilien heimkehrte. Er hörte sich Cabrals Beschreibungen vom vermeintlichen Indien an und kam zum Schluß, daß es sich um das gleiche Land handeln mußte, das auch er auf seiner ersten Reise betreten hatte. Entlang der brasilianischen Küste segelte er weiter nach Süden. Im Januar 1502 erreichte er die Bucht, an der das heutige Rio de Janeiro liegt. Wie weit nach Süden er mit seinen Schiffen schließlich kam, bleibt unklar. Nach seinen eigenen Berechnungen soll er bis Patagonien – also fast bis zur unwirtlichen Südspitze des Halbkontinents – gesegelt sein, was allerdings aus heutiger Sicht unwahrscheinlich ist.

Als Vespucci 1502 nach Lissabon zurückkehrte, brachte er die Neuigkeit mit, daß er und die anderen Entdecker unmöglich nach Asien gelangt sein konnten, sondern einen neuen Kontinent gefunden hatten. Seine Entdeckung nannte er Mundus Novus – die Neue Welt. Damit hatte er ausgesprochen, wovon Kolumbus nie zu träumen gewagt hatte. Vespucci erhielt das spanische Bürgerrecht und arbeitete bis zu seinem Tod 1512 als Hafenmeister im Kolonialamt von Sevilla. Er bildete neue Steuermänner aus und zeichnete anhand der Informationen, die er und andere Seefahrer zusammengetragen hatten, die erste, noch fragmentarische Landkarte der Neuen Welt (Ostküste Südamerikas).

Der deutsche Kosmograph Matthias Ringmann (1482–1511) schuf den Namen »America«, indem er Vespucci in seiner Flugschrift *»Cosmographiae Introductio«* von 1507 als den Entdecker der Neuen Welt bezeichnete. Der Geograph Martin Waldseemüller (um 1470–1520) übernahm den Namen auf einer Karte und einem kleinen Globus, die der Schrift von Ringmann beigegeben wurden. Die neue Bezeichnung breitete sich sehr schnell anstelle von »Mundus Novus« aus. Dreißig Jahre später weitete Gerhardus Mercator *(☞ Atlas)* den Begriff America auf beide amerikanischen Halbkontinente aus.

Vespucci blieb lange eine umstrittene Figur. Der spanische Geistliche und Forscher Bartolomé de las Casas feindete ihn an, da er die neue Namensgebung nicht rechtens fand. Noch im 19. Jahrhundert finden sich Autoren, die ihn als Lügner bezeichneten.

Ammoniak

Amon / Amun

Der Dung von Kamelen – Tempel – Oase Siwa – Putzteufelchen. Vier Begriffe, die in einem engen Zusammenhang mit der chemischen Formel NH_3 stehen.

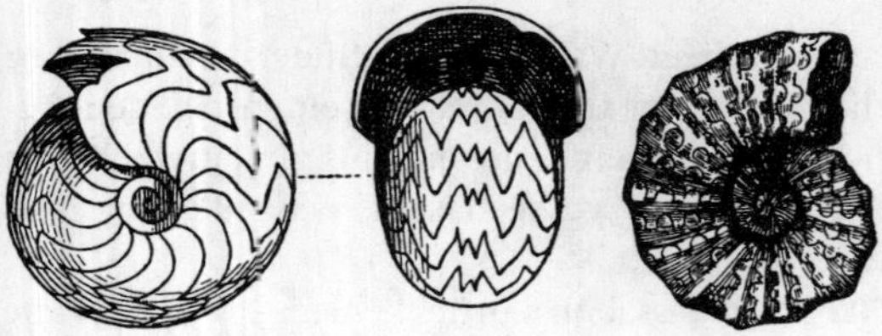

Ammoniten: Goniatites (seitlich und von vorn); Ceratites

Im zweiten Jahrtausend vor Christus erreichte der Amonkult, der ursprünglich in Mittelägypten beheimatet war, Theben. Schnell wurde Amon dem Sonnengott Re gleichgesetzt und genoß als Amon-Re das Ansehen eines Nationalgottes. Während das Volk in den folgenden Jahrhunderten den Kult traditionsgemäß praktizierte, hing Amons Akzeptanz bei den Pharaonen vom jeweiligen Herrscher ab. Zur Zeit der 19. Dynastie, zwischen 1320 und 1200 v. Chr., wurde Amon als Teil einer Trinität angesehen, später sogar als universaler Gott, der alle anderen Götter in sich vereinigte. In dieser Form wurde Amon schließlich auch außerhalb der ägyptischen Grenzen populär.

Die Spätzeit des ägyptischen Reiches war geprägt von politischen Wirren und häufiger Fremdherrschaft. Trotzdem hielt sich der Amonkult in jener Periode hartnäckig und war weit mehr als nur eine Religion: Amon wurde zur Identifikationsfigur des ägyptischen Nationalbewußtseins. Erst im letzten Jahrhundert vor Christus verlor der Amonkult seine Bedeutung und wurde zunehmend von Isis- und Osiriskulten verdrängt.

Jahrhunderte später wurde in der Oase Siwa, in der Nähe eines Amontempels, ein Salz entdeckt, das sich durch die Sublimation von Asche gebildet hatte, die wiederum bei der Verbrennung von Kameldung entstanden war. Weil diese Gegend damals Amon zu Ehren Ammonia genannt wurde, bezeichnete man das Salz, ein Gemisch aus Natriumchlorid und Natriumkarbonat, mit dem griechischen Ausdruck Ammoniakon und später mit dem lateinischen sal Ammoniacum, also Amonsalz, verballhornt *(☞ ballhornisieren)* auch Salmiak genannt. Im 16. Jahrhundert kam diese Bezeichnung wieder auf, meinte aber fortan eine gasförmige Verbindung aus Stickstoff und Wasserstoff.

1774 gelang es erstmals, reines Ammoniak herzustellen. Erst als elf Jahre später die genaue Zusammensetzung bekannt wurde,

konnte das Gas wirtschaftlich genutzt werden. Ammoniak wird heute für alle möglichen Zwecke eingesetzt: Es dient zur Herstellung von Düngemitteln, wird als Kühlstoff verwendet, eignet sich ausgezeichnet als Katalysator bei der Herstellung von Bakelit und anderen Kunststoffen und läßt seinen beißenden Geruch aus mancher Putzmittelflasche strömen.
Amon wurde später auch in Äthiopien verehrt, wo die Bildhauer ihm »Hörner aufsetzten« – statt eines menschlichen Hauptes gaben sie den Statuen des Gottes den Kopf eines Widders. Dessen mächtige Hörner wiederum führten dazu, daß nach Amon auch die Ammoniten (Ammonshörner) benannt wurden, eine ausgestorbene Untergruppe der Kopffüßer, ähnlich der heute noch existierenden Gattung Nautilus.

Ampère

André Marie Ampère (1775–1836)

Ampère, der Begründer der Elektrodynamik, wurde 1881 auf einem internationalen wissenschaftlichen Kongreß für seine Verdienste ausgezeichnet. Ihm zu Ehren wurde die Stromstärke nach seinem Namen benannt.

Ampère besuchte nie eine Schule, sein ganzes Wissen eignete er sich in der Bibliothek seines Vaters an. Vor allem Diderots große Enzyklopädie hatte es ihm angetan. Noch Jahre später konnte er ganze Abschnitte auswendig zitieren. Um mathematische Werke lesen zu können, die meist in Latein abgefaßt waren, erarbeitete er sich die notwendigen Kenntnisse in dieser Sprache in kürzester Zeit. Ampères wohlbehütete Kindheit endete mit dem Ausbruch der Französischen Revolution. Als 1793 sein Vater auf das Schafott geführt und durch die ☞ Guillotine hingerichtet wurde, versank er in tiefe Apathie und sonderte sich völlig von der Welt ab.

Erst als er sich verliebte, fand er zurück in die Gesellschaft. 1799 konnte Ampère seine innigst geliebte Julie heiraten und war fest davon überzeugt, der glücklichste Mensch auf der Welt zu sein. Um so größer war der Schock, als seine Frau 1803, drei Jahre nach der Geburt des gemeinsamen Sohnes, verstarb. Ampère gab seine Anstellung als Physik- und Chemielehrer in Lyon auf. Weil er seine Vergangenheit hinter sich lassen wollte, zog er nach Paris. Dort fand er eine Anstellung als Repetitor an der polytechnischen Hochschule. Die Arbeit langweilte ihn bald, und er fühlte sich in der unübersichtlichen Großstadt verlassen. In dieser schlechten Verfassung schlitterte er in eine zweite Ehe. Frau und Schwiegermutter machten ihm das Leben zur Hölle. Ampère ließ sich nach kurzer Zeit scheiden. Die Tochter aus zweiter Ehe nahm er zu sich, wo sie zusammen mit ihrem Halbbruder aufwuchs.

1808 wurde Ampère zum Generalinspekteur der französischen Universitäten ernannt. 1814 wurde er Mitglied der französischen Akademie der Wissenschaften. Er unterrichtete als Assistenzprofessor für Astronomie an der Universität in Paris und erhielt 1826 einen Lehrstuhl für experimentelle Physik am Collège de France.

Währenddessen setzte sich seine private Tragödie fort. Sein Sohn Jean-Jacques, in den er große Hoffnungen gesetzt hatte, wurde von einer französischen Schönheit becirct *(☞ becircen)*. Ampère litt unter der zweifelhaften Verbindung – sie dauerte zwanzig Jahre –, die er nicht billigen konnte. Seine Tochter Albine heiratete einen Offizier, der sich bald als hemmungsloser und aggressiver Säufer entpuppte.

Ampères Glaube wurde durch die Schicksalsschläge arg strapaziert. Er suchte nach einer Philosophie, die ihn im Glauben wieder bestärken sollte. Als einer der ersten Franzosen befaßte er sich mit Kant. Nach Ampères Interpretation war Kants Auffassung von Raum und Zeit aber aus subjektiver Erfahrung geboren, und das konnte er als Mathematiker wiederum nicht akzeptieren. Mit einer eigenen philosophischen Theorie versuchte er Ordnung in sein zerrüttetes Weltbild zu bringen. Dieses philosophische System zog sich wie ein roter Faden durch Ampères Leben, während unterschiedliche wissenschaftliche Interessen sich ablösten.

Nach der Jahrhundertwende begann Ampère, sich mit der Wahrscheinlichkeitsrechnung und Differentialgleichungen auseinanderzusetzen. Als sein Interesse an der Mathematik abnahm, wandte er sich der Chemie und der Gasreaktion zu. Nur kurz nach Avogadro (italienischer Physiker, 1776–1856) kam auch Ampère zum Schluß, daß zwei gleiche Volumina verschiedener Gase unter gleichen Bedingungen die gleiche Anzahl Teilchen enthalten müssen. In Frankreich ist dieses Gesetz deshalb nach Avogadro *und* Ampère benannt. Zwischen 1820 und 1827 befaßte er sich schließlich mit der Elektrodynamik. Kurz nachdem der dänische Physiker und Chemiker Hans Christian Ørsted (1777–1851) den Elektromagnetismus entdeckt hatte, legte Ampère der Pariser Akademie der Wissenschaften neue Ergebnisse vor. Er fand heraus, daß parallele, gleichgerichtete elektrische Ströme sich anziehen, während entgegengesetzte Ströme sich abstoßen.

In seinen letzten Jahren gab Ampère seine wissenschaftliche Arbeit fast vollständig auf. Er befaßte sich erneut ausführlich mit seiner Philosophie, die Glauben und Wissenschaft für ihn vereinbar machen sollte. Doch er fand keinen befriedigenden philosophischen Ansatz und keine Lösung für seinen Konflikt. 1836 verstarb der unglückliche Wissenschaftler während einer Inspektionsreise nach Marseille.

Äolsharfe, Äolsball, äolisch

Äolus

Seit der Antike ist die Äolsharfe bekannt, ein Saiteninstrument, das nicht durch Menschenhand, sondern allein durch den Wind zum Klingen gebracht wird. Das ungewöhnliche Instrument erzeugt Klänge, die uns fremd und ein wenig entrückt vorkommen.

Das Prinzip, nach dem die Töne erzeugt werden, ist einfach. Über einen Resonanzkasten werden Darmsaiten gespannt, die alle gleich lang, jedoch verschieden dick sind. Werden die Saiten nun vom Wind in Schwingung versetzt, ertönen alle erdenklichen Obertöne des gemeinsamen Grundtones.

Benannt ist dieser seltsame Klangkasten nach Äolus, einer Gestalt aus der griechischen Mythologie *(☞ Odyssee)*. Äolus lebte mit seiner Frau Enarete und seinen zahlreichen Kindern in völliger Abgeschiedenheit auf einer einsamen Insel. Seine – offenbar exakte – Gattin gebar ihm gleich viel Söhne und Töchter. Auf diese Weise konnte er seine Nachkommen bequem untereinander verheiraten; und alle lebten sie in schöner Eintracht und Harmonie zusammen. Äolus' berühmtester Sohn war Sisyphus *(☞ Sisyphusarbeit)*.

Äolus war ein Liebling der Götter. Sie setzten soviel Vertrauen in ihn, daß sie ihm allein die Kontrolle über die vier Winde übertrugen.

Nachdem sie beim Zyklopen, dem einäugigen Riesen, noch einmal glimpflich davongekommen waren, gelangten Odysseus und seine Gefährten auf Äolus' Insel. Der bewirtete die Gäste einen Monat lang und zeigte reges Interesse an Odysseus' Abenteuern. Als Odysseus schließlich weiterreisen wollte, widersetzte er sich in keiner Weise und gab ihm gar ein Geschenk mit:

Vom neunjährigen Stiere den Schlauch zum Geschenke mir reicht' er,
Wo er der hallenden Wind' unbändige Wege gehemmet. (Voß)

Nun besaß Odysseus die Gewalt über die Winde, die Äolus in diesem Beutel gefangen hielt. Als letzten Gruß schickte der freundliche Gastgeber ihm noch eine Brise Westwind nach, so daß Odysseus direkt auf die Heimat zusteuern konnte. Neun Tage war man unterwegs und erblickte in der Ferne schon die heimatliche Küste. Da geschah das Unglück. Odysseus, der während der ganzen Zeit das Ruder in der Hand gehalten hatte, wurde von Müdigkeit übermannt. Seine Gefährten nutzten seinen Schlaf, um den Beutel zu öffnen. Sie waren davon überzeugt, Gold und Silber vorzufinden. Als sie den Beutel aber aufschnürten, stürzten die Winde heulend heraus und brachten das Schiff erneut vom Kurs ab. Die ☞ Odyssee dauerte fort …

Nach Äolus ist nicht nur die Windharfe benannt: Heron von Alexandria, der griechische Physiker und Mechaniker (1. Jh. n. Chr.), beschrieb einen Apparat, den er Äolsball nannte. Diese Vorrichtung bestand aus einer hohlen Holzkugel, in der Wasserdampf erzeugt wurde. In die Kugel waren zwei oder vier Rohre eingesteckt. Die Kugel selbst war so gelagert, daß sie sich drehte, sobald die Rohre Dampf abließen. Eine beachtliche Leistung, denn was die Griechen damals erfanden, war ein erster Vorläufer der Dampfturbine.

In der Archäologie braucht man bis heute das Adjektiv äolisch, wenn von einem Gestein die Rede ist, das durch den Wind hervorgerufene Abschleifungen und Erosionen aufweist. Ein Stein dieser Art wird Äolinit oder Äolianit genannt.

1815 wurde ein Tasteninstrument erfunden, das ähnlich wie ein Harmonium funktioniert, die Äoline. Und schließlich ist Äolus auch gleich noch der Stammvater des Geschlechts der Äolier.

Äonen

Aion

Die Lyrik ausgenommen, sprechen wir heute kaum mehr von Äonen. Die Zeit wird in unserer Epoche genauer gemessen, selbst wenn sie immer schneller zu verfliegen scheint. Darüber geht vergessen, daß der Begriff Äonen von einer Person abgeleitet ist.

Die Familienverhältnisse sind nicht ganz klar. Denn Aion wurde wie so viele Gestalten in der griechischen Mythologie nicht auf natürlichem Weg in die Welt gesetzt, sondern durch eine Personifikation als Sohn des Chronos. Vor der Geburt war Aion nur ein Begriff, im Griechischen stand er für die Zeit oder für die Ewigkeit. Angenommen wird, daß sein Vater Chronos war, vielleicht aber auch der Windgott Kolpias. Seine eigenen Kinder hießen Genos und Genea.

Im Vatikan steht eine Statue, die Aion darstellt. Er hat Menschengestalt, nur sein Gesicht ist das eines Löwen. Er ist geflügelt, und sein ganzer Körper wird von einer Schlange umwunden, deren Kopf in die Mitte seines Gesichtes zu liegen kommt. Auf der Brust prangt ein Blitz. In der rechten Hand hält er einen Schlüssel und eine Fackel, in der linken ein Zepter. Zu seinen Füßen liegen andere Utensilien: ein Hammer und eine Zange, ein Caduceus (eine Art Heroldstab, typisch für den Götterboten Hermes), ein Hahn und ein Pinienzapfen.

Die Vorstellung des Aion steht vielleicht in Zusammenhang mit dem hinduistischen Shiva-Prajapati-Kult. Shiva-Prajapati auferstand jedes Jahr von neuem zum Herr des Todes, um das menschliche Leben zu befreien. Denn *»das Jahr ist dasselbe wie der Tod; und wer auch immer weiß, daß dieses Jahr der Tod ist, dessen Leben wird von diesem Jahr nicht zerstört«*.

Aphrodisiakum

Aphrodite

»Golden thronend göttliche Aphrodite, Kind des Zeus, listspinnendes, hör mein Flehen …« So wortgewaltig bat die Dichterin Sappho (um 600 v. Chr.) die Göttin in Liebesdingen um Hilfe. Wer sich heute ein Aphrodisiakum besorgt, erhofft sich Beistand auf viel weniger poe-

tischer Ebene und sucht nach einem Pülverchen, das den ermatteten Geschlechtstrieb wieder auf Touren bringt.

Aphrodite benötigte keines dieser zweifelhaften Mittel. Schließlich besaß sie einen Gürtel, der die Eigenschaft hatte, seine Trägerin unwiderstehlich zu machen. Und was sie mit ihrer Unwiderstehlichkeit alles anrichtete, das füllt mehrere Kapitel der griechischen Heldensagen.

Eine schreckliche Geschichte rankt sich um die Geburt (oder Entstehung) der Aphrodite. Uranos (der Himmel), Sohn *und* Gatte der Gaia (der Erde), haßte seine Kinder und stieß sie gleich nach der Geburt in die Tiefe der Erde zurück. In ihrer Bedrängnis bat Gaia ihre Kinder um Rache. Nur Kronos wagte mit Hilfe seiner Mutter die Tat und entmannte Uranos mit einer Sichel. Das Glied warf er ins Meer. Aus den Blutstropfen, die auf den Boden fielen, entstanden die Erinnyen, die Giganten und die Nymphen. Um das Glied aber schäumte das Meer hoch auf, und die aus dem Schaum (gr. *aphrós*) aufgetauchte (gr. *dyté*) Aphrodite entstieg vor der Insel Kythera den Meereswellen.

Aphrodite war mit dem hinkenden Schmiedegott Hephaistos verheiratet. Sie blieb ihm nicht treu, sondern betrog ihn mit Ares, dem Gott des Krieges. Von den fünf Kindern, die aus dieser Verbindung hervorgingen, hatte ☞ Eros die meisten Eigenschaften seiner Mutter geerbt.

Zu Aphrodites mythischen Liebhabern gehörte auch der Sterbliche ☞ Adonis, dessen Schönheit ihn selbst für die Göttin der Liebe unwiderstehlich machte. Und auch für den Ausbruch des Trojanischen Krieges ist Aphrodite verantwortlich. Um den Schönheitswettstreit mit Athene und Hera zu gewinnen, versprach sie dem Schiedsrichter Paris die Liebe der schönen Helena – und löste damit einen der berühmtesten Feldzüge der Weltgeschichte aus.

Was sie für Paris getan hatte, konnte sie nach dem Glauben der Antike auch für jeden anderen Menschen tun. In ihrer Hand (und später bei den Römern in derjenigen der Venus *(☞ venerische Krankheiten)* lag es, ob jemand in der Liebe Erfüllung fand. Kein Wunder also, daß zahllose Tempel zu ihrer Anbetung erbaut und Feste ihr zu Ehren gefeiert wurden. In den Gebeten der Gläubigen ging es immer nur um eines: um das Glück in der Liebe und nicht um etwas so Prosaisches wie die Steigerung des Geschlechtstriebes, den *mann* sich heutzutage von einem Aphrodisiakum verspricht.

Apollinaris

St. Apollinaris

Seit Jahrhunderten schützte die Statue des heiligen Apollinaris einen kleinen Weinberg zwischen den Gemeinden Heppingen und Bad Neuenahr. Doch die Reben wollten und wollten nicht recht gedeihen, und der Ertrag blieb gering.

Das merkte bald auch der Winzer Georg Kreuzberg, der 1825 den Weinberg zum Preis von fünfzehn ☞Talern ersteigert hatte. Als seine Reben auch bei sorgfältigster Pflege eingingen, ordnete er eine Bodenuntersuchung an. Die Resultate ergaben Ausdünstungen, die nur von einer mineralischen Quelle herrühren konnten. Daraufhin begann Georg Kreuzberg zu graben und stieß schon in geringer Tiefe auf Wasser. Den entstandenen Brunnen taufte er nach dem heiligen Apollinaris, der doch eigentlich auf die Weinreben hätte achten sollen.

Kreuzberg erhielt eine Verkaufslizenz – bald lief der Absatz von Apollinaris-Mineralwasser erfolgreich an. So erfolgreich, daß der Winzer seinen eigentlichen Beruf bald an den Nagel hängen mußte. Schon 1873 war die »Apollinaris Company Ltd.« in London für den weltweiten Vertrieb des Produktes zuständig. 1892 kam Apollinaris dort zu seinem berühmten roten Dreieck: In Großbritannien wurden Produkte von herausragender Qualität – wie eben das Apollinaris-Mineralwasser – mit einem Dreieck ausgezeichnet. Als zwei Jahre später im Deutschen Reich das »Gesetz zum Schutz der Warenbezeichnungen« in Kraft trat, meldete die Aktiengesellschaft Apollinaris-Brunnen das rote Dreieck und den Slogan »The Queen of Table Water« im Warenverzeichnis des kaiserlichen Patentamtes an.

Heute trinkt man das Mineralwasser mit dem roten Dreieck in über fünfzig Ländern. Der heilige Apollinaris hat den Weinberg also doch geschützt – auf seine Weise.

Argusaugen

Argus

Io, die schöne Tochter des Flußgottes Inachus, hatte es Zeus angetan. In ihrer Eifersucht verwandelte Hera die junge Geliebte ihres Gatten in eine weiße Kuh und ließ sie vom hundertäugigen Hirten Argus bewachen.

Zeus konnte nicht mit ansehen, wie seine Geliebte Io nun den ganzen Tag über nur traurig muhte, und schickte Götterbote Hermes los, um sie zu befreien. Dieser brauchte viel Geschick, um Argus endlich zu überlisten. Dessen Augen waren rund um seinen Kopf verteilt, so daß er Io aus jedem Blickwinkel unter Kontrolle halten konnte. Darüber hinaus schloß er niemals alle hundert Augen zugleich. Mindestens fünfzig Augen wachten über Io, während die anderen für kurze Zeit ruhten. Hermes gab nicht auf und begann Argus Schlaflieder vorzusingen. Nach Stunden gelang es ihm, den wachsamen Argus ganz in den Schlaf zu wiegen. Sobald Hermes sicher war, daß Argus alle hundert Augen geschlossen hielt, schlug er ihm den Kopf ab und befreite Io.

Hera hatte alles beobachtet und jagte sofort eine Bremse auf die weiße Kuh. Io flüchtete durch zahllose Länder, um ihrer Peinigerin zu entkommen, überquerte gar den Bosporus, aber die Bremse ließ erst von ihr ab, als sie Ägypten erreicht hatte. Dort wurde Io von Zeus in ihre menschliche Gestalt zurückverwandelt und brachte einige Zeit später einen Sohn zur Welt.

Astronomen haben den ersten Jupitermond nach Io benannt. Argus hingegen fand keine weitere Beachtung, obwohl er mit seinen Argusaugen wahrscheinlich der schärfste Beobachter aller Zeiten gewesen ist. Immerhin ist nach ihm der »Argus der Presse« benannt, eine Firma, die im Auftrag von Unternehmen und Institutionen Zeitungen und Zeitschriften beobachtet und ihre Auftraggeber mittels Ausschnitten über Veröffentlichungen informiert.

Arlberg-Kandahar-Rennen

Frederick Sleigh, Earl Roberts of Kandahar (1832–1914)

Zu den wichtigsten Ereignissen im Skisport gehört das Arlberg-Kandahar-Rennen. Es wurde erstmals 1928 am Arlberg und seither jeden Winter in verschiedenen Wintersportorten (St. Anton in Österreich, Mürren in der Schweiz; ab 1948 im französischen Chamonix, seit 1951 im italienischen Sestriere; 1954 kam mit Garmisch-Partenkirchen auch ein deutscher Skiort dazu) in den Disziplinen Abfahrt und Slalom als Kombinationsrennen ausgetragen.

Kandahar paßt geographisch betrachtet nicht ganz zum Arlberg, denn Kandahar ist eine Stadt im südlichen Afghanistan. Wie kam es zu dieser ungewöhnlichen Verknüpfung zweier Orte, die so weit auseinander liegen?

Das verbindende Element ist Frederick Sleigh Roberts.

1832 in Indien als Sohn eines britischen Armeeoffiziers geboren, besuchte er die Eliteschulen Eton, Sandhurst und Addiscombe (eine Militärschule, in der indische Besatzungstruppen ausbildet wurden). Bereits mit fünfundzwanzig Jahren zeichnete er sich bei der Niederschlagung des großen indischen Aufstandes 1857/58 (Sepoy-Aufstand) aus.

Am ersten September 1880 besiegte Roberts die afghanische Armee unter Ayub Khan. Diese Schlacht beendete den zweiten afghanischen Krieg. Und Frederick Sleigh Roberts blieb von jenem Tag an mit dem Ort verbunden, an dem er seinen großen Sieg errungen hatte: Kandahar.

Zu Ehren seines Erfolges wurde ihm der Titel Baron Roberts of Kandahar verliehen, und 1901 avancierte er zum ersten Earl of Kandahar. Er war Oberbefehlshaber in Indien, Irland, reorganisierte die britischen Streitkräfte im Burenkrieg, und von 1900 bis 1904 war er Oberbefehlshaber der britischen Armee in Südafrika.

Der Earl war auch ein begeisterter Wintersportler. Er gehörte zu jenen »verrückten Engländern«, die damit anfingen, aus purem Vergnügen auf Skiern die Hänge herunterzurutschen. Und um diese noch junge Sportart zu fördern, stiftete er 1911 einen Pokal, der bis heute seinen Namen trägt: den Arlberg-Kandahar-Pokal.

Die Rennen gehören noch immer zu den wichtigsten Skiereignissen des Winters, auch wenn die Kombination zugunsten der Einzeldisziplinen (zu denen seit einigen Jahren der Super-G getreten ist) zur Bedeutungslosigkeit verkommen ist.

Äskulapstab

Äskulap / Asklepios

Um den Äskulapstab, das Symbol des Ärztestandes, windet sich eine Schlange, und niemand weiß so recht, warum gerade sie dem Gott der Heilkunde heilig war.

Eigentlich wäre der Rabe ein passenderes Wappentier für Asklepios gewesen, denn es war ein Rabe, der Apoll die Nachricht von der Untreue seiner sterblichen Geliebten Koronis überbrachte, und das, obwohl sie doch ein Kind von ihm erwartete. Apoll verfluchte den Unglücksboten, und seit jenem Tag, so berichtet es die Sage, sind und bleiben die Raben schwarz bis in alle Ewigkeit. Apolls Schwester, die Jagdgöttin Artemis, tötete die treulose Koronis mit einem ihrer immer treffenden Pfeile, und aus der leblosen Mutter entband Apoll seinen Sohn, dem er den Namen Asklepios gab.

Der Göttersproß wurde dem Kentauren Chiron zur Erziehung übergeben, der als Heilkundiger großes Ansehen genoß. Asklepios wurde in die Geheimnisse der Medizin eingeweiht und wurde darin so gut, daß es ihm gelang, einen Toten wieder zum Leben zu erwecken. Diese Anmaßung eines Halbgottes erzürnte Zeus derart, daß er Asklepios mit einem Blitz erschlug, worauf Apoll seinerseits die Zyklopen tötete, denn sie waren es, die den Blitz erfunden hatten.

Asklepios wurde zum Gott der Medizin. In seinen Tempeln suchte man im Schlaf Heilung von körperlichen Beschwerden aller Art. Man hoffte, im Traum, der von Asklepios-Priestern gedeutet wurde, den Hinweis auf das richtige Heilmittel zu finden. Wahrscheinlich hatten die Priester die Heilmittel in ihrer Apotheke auch gleich zur Hand …

Bei den Römern wurde Asklepios Äskulap genannt. In Rom kam der Kult ab dem Jahr 293 v. Chr. auf, als nach einer Seuche eine Gesandtschaft zum Asklepios-Tempel nach Epidauros gesandt wurde, um die heilige Schlange nach Rom zu holen. Auf der Tiberinsel wurde der Äskulaptempel errichtet, in dem nun auch die Römer göttliche Heilung erflehen konnten.

Der Heilschlaf im Tempel hieß lateinisch »incubatio«. Ein fernes Echo des Wortes klingt also noch mit an, wenn wir von der Inkubationszeit einer Krankheit sprechen.

Atlas

Atlas

Dem Geographen Gerhard Kremer – besser bekannt unter dem Namen Mercator – haben wir es zu verdanken, daß kartographische Werke Atlanten heißen. In einer Kartensammlung von 1595 ließ er auf der Titelseite eine Abbildung des Titanen Atlas anbringen und druckte daneben einen lateinischen Satz: *Atlas, sive cosmographicae meditationes de fabrica mundi et fabricati figura*.

Atlas war ein Titan aus dem ältesten Göttergeschlecht. Seine schwere Aufgabe bestand darin, das Himmelsgewölbe auf seinen Schultern zu tragen. Nur einmal wurde er seine Last für kurze Zeit los. Der Sage nach kam Herakles *(☞ Herkulesarbeit)* zu Atlas, um ihn um einen Gefallen zu bitten. Herakles war gerade dabei, die zusätzliche elfte Arbeit zu verrichten, die ihm aufgetragen worden war. Ursprünglich waren nur zehn Arbeiten vorgesehen, aber die Tötung der Wasserschlange Hydra und die Reinigung des ☞ Augiasstalles wurden für ungültig erklärt, weil sein Neffe Iolaos ihm dabei geholfen hatte. Also hatte Herakles »Zusatzrunden« zu absolvieren. Seine neue Aufgabe bestand darin, die goldenen Äpfel aus dem Garten der Hesperiden, der Töchter von Nacht und Dunkelheit, zu pflücken.

Die Äpfel waren das Hochzeitsgeschenk der Erdmutter Gaia für Zeus. Wer davon aß, wurde unsterblich und blieb für immer jung. Allerdings wußte niemand genau, wo sich der Garten mit dem Apfelbaum befand. Suchen mochte ihn keiner, denn er wurde von Laden, der hundertköpfigen Schlange, bewacht. Trotzdem gelang es Herakles, die genaue Lage in Erfahrung zu bringen. Weil er aber sein Leben nicht riskieren wollte, bat er den Titanen Atlas um Hilfe. Dieser sollte die Äpfel im Garten der Hesperiden holen, während Herakles in der Zwischenzeit den Himmel auf seine Schultern hievte, den Atlas bisher getragen hatte.

Atlas gelang es tatsächlich, die Äpfel zu rauben, und als er zurückkam, befand er, daß er sich sehr erleichtert gefühlt hatte ohne das schwere Himmelsgewölbe auf seinen Schultern. Atlas war der Ansicht, es sei an der Zeit, die Aufgabe jemand anderem zu überbinden. Herakles wurde klar, daß er sich in einer heiklen Lage befand. Aber es gelang ihm, den Titanen zu überlisten. Unter dem Vorwand, er wolle eine bequemere Stellung finden, bat er Atlas, das Himmelsgewölbe noch für einen Augenblick zu tragen. Der starke, aber dumme Atlas fiel darauf herein. Natürlich machte sich Herakles sofort aus dem Staub, und Atlas ärgert sich bis in alle Ewigkeit über seine Leichtgläubigkeit.

Neben der Bezeichnung für kartographische Sammelwerke geht auch die Bezeichnung »Atlantischer Ozean« auf Atlas zurück – und auf die bescheidenen geographischen Kenntnisse der alten Griechen. Der Sage nach stützte Atlas die Welt im äußersten Westen. Weil sich nach griechischer Berechnung das Ende der Welt irgendwo vor Westafrika befand, nannte man diesen Teil des Meeres nach dem Titanen.

Die Benennung des Atlasgebirges in Nordafrika geht auf eine andere Version der Sage zurück. Ein reicher König mit dem Namen Atlas war der Besitzer der Hesperidengärten. Als Perseus an die Pforte kam, ließ er ihn nicht passieren. Da holte dieser den Kopf, den er Medusa abgeschlagen hatte, aus der Tasche. Der Sage nach verwandelte sich jeder, der Medusas Angesicht sah, sofort zu Stein. Auch König Atlas erging es nicht anders. Fortan stützt er als riesiger Gebirgszug das Himmelsgewölbe.

Mercators Abbildung auf dem Titelblatt seines Werkes entspricht keiner dieser Legenden. Vielmehr stellte er Atlas dar, der die Erde in Kugelform auf seinen Schultern trägt. Eine klassische Abbildung hätte nur unnötig Verwirrung gestiftet. Schließlich war es Mercator als erstem Kartographen gelungen, die nun erwiesenermaßen kugelförmige Erde auf ebenem Papier abzubilden.

Apropos glatt: Der glänzende Seidenstoff Atlas hat nichts mit dem griechischen Atlas zu tun. Das Adjektiv »atlas« stammt aus dem Arabischen und bedeutet nichts anderes als »eben« oder »glatt«. Daß der erste Halswirbel beim Menschen auch Atlas genannt wird, ist allerdings kein Zufall, denn er stützt den Kopf, wie Atlas es mit der Welt tut.

Augiasstall ☞ **Herkulesarbeit**

August

Augustus (63 v. Chr.–14 n. Chr.)

Wären die Adoptionsgesetze im alten Rom restriktiv gehandhabt worden, hieße der achte Monat des Jahres wahrscheinlich nicht August, sondern noch immer Sextilis.

Augustus hieß ursprünglich Gaius Octavianus. Julius Cäsar *(☞ Kaiser)* hatte dessen Vater zum Patrizier ernannt und kümmerte sich persönlich um eine standesgemäße Erziehung Augustus'. Schließlich adoptierte er ihn und setzte ihn testamentarisch als seinen Haupterben ein. Nachdem Cäsar an den Iden des März im Jahre 44 die berühmten letzten Worte »Auch du, Brutus?« ausgesprochen hatte, zog Augustus nach Rom, um seine Erbschaft anzutreten. Er nannte sich in aller Bescheidenheit Gaius Iulius Cäsar Octavianus, wobei der letzte Teil des Namens lediglich der Unterscheidung gegenüber dem Ziehvater diente. Seine Anerkennung als Erbe ließ sich allerdings nicht ganz so einfach durchsetzen, wie er das erhofft haben mochte. Konkurrent Antonius, Konsul zu Rom, wollte vorerst die Macht weder teilen noch ganz abgeben. Es folgten Kämpfe, bei denen Augustus auf die Unterstützung seiner Freunde Agrippa und Maecenas zählen konnte. Bei Philippi (42 v. Chr. ☞ *Philippika*) bezwang er die Cäsar-Mörder Brutus und Cassius und teilte sich danach mit Antonius und Lepidus – das berühmte Triumvirat – doch in die Herrschaft über das Römische Reich. Nachdem er auch diese seine letzten Rivalen besiegt hatte, herrschte er vorerst acht Jahre lang als Konsul.

Der Name »Augustus« (der Erhabene) war ihm im Jahre 27 v. Chr. vom Senat verliehen worden, als er im Sinne der republikanischen Tradition die Regierungsgewalt an Volk und Senat zurückgab. Trotzdem gelang es ihm, als er vier Jahre später zum ersten römischen

Skizze aus dem 19. Jh.

Kaiser gekürt wurde, die politische Kontrolle zu wahren. Er gab Rom ein völlig neues Gesicht. Prunkvolle Paläste wurden errichtet, alte Tempel renoviert, und Literatur und schöne Künste erlebten eine Blütezeit. Mit aller Kraft ging er gegen den Zerfall der Sitten vor. Seine neuen Ehegesetze benachteiligten unverheiratete Personen sozial deutlich.

Durch Eroberungen und die Reorganisation der Verwaltung schuf er eine Struktur des Römischen Reiches, die sich viele hundert Jahre halten sollte.

Im Jahre 8 v. Chr. setzte Augustus eine Kalenderreform durch. Die Schalttage wurden neu geregelt, und bei dieser Gelegenheit gab er dem achten Monat des Jahres einen neuen Namen – seinen eigenen. Aus Sextilis wurde August, denn in diesem Monat hatte er einen seiner größten Siege errungen. Damit folgte sein Name im Kalender gleich auf denjenigen seines Adoptivvaters Julius Cäsar, der unseren Wortschatz so nachhaltig geprägt hat.

Axel

Axel Paulsen (1855–1938)

Der Norweger Paulsen war ein vielseitiger Sportler. Er war in zwei Disziplinen erfolgreich – dem Eiskunstlauf und dem Eisschnellauf, die heute nur wenig gemein haben. In den Jahren 1884 und 1886 war er inoffizieller Weltmeister im Eisschnellauf. Aber in dieser Disziplin ist sein Name nicht verewigt worden.

Axel Paulsen wagte sich nämlich auch auf anderen Gebieten aufs Glatteis. Nach langer Übung schaffte er folgendes Kunststück: Er sprang von der Außenkante der linken Kufe ab, riß in der Luft die Arme ruckartig an den Körper, drehte sich einmal um die eigene Achse und landete – rückwärts laufend – auf dem rechten Schlittschuh. Eine Sensation! Und weil nur Herr Paulsen diesen Sprung beherrschte, wurde er folgerichtig »Axel« benannt.

Noch heute ist der Axel, neben Rittberger, Salchow und Toe-loop, eines der wichtigsten Elemente im Eiskunstlauf und wird im Bereich Spitzensport nicht mehr nur einfach, sondern zwei- und sogar dreifach gesprungen, als Doppel- oder gar Tripel-Axel.

Heute gibt es aber auch die Variante, bei der man nicht mehr selbst springt, sondern springen läßt. Beim Paarlauf wird die Läuferin in Hüfthöhe gehoben und mit einem kräftigen Schwung weggeschleudert. Herr Paulsen hätte über diesen *Wurfaxel* sicher nicht schlecht gestaunt.

B

Baedeker-Reiseführer

Karl Baedeker (1801–1859)

Heute ist es selbstverständlich, sich vor Antritt einer Reise mit einem Reiseführer der betreffenden Destination einzudecken, um sicherzugehen, unterwegs keine Sehenswürdigkeit zu verpassen. Vorsorglich wird der »Baedeker« konsultiert.

Im 19. Jahrhundert, als der Tourismus in seinen Kinderschuhen steckte, war das noch komplizierter. Zwar gab es schon zu jener Zeit Reisebeschreibungen, meist poetische Ergüsse ohne praktischen Wert. Karl Baedeker, der sich nach einer Buchhändlerlehre und einigen Semestern an der Universität Heidelberg in Koblenz niedergelassen hatte, um dort eine Sortiments- und Verlagsbuchhandlung zu gründen, kaufte 1828 die Verlagsrechte an einem Buch mit dem Titel »Rheinreise von Mainz bis Köln«, verfaßt von einem gewissen Herrn J. A. Klein. Es trug den vielversprechenden Untertitel *»Handbuch für Schnellreisende«*. Damit lag Baedeker ganz im Trend.

Nach dem Tode des Verfassers übernahm er selbst die Neubearbeitung. Aufgrund eigener Reisen gestaltete er das Handbuch so um, daß die Reisenden nicht mehr auf die lokalen Reiseführer angewiesen waren. Sie konnten bequem nachlesen, welche Plätze auf der ganzen Route von historischem oder künstlerischem Wert waren. Auch Ratschläge zur Wahl des richtigen Hotels oder zur Frage des Trinkgeldes waren zu finden.

Bald gab Karl Baedeker eine ganze Reihe von Reiseführern heraus. Er nahm seine Aufgabe sehr ernst. Oft reiste er inkognito durch die Lande, um die Qualität von Hotels und Lokalen zu überprüfen und die Sehenswürdigkeiten aus eigener Anschauung kennenzulernen. Der Name Baedeker wurde zum Synonym für den Reiseführer schlechthin und blieb es bis weit in unser Jahrhundert.

Schon bald war eine Reise ohne Baedeker nicht mehr denkbar. Der Tourist, der vor einer historischen Stätte erst im Baedeker nachsieht, wo er hinschauen soll, war nichts Außergewöhnliches mehr.

1836 verlegte er *»The Traveller's Manual of Conversations«* für englische Touristen. Und bei seinem Tode existierten schon Reiseführer für die Rheinlande, Belgien, Holland, Paris, Deutschland und Österreich-Ungarn. Bis zur Jahrhundertwende waren es dann 76 Reiseführer in insgesamt 654 Auflagen.

Der Verlag selbst ging auch auf Wanderschaft: Zuerst wurde er nach Leipzig verlegt, wo er im Zweiten Weltkrieg durch einen Bombenangriff zerstört wurde. Nach Kriegsende wurde der Verlag in Hamburg wieder aufgebaut und übersiedelte 1956 schließlich nach Freiburg im Breisgau.

Karl Baedeker hatte die richtige Entscheidung getroffen, als er beschloß, sich auf den Tourismus zu spezialisieren. Hätte er wie zu Anfang seiner Karriere weiter Schulbücher und theologische Zeitungen verlegt, wäre er wohl kaum so bekannt geworden.

Ballhornisieren, verballhornen

Johann Bal(l)horn der Ältere (1500–1573)

Johann Balhorn erweist seinem Namen in den Nachschlagewerken alle Ehre. Die Lexikographen korrigieren sich gegenseitig, und auch über die Schreibweise seines Namens herrscht Uneinigkeit. Sicher ist, daß der pflichtbewußte Johann Balhorn – oder eben Ballhorn – im 16. Jahrhundert als Buchdrucker in Lübeck arbeitete. Unter anderem druckte Balhorn zahlreiche Schriften Martin Luthers.

Ein Biograph glaubt, die berühmt gewordene Anmerkung auf der Titelseite »vermehrt und verbessert durch Johann Balhorn« beziehe sich auf ein von Balhorn herausgegebenes ABC-Buch, an welchem er aber nur die Schreibung der Doppelbuchstaben verändert habe.

Die wohl berühmteste Geschichte um den Ursprung des Verballhornens rückt den Buchdrucker in sehr schlechtes Licht. Als er ein Schulbuch zu drucken hatte, soll er sich der Überlieferung nach allzu große Freiheiten herausgenommen haben. Auf der letzten

Seite des Buches stand das Bild eines gespornten Hahnes. Balhorn soll den vermeintlichen Fehler auf seine Weise korrigiert haben. Als das Buch erschien, fehlten die Sporen, dafür aber brütete der Hahn über einigen frischgelegten Eiern …

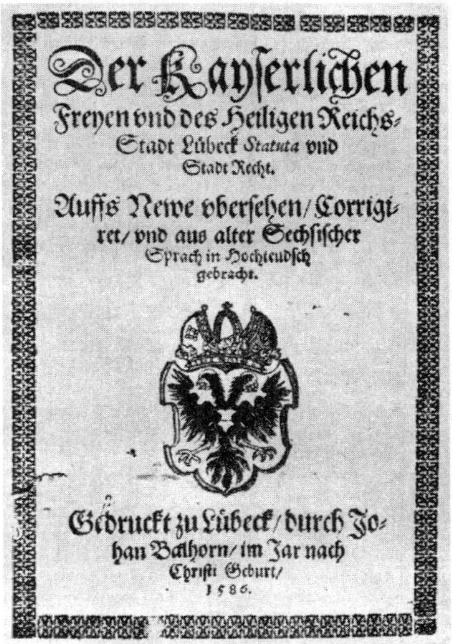

Der Kayserlichen
Freyen vnd des Heiligen Reichs-
Stadt Lübeck *Statuta* vnd
Stadt Recht.

Auffs Newe vbersehen/ Corrigiret/ vnd aus alter Sechsischer
Sprach in Hochteudsch
gebracht.

Gedruckt zu Lübeck/ durch Johan Balhorn/ im Jar nach
Christi Geburt/
1586.

Tatsächlich hat sich alles ganz anders und weit weniger spektakulär zugetragen. Zudem wird die angebliche Verschlimmbesserung Johann Balhorn dem Älteren zugeschrieben. In Wahrheit aber war sein Sohn Johann Balhorn der Jüngere (1528–1603) darin verwickelt. Dieser hatte die Druckerei 1575 übernommen und erhielt bald danach den Auftrag, eine neue Ausgabe des lübeckschen Rechts zu drucken. Das sogenannte *»Statutenbuch der Stadt Lübeck«* trug tatsächlich den berühmt-berüchtigten Vermerk des Druckers, die Auflage sei von ihm durchgesehen worden. Die »Verbesserungen«, die in der Folge einige Verwirrung unter der Bevölkerung stifteten, sind jedoch den Revisoren anzulasten und nicht etwa Johann Balhorn. Dieser sah das Buch lediglich nach möglichen orthographischen Fehlern durch, wie es jeder gute Setzer und Drucker tat.

Es brauchte aber wohl die Geschichte mit dem Hahn, damit man heute von »verballhornen« oder »ballhornisieren« sprechen kann, wenn jemand einen vermeintlichen Fehler korrigieren will und damit die Sache erst recht verschlimmert.

Und so ganz ist das Phänomen des Verballhornens auch heute noch nicht ausgestorben – die Lexikographen machen es uns im Fall des unglückseligen Balhorn vor.

Bandoneon / Bandonion

Heinrich Band (1821–1860)

Mit dem melancholischen Klang eines Bandoneons assoziiert man Temperament, Argentinien, Leidenschaft, Tango – aber keinesfalls Chemnitz.

Dabei wurde das Bandoneon genau dort erfunden. Der Chemnitzer Carl Friedrich Uhlig fertigte um 1842 das erste Exemplar dieses Instruments an. Völlig neu war das Bandoneon nicht, es handelte sich vielmehr um eine veränderte Form eines weiteren Harmonika-Instrumentes, der Concertina (patentiert 1829), erfunden von Ch. Wheatstone (1802–1875). Populär wurde das Instrument aber erst, als Heinrich Band, der als Musiklehrer und Musikalienhändler in Krefeld arbeitete, es in sein Sortiment aufnahm und unter seinem Namen anpries. Die Bezeichnung »Bandonion« läßt sich bis ins Jahr 1856 zurückverfolgen; ein gewisser Joh. Schmitz empfahl damals im Krefelder Adreßbuch sein »Lager in allen Arten von Accordion's, Concertinas, von einigen wohl auch Bandonions genannt«.

Seinen großen Siegeszug trat das Bandonion um die Jahrhundertwende an. Damals gelangte ein Instrument nach Argentinien, in die Region des Río de la Plata, und muß dort wohl allgemeine Begeisterung ausgelöst haben. *Eso es exactamente lo que nos hacía falta (Genau das, was uns gefehlt hat)*, meinten die Argentinier, als sie hörten, wie gut der Klang zum Tango paßte, und schickten erste Bestellungen nach Europa. Innert kurzer Zeit verdrängte das Bandonion – das man auf spanisch »bandoneón« nannte – alle anderen Balginstrumente. Ab 1911 stellte der Bandoneonbauer Alfred Arnold aus Carlsfeld – dem der berühmte Bandoneonist Astor Piazzolla sein Stück *»Tristezas d'un double A«* widmete – seine Instrumente exklusiv für den Export nach Argentinien und Uruguay her. Preislich war ein Bandoneon mit einem Klavier vergleichbar, stellte also durchaus eine einträgliche Einnahmequelle dar.

Der Handel blühte. Allein 1930 wurden 25 000 Instrumente exportiert. Bei Ausbruch des Zweiten Weltkriegs wurde die Produktion allerdings vollständig eingestellt. Heute baut nur mehr ein einziger Instrumentenbauer in Berlin – in der Tradition Alfred Arnolds – Bandoneons.

Basedowsche Krankheit (Basedowkrankheit), Basedowaugen

Karl Adolph von Basedow (1799–1854)

Karl Adolph von Basedow veröffentlichte 1840 erstmals einen Bericht, in dem er ein Krankheitsbild aufzeigte, das er bei verschiedenen Patienten beobachtet hatte. Als typische Symptome führte er einen stark beschleunigten Herzschlag, eine vergrößerte Schilddrüse (Kropfbildung) und »Glotzaugen« auf – Augen, die stark aus den Augenhöhlen hervortreten.

Aber nicht nur mit dieser Krankheit setzte sich Basedow auseinander. Nach seinem Studium in Halle und Paris promovierte er 1821 zum Doktor der Medizin und Chirurgie. 1830 verschlug es ihn nach Magdeburg. Dort wütete zu jener Zeit eine Choleraepidemie, die dem interessierten Arzt hervorragende Studienbedingungen bot. Basedow war zu seinen Lebzeiten ein gefragter Mediziner und erlangte als medizinischer Schriftsteller und Gerichtsmediziner gewisse Bedeutung. Er starb drei Tage nach einer Obduktion, die von ihm durchgeführt worden war. Wahrscheinlich hatte er sich beim Öffnen der Leiche mit Fleckfieber infiziert.

In unserer Sprache ist Karl Adolph von Basedow ein Begriff geworden dank seiner Beschreibungen der Krankheitssymptome bei Patienten, die an einer Überfunktion der Schilddrüse litten – an der Basedowkrankheit.

Béchamelsauce

Louis Béchameil (1630–1703)

Am Hofe des Sonnenkönigs wurde geschlemmt. In Versailles waren sage und schreibe 324 Personen mit der Vorbereitung einer Mahlzeit beschäftigt. Für Ludwig XIV. war die Nahrungsaufnahme von derart zentraler Bedeutung, daß er seine Köche in den Offiziersrang erhob. Das Abendessen nahm er immer in Anwesenheit des Hofes ein, wobei die Höflinge sich rund um die Tafel aufstellen und ihrem König beim Essen zusehen mußten. Mit Erstaunen berichtete seine Schwägerin nach solch einem Mahl, er habe *»vier Teller verschiedene*

Suppen, einen ganzen Fasan, eine große Salatplatte, ein Rebhuhn, Hammelfleisch im eigenen Saft mit Knoblauch, zwei gute Stücke gekochten Schinken, einen Teller Kuchen, Früchte und Konfitüren verspeist«. Bei kleineren Soupers, zu denen er die Hofdamen und Prinzessinnen aufbot, vergnügte sich der Sonnenkönig damit, mit Brötchen, Orangen und Äpfeln nach seinen Gästen zu werfen. Wurde eine Mahlzeit aufgetragen, kam dies einer feierlichen Prozession gleich. Auf ein Zeichen des Küchenchefs setzte sich das Servierpersonal in Bewegung, angeführt von zwei Bogenschützen, hohen Hofbeamten und dem Haushofmeister Louis Béchameil.

Béchameil selbst war ein passionierter Hobbykoch. Ihm wird die Erfindung der Béchamelsauce, der weißen cremigen Grundsauce in der klassischen französischen Küche, zugeschrieben. Allerdings muß sich die ursprüngliche Sauce des Marquis de Béchameil wesentlich von der uns heute bekannten Béchamelsauce unterschieden haben.

Der Haushofmeister wurde vom König nicht nur bei kulinarischen Fragen ins Vertrauen gezogen, oft wurde er auch nach seiner Meinung über neue Bauten und Gärten gefragt. 1788 wurde gegen Béchameil eine Untersuchung wegen Veruntreuung eingeleitet. Der Generalkontrolleur der königlichen Finanzen wollte ihn zu einer Zahlung von 1 600 000 Livres verurteilen; weil sich der König aber zu jener Angelegenheit nicht äußern wollte, wurde das Strafmaß auf 240 000 Livres reduziert. Es mußte wohl an der Béchamelsauce liegen, daß ihm der König nicht wirklich böse sein konnte und ihm die Franzosen alles verziehen.

Becircen

Kirke (lat. Circe)

Blondgelocktes Haar zierte sie, und sie hatte ein großes Mundwerk. Mit ihrer Haarpracht versuchte sie die Männer zu betören, und mit ihren sprachlichen Qualitäten überzeugte sie auch diejenigen, die gewöhnlich Dunkelhaarigen den Vorzug gaben.

In Homers ☞ Odyssee wohnte die Göttin Kirke als Tochter des Helios und der Perse auf der Insel Aiaia und zauberte zum Zeitvertreib ein wenig vor sich hin. Als Odysseus und seine Gefährten auf ihre Insel gespült wurden, war dieser Besuch eine willkommene Abwechslung für Kirke.

Odysseus schickte zuerst einen Erkundungstrupp los. Nach langer Suche gelangten seine Gefährten endlich in ein Tal, wo Kirke Häuser hatte bauen lassen. Um die Ecken schlichen Löwen und Wölfe. Als die Tiere die Ankömmlinge bemerkten, sprangen sie wedelnd um sie herum. Die Männer hatten kaum Zeit, sich über die gezähmten Bestien zu wundern. Viel mehr faszinierte sie eine schöne Singstimme, die aus einer der Hütten erklang. Als die neugierigen Gefährten eintraten, sprang die Göttin sofort von ihrem Webstuhl auf und bat die Ankömmlinge, Platz zu nehmen. Sie setzte ihnen eine Mischung aus Käse, Mehl, Wein und gelbem Honig vor und wünschte einen guten Appetit. Nur einer, Eurylochos, lehnte ab, weil er eine Falle befürchtete. Wie recht er damit hatte! Kirke hatte heimlich Zauberkräuter unter die Speise gerührt. Die anderen verloren sofort die Erinnerung an die Heimat und verwandelten sich in Schweine. Die Borsten und die Ringelschwänzchen saßen wie angegossen, nur der Verstand war der alte geblieben.

Eurylochos rannte zurück, um Odysseus Bericht zu erstatten. Aber vor lauter Aufregung und Entsetzen brachte er nicht eine Silbe heraus. Erst nachdem er sich an Odysseus Schulter ausgeweint hatte, konnte er erzählen, was geschehen war. Der Held zog los, um seine Gefährten zu befreien. Auf dem Weg kam ihm der jugendliche Götterbote Hermes entgegen. Dieser verschrieb ihm ein Kraut, das ihn gegen den Zauber der Kirke schützen sollte. Dazu gab er ihm einige Verhaltensregeln mit auf den Weg.

Bei Kirke angekommen, erlebte er die gleiche freundliche Bedienung wie seine Gefährten. Weil er aber durch das Zauberkraut Moly gefeit war vor den magischen Kräften der Kirke, zeigte ihr Zauber bei ihm keine Wirkung. Anstatt sich in ein Schwein zu verwandeln, zückte Odysseus sein Schwert und bedrohte damit die Göttin. Sie sank vor Schreck in die Knie. Als sie erfuhr, daß er Odysseus war, bot sie ihm ihre Liebesdienste an. Denn Hermes hatte ihr vorausgesagt, daß Odysseus ihr Bezwinger sein würde. Erst als sie schwor, die Schweine zurückzuverwandeln und ihn nicht seiner Manneskraft zu berauben, kroch er in ihr Bett, um es erst ein Jahr später wieder zu verlassen. Dieser Episode hatte Kirke es zu verdanken, daß sie in der späteren griechischen Dichtung – unter anderen bei Xenophon – als Dirne dargestellt wurde.

Auch heute verstehen sich noch viele Frauen darauf, die Männer zu becircen. Nur sind die Auswirkungen für die Betroffen weit weniger gefährlich als zu Odysseus' Zeiten.

Bernhardinerhund

Bernhard von Menthon (auch: Bernhard von Aosta, † 1081)

Bernhardiner gelten als *die* typischen Schweizer Hunde. Mit ihrem mit Wein oder Schnaps gefüllten Fäßchen am Halsband gehören sie zum gängigen Klischee des Alpenlandes wie Jodler, Alphornbläser und Fahnenschwinger. Dabei stammen die Bernhardiner, die mit den Doggen verwandt sind und bis zu 80 cm Schulterhöhe erreichen, ursprünglich aus einer ganz anderen Gegend. Die Römer brachten sie um die Jahrtausendwende von Rom nach Helvetien.

Benannt sind die Tiere mit dem treuherzigen Blick nach dem Großen St. Bernhard, und der hat – wie auch der kleine St. Bernhard – seinen Namen wiederum vom heiligen Bernhard von Menthon.

Nach einigen Studienjahren in Paris kehrte Bernhard in seine Heimatstadt zurück, wo sein Vater schon eine passende Braut für ihn ausgesucht hatte. St. Bernhard wollte aber unter keinen Umständen heiraten, denn er hatte schon früh beschlossen, in einen Orden einzutreten. In der Nacht vor der geplanten Hochzeit ergriff er mit einem Sprung aus dem Zimmerfenster die Flucht.

Nachdem er sich einige Zeit als Prediger durchgeschlagen hatte, fand er seine Berufung in den Bergen. Er kümmerte sich um die Gläubigen, die sich auf ihren Pilgerreisen oft tagelang über die frostigen Pässe quälten, ohne irgendwo vor der Witterung und den Plünderern, die damals in den Alpen ihr Unwesen trieben, Schutz zu finden.

Bernhard richtete deshalb auf dem Mont-Joux, dem heutigen Großen St. Bernhard, verschiedene Hospize ein, in denen die Gläubigen Unterschlupf fanden.

Der heilige Bernhard verstarb während einer Reise im italienischen Novara. Den Domherren des St.-Bernhard-Hospizes gelang es nicht, in den Besitz auch nur einer Reliquie ihres Gründers zu gelangen. Die Benediktiner, die ihn beerdigt hatten, weigerten sich standhaft, seine sterblichen Überreste herauszugeben.

Das Fest des heiligen Bernhard war bis 1922 der 15. Juni. Dann wurde sein Namenstag auf den 28. Mai verlegt. St. Bernhard wurde von Papst Pius XI. 1923 zum Schutzpatron der Alpenbewohner und Bergsteiger erklärt, nachdem er bereits um 1120 heiliggesprochen worden war.

Um die Bergsteiger nicht nur mit einem Schutzheiligen zu versehen, sondern ihnen auch, falls sich eine Lawine lösen sollte, Soforthilfe leisten zu können, begannen die Mönche im Hospice du Grand Saint-Bernard, das auf fast 2500 Metern Höhe liegt, Lawinenhunde zu züchten. Seit 1665 fühlen sich deshalb die Bernhardinerhunde in eisigkalter Höhe pudelwohl.

Biedermeierstil

Gottlieb Biedermeier

Geblümte Stoffe, nette Verzierungen, fein gearbeitete Edelholzmöbel; vielleicht noch ein idyllisches Gemälde von Carl Spitzweg an der Wand – dies sind alles Attribute, die für den Biedermeierstil kennzeichnend sind.

Ihren Namen verdankt diese Stilepoche der ersten Hälfte des 19. Jahrhunderts einer Reihe von Gedichten, die in der humoristischen Zeitschrift *»Fliegende Blätter«* erschienen sind.

Der Medizinstudent Adolf Kußmaul (1822–1902), der später ein bedeutender Arzt wurde, blätterte 1855 in einem kleinen Gedichtband, der ihm in der Wohnung eines Studienkollegen zwischen die Finger gekommen war. Verfasser war der Dorfschullehrer Samuel Friedrich Sauter (1766–1846). Kußmaul war sofort hellauf begeistert von der Naivität, mit der diese Gedichte verfaßt worden waren und die ihnen eine ungewollte Komik verlieh.

Der junge Student beschloß, in die Fußstapfen des Dorfschullehrers zu treten, und griff seinerseits zur Feder. Zuerst allein, dann gemeinsam mit seinem Freund, dem Schriftsteller Ludwig Eichrodt (1827–1892), verfaßte er Gedichte, die den Stil Sauters imitierten. Zusammen mit den Originalgedichten wurden ihre Werke zwischen 1855 und 1857 in den »Fliegenden Blättern« publiziert, entstanden 1845 in München, letztmals 1944 erschienen. Als Pseudonym wählte man den Namen »Gottlieb Biedermeier«, dem wahrscheinlich Josef Victor von Scheffels Figuren »Biedermann« und »Bummelmeier« Pate standen. Scheffel lebte 1826–1886 und schrieb so berühmte Bücher wie *»Der Trompeter von Säckingen«* und *»Ekkehard«*. Er war ebenfalls Mitarbeiter der »Fliegenden Blätter«.

Die Wahl des Namens war keineswegs willkürlich. Die Verbindung des Biederen mit dem verbreiteten Namen Meier sprach für sich. Kußmaul beschrieb den Biedermeier im Vorwort zum ersten Gedicht treffend als Bürger *»... jener vormärzsündfluthlichen Zeiten ..., wo Teutschland noch im Schatten kühler Sauerkrauttöpfe gemüthlich aß, trank, dichtete und verdaute, und das übrige Gott und dem Bundestage anheimstellte«*.

Kußmaul prangerte damit jene Generation an, die in der Zeit zwischen der Französischen Revolution und der Märzrevolution alle Verantwortung für die Erhaltung der Demokratie auf andere abgeschoben hatte. Bis heute muß Biedermeier als Symbol für den behäbigen Kleinbürger herhalten. Die dämonische Seite des Kleinbürgers trat erst im 20. Jahrhundert zutage, als im Namen des »gesunden Volksempfindens« die größten Verbrechen begangen wurden. Max Frisch hat diesem Kleinbürger mit *»Biedermann und die Brandstifter«* ein beklemmendes »Denkmal« gesetzt.

Neben Biedermeier wurde noch eine zweite Figur in den »Fliegenden Blättern« berühmt. Der »Buchbinder Horatius Treuherz«, der in den Gedichten Eichrodts vorkam, war sozusagen Biedermeiers Gegenspieler. In einem frei erfundenen Leserbrief ließ er sich über den Stil und die Starrköpfigkeit des alten Dorfschullehrers aus.

Als Fritz von Ostini, der Redaktor der Satirezeitschrift *»Jugend«*, ab 1896 unter dem Pseudonym »Biedermaier« und später »Bieder*mei*er« Gedichte veröffentlichte, war der Biedermeier schon zu einem festen Begriff geworden.

Wann genau sich der Stilbegriff »Biedermeier« von der Kunstfigur des gleichen Namens abgelöst hat, läßt sich nicht eindeutig belegen, etwa ab 1880. Das Biedermeier galt über lange Zeit als eine

Epoche, deren Kunst und Einrichtung gern als »Stil ohne Stil« betitelt wurde.

Heute hat der Ausdruck Biedermeier seine negative Grundbedeutung verloren und gilt als ernstzunehmende Stilepoche. Feingeblümte Stoffe auf glänzenden Mahagonimöbeln bleiben allerdings Geschmackssache.

Bilharziose

Theodor Maximilian Bilharz (1825–1862)

Hätte Theodor Bilharz 1852 nicht die Entdeckung seines Lebens gemacht, würde sich heute – abgesehen vielleicht von Medizinhistorikern – kein Mensch mehr an den deutschen Tropenarzt erinnern.

Theodor Bilharz wurde 1825 in Sigmaringen geboren. Er studierte, nachdem er sich zwei Semester lang in Philosophie versucht hatte, Medizin und Zoologie. 1845 legte er in Tübingen sein Staatsexamen ab. Danach erforschte er eifrig die Spezies der Wirbellosen. 1851 wurde ihm eine Assistentenstelle an der medizinischen Klinik der Medizinschule von Kasr-el-Aïn in Kairo angeboten, wo er schon zwei Jahre später zum Chefarzt aufstieg. 1855 wurde der Dreißigjährige zum ordentlichen Professor für Anatomie an der medizinischen Akademie Kar-el-bin ernannt. Bis zu seinem Tod arbeitete der erfolgreiche Mediziner als Direktor der Klinik für Haut- und Geschlechtskrankheiten und als Gerichtsanatom. Nebenbei beschäftigte sich Bilharz mit Zoologie, Meteorologie und Orientalistik.

Es war ein Jahr nach seiner Ankunft in Kairo, als Theodor Bilharz das Rätsel um eine genauso verbreitete wie mysteriöse Erkrankung löste. Immer wieder klagten seine Patienten über die gleichen Symptome: chronische Entzündungen, Atemprobleme, Blut im Urin. Als er der Sache genauer auf den Grund ging, entdeckte er, daß die Betroffenen an einer Wurminfektion litten.

Er fand heraus, daß es sich um Saugwürmer handelte, die sich im Larvenstadium durch die menschliche Haut bohren und sich, nachdem sie in der Leber herangereift sind, in den Blutgefäßen des Unterleibs ansiedeln. Die Ansteckung erfolgt meist beim Baden in stehenden Gewässern: Die Eier gelangen über die Ausscheidungen ins Wasser, wo sie sich zuerst in einer bestimmten Süßwasserschneckenart einnisten; von dort schwärmen die Larven aus und befallen Menschen, die in den Gewässern planschen, und dringen durch die Haut erneut in das Venensystem ein. Ein übler Kreislauf – Fieber, Darmkatarrhe, Leberzirrhosen und sogar Krebs sind die Folge.

Weltweit leiden ungefähr 200 Millionen Menschen an der nach der Malaria weltweit verbreitetsten Tropenkrankheit, die nach ihrem Erforscher Bilharziose benannt wurde.

Birchermüesli

Maximilian Oskar Bircher-Benner (1867–1939)

Maximilian Oskar Bircher scheint seine Berufung zum Arzt in die Wiege gelegt worden zu sein. Seine Mutter erinnerte sich: *»Als du alt genug warst, eine Schere zu gebrauchen, hast du oft aus Papier Menschenfiguren ausgeschnitten, sodann ihnen einen Schnitt beigebacht und diesen mit kleinsten Papierstreifchen verklebt. Du wollest die Wunde zunähen, erklärtest du dazu. Du hast dich schon vor der Schulzeit für alle Krankheiten in der Familie so auffallend interessiert, daß wir dich das ›Dökterli‹* [Doktorchen] *nannten.«* Doch beinahe wäre alles anders gekommen. Kurz nachdem Maximilian erfolgreich seine Maturaprüfung (Abitur) bestanden hatte, verarmte seine Familie. Nur unter großen Entbehrungen und dank der Unterstützung wohlmeinender Freunde konnte er sein Medizinstudium an der Universität Zürich in Angriff nehmen.

In seinen Studienjahren in Zürich und später in Berlin vermißte er immer wieder die Diskussion um einen wichtigen Aspekt in der Medizin: Alles sprach von Krankheiten, Symptomen, von Medikamenten, aber nie wurde der Zusammenhang zwischen Krankheitsursache und Heilung aufgeklärt. Eifrig verfolgte er deshalb alle medizinischen Schriften, die den kranken Körper in seiner Ganzheit betrachteten. Besonderes Interesse weckten in ihm die Publikationen Sebastian Kneipps *(☞ Kneippkur)*.

Seine knappen Finanzen verunmöglichten es Bircher, als Assistent auf sein Doktorexamen hinzuarbeiten. Er kehrte nach Zürich zurück und eröffnete seine erste Praxis. 1893 heiratete Bircher die elsässische Apothekertochter Elisabeth Benner und nahm gleichzeitig den Doppelnamen Bircher-Benner an. Nach der Geburt des zweiten Sohnes gab er seine inzwischen florierende Praxis auf und zog mit seiner Familie nach Mülhausen im Elsaß. Von hier aus unternahm er verschiedene Studienreisen nach Wien, Dresden und Berlin, auf denen er sich vor allem auf jenen Gebieten Wissen aneignete, die von der Schulmedizin kategorisch abgelehnt wurden. Große Begeisterung zeigte er vor allem für die Diätküche, deren positive Wirkung sich bei Versuchen an Patienten schon mehrfach bestätigt hatte. Nach seiner Rückkehr nach Zürich eröffnete er eine kleine Privatklinik, in der er seine Patienten mit den neu erworbenen Kenntnissen zu heilen versuchte. Daneben forschte er nach den Zusammenhängen zwischen einer ausgewogenen Ernährung und einer guten Gesundheit. 1900 präsentierte er seine Ergebnisse der Ärztegesellschaft der Stadt, in der Hoffnung, Unterstützung durch Kollegen zu finden. Statt dessen kam die Antwort: *»Herr Bircher hat die Grenzen der Wissenschaft verlassen!«* Von anderen Ärzten mußte er sich als »Vegetarianer«, »Rohköstler« oder »Rohkostapostel« betiteln lassen.

In den nächsten Jahren versuchte Bircher-Benner vergeblich, seine Erkenntnisse über die Ernährungslehre in Fachblättern zu publizieren. Regelmäßig sandte man ihm die Artikel wieder zurück. *»Das Wort war mir in der Schweiz abgeschnitten.«* Im Ausland hingegen stießen seine Forschungen auf größeres Interesse, so daß er in seiner Klinik Patienten aus den verschiedensten Ländern begrüßen konnte. 1904 eröffnete Bircher am Zürichberg das Sanatorium »Lebendige Kraft«, das in den nächsten zehn Jahren kontinuierlich ausgebaut wurde. Bei Ausbruch des Ersten Weltkriegs flüchteten die meisten der ausländischen Patienten in ihre Heimat. Die Betten im Sanatorium standen monatelang leer. Immerhin boten die folgenden Krisenjahre Bircher-Benner die Gelegenheit, sich weiterzubilden. Täglich las der überzeugte Zwinglianer (Huldreich Zwingli, 1484–1531, Zürcher Reformator und Bibelübersetzer) auch in der Bibel und nahm gar wieder das Klavierspiel auf, das er in seiner Jugendzeit erlernt hatte.

In den Jahren nach dem Krieg blieb die wirtschaftliche Situation schwierig. Erst allmählich begannen sich wieder Kurpatienten im Sanatorium einzumieten. Als die Schulmedizin dann aber Bircher-Benners Theorien aufzugreifen begann und seine Ernährungslehre durch die Monatsschrift »Der Wendepunkt«, die er selbst herausgab, breiteren Kreisen der Bevölkerung zugänglich wurde, nahmen die Patienten fast alles in Kauf, um sich von Bircher-Benner kurieren zu lassen: frühes Aufstehen, Morgenwanderungen, Gartenarbeit, vegetarische Ernährung ... Auch für berühmte Patienten wie Thomas Mann gab es vor den strikten Vorschriften kein Entkommen. Einem Dichterkollegen schrieb er aus der Kur: *»Ihren Brief empfing ich unter den kuriosischsten Umständen in Zürich, in dem Sanatorium des Dr. Bircher, wo man um 6 Uhr aufstehen und um 9 Uhr das Licht löschen muß. Das ist hart, zu Anfang stand ich beständig mit trotzigen Entschlüssen ringend vor meinem Koffer. Aber obgleich ich mehr für Voltaire als für Jean-Jacques* [Rousseau] *bin, bereue ich es doch gar nicht, durchgehalten zu haben. Meine störrische Verdauung besserte sich ins Erstaunliche, Niedagewesene.«*

Die folgenden Jahre verbrachte Bircher-Benner auf Vortragsreisen oder als geschätzter Gast auf Kongressen. Seine Bücher stießen bei Medizinern wie Nichtmedizinern auf reges Interesse. Und auch noch im Junk- und Fast-Food-Zeitalter zählen die Schweizer ein Rezept aus Bircher-Benners Diätküche zu ihren Nationalgerichten: das Birchermüesli – es hat die westliche Welt erobert und fehlt heute auf kaum einem Frühstückstisch.

Bobby

Sir Robert Peel (1788–1850)

Bedeutende Staatsmänner werden im allgemeinen nicht mit dem Vornamen angesprochen – und schon gar nicht in der Koseform. Aber der Volksmund richtet sich nicht nach Gesetzen der Etikette. Schon gar nicht in einer Großstadt wie London.

Sir Robert Peel wurde 1788 in Bury in der Grafschaft Lancashire geboren. Sein Vater war Besitzer einer Baumwollfabrik. Er machte soviel Geld, daß er seinem begabten Sohn – Robert Peel hatte in Oxford studiert – zum einundzwanzigsten Geburtstag einen Sitz im Parlament kaufte.

Schon ganz zu Anfang seiner Amtszeit übernahm Bob einen schwierigen Posten: ihm wurde die Stelle als *Chief Secretary for Ire-*

lard anvertraut. Er erledigte seine Arbeit zur Zufriedenheit des Parlaments. Der Ruf als unbestechlicher und fähiger Politiker, der ihm von nun an vorauseilte, legte den Grundstein für eine steile Karriere.

Sir Robert Peel bekleidete im Laufe der Jahre viele politische Ämter. Er reformierte die Bank von England, war zweimal Innenminister und wurde 1834 schließlich zum Premierminister ernannt – natürlich als Vertreter der Konservativen Partei, an deren Gründung er entscheidend mitgewirkt hatte.

Aber auf diesem Höhepunkt seiner Laufbahn lag jene Tat, die seinem Namen eigentliche Berühmtheit verliehen hatte, schon etliche Jahre zurück. 1829 hatte er als Innenminister den sogenannten *Metropolitan Police Act*, eine Reform der Strafgesetze, eingeführt. Weil die Statistiken zeigten, daß die Kriminalität in London bedenklich angestiegen war, beschloß Peel, eine neue Polizeibehörde einzurichten.

Etwas von seiner pazifistisch angehauchten persönlichen Philosophie ließ er dabei mit einfließen. Seinen Grundsätzen gemäß war die Erhaltung des Status quo fundamental. Für ihn war also nicht Angriff die beste Verteidigung, sondern *kein* Angriff die beste Option, um gewalttätige Konflikte zu vermeiden. Bis in die jüngste Zeit trug der freundliche und zuvorkommende Bobby deshalb keine Schußwaffe, sondern nur den berühmten Schlagstock.

Die neu ausgebildeten, pflichtbewußten Polizisten wurden schon bald zu Peels Ehren »Bobby's boys« und später ganz einfach »Bobbies« genannt.

1846 führte Peel die Spaltung der Konservativen Partei und seinen eigenen Sturz als Premierminister herbei, als er durchsetzte, daß die lukrativen Getreidezölle abgeschafft wurden.

Börse

Mijnheer van der Burse (13. Jh.)

Mijnheer van der Burse (auch Beurse genannt) war ein reicher Kaufmann, der zu Beginn des dreizehnten Jahrhunderts in Brügge lebte. Sein Familienwappen hatte er seinem Namen gemäß ausgesucht: Es zeigte nicht nur eine, sondern gleich drei Geldbörsen.

Sein Haus war nicht zu verfehlen. Daß hier reger Handel betrieben wurde, war schon von weitem ersichtlich, denn der wohlhabende Mijnheer hatte sein Wappen über dem Eingangstor in die steinerne Hauswand meißeln lassen.

Die wichtigsten Kaufleute der Stadt trafen sich in seinen Arbeitsräumen, um Geschäfte abzuschließen. Im 15. Jahrhundert wurde der Platz vor dem Haus der Familie van der Burse zum Treffpunkt lombardischer Kaufleute, die hier ihre Geschäfte abwickelten – der Börsenplatz war geboren.

In Antwerpen ist die »burse« schon 1409 Treffpunkt der Kaufleute, die 1518 gar ein eigenes Haus bekommen, das wenig später »Bursa« genannt wird, das Börsengebäude. Ab Mitte des 16. Jahrhunderts bürgert sich die »Börs« in Deutschland ein: Hamburg, Frankfurt (dort vorerst unter freiem Himmel auf dem Fischmarkt), Köln, Danzig und Berlin (erst ab 1716). Aber auch überall in Europa entstanden ab dem 15. Jahrhundert Börsenplätze: Amsterdam, Venedig, Lyon, Toulouse, Florenz, Paris, London, Wien (1771), Cádiz, Barcelona, Genf, Zürich (1663) – ein riesiger Markt für austauschbare Güter und Waren war entstanden.

Heute ist die Börse aus dem Geschäftsleben nicht mehr wegzudenken. Dort wird mit Waren und Wertpapieren, mit Aktien, Obligationen und Optionen gehandelt und je nach Angebot und Nachfrage der Preis bestimmt. Es haben sich auch Getreidebörsen, die Goldbörse u. a. m. entwickelt. Auch Veranstaltungen, die zum Kauf oder Tausch von irgendwelchen Dingen dienen, werden Börsen genannt (Antiquitätenbörse/Briefmarkenbörse).

Um sich an der Börse zu profilieren, ist es schon lange nicht mehr nötig, ein bestimmtes Gebäude aufzusuchen. Die moderne Computertechnik hat in jüngster Zeit auch den traditionellen Börsenring zum Verschwinden gebracht. Man kann gemütlich von zu Hause aus an der Börse spielen – und je nachdem ein Vermögen gewinnen oder … verlieren.

Die Grundprinzipien aber sind dieselben geblieben wie zu Zeiten des Mijnheer van der Burse.

Bougainvillea, Bougainville

Louis-Antoine de Bougainville (1729–1811)

Wie heißt die größte Insel der Salomonen? Richtig, Bougainville. Ihren Namen hat die Insel, die politisch zu Papua-Neuguinea gehört, dem ersten französischen Weltumsegler zu verdanken. Und kennen Sie den Zierstrauch Bougainvillea, dessen rosaviolette Blätter weitaus spektakulärer sind als seine unscheinbaren Blüten?

Louis-Antoine de Bougainville war privilegiert, was die Finanzierung seiner wissenschaftlichen Projekte betraf. Sein Vater war Notar am königlichen Gerichtshof (Châtelet) und wurde 1741 geadelt. Aber auch seine klassische Bildung und seine lange militärische Laufbahn trugen dazu bei, daß er von der französischen Regierung für fähig befunden wurde, eine große Expedition zu leiten.

Seine mathematischen Studien, denen Bougainville neben seiner eigentlichen militärischen Ausbildung nachging, führten dazu, daß er schon mit 26 Jahren zum Mitglied der *Royal Society* gewählt wurde. In Kanada beteiligte er sich ab 1756 an etlichen Operationen, die Frankreich dort gegen England führte. Nach zwei Jahren kehrte Bougainville kurz in seine Heimat zurück, um sich zum Ritter schlagen zu lassen und den Titel eines Obersten der Infanterie in Empfang zu nehmen. Nach der Schlacht von Quebec (1759) und der Kapitulation Montreals am 8. September 1860 war Frankreich endgültig geschlagen. Bougainville verließ Kanada und zog nach Deutschland in den Siebenjährigen Krieg, den die Marquise von ☞Pompadour einige Jahre zuvor ihrer Heimat eingebrockt haben soll. 1763, nach dem Friedensschluß, wurde er zum Kapitän ernannt und gründete 1764 auf den Falklandinseln die französische Kolonie Port-Louis. Die 27 Francokanadier, die Bougainville als Siedler mitgenommen hatte, mußten ihre neue Heimat aber schon zwei Jahre später wieder verlassen, als Frankreich die Falklandinseln an Spanien abtrat.

1766 stach Bougainville ein weiteres Mal in See. Die Regierung hatte ihm die beiden Schiffe »Boudeuse« und »Etoile« zur Verfügung gestellt, und verschiedene Forscher hatten sich bereit erklärt, an der Expedition teilzunehmen. Als die Weltreisenden fünfzehn Monate später wieder in einen französischen Hafen einliefen, brachten sie wenig neue Erkenntnisse mit. Zwar hatten sie einige

Bougainville (Mitte) pflanzt mit drei Offizieren die Flagge seines Schiffes »Boudeuse« auf einem Felsen in der Magellanstraße auf.

Entdeckungen gemacht, aber ihre kartographischen Beschreibungen waren viel zu ungenau, um einen wirklichen Gewinn für die Wissenschaft darzustellen. Ungeachtet dessen wurde Bougainvilles zweiteiliger Reisebericht *»Voyage autour du monde«* ein wahrer Bestseller. Er erschien erstmals im Mai 1771, die deutsche Übersetzung – »Reise um die Welt« – lag bereits 1772 vor. In spannenden Episoden wurden darin nicht nur die ☞ Flora und ☞ Fauna fremder Länder beschrieben, sondern auch der Mythos vom »edlen Wilden«, der glücklich und frei von Sünde im Einklang mit der Natur der Südsee lebt, wurde hier nachhaltig geprägt.

Denis Diderot (1713–1784), der große französische Enzyklopädist, widmet Bougainville 1775 eine eigene Studie: *»Supplément au voyage de Bougainville«* (»Nachtrag zu Bougainvilles Reise«). Er hinterfragt darin die Motive des Forschungsreisenden kritisch, attestiert aber Bougainville, daß er der Menschheit *»mehr Sicherheit auf den Meeren [...] und mehr Genauigkeit auf unseren geographischen Karten vermittelt habe«*.

Kein Geringerer als James Cook (1728–1779) schreibt über die »Reise um die Welt«: *»Die nützlichste und unterhaltendste Beschreibung durch dieses Meer [Südsee], die bis jetzt erschienen ist.«*

Boykott

Charles Cunningham Boycott (1832–1897)

Nachdem er im Jahre 1873 aus der englischen Armee ausgeschieden war, suchte sich Captain Boycott einen neuen Beruf. Er fand ihn als Gutsverwalter des Grafen von Erne in Irland. Seine Hauptaufgabe bestand darin, bei den irischen Pächtern, die die Ländereien des Grafen im *County Mayo* bebauten, möglichst hohe Zinsen einzutreiben.

Das ging gut bis zum Jahre 1879. Damals drohte wegen schlechter Ernten eine Hungersnot, und der Unwille gegen die Forderungen der englischen Großgrundbesitzer wuchs. Die Bauern taten sich zusammen und forderten von Boycott, er solle die Pacht um einen Viertel senken.

Aber Charles Boycott ging nicht darauf ein. Im Gegenteil, er zog vor Gericht, um die Bauern von dem Land zu vertreiben, das sie schon seit Generationen bearbeiteten.

Der irische Nationalistenführer Charles Stewart Parnell forderte seine Landsleute zum gewaltlosen Widerstand auf. Wer sich ihren Forderungen nach Senkung der Pachtzinsen widersetzte, mit dem sollten sie einfach jeden Kontakt abbrechen. Sie sollten nicht mehr mit ihm reden und seine Anweisungen nicht mehr befolgen. Parnell rief also mit anderen Worten zum Boykott auf.

Charles Cunningham Boycott wurde boykottiert. Plötzlich waren alle seine Landarbeiter von den Feldern verschwunden. Er mußte Arbeiter aus Ulster kommen lassen, die dann, von Soldaten bewacht, die Ernte einbrachten. Boycott verließ Irland noch im selben Jahr.

Dieser erste Boykott, der allen darauffolgenden den Namen gab, war erfolgreich. 1881 wurde mit der Inkraftsetzung eines neuen Gesetzes der Ausbeutung Einhalt geboten.

Brailleschrift

Louis Braille (1809–1852)

Man kann nicht nur mit den Augen lesen. Der französische Erfinder Louis Braille machte es möglich, daß heute ein großer Teil der Weltliteratur auch für Blinde lesbar ist: mit den Fingern.

Im Alter von drei Jahren spielte Braille im Laden seines Vaters mit einem Messer und verletzte sich dabei an einem Auge. In der Folge erblindete er auch auf dem anderen Auge. Trotz seiner Behinderung wurde er ein ausgezeichneter Cellist und Organist.

Mit zehn Jahren konnte er dank Stipendien in der *»Institution Nationale des Jeunes Aveugles«* in Paris, an der er später auch als Lehrer tätig war, den Unterricht besuchen. Schon als fünfzehnjähriger Schüler kam er auf die Idee, ein neues System für die Blindenschrift zu entwickeln. Die herkömmlichen Systeme waren für Blinde schwer zu ertasten und zudem viel zu aufwendig in der Herstellung. Sie gingen immer von unserem lateinischen Alphabet aus und waren dadurch viel zu kompliziert. Die »Blindenschrift«, die Braille noch selbst in seiner Schulzeit gelernt hatte, war ursprünglich nicht für Blinde konzipiert. Sie war als Hilfsmittel für die Soldaten in den Schützengräben entstanden, damit sich diese auch nachts ohne Licht verständigen konnten.

Louis Braille entwickelte eine Schrift, die aus einer Kombination von sechs Punkten, angeordnet in drei Zweierreihen, besteht. Sie umfaßt nach kombinatorischen Überlegungen deshalb 63 Punktkombinationen mit verschiedenen Bedeutungen.

Mit diesem System erschloß Braille den Blinden eine neue Welt. 1829 publizierte er die erste Fassung und adaptierte das neue Alphabet auch für Musiknoten. Seine Schüler waren sofort begeistert, aber erst zwei Jahre nach Brailles Tod wurde sein System offiziell anerkannt. Die bisher letzte Fassung der Brailleschrift wurde 1937 veröffentlicht.

In den sechziger Jahren wurde die Brailleschrift noch einmal ergänzt: Durch identische Punktkombinationen wurden die wichtigsten Symbole aus Mathematik und Technik dargestellt. Im Jahre 1952, hundert Jahre nach seinem Tod, wurde Louis Braille die größte Ehrung zuteil, die Frankreich zu vergeben hat: Seine sterblichen Überreste wurden ins *Panthéon* in Paris überführt.

Brockhaus-Enzyklopädie

Friedrich Arnold Brockhaus (1772–1823)

Friedrich Arnold Brockhaus

Falls Sie in diesem Lexikon einen Namen nicht finden sollten, so schauen Sie doch im Brockhaus nach.

Daß Sie diese Möglichkeit haben, ist auf verschlungenen Pfaden indirekt auch Napoleon Bonaparte zu verdanken. Denn Friedrich Arnold Brockhaus war ursprünglich Tuchhändler. Weil aber wegen Napoleons Kontinentalsperre die Einfuhr von englischen Manufakturwaren unmöglich geworden war, löste er seine Handelsfirma auf und stieg ins Verlagsgeschäft ein. 1805 gründete er in Amsterdam die Verlagsbuchhandlung »Rohloff & Co«. Zwei Jahre später wurde der Verlag in »Kunst- und Industrie-Comptoir« umgetauft. Die Entscheidung über die Zukunft des Hauses fiel ein weiteres Jahr später, als Brockhaus das *»Conversationslexikon mit vorzüglicher Rücksicht auf die gegenwärtigen Zeiten«* von Renatus G. Löbel und Christian W. Franke aufkaufte. Der Verlag siedelte nach Altenburg und später nach Leipzig über. Den Namen F. A. Brockhaus trägt er erst seit 1814. Unter dem Verlagsgründer erschien Schopenhauers *»Die Welt als Wille und Vorstellung«* und später dessen Gesamtwerk. 1821 gelang es, die Rechte an den Memoiren ☞ Casanovas zu erwerben. Diese erschienen vollständig allerdings erst 1960–1963 in deutscher Sprache.

Die Arbeit, die Friedrich Arnold Brockhaus begonnen hatte, wurde unter seinen Söhnen Friedrich und Heinrich und später unter seinem Enkel Eduard weitergeführt. Sie konnten sich mit der Verlagsbuchhandlung Gleidt zusammenschließen, die eine *»Allgemeine Encyclopädie der Wissenschaften und Künste«* und Heinsius' *»Allgemeines Bücherlexikon«* herausgab. Neben den Werken einiger namhafter Schriftsteller wurden auch Reiseberichte verlegt.

Bei einem Luftangriff wurde 1943 das Verlagshaus in Leipzig zerstört. Nach Kriegsende baute der Verlag in Wiesbaden die Filiale

Eberhard Brockhaus auf. Als das Verlagshaus in Leipzig 1953 enteignet wurde, wurde die Filiale Wiesbaden mit F. A. Brockhaus bezeichnet. 1984 fusionierte das Unternehmen mit dem Bibliographischen Institut Mannheim (Meyers Lexika und Verlag des ☞ »Duden«) zu einer Aktiengesellschaft. An der Grundidee und am Geist des Unternehmens hat sich aber wenig geändert. Seit 1996 erscheint bereits die zwanzigste Ausgabe der *Brockhaus-Enzyklopädie* (24 Bände). Sitz des Verlags ist seit 1986 Mannheim.

Büchmann

Georg Büchmann (1822–1884)

Als der Gewerbeschullehrer Georg Büchmann im Jahre 1864 in einem Saal des Berliner Königlichen Schauspielhauses seine persönliche Sammlung landläufiger Zitate präsentierte, konnte er nicht ahnen, daß sich unter der Zuhörerschaft August Friedrich Wilhelm Weidling (1859–1902) befand, Besitzer eines der ältesten Berliner Verlage, der Haude & Spenerschen Verlagsbuchhandlung (gegründet 1614).

Georg Büchmann hatte Theologie, Philologie und Archäologie studiert, wirkte als Privatlehrer in Polen und Frankreich und unterrichtete ab 1854 in Brandenburg und später in Berlin. Er zeichnete sich durch eine ungewöhnliche sprachliche Begabung aus. Außer in den klassischen Sprachen Latein, Griechisch und Hebräisch, die er in seiner Schulzeit gelernt hatte, verständigte er sich fehlerfrei in Englisch und Französisch und sprach fließend Spanisch, Italienisch, Polnisch, Dänisch und Schwedisch. Seine Vielsprachigkeit verschaffte ihm einen Zugang zur Weltliteratur, wie er nur ganz wenigen gegeben ist. Es scheint, als ob ihn die ständige Beschäftigung mit Sprache und Literatur dazu anregte, nach schönen und treffenden Zitaten und deren Ursprung zu forschen.

Weidling erkannte in Büchmanns Referat die Chance und das Potential, seinem maroden Geschäft wieder auf die Beine zu helfen. In einer Zeit, in der sich das deutsche Bildungsbürgertum mit Zitaten verbale Duelle lieferte, füllte ein Verzeichnis berühmter Sätze aus Religion, Geschichte und Literatur eine echte Marktlücke. Der umgearbeitete Vortrag Georg Büchmanns erschien noch im gleichen Jahr unter dem Titel *»Geflügelte Worte. Der Zitatenschatz des deutschen Volkes«*. Die erste Auflage war innerhalb eines Jahres vergriffen. Daß der »Büchmann« auch heute noch ein unentbehrliches Nachschlagewerk ist, davon zeugen weit mehr als dreißig ständig nachgeführte Auflagen. Heute erscheint der »Büchmann« im Ullstein Verlag, Berlin.

Büchse der Pandora

Pandora

Egal, ob griechische Mythologie oder biblische Geschichte – die Frau wird als Sinnbild für Neugier und Verderbnis dargestellt. Kennt man die Episode von Eva und der Schlange, liest sich die Geschichte über Pandora mit einer gewissen Vertrautheit.

Die ersten Menschen lebten in einer Welt, die dem Garten Eden an Bequemlichkeit in nichts nachstand. Arbeit und Sorgen waren unbekannt – bis Zeus neben die bis anhin männliche Menschenrasse eine Frau setzte. Weil sie von den Göttern mit verschiedenen Gaben und Eigenschaften versehen worden war, nannte man sie Pandora, »die Allbeschenkte«. Der Schmiedegott Hephaistos formte sie aus Lehm, Athene hauchte ihr Leben ein, und Aphrodite stattete sie mit betörender Schönheit aus. In ihre Hände legten die Götter ein hermetisch versiegeltes tönernes Vorratsgefäß, das alle nur erdenklichen Übel und Plagen enthielt. Aus Neugier öffnete Pandora den Krug (daß man von einer Büchse spricht, geht auf einen Übersetzungsfehler bei Erasmus von Rotterdam zurück) und ließ Kriege, Leid und Krankheiten in die Welt hinausströmen. Hastig versuchte sie das Gefäß wieder zu schließen, aber es war schon zu spät; nur die Hoffnung blieb im Krug zurück. Bei Hesiod steht nachzulesen, daß die Menschheit von diesem Tag an das paradiesische Leben aufgeben mußte.

Ob »Pandora's box«, »caja de Pandora«, »boîte de Pandore«, »doos van Pandora« oder »vaso di Pandora« – die Büchse der Pandora steht nunmehr in vielen europäischen Sprachen als Sinnbild für alles Unheil.

Bis in die heutige Zeit ist Pandora immer wieder zum Thema verschiedener Künstler geworden. Einige haben versucht, Pandora – und damit die Frau – ein wenig zu entlasten. Andere, vor allem die christlichen Künstler des Mittelalters, haben die Parallelen zur biblischen Eva besonders hervorzuheben versucht. Vor allem aus Renaissance und Romantik sind zahllose Bildnisse erhalten. Auch für Schriftsteller war Pandora ein willkommenes Thema. Ihren ersten großen Auftritt hatte sie bei Calderón de la Barca. Allerdings weist sie bei ihm größere Ähnlichkeiten mit Minerva auf als mit der klassischen Pandora. 1740 vollendete Voltaire seine Oper »Pandore«, die – übrigens bis heute unaufgeführt – den »Ursprung des moralischen und leiblichen Übels« zum Inhalt hat. Im deutschen Sprachraum haben sich u. a. Wieland, Herder, Goethe, Spitteler und Wedekind mit Pandora beschäftigt. Daß die Figur der Pandora immer wieder aufgegriffen wurde und wird, liegt an der Faszination der »schönen Übeltäterin«, wie sie die Griechen zu bezeichnen pflegten. Die Tat der Pandora bleibt bis in die heutige Zeit aktuell und spannend. Pandora – der Prototyp einer *femme fatale*.

Bunsenbrenner

Robert Wilhelm Eberhard Bunsen (1811–1899)

Die Geisteswissenschaften hätten ihm eigentlich eher liegen sollen, war doch sein Vater Bibliothekar und Professor für moderne Sprachen an der Universität Göttingen. Robert Bunsen wollte aber nichts davon wissen und studierte Chemie, Physik, Mineralogie und Mathematik. 1830 doktorierte er in Physik. Bevor er im Wintersemester 1833 eine Stelle als Privatdozent in Göttingen annahm, wollte er noch für eine kurze Zeit seine Freiheit genießen. Auf Studienreisen quer durch Deutschland und Frankreich machte er viele interessante Bekanntschaften und ließ sich von den berühmtesten Wissenschaftlern seiner Zeit durch deren Laboratorien führen.

Seine Lehrtätigkeit nahm er nach diesen Ausflügen mit großer Freude auf. 1835 wechselte er an die polytechnische Gewerbeschule in Kassel, als Nachfolger von Friedrich Wöhler (1800–1882), der als einer der Begründer der modernen Chemie gilt.

Zwei Jahre später wurde Bunsen zum außerordentlichen Professor an die Universität Marburg berufen und weitere vier Jahre später zum ordentlichen Professor ernannt. 1852 schließlich wurde er an die Universität Heidelberg gerufen und blieb dort bis zu seiner Pensionierung. Als er mit achtundsiebzig Jahren endgültig seinen Rücktritt aus der Forschung bekanntgab, hatte er im Laufe von vierundsiebzig Semestern zu je hundert Semesterstunden Vorlesungen und Kurse in allgemeiner Experimentalchemie gehalten.

Für ein Privatleben oder gar eine Familie hatte Bunsen keine Zeit. Wenn er nicht gerade Vorträge hielt, war er in seinem Labor anzutreffen. In verspielten Stunden frönte er dort manchmal seinem Hobby, dem Glasblasen. Aber nicht nur die Glaswaren für sein Labor kamen aus seiner eigenen Produktion, auch andere Laborutensilien stellte er so weit wie möglich selbst her. Auf diese Weise kam auch die Erfindung zustande, die heute noch seinen Namen trägt. Der Bunsenbrenner funktioniert mit brennbarem Gas, das zusammen mit der angesaugten Luft eine Flamme bildet, deren Temperatur präzis reguliert werden kann. Mit dieser Vorrichtung, die heute in jedem Laboratorium unentbehrlich ist, können Temperaturen von über 1500 Grad ☞ Celsius erreicht werden.

Während seiner Forschungstätigkeit konzentrierte sich Bunsen zunächst auf die anorganische Chemie und stieß schon früh auf ein Mittel gegen Arsenvergiftungen. Auch eine preiswerte Batterie ist ihm zu verdanken. Anstelle von teuren Platinelektroden verwendete er Kohle. Sein neu entwickeltes galvanisches Element basierte auf einer Zink-Kohle-Reaktion und wird zum Teil noch als »Bunsen-Element« bezeichnet. Ab 1836 befaßte sich Bunsen auch mit der organischen Chemie. Durch eine lange Versuchsreihe mit *Kakokyloxid* (stinkendem Oxid) konnte er seine Theorie über Radikalverbindungen festigen. Bei einem der Versuche erblindete er auf dem rechten Auge.

Mit seinem Kollegen und Physiker Gustav Robert Kirchhoff (1824–1887) machte Bunsen die Entdeckung, daß alle Elemente Licht mit einer bestimmten Wellenlänge aussenden, wenn sie sich im Gaszustand befinden (»Kirchhoffsches Strahlengesetz«). Sie nannten das Verfahren Spektralanalyse und entdeckten auf diese Weise die zwei Elemente *Cäsium* und *Rubidium*. Die Namen hatte man den Spektralfarben der zwei Elemente gemäß gewählt: Cäsium heißt lateinisch »himmelblau« und Rubidium »dunkelrot«. Mit

Hilfe derselben Methode entdeckten andere Forscher in den folgenden Jahren noch weitere Elemente.

Für seinen großen Beitrag zur wissenschaftlichen Forschung wurde Bunsen vielfach geehrt. Auf die größte Ehrung, die einem Wissenschaftler widerfahren kann – daß ein Element oder eine Maßeinheit nach ihm benannt wird –, wartete er allerdings vergeblich. Anstelle eines *Bunsiums* kennen wir heute nur den unscheinbaren Bunsenbrenner.

Buridans Esel

Johannes (Jean) Buridan (um 1295 – nach 1366)

Um es gleich vorwegzunehmen: Buridans Esel war ein Hund.

Als junger Geistlicher kam Buridan nach Paris, um sein Studium aufzunehmen. 1328 wurde er zum Rektor der Universität zu Paris ernannt. In der Zeit vor 1334 besuchte er den päpstlichen Hof in Avignon und bestieg bei dieser Gelegenheit auch den Mont Ventoux (1909 m), um einige metereologische Untersuchungen durchzuführen. 1340 legte er in den Statuten der Universität fest, daß fremdsprachige Texte nicht wortwörtlich übersetzt werden sollten. Für ihn war entscheidend, die Absichten des Autors wahrzunehmen und zwischen den Zeilen zu lesen. Buridan vertrat die These, daß bei wörtlichen Übersetzungen Fehler in der Deutung entstehen konnten, insbesondere auch in der Auslegung der Heiligen Schrift.

Buridan war ein sehr »weltlicher« Geistlicher, dem die Wissenschaften wichtiger waren als religiöse Aspekte. So erstaunt es auch nicht, daß er sein Theologiestudium nicht beendete. Er starb nach 1366, wahrscheinlich an der Pest.

Neben der »offiziellen« Lebensgeschichte existiert noch die Version des Dichters François Villon (um 1431–1463), jenes sagenumwobenen Poeten, der als erster die Volks- und Gaunersprache in die Literatur einbezog. Bei Villon ist nachzulesen, daß Buridan eine zweifelhafte Beziehung zur Gattin von König Philipp V., genannt der Lange, gepflegt habe. Der König habe ihn festnehmen und, eingeschnürt in einen Sack, in die Seine werfen lassen. Die Geschichte ist schon deshalb unwahrscheinlich, weil Philipp bereits 1322 verstarb und Buridan auch dessen Nachfolger Karl IV., »der Schöne«, Philipp VI. und Johann II., mit dem Beinamen »der Gute«, überlebt hat. Die Geschichte ist hübsch, die Quelle etwas zweifelhaft ...

Die Bedeutung von Buridans Werk für die Wissenschaft ist erst lange nach seinem Tod erkannt worden. Seine Interessen waren sehr vielseitig. Buridan befaßte sich nicht nur ausführlich mit der Philosophie des Aristoteles, sondern bearbeitete auch mittelalterliche Texte über Mathematik, Astronomie und Grammatik. Daneben verfaßte er eigene Bücher, in denen er Themen früherer Denker aufnahm und hinterfragte. Trotz seiner theologischen Bildung versuchte Buridan immer, die wissenschaftliche Forschung klar von theologischen und metaphysischen Gesichtspunkten abzugrenzen. Er war damit als Wissenschaftler seinen Kollegen und seiner Zeit weit voraus. Erst drei Jahrhunderte später begann Galileo Galilei christliche Dogmatik und Wissenschaft systematisch zu trennen.

Vor allem Aristoteles' Bewegungslehre war Buridan ein Dorn im Auge. Gemäß Aristoteles' Erkenntnissen wurde nämlich ein Gegenstand, der geworfen wurde, von der Luft angetrieben. Buridan fand Aristoteles' Erklärung absurd und entwickelte seine eigene Theorie, die unter dem Namen »Impetus-Theorie« bekannt wurde. Er ging davon aus, daß der anfänglich gegebene Impuls maßgebend war und daß sich ein Gegenstand, dem ein Impuls gegeben wurde, unendlich weit – *ad infinitum* – bewegen könnte, würde er nicht auf Widerstände von außen stoßen.

Das schöne Gleichnis vom Esel, der verhungert, weil er sich nicht zwischen zwei gleich weit entfernten und gleich großen Heuhaufen entscheiden kann, ist aber nirgends in Buridans Werk zu finden. Eine ähnliche Geschichte taucht lediglich in seiner Abhandlung über Aristoteles' »De caelo« auf, nur ist dort der Esel ein Hund. Die Fabel rund um Buridans Esel, die uns erklären soll, wie schwierig es ist, bei zwei gleich überzeugenden Motiven die richtige Entscheidung zu treffen, müßte eigentlich leicht abgeändert werden.

C

Cabal ☞ Kabale

Cadillac

Antoine de la Mothe Cadillac (um 1656–1730)

Bei seiner Hochzeit behauptete der Edelmann Antoine de la Mothe Cadillac von sich selbst, er sei erst sechsundzwanzig. Damit hatte er sich um genau fünf Jahre vertan. Ein Glück für ihn, daß er damals schon weitab von seiner Heimat Frankreich lebte.

Die französischen Streitkräfte hatten ihn 1683 als Leutnant nach Amerika geschickt, wo ihm ein Posten im heutigen Maine übertragen wurde. Als er nach einer kurzen Europareise zurückkehren wollte, hatten die Engländer die Kontrolle an der Ostküste übernommen. Später wurde ihm das Kommando über den damals wichtigsten französischen Posten, Mackinac, übertragen. Cadillac freute sich gar nicht darüber. Ständig klagte er, das Klima sei ihm zu kühl, das Essen zu fad und die »Wilden« zu wild. Als er sich endlich an die neue Umgebung gewöhnt hatte und den Ort plötzlich als einen der erholsamsten Flecken auf der ganzen Welt rühmte, beorderte ihn die französische Krone zurück.

1699 legte Cadillac dem Ministerium seine Pläne für einen Stützpunkt am Detroit River vor, der den französischen Pelzhandel vor den Engländern schützen sollte. Der Minister ließ sich schnell überzeugen, und so kam Cadillac 1701, mittlerweile zum königlichen Leutnant befördert, zusammen mit reisefreudigen Kolonisten am Fluß Detroit an. Sehr schnell sah er sich von Feinden umringt. Seine Absicht, die indigene Bevölkerung in einer Art Reservat bei Detroit unterzubringen, verärgerte vor allem die Jesuiten, die damals in der Region missionarisch tätig waren.

Nachdem es nicht bei diesem einen Fauxpas geblieben war, ließ man ihn 1704 festnehmen. Als er in Quebec aus der Gefangenschaft entlassen wurde, kehrte er triumphierend nach Detroit zurück. Die Nachrichten, die er fortan dem französischen Minister zukommen ließ, strotzten vor Begeisterung. Der Minister konnte es sich nicht verkneifen, die ironische Nachricht nach Neu-Frankreich zurückzuschicken, er sei beruhigt, daß Detroit zu einem zweiten Paris werde.

Kaum hatte sich Cadillac mit seiner Familie in Detroit einigermaßen komfortabel eingerichtet, wurde er noch einmal versetzt. Während dreier Jahre lebte und arbeitete Cadillac in der neuen Kolonie Louisiana. Hier beschwerte er sich wieder über die Zustände und handelte sich durch seine Arroganz viele neue Feinde ein. Habgierig nutzte er die Zeit, um sich zu bereichern. Als er hörte, daß man in Illinois Goldminen gefunden hatte, machte er sich sofort auf den Weg. Um so enttäuschter war er, daß es sich bei dem vermeintlichen Gold lediglich um Blei handelte.

1717 hatte die Krone von seinem schlechten Benehmen, seinen Nörgeleien und Klagen die Nase voll. Cadillac wurde nach Frankreich zurückgerufen und entging nur knapp einer Gefängnisstrafe in der Bastille. Seine letzten Jahre verbrachte der Adlige, der sich mit seiner Habgier und seinem Temperament selbst im Weg stand, in der heimatlichen Gascogne.

1903, fast zweihundert Jahre nach Cadillacs Tod, wählte der Autohersteller Henry Leland den Namen Cadillac als Firmennamen. Wieso? Weil sein Unternehmen in Detroit stand, der Stadt, die Antoine de la Mothe Cadillac gegründet hatte.

Bereits 1909 übernahm die erst 1908 gegründete General Motors Corporation das junge Unternehmen. Bis heute wird Cadillac als eigene Division von GM geführt.

Caran d'Ache

Emmanuel Poiré (Caran d'Ache) (1859–1909)

Für Arnold Schweitzer stand von Anfang an fest, welchen Namen sein 1924 gegründetes Unternehmen tragen sollte. Um seiner tiefen Verehrung Ausdruck zu verleihen, wählte er das Pseudonym des berühmten französischen Zeichners, Karikaturisten und Plakatmalers Emmanuel Poiré.

Poiré wurde 1859 als Enkel eines napoleonischen Soldaten in Moskau geboren. Es kam also nicht von ungefähr, daß er in seinen frühen Zeichnungen die französischen Truppen verherrlichend darstellte, z. B. Napoleon auf seinem Pferd, mitten im Angriff und immer in heldenhafter Pose.

Berühmt wurde Poiré später vor allem durch seine Geschichten ohne Worte, die damals in vielen Zeitungen abgedruckt wurden. Allerdings signierte er kein einziges seiner Werke mit seinem eigenen Namen, sondern nur mit seinem Pseudonym – Caran d'Ache.

Der Name Caran d'Ache stammt aus dem Russischen: »Karandásch« bedeutet Bleistift. Für den Schweizer Unternehmer Schweitzer paßte dieser Name gut – schließlich fabrizierte er vorerst ausschließlich Bleistifte (und Farbstifte). Caran d'Ache zählt heute zu den bekanntesten Markenartikeln der Schweiz und ist – wie Faber-Castell in Deutschland – zu einem Synonym für Qualität geworden.

Casanova

Giacomo Girolamo Casanova, Chevalier de Seingalt (1725–1798)

»Casanova figuriert als Sonderfall, als einmaliger Glücksfall innerhalb der Weltliteratur, vor allem deshalb, weil dieser famose Scharlatan eigentlich genauso unberechtigt in das Pantheon des schöpferischen Geistes geraten ist wie Pontius ins Credo … Seine paar Verse, hastig zwischen Bett und Spieltisch zu Ehren eines Dämchens hinimprovisiert, muffeln nach Moschus und akademischem Leim, und wenn unser guter Giacomo gar zu philosophieren anfängt, tut man gut, sich die Kinnbacken gegen Gähnkrämpfe zu sperren.«

Stefan Zweig hatte also nicht sehr viel Schmeichelhaftes über die dichterischen Fähigkeiten Casanovas zu sagen. Trotzdem scheint er sich vor den Memoiren, die der große Charmeur und Schwindler mit 65 Jahren zu Papier gebracht hat, zu verneigen; Casanova hat während seines aktiven Lebens nicht an Sätzen gefeilt, ja er hat nicht einmal versucht, erdachten Situationen etwas Lebendigkeit einzuhauchen. Was Casanovas Geschichte so viel Spannung und Feurigkeit verleiht, ist das Leben selbst.

Casanova wurde als Sohn eines Schauspielers und einer Schauspielerin geboren, und das Theater schien ihm zeitlebens im Blut zu

liegen. Er ging erst spät zur Schule, aber um so schneller machte sich seine hohe Intelligenz bemerkbar. Gerade sechzehnjährig, schloß er sein Studium der Rechte ab und hätte, nach dem Willen seiner Großmutter, die Casanova erzogen hatte, darauf die kirchliche Laufbahn einschlagen sollen.

Doch alles kam ganz anders. Casanovas Leben gestaltete sich als eine wilde Aneinanderreihung von Liebschaften und Abenteuern. Er lernte alles kennen: die düsteren Gefängniszellen in den berüchtigten Bleikammern von Venedig und die Schloßgärten von Sanssouci; er ließ sich mit miesen kleinen Kartenspielern ein, wurde von Voltaire und Katharina der Großen zum Empfang gebeten und ließ Friedrich den Großen begeistert ausrufen: *»Wissen Sie, Sie sind ein sehr schöner Mann.«* Auch was seine Tätigkeiten angeht, nahm Casanova, was sich ihm gerade anbot. Einmal schlug er sich als Geiger durch, reiste dann als Diplomat in geheimer Mission durch Europa, wurde Theaterdirektor und Sekretär des venezianischen Botschafters Lotterieveranstalter in Paris, Theaterautor und Schriftsteller. Spielschulden, gefährliche Liebschaften und Intrigen hielten Casanova davon ab, längere Zeit an einem Ort zu verbringen. Die damalige Welt war seine Bühne. Irgendwann brach sein persönliches Welttheater jedoch immer in sich zusammen.

Für sein ausschweifendes Liebesleben ist Casanova sprichwörtlich bekannt geworden. Interessant daran ist, daß der berühmteste Liebhaber der Weltliteratur sich nie um Stand oder Aussehen einer Frau gekümmert hat. Er ließ sich von seiner Fähigkeit zur Leidenschaft leiten und lebte diese exzessiv aus. Er verachtete die Frauen nicht, zwang keine, sich mit ihm einzulassen. Aber er liebte auch keine so sehr, daß er für sie auch nur einen Kompromiß eingegangen wäre.

Die letzten dreizehn Jahre seines Lebens verbrachte er endlich in Ruhe – aber keineswegs in Frieden, denn die Tätigkeit als Bibliothekar des reichen Grafen Waldstein im nordböhmischen Dux langweilte ihn zu Tode. Im Gefolge des Grafen, der ihm, mehr aus Mitleid als aus einer Notwendigkeit heraus, die Stelle angeboten hatte, verbrachte Casanova seinen Lebensabend in Resignation und Melancholie.

1790 entschloß er sich, seine Erlebnisse für die Nachwelt festzuhalten, und schrieb in französischer Sprache innerhalb zweier Jahre seine kulturhistorisch bedeutenden Memoiren nieder, die zu lesen noch heute lohnt. Casanova starb am 4. Juni 1798.

Sein Name galt lange als Synonym eines leidenschaftlichen, charmanten und unwiderstehlichen Verführers. Heute aber wird er eher in abwertendem Sinne (»Vorstadt-Casanova«) und mit abschätzigem Klang verwendet. Das aber hat Casanova nicht verdient.

Cäsarenwahn, Cäsarismus ☞ Kaiser

Celsius

Anders Celsius (1701–1744)

Mit seiner Arbeit *»Observationer om twänne beständiga gråder på en thermometer«* hatte Anders Celsius den Sprung in den Olymp geschafft und reihte sich damit unter die Forscher ein, deren Erfindungen für die Nachwelt maßgebend wurden.

Celsius wuchs als Sohn eines Astronomieprofessors im schwedischen Uppsala auf. 1717 begann er mit dem Jurastudium, das er jedoch nach kurzer Zeit wieder aufgab. Zu sehr zog es ihn zur Astronomie hin, die er durch seinen Vater schon früh kennengelernt hatte. Daneben beschäftigte er sich mit Mathematik und experimenteller Physik. Ab 1730 unterrichtete er als Professor für Astronomie an der Universität Uppsala. Da es aber in ganz Schweden keine Sternwarte gab, mußte sich Celsius auf Studienreisen nach Nürnberg, Rom und Paris weiterbilden. 1737 schloß er sich der von Maupertius geleiteten Expedition nach Lappland an, die von der Pariser Akademie geplant worden war. Zum gleichen Zeitpunkt brach eine weitere Expedition nach Peru auf. Mit Messungen in der Nähe des Äquators und des Nordpols sollte Newtons Theorie überprüft werden, die besagte, daß die Erde an den Polen abgeflacht sei. Beide Expeditionen bestätigten Newtons These.

Nach seiner Rückkehr plante Celsius die Errichtung der Sternwarte in Uppsala, die 1742 fertiggestellt wurde. Danach untersuchte er den Einfluß des Nordlichts auf den Erdmagnetismus, und auch das Jupitersystem war Gegenstand seiner astronomischen Forschungen. Als einer der ersten setzte er sich für die Einführung des Gregorianischen Kalenders in Schweden ein und fand eine plausible Erklärung für die Strandverschiebungen in Skandinavien – er führte sie auf den steigenden Meeresspiegel zurück.

Es war aber eine seiner kleineren Arbeiten, die ihn berühmt gemacht hat. In seiner Arbeit über die Temperaturmessung bezog er sich auf die Arbeiten von ☞ Réaumur und ☞ Fahrenheit. Weil es ihm gelang, die beiden Fixpunkte der Temperaturskala auf einfachere Art als die beiden Vorgänger festzulegen und er den Luftdruck als wichtigen Faktor mit berücksichtigte, konnte sich sein präzises System bald durchsetzen. Als er die Arbeit 1742 der schwedischen Akademie der Wissenschaft vorlegte, stand sein Thermometer noch auf dem Kopf: Der Siedepunkt von Wasser war bei null Grad erreicht, während der Gefrierpunkt bei hundert Grad lag.

Erst 1747, also drei Jahre nach dem frühen Tod des Wissenschaftlers, wurde die Skala umgekehrt und unter dem Namen »Schwedisches Thermometer« bekannt. Der Name Celsius für die Temperaturskala setzte sich erst ein halbes Jahrhundert später durch.

Chauvinismus

Nicolas Chauvin

Von allen Soldaten Napoleons war Nicolas Chauvin wohl der treuste. Man erzählt sich – eindeutige Beweise für seine Existenz gibt es nicht –, daß er in vielen Schlachten für seinen Kaiser gekämpft habe und siebzehnmal verwundet worden sei. Als Kriegsinvalider bezog er eine winzige Pension, von der man eigentlich nicht leben konnte.

Jeder andere hätte angefangen, auf Napoleon zu schimpfen, vor allem, als der Kaiser endgültig geschlagen schien und nach Elba in die Verbannung geschickt worden war. Aber Nicolas Chauvin blieb seinem Idol treu. Trotz seiner mißlichen Lage hörte man von ihm nichts als Lobeshymnen auf Napoleon Bonaparte. Nicolas Chauvin war eben ein wahrer Chauvinist.

Nach der Rückkehr aus Elba, während der berühmten »Hundert Tage«, wurde in Flugblättern und Zeichnungen Stimmung für Napoleon gemacht, und in diesen Schriften tauchte immer wieder die Figur des Nicolas Chauvin auf. Er sollte der ganzen französischen Nation als Vorbild vor Augen geführt werden.

Nun, aller Chauvinismus half nichts. Napoleon wurde ein zweites Mal, diesmal endgültig, besiegt und mußte die Reise ohne Wiederkehr nach St. Helena antreten. Der Traum vom französischen Kaiserreich war – vorerst – ausgeträumt. Nicolas Chauvin nahm den Verlauf der Geschichte einfach nicht zur Kenntnis. Bis zu seinem Tod schwärmte er weiter für den großen Korsen.

Im Jahre 1831 wurde in Paris das Lustspiel *»La cocarde tricolore«* der Gebrüder Cogniard uraufgeführt. Darin kam ein junger Rekrut namens Chauvin vor, der ständig großspurige Reden hielt. Auch Eugène Scribe, der noch heute vielgespielte Theaterschriftsteller, verewigte Chauvin in einem seiner mehr als 400 Stücke – in *»Le soldat laboureur«*.

Von nun an ging der Chauvinismus als Bezeichnung für eine übersteigerte nationalistische Haltung in die französische Sprache ein. In den letzten Jahrzehnten kam eine zweite Bedeutung hinzu, die von amerikanischen Feministinnen geprägt worden ist. Der sogenannte männliche Chauvinismus steht für den unbegründeten Überlegenheitsanspruch des Mannes und ein übertriebenes männliches Selbstwertgefühl.

Nicolas Chauvin hat im Wortschatz vieler Sprachen durch seinen Namen Aufnahme gefunden. Schließlich gibt es sie weltweit, die Chauvinisten und die »Chauvis«.

Chinarinde, Cinchona

Ana, Condesa de Chinchón (17. Jh.)

Man schrieb das Jahr 1638. Der Vizekönig von Peru, Luís Gerónimo Cabrera Bobadilla Cerda y Mendoza IV., Graf von Chinchón, machte sich große Sorgen um seine Gemahlin. Sie war an einer heimtückischen Seuche erkrankt, dem »Wechselfieber«. Vielleicht wäre der Herr Graf beruhigt gewesen, hätte er gewußt, daß ein Absud aus

Baumrinde nicht nur seine Frau heilen, sondern auch seinen Namen unsterblich machen sollte.

Die Bewohner der Anden gaben eine uralte Rezeptur von Generation zu Generation weiter: Aus der Rinde eines bestimmten Baumes, in der Quechua-Sprache »quina-quina« genannt, wußten die Inka einen Wirkstoff mit stark fiebersenkenden Eigenschaften zu gewinnen.

Jesuiten hatten die heilende Wirkung der Rinde von »quina-quina« kennengelernt und wandten die Therapie bei der todkranken Vizekönigin Ana de Chinchón mit Erfolg an. Eine Probe des Medikamentes erreichte Rom. Doch während dort die Reaktionen sehr positiv ausfielen und das »quina-quina« als Heilmittel abgesegnet wurde, erhob sich im übrigen Europa lauter Protest. Die Mediziner waren davon überzeugt, daß die Peruaner einen Pakt mit dem Teufel abgeschlossen hatten. In Salamanca beging jeder Arzt eine »Todsünde«, wenn er das neue Medikament einem Patienten verschrieb. Bis der heilsame Rindenextrakt anerkannt wurde, sollte noch ein Jahrhundert vergehen.

Im 18. Jahrhundert taufte Carl von Linné *(☞ Dahlie)* den ursprünglichen Namen des Baumes in Cinchona um und erinnerte damit an die Vizekönigin von Peru, Ana de Chinchón. Der Volksmund machte daraus die »Chinarinde« und vergaß die schöne Condesa. In China aber kommt der Baum *nicht* vor. Er wächst ausschließlich in den Wäldern der Kordilleren, in Bolivien, Peru, Ecuador, Venezuela und Kolumbien.

Schon im 19. Jahrhundert wagte sich kein Forscher mehr ohne einen gehörigen Vorrat an Chinin in die Tropen. Das aus der Rinde gewonnene Mittel gegen die Malaria (das einstige »Wechselfieber«) war zum Standardmedikament gegen die üble Tropenkrankheit geworden. Heute werden auch Limonaden (z.B. »Schweppes«, »Queens Bitter Lemon« u.a.) mit dem Stoff angereichert, um ihnen den leicht bitteren und unverwechselbaren Geschmack zu verleihen.

Chippendale

Thomas Chippendale (1718–1779)

Nicht von der Strippertruppe ist hier die Rede, sondern von einem Möbelstil, der vor allem durch die krummbeinigen Mahagonistühle bekannt wurde.

Der Name geht auf den englischen Möbeltischler Thomas Chippendale zurück. Er stammte aus York, wo sein Vater als Tischler arbeitete. Irgendwann zwischen seinem zwanzigsten und dreißigsten Lebensjahr muß Chippendale nach London gezogen sein. Über diesen Abschnitt seines Lebens herrscht Unklarheit. Das einzige Dokument aus dieser Zeit ist seine Heiratsurkunde von 1749. Einige Monate später eröffnete er sein erstes Geschäft in Court Conduit in Long Acre, 1753 zog er in die St. Martin's Lane um. Noch ein Jahr später fand er in einem schottischen Großhändler einen Partner, der dem jungen Unternehmer finanziell unter die Arme griff. Bald beschäftigte die Firma zweiundzwanzig Arbeiter. Einen dramatischen Rückschlag erlitt das junge Unternehmen, als 1755 große Teile der Werkstätten durch einen Brand verwüstet wurden.

1754 ließ Chippendale ein Musterbuch mit seinen persönlichen Entwürfen, dargestellt auf 161 Abbildungen, herausgeben. Seine Möbel – meistens waren sie mit Japanlack und Vergoldungen verziert – orientierten sich stilistisch am französischen Rokoko, aber auch klassizistische und chinesische Stilelemente waren vertreten. Der *»Gentleman and Cabinet-maker's Director«*, wie der Katalog benannt war, wurde an die besten Adressen des Landes verschickt. Die vornehmen Kunden konnten sich so einen guten Überblick über Chippendales Arbeiten verschaffen, bevor sie ihn für teures Geld als Innendekorateur beauftragten. Der Begriff »Chippendale« wurde vor allem durch die Entwürfe geprägt, die in diesem Musterbuch vorgestellt wurden.

Um neue Kundschaft zu gewinnen, wagte Thomas Chippendale viel. Er reiste nach Paris, um mit dem neusten französischen Design im Angebot seinen Ruf zu verbessern. Leider war sein Projekt nicht ganz ausgereift, denn im folgenden Jahr beschlagnahmte der britische Zoll eine Lieferung von sechzig französischen Stuhlrahmen. Und schon bald fiel wieder eine Lieferung an Chippendale den Grenzbeamten in die Hände. Diesmal wurde ihm indischer Kattun-

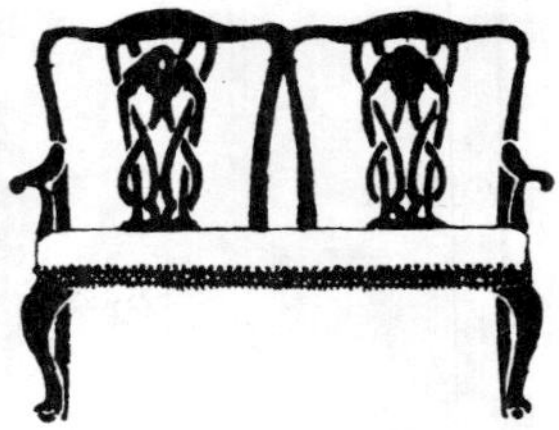

stuhl zum Verhängnis, den er illegal einführen wollte.

Das Testament, das der schottische Partner bei seinem Tod 1766 hinterließ, sah keine weiteren Zahlungen an Chippendale vor. Eine Zwangsversteigerung wurde durchgeführt. Der verzweifelte Unternehmer mußte mit ansehen, wie Möbelstücke und kostbare Mahagoniplatten davongetragen wurden. Als sich seine noblen Kunden trotz dauernder Mahnungen sehr viel Zeit nahmen, um ihre offenen Rechnungen zu begleichen, stand Chippendale am Rande des Ruins. Erst als sein Buchhalter Thomas Haig investierte, konnte das Unternehmen noch einmal gerettet werden. Reich wurde Thomas Chippendale mit seiner Arbeit trotzdem nicht. Er starb 1779 an Schwindsucht.

Colt

Samuel Colt (1814–1862)

Zu unserer Vorstellung vom Wilden Westen gehört unbedingt der sechsschüssige Revolver, der unter dem Namen Colt bekannt geworden ist.

Es ist ein Colt, den der Westernheld im Film blitzschnell aus dem Halfter zieht, wenn er vom bösen Outlaw angegriffen wird. Es ist ein Colt, den der einsame Reiter in der Prärie lässig um den Finger wirbeln läßt. Und es ist ein Colt, von dessen Lauf der Sheriff nonchalant den Pulverdampf hinwegbläst, wenn er wieder einen üblen Gangster erledigt hat.

Wer aber war der Erfinder dieser Wildwestwaffe?

Samuel Colt, der spätere Waffenfabrikant, wurde 1814 als Sohn eines angesehenen Textilfabrikanten geboren. Seine frühe Kindheit verbrachte er glücklich im Schoß der Familie; aber noch vor seinem siebten Geburtstag sollte sich dies ändern. Der Vater ging bankrott, und die Mutter starb noch im selben Jahr an Tuberkulose. Von da an fehlte Colt ein richtiges Zuhause, und er ging kaum mehr zur Schule.

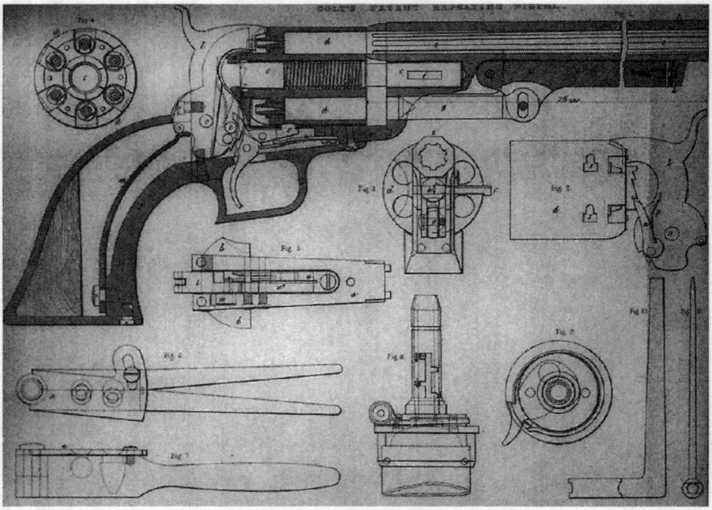

Der Colt. Lithographie von 1852

1824 arbeitete Colt eifrig in der neu aufgebauten Färberei seines Vaters und ging auch wieder zur Schule. Er machte rasche Fortschritte und schrieb sich für einen Vorbereitungskurs am College ein. Seines schlechten Benehmens wegen wurde er erst einmal für ein Jahr zur Marine verbannt. Nach einer einjährigen Indienreise begann er wieder mit großem Enthusiasmus in der Färberei zu arbeiten. Sein Vater beschloß jedoch kaum ein Jahr später, daß Samuel reif sei, um auf eigenen Beinen zu stehen.

Er begann an der Volkshochschule Vorträge über Chemie zu halten. Besonders beliebt waren seine Demonstrationen über die Wirkung von Lachgas.

Schon immer war Colt von Waffen fasziniert. Auf einer Reise nach Singapur schnitzte er aus Holz den Prototyp der Erfindung, die ihn berühmt machen sollte. Sein erster Colt aus Metall explodierte dann zwar, aber nach weiteren Basteleien konnte die Waffe 1835 in England und Frankreich patentiert werden. Nach seiner Rückkehr aus Europa erhielt Samuel Colt 1836 auch sein erstes USA-Patent.

Innerhalb kürzester Zeit stellte er einen kleinen Manufakturbetrieb auf die Beine. Weil er aber weder die Armee noch die Marine von der Nützlichkeit seiner Waffe überzeugen konnte, mußte er schon bald die Produktion einstellen und seine Patentrechte an Konkurrenten abgeben.

Vom Staat unterstützt, begann Colt mit der Entwicklung einer fernbedienten Wassermine. Sein eigentliches Geschäft begann erst mit Beginn des mexikanischen Krieges (1846–1848) zu blühen: Die Armee erteilte ihm einen Auftrag über tausend Revolver. Samuel Colt kaufte sofort seine Patentrechte zurück und baute erneut eine Waffenfabrik auf.

1862 starb Colt, der inzwischen Hunderttausende von Revolvern industriell produziert hatte, als einer der reichsten Männer seiner Zeit.

Coulomb, Coulombsche Gesetze

Charles Augustin Coulomb (1736–1806)

Nach dem Abschluß seines Studiums trat Charles Augustin Coulomb dem königlichen Ingenieurskorps der Armee bei und wurde in die Kronkolonie Martinique versetzt. Dort leitete er neun Jahre lang den Bau von Festungsanlagen. Weil seine Gesundheit vom tropischen Klima ziemlich angeschlagen war, mußte er nach Paris zurückkehren. Dort blieb er weiter in Diensten der Armee, begann aber gleichzeitig intensiv mit seiner Forschungsarbeit.

Kurz nach seiner Rückkehr beteiligte er sich an einem Wettbewerb der Akademie der Wissenschaften. In der Aufgabenstellung ging es um einen verbesserten Kompaß, der es Seeleuten auf hoher See ermöglichen sollte, den Kurs exakt zu bestimmen. Seine Arbeit über das Navigationsinstrument wurde ausgezeichnet. Mit der Aufnahme in die Akademie der Wissenschaften ehrte man Coulomb für seine Abhandlungen, die er 1781 publizierte. Im gleichen Jahr wurde er zum Ritter des Saint-Louis-Ordens geschlagen.

1785 veröffentlichte Coulomb seine wichtigste Arbeit. Er zeigte auf, wie mit Hilfe einer von ihm selbst entwickelten Drehwaage die anziehenden und abstoßenden Kräfte zweier elektrisch geladener Körper gemessen werden können, und formulierte das sogenannte Coulombsche Gesetz: Zwei punktförmig gedachte elektrische Ladungen ziehen sich mit einer Kraft an oder stoßen sich ab, die ihrem Produkt direkt und dem Quadrat ihres Abstandes umgekehrt proportional ist.

Bis zum Ausbruch der Französischen Revolution arbeitete Coulomb in verschiedenen wichtigen Staatsämtern. Unter anderem wurde er in eine Kommission gerufen, die ein neues standardisiertes Maßsystem ausarbeiten sollte. 1792 wurde der Königstreue all seiner Ämter enthoben und mußte aus Paris fliehen. Der Wissenschaftler wurde erst 1799 durch Napoleon rehabilitiert.

75 Jahre nach seinem Tod wurde Coulomb an einem Kongreß über die Elektrizität zum letzten Mal geehrt. Damals entschloß man sich, das Maß für die elektrische Ladung nach ihm zu benennen. Ein Coulomb entspricht der Elektrizitätsmenge, die bei einer Stromstärke von einem ☞ Ampère pro Sekunde durch einen Leiter fließt.

D

Daguerreotypie

Louis-Jacques-Mandé Daguerre (1787–1851)

Daguerre wurde am 18. November 1787 in Cormeilles-en-Parisis geboren. Er verbrachte den größten Teil seiner Kindheit in Orléans. Seine Eltern kümmerten sich kaum um seine Erziehung, und so konnte sich der kleine Louis bis zu seinem dreizehnten Geburtstag nach Herzenslust austoben. Dann gaben ihn seine Eltern zu einem Architekten in die Lehre. Drei Jahre später begann er in Paris eine Zweitausbildung als Dekorateur in der Oper. Bei seinen Berufskollegen war er bekannt für seinen Ehrgeiz, und auch in der Öffentlichkeit wurde er seiner originellen Ideen wegen bald als angehender Meister seines Fachs gefeiert.

Da er bei seiner Arbeit zwangsläufig mit Schauspielern zusammentraf und ihn deren Lebensweise beeindruckte, wurde er zum Bohemien. Daguerre begann, eigene Gemälde in den Salons der Stadt auszustellen. Der Erfolg war allerdings mäßig. Selten äußerte sich jemand wohlwollend über seine Werke. Seine Bilder sollten erst später, nachdem Daguerres Name überall bekannt geworden war, Beachtung finden.

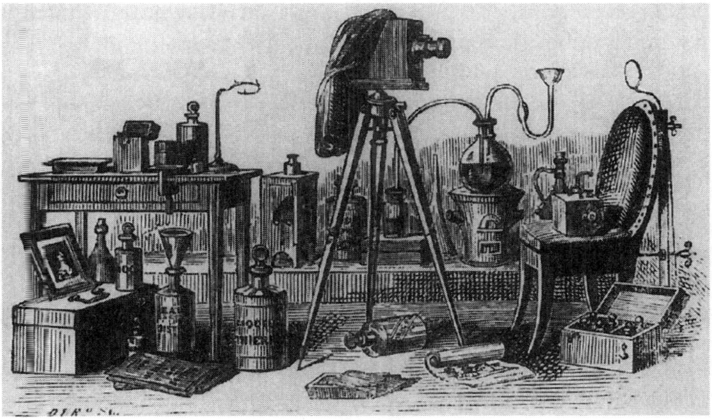

Hilfsmittel eines Daguerreotypisten (1847)

1812 heiratete Daguerre die Engländerin Louise-Georgine Arronsmith, die Schwester eines Arbeitskollegen. Die Ehe blieb kinderlos, aber als ein Bruder der jungen Frau verstarb, adoptierten sie dessen kleine Tochter.

Einige Jahre später kehrte Daguerre, der seine Kenntnisse inzwischen perfektioniert hatte, an die Oper zurück, diesmal als Chefdekorateur. Er revolutionierte vor allem die Beleuchtungstechnik, die damals noch in den Kinderschuhen steckte. Bald darauf erfand Daguerre das Diorama, ein Schaubild, das die Menschen dermaßen faszinierte, daß 1822 dafür eigens ein Gebäude errichtet wurde.

Das Prinzip des Dioramas war einfach. Es wurde ein Panorama auf eine Leinwand von dreizehn mal zwanzig Metern gemalt. Davor wurden echte Gegenstände gestellt, die in die entsprechende Landschaft paßten. Durch eine geschickt eingesetzte Beleuchtung bekam man auf diese Weise den Eindruck eines dreidimensionalen Bildes. Indem die Bilder auf transparente und lichtdurchlässige Materialien gemalt und verschiedene Bilder hintereinander angebracht wurden, konnten je nach Beleuchtung völlig unterschiedliche Effekte erzielt werden. Das Diorama brannte 1839 bis auf die Grundmauern nieder.

Zur selben Zeit experimentierte Daguerre mit der »camera obscura«, der Vorläuferin der Photokamera. Das Prinzip, nach dem die »camera obscura« funktioniert, war schon von Leonardo da Vinci beschrieben worden. Die Versuche, mit der »camera obscura« zu photographieren, scheiterten allerdings alle kläglich.

Daguerre mußte deshalb unbedingt mit dem Erfinder Joseph Nicéphore Niepce (1765–1833) verhandeln, denn dieser hatte ein Verfahren entdeckt, mit dem es möglich wurde, »richtige« Photographien anzufertigen.

Niepce stammte aus einer reichen Familie, die während der Französischen Revolution hatte flüchten müssen. Als Niepce nach Frankreich zurückkehrte, trat er in die Dienste Napoleons. Aufgrund seiner schlechten körperlichen Verfassung wurde er bald wieder aus dem Dienst entlassen. Niepce kehrte in seinen Geburtsort zurück und begann sich mit wissenschaftlichen Experimenten zu befassen. Seine erste Photographie hatte er schon 1816 hergestellt. Er belichtete ein Papier, das er zuvor mit einer Silberchloridlösung überzogen hatte. Es gelang ihm aber nur teilweise, das Bild zu fixieren. Einige Jahre später waren seine Forschungen so weit gediehen, daß er auch Abzüge anfertigen konnte.

Nach einer langen und zähen Verhandlungszeit sah Niepce – gealtert und durch seine Experimente an den Rand des Ruins getrieben – keinen anderen Weg, als sich mit dem Rivalen Daguerre zu verbünden, um seiner Erfindung zum Durchbruch zu verhelfen. 1829 wurde der Vertrag zwischen Daguerre und Niepce rechtskräftig. Die beiden brachten allerdings sehr unterschiedliche Anteile in die neu gegründete »Société Niepce-Daguerre« ein; Niepce blieb die Rolle als Minderheitspartner.

Die neue Erfindung, mit deren Hilfe in kürzester Zeit Abbilder der Realität hergestellt werden konnten, wurde schließlich unter dem Namen Daguerreotypie bekannt. Für den wirklichen Erfinder blieb nichts weiter übrig als eine Statue und eine schöne Grabinschrift auf dem Friedhof in seinem Heimatstädtchen Chalon-sur-Saône.

Daguerre veröffentlichte seine Patentschrift 1839 und stellte sein Verfahren der französischen Akademie der Wissenschaften vor. Bei der Daguerreotypie wird die Photographie auf einer Kupferplatte festgehalten, die mit einer lichtempfindlichen Beschichtung aus Silberiodid und Bromid versehen ist. Die Erfindung wurde als derart sensationell empfunden, daß schon acht Wochen später die Niederschrift des Verfahrens in deutscher Übersetzung vorlag.

Die Erfindung der Daguerreotypie wurde so euphorisch aufgenommen, weil die Menschen wegen der gewaltigen Verkürzung der

Belichtungszeit von nun ab für ein Photo ein Lächeln »nur« noch fünfundzwanzig Minuten lang einzufrieren hatten. Ein echter Fortschritt, der Daguerre zugeschrieben werden muß, denn das Verfahren von Niepce hatte immerhin noch acht Stunden Belichtungszeit verlangt und war damit kaum geeignet für photographische Porträts.

Nur was die Figur José Arcadio Buendía in Gabriel García Marquez' Roman *»Hundert Jahre Einsamkeit«* mit einem Daguerreotyp zu beweisen versuchte, ist bis heute noch niemandem gelungen. *»Durch ein verwickeltes Verfahren übereinandergeschobener, an mehreren Stellen des Hauses vorgenommener Belichtungen war er gewiß, Gott, sofern er existiert, früher oder später daguerreotypisch aufnehmen oder mit der Mutmaßung seiner Existenz ein für alle Male aufräumen zu können.«*

Dahlie

Anders Dahl (1751–1780)

Wer Anders Dahl begegnete, wäre wohl kaum auf die Idee gekommen, daß dieser lebenslustige junge Mann seine Zeit damit verbrachte, Pflanzen zu untersuchen und zu katalogisieren.

Schon während seines Studiums an der Universität von Uppsala war der schwedische Botaniker Anders Dahl beliebt. Gerne ließen sich die Kommilitonen durch seine witzigen Reden erheitern oder in lange Diskussionen verwickeln, die er anzettelte, um sich in der Kunst des Argumentierens zu üben. Seines buschigen Haarwuchses wegen wurde der attraktive Student von seinen Freunden nur »lurvigan Dahlen« – der Zottige – genannt.

Nachdem Dahl sein Studium erfolgreich abgeschlossen hatte, unternahm er verschiedene Forschungsreisen im In- und Ausland und katalogisierte und ordnete danach eine große private Pflanzensammlung. Die Arbeit hatte ihm kein Geringerer als sein Professor Carl von Linné (1707–1778, schuf mit seiner Abhandlung *»Systema naturae«* die Grundlage der modernen biologischen Systematik) zugespielt. Daneben blieb Dahl genug Zeit für eigene wissenschaftliche Arbeit. 1777 verarmte sein Arbeitgeber, so daß Dahl seine letzten Jahre als wissenschaftlicher Adjunkt an einer kleinen Universität verbringen mußte.

1780 erkrankte Dahl schwer. Heftige Fieberschübe und schleimiger Auswurf fesselten ihn an sein Bett. Er verstarb noch im selben Jahr an den Folgen eines Magendurchbruchs.

Zwei Jahre später nannte der spanische Botaniker und Geistliche Antonio José Cavanilles (1745–1804) eine in Mexiko beheimatete Zierpflanze nach dem jung verstorbenen schwedischen Botaniker »Dahlia«. Ein Jahr später ehrte ihn ein ehemaliger Studienkollege und Botaniker auf ganz persönliche Art; er gab einem besonders buschigen Dahliengewächs den Namen »Dahlia crinita« – was nichts anderes als die lateinische Übersetzung von »lurviga Dahlen« ist.

Es sei hier auch erwähnt, daß es noch einen zweiten Botaniker namens Dahl gab, nach dem einige Pflanzen benannt sind – den Norweger Ove Christian Dahl (1862–1940). Er veröffentlichte 1906 zusammen mit anderen Autoren das wichtige Grundlagenwerk *»Haandbog i Norges Flora«*.

Damoklesschwert

Damokles (4. Jh. v. Chr.)

Zu seiner Zeit war Dionysios I., Tyrann von Syrakus, der skrupelloseste Mann der hellenistischen Welt. Nicht ohne Grund wurde er von Kritikern, Historikern und Philosophen als Prototyp des grausamen Tyrannen dargestellt. So erhob er, um nicht den eigenen Luxus den Rüstungsausgaben für seine zahllosen Kriege opfern zu müssen, unverschämt hohe Abgaben und beantwortete den wachsenden Unmut in der Bevölkerung durch die Einrichtung einer Geheimpolizei.

Damokles, ein Günstling des Tyrannen, nannte ihn in einer Eloge den »glücklichsten aller Menschen«. Dionysios gewährte ihm als Dank für die Schmeichelei alle erdenklichen materiellen Wünsche. Als Damokles aber während eines Festmahls nach oben blickte, erblickte er unmittelbar über seinem Kopf ein Schwert, das nur an einem einzigen Pferdehaar befestigt war und jeden Moment herabzusausen drohte.

Damit hatte der Tyrann seinem Günstling anschaulich gezeigt, daß sein irdisches Glück jederzeit ein böses Ende nehmen könne.

Nach dieser eindrücklichen Lektion soll Damokles ein sehr zurückgezogenes Leben geführt haben …

Als Damoklesschwert wird noch heute eine unheimliche und übermächtige Gefahr bezeichnet, die plötzlich über uns hereinbrechen und uns vernichten kann.

Der Tyrann ist (fast) vergessen – nur Schüler werden noch immer von seinem Geist heimgesucht. Wohl solange es deutschsprachige Schulen gibt, lernen sie Schillers *»Bürgschaft«* auswendig. Der Schmeichler aber blieb in unserer Sprache lebendig.

Davidstern

David (1004/03 v. Chr.–965/64 v. Chr.)

Als »Magen Dawid« (Schild Davids) oder Davidstern kennen wir die zwei ineinandergeschobenen gleichseitigen Dreiecke, die vielerorts Synagogen kennzeichnen und auch die Flagge Israels zieren.

König David war *der* jüdische König schlechthin. In seiner Jugend bezwang er den Riesen Goliath; er eroberte Jerusalem und begründete das Geschlecht, aus dem einmal auch der Messias hervorgehen sollte. Wie seine Psalmen beweisen, war er auch ein begnadeter Dichter. Zu seiner Regierungszeit war der »Magen Dawid« als Symbol in seinen Hoheitsgebieten Judäa und Israel wohl noch nicht verbreitet.

Der älteste Davidstern, ein Hexagramm mit geschwungenen Linien, den Archäologen in Israel entdecken konnten, datiert erst aus dem 2. Jahrhundert v. Chr. Der älteste Fund in der geradlinigen Version stammt aus den Ruinen einer Synagoge in Kapernaum und ist vierhundert Jahre jünger. Zum Symbol für das Judentum wurde der »Magen Dawid« erst viel später. Eine erste Erwähnung in der jüdischen Literatur findet sich in einem Schriftstück aus dem 12. Jahrhundert. Im 14. Jahrhundert wählte die Prager Synagoge den »Magen Dawid« als Emblem. Später wurde er von der jüdischen Gemeinde in Wien übernommen. Der Begründer des Zionismus, Theodor Herzl (1860–1904), machte den Davidstern populär, indem er ihn als Symbol für seine Bewegung auserkor.

Im Nationalsozialismus wurde der Davidstern dann zum Judenstern. Per Dekret legten die Nazis fest, daß jüdische Frauen und Männer einen gelben Davidstern auf ihre Kleidung zu nähen hatten, eine aufgezwungene Brandmarkung in schrecklicher Zeit. 1948 wählte der neugegründete Staat Israel den Davidstern als Staatswappen. Davidstern und Judentum sind damit untrennbar verbunden.

Davis Cup

Dwight Filley Davis (1879–1945)

Erfolgreich war er sein Leben lang, und nicht nur als Sportler.

Der Amerikaner Dwight Filley Davis wurde 1879 in St. Louis geboren, wo er auch seine Kindheit verbrachte. Schon in seiner Studienzeit in Harvard tat er sich als exzellenter Tennisspieler hervor. Zwischen 1899 und 1901 gewann er zusammen mit Halcombe Ward dreimal hintereinander die amerikanische Meisterschaft im Herren-Doppel.

Davis stiftete 1900 den Davis Cup, einen achtzehn Kilogramm schweren Wanderpokal aus getriebenem Silber. Anfangs wurde er anläßlich eines alljährlich stattfindenden Turniers der besten Herrenmannschaften Englands und der USA als Preis vergeben. Bald stießen aber auch andere Länder dazu, zuerst Belgien und Frankreich. Heute stammen die Teilnehmer aus allen fünf Kontinenten, und der Silberpokal ist die begehrteste Trophäe, die es im Mannschaftstennis zu gewinnen gibt. Jede Begegnung zwischen den Nationen wird in vier Einzeln und einem Doppel ausgetragen; wer drei Spiele gewinnt, kommt eine Runde weiter.

Nach dem Studium begann Davis' steile politische Karriere. Bis er sich am Anfang des Ersten Weltkrieges als Freiwilliger für den Kriegsdienst meldete, arbeitete er in der Zivilverwaltung von St. Louis. Von 1923 bis 1925 war er zweiter Sekretär im Kriegsministerium und präsidierte nebenher den amerikanischen Tennisverband. Die folgenden vier Jahre verbrachte er als Verteidigungsminister im Pentagon, bis er als Generalgouverneur nach Manila berufen wurde. Er versuchte, die von den Amerikanern besetzten Philippinen durch verschiedene Neuerungen im Erziehungswesen und durch ökonomische Reformen auf die 1946 verwirklichte Unabhängigkeit vorzubereiten.

Was auch immer er in seinen hohen politischen Ämtern geleistet haben mag, berühmt blieb sein Name durch die »häßlichste Salatschüssel der Welt«, die er in seiner jugendlichen Sportbegeisterung gestiftet hatte.

Derby

Edward Smith Stanley, zwölfter Earl of Derby (1752–1834)

Die Derbies sind eine illustre Familie. Der erste Earl of Derby wird schon in Shakespeares *»Richard III.«* erwähnt. Er war der Schwiegervater Heinrichs VII., des ersten Tudor-Königs. 1485, nach der Schlacht von Bosworth-Field, war es Thomas Stanley Earl of Derby, der dem neuen Herrscher die Krone aufs Haupt setzte.

James Stanley, der siebte Earl of Derby, kämpfte im englischen Bürgerkrieg *(☞ Kabale)* auf der Seite der Royalisten gegen die Parlamentarier. Im Jahre 1651 wurde »der große Graf« von Cromwell gefangengenommen und hingerichtet.

Auch in jüngerer Zeit hat sich dieses Geschlecht ausgezeichnet. Edward George Geoffrey Smith Stanley (1799–1869), der vierzehnte Graf, war im 19. Jahrhundert Führer der Konservativen Partei und dreimal Premierminister (1852, 1858/59 und 1866–1868). Auch wenn er sein Leben lang im Schatten des legendären Staatsmannes Benjamin Disraeli (1804–1881) stand, war er ein hervorragender Politiker und brillanter Redner.

Der fünfzehnte Graf, Edward Henry Smith Stanley (1826–1893) brachte es bis zum Außenminister, der siebzehnte, Edward George Villiers Stanley (1865–1948) zum Kriegsminister während des Ersten Weltkrieges.

Aber unsterblich wurde Edward Smith Stanley, der zwölfte Graf von Derby. Edward hat weder auf dem Gebiet der Politik noch in Kunst oder Wissenschaft Herausragendes geleistet. Seine größte Leistung – und gleichzeitig die einzige, die in den Annalen verzeichnet ist – bestand darin, daß er 1780 ein Pferderennen organisierte, das fortan Derby genannt wurde.

Seither wird das Derby jedes Jahr ausgetragen. Es findet jeweils am Mittwoch vor oder nach Pfingsten statt und ist nicht nur ein herausragendes sportliches, sondern auch ein gesellschaftliches Ereignis: Selbstverständlich ist die Königin anwesend, wenn das Rennen in Epsom Downs in Surrey ausgetragen wird.

Das klassische Derby ist ein Flachrennen über anderthalb Meilen (etwa 2400 Meter). Teilnahmeberechtigt sind dreijährige Hengste und Stuten.

Der Name Derby wurde später auf andere Pferderennen übertragen. Das bekannteste nach dem Rennen in Epsom ist wohl das Kentucky Derby.

Heute wird auch bei anderen sportlichen Großanläßen von einem Derby gesprochen – beispielsweise gilt im Fußball das Ruhrpottderby zwischen Schalke 04 und Borussia Dortmund als »Klassiker«.

Dicke Bertha

Bertha Krupp von Bohlen und Halbach (1886–1957)

Ende des 16. Jahrhunderts wütete die Beulenpest im Ruhrgebiet. Panikartig *(☞ Panik)* versuchte die Bevölkerung, dem Schwarzen Tod zu entkommen, und verließ Land und Hof. Ein gewisser Arndt Krupp kaufte ausgedehnte Ländereien vor den Stadttoren Essens auf – sie waren infolge der gesunkenen Bevölkerungszahlen billig zu haben.

Daß der berechnende Makler seinen kühlen Geschäftssinn an seine Nachkommen vererbt hatte, zeigte sich einige Jahrzehnte später, 1618, bei Ausbruch des Dreißigjährigen Krieges. Krupps Sohn Anton hatte in eine Büchsenmacherfamilie eingeheiratet und trieb einen blühenden Handel mit Kriegsmaterialien. Dabei machte er keinen Unterschied zwischen Freund und Feind. Er belieferte *alle* kriegführenden Parteien mit Waffen.

In Essen wurde der Einfluß der Krupps immer stärker. Sie waren nicht nur erfolgreiche Geschäftsleute, sondern engagierten sich auch in der Lokalpolitik. Bis die Krupp-Dynastie allerdings über das Ruhrgebiet hinaus bekannt wurde, sollte es noch 150 Jahre dauern. Der steile Aufstieg begann mit dem 1812 geborenen Alfred Krupp. Unter seiner Leitung wurde aus dem kleinen Hüttenbetrieb die

Krupp-Geschütz (ein 1000-Pfünder aus dem 19. Jh.)

größte Gußstahlfabrik der Welt. Als er 1887 starb, beschäftigten die Krupp-Werke 20 000 Arbeitnehmer. Auch unter seinem Sohn Friedrich expandierte das Unternehmen weiter. Waren es bei Alfred Krupp die Kanonen, mit denen sich einträgliche Geschäfte machen ließen, so erwirtschaftete Friedrich einen großen Teil der Einnahmen mit der Produktion von Kriegsschiffen. Friedrich zeigte sein Geschick nicht nur als Industrieller. Er gehörte zwischen 1893 und 1898 dem Reichstag an und unterhielt freundschaftliche Beziehungen zu Kaiser Wilhelm II. Als er 1902 verstarb, war es denn auch der Kaiser, der sich persönlich um einen guten Gatten für Friedrichs Tochter und Alleinerbin Bertha bemühte: Gustav von Bohlen und Halbach. Bertha Krupp von Bohlen und Halbach war nie in der Leitung der Krupp-Werke aktiv, das überließ sie ihrem Gatten und später, ab 1943, ihrem Sohn Alfried (1907–1967). Sie widmete sich in erster Linie den sozialen Einrichtungen der Firma. Trotzdem wurde gerade ihr Name zu einem der berühmtesten der ganzen Dynastie, denn einem 42-Zentimeter-Mörser, der im Ersten Weltkrieg in den Krupp-Werken angefertigt wurde, gaben die Kanoniere ihren Namen. Die gewaltige Kanone war bald nur noch als die »dicke Bertha« bekannt.

Politisch waren die Krupps anpassungsfähig und keineswegs »hart wie Kruppstahl« – auch dies ein geflügeltes Wort. Als Hitler die Macht in Deutschland übernahm, zeigte sich Gustav zwar erst kritisch, aber als die Gelder, welche die neue Regierung in die Aufrüstung investierte, in seine Tasche flossen, brachte er der NSDAP die gleiche Loyalität entgegen wie ehemals dem Kaiser und unterstützte die Partei ab 1933 mit jährlich zehn Millionen Reichsmark. Während des Krieges beschäftigte Krupp in Arbeitslagern, die von der SS bewacht wurden, über 100 000 Zwangsarbeiter, von denen beinahe 80 000 an den Folgen der katastrophalen Arbeits- und Lebensbedingungen starben.

1945 wurde das Vermögen der Firma beschlagnahmt und Gustav Krupp von Bohlen und Halbach von den Alliierten verhaftet. Weil er aber wegen einer schweren Krankheit verhandlungsunfähig war, mußte sich sein Sohn Alfried 1948 an den Nürnberger Prozessen für die unmenschliche Behandlung der Zwangsarbeiter verantworten. Alfried Krupp wurde zu insgesamt zwölf Jahren Haft verurteilt, aber aufgrund von Gesundheitsgutachten schon nach drei Jahren amnestiert. 1953 übernahm er wieder die Leitung der Firma. Nach seinem Tod 1967 wurde das Unternehmen in eine Kapitalgesellschaft umgewandelt. Sein Sohn Arndt verzichtete auf das Milliardenerbe. Als »bescheidenen Ausgleich« erhielt er eine lebenslängliche Rente von zwei Millionen Mark pro Jahr, die es ihm erlaubten, in Saus und Braus zu leben. Arndt Krupp wurde damit zum Prototypen des deutschen Playboys.

Dienstag

Ziu / Tyr

Ziu – oder Tyr – gehörte dem mächtigsten Göttergeschlecht der Germanen an, den Asen. Neben Thor (☞ *Donnerstag)*, Baldur und Freya (☞ *Freitag)* war er als Kriegsgott einer der mächtigsten der zwölf Götter, die in prächtigen Palästen rund um Walhall wohnten.

Ziu war unerschrocken, grausam und blutrünstig. Kam es zu einer Schlacht, zückte er sein gewaltiges Schwert und stürzte sich in den Kampf, obgleich ihm die rechte Hand fehlte: Einer alten Prophezeiung zufolge hatten die Asen vom Fenriswolf, einem grausen Ungetüm, großes Unheil zu befürchten. Deshalb beschlossen sie, das Untier für immer in Fesseln zu legen. Sie versuchten Fenris zu überlisten, indem sie ihm großen Ruhm voraussagten, sollte er fähig sein, eine schwere Kette zu sprengen. Der Fenriswolf ließ sich also festbinden, doch er brauchte sich kaum anzustrengen, um die Fessel zu zerreißen. Auch eine zweite, tausendmal stärkere Kette zersprang schon nach wenigen Augenblicken. Darauf ließen die Asen

Ziu / Tyr. Zeichnung aus dem 19. Jh.

eine dritte Kette herstellen, die dünn wie eine Spinnwebe war und aus allerlei Dingen geflochten war, die es nicht gibt: aus dem Klang des Katzenschrittes, Barthaar von Frauen, Fischstimmen und dem Speichel der Vögel. Der Wolf begann mißtrauisch zu werden. Er ließ sich nur unter der Bedingung festzurren, daß Ziu die rechte Hand in seinen Rachen steckte. Sollte er die Fessel kein drittes Mal zerreißen können, würde er dem Kriegsgott die Hand abbeißen. Diesmal verlor Fenris seine Freiheit, Ziu aber seine Schwerthand. Von dem Tag an mußte er sein Schwert mit der Linken führen.

Wie Freya und Thor ist auch Kriegsgott Ziu in den germanischen Sprachen ein Wochentag gewidmet – der Dienstag.

Dixieland

Mr. Dixie (18./19. Jh.)

Wer war eigentlich dieser Dixie, dessen Herkunftsland uns jedesmal in Erinnerung gerufen wird, wenn eine Dixielandkapelle mit Strohhüten und Ärmelschonern aufspielt?

Dixieland wird jene Musikform genannt, die weiße Musiker entwickelten, als sie versuchten, den New-Orleans-Jazz ihrer farbigen Kollegen zu kopieren. Bevor es aber diese dem Ragtime ähnliche Musikform gab, war Dixie einfach eine Bezeichnung für die Südstaaten. Während des amerikanischen Sezessionskrieges sangen die konföderierten Soldaten mit Begeisterung ihr Marschlied *»Away Down South in Dixie«*.

Dafür, daß der Süden der USA als Dixieland oder Dixie's Land bezeichnet wurde, gibt es zwei Erklärungen – und beide haben sie mit Eponymen zu tun. Die eine Version führt das Wort auf den englischen Landvermesser Jeremiah Dixon zurück, der zusammen mit seinem Kollegen Charles Mason in den Jahren 1763–1767 den Grenzverlauf zwischen Pennsylvania und Virginia festlegte, die legendäre Mason-Dixon-Linie zwischen Nord und Süd.

Wahrscheinlicher ist die zweite Version, obwohl sie auf Anhieb genausowenig überzeugt. Danach lag das ursprüngliche Dixieland in New York. Der *»Charleston Courier«* beschrieb die Geschichte am 11. Juni 1885:

»Als es in New York noch die Sklaverei gab, besaß ein gewisser Dixie auf Manhattan ein großes Stück Land und eine Menge Sklaven. Als ihre Zahl immer mehr wuchs und gleichzeitig immer mehr Menschen die Abschaffung der Sklaverei forderten, wurden viele Sklaven in Gebiete verlegt, die als sicherer galten. Die Schwarzen, die damals fortgeschickt wurden, erinnerten sich wehmütig ihrer alten Hütten, in denen es ihnen so gut gegangen war, denn sie konnten sich keinen besseren Ort als Dixie vorstellen. Und so wurde ›Dixie's‹ zum Synonym für einen idealen Ort, wo man bequem, angenehm und mit jeder Art von Annehmlichkeit leben konnte.«

Dollar ☞ Taler

Dolomiten

Dieudonné (Déodat) de Gratet de Dolomieu (1750–1801)

Für Dolomieu begann die Karriereplanung früh. Gerade zwei Jahre war er alt, als er in den Ritterorden der Malteser aufgenommen wurde. Zwar konnte er einen Teil seiner Ausbildung in Paris absolvieren, aber schon 1764 begann seine militärische Karriere, die alles andere als ruhig verlaufen sollte. Zu einem ersten größeren Zwischenfall kam es 1768, als er in einem Duell ein anderes Ordensmitglied erschoß. Nur durch Intervention von Papst Clemens XIII. entging er einer lebenslänglichen Haftstrafe.

Dolomieus Liebe zur Wissenschaft erwachte, als er in Metz stationiert war und viele Mitglieder der französischen Intelligenz kennenlernte. Kein Geringerer als La Rochefoucauld (1747–1827) lenkte sein Interesse auf die Geologie. 1780 zog sich Dolomieu aus dem aktiven Dienst zurück, um sich ganz der wissenschaftlichen Forschung zu widmen. Dem Orden blieb er dank verschiedener Streitigkeiten und hängiger Prozesse allerdings weiterhin »eng verbunden«.

Als Anhänger der Französischen Revolution zog er 1791 nach Paris, distanzierte sich aber im folgenden Jahr öffentlich von einer Politik, die vielen seiner adligen Freunde und Verwandten das Leben gekostet hatte. 1798 nahm Dolomieu an Napoleons gescheiterter Expedition nach Ägypten teil. Auf der Rückreise wurde er unter dem Vorwand eines Kriegsverbrechens inhaftiert und einundzwanzig Monate eingekerkert.

Bei Dolomieus Rückkehr nach Paris war sein Fall in den intellektuellen Kreisen schon als *cause célèbre* (aufsehenerregender Fall) bekannt. Als Entschädigung wurde ihm noch während seiner Gefängniszeit ein vakanter Posten im Naturhistorischen Museum angeboten, wo er die kurze Zeit bis zu seinem Tod unterrichtete.

Obwohl Dolomieu der wissenschaftlichen Geologie keine neuen Glanzlichter aufsetzte, hatte er sich durch unermüdliche praktische Feldarbeit einen Namen gemacht. Zum Dank wurde eine ganzes Gebirge nach ihm benannt – die Dolomiten.

Donnerstag

Donar / Thor

Zu den mächtigen Asen, die den altgermanischen Götterhimmel beherrschten, gehörte Thor (im Südgermanischen wurde er Donar genannt). Er war der älteste Sohn des Allvaters Odin und der Erd-

Donar / Thor kämpft gegen die Midgardschlange. Zeichnung aus dem 19. Jh.

göttin Jörd. Thor besaß die Macht über all jene Elemente, die sich zwischen Himmel und Erde befinden: Er beherrschte die Winde, die Wolken, Blitz und Donner. Als Donnerer wurde er denn auch verehrt. Man stellte ihn sich als mächtigen Riesen mit wallendem rotem Bart vor, und wenn er im Zorn diesen Bart schüttelte, dann brachen Blitz und Donner aus den Wolken.

Trotz all der Naturgewalten, die er jederzeit entfesseln konnte, war Donar nicht nur eine bedrohliche Gestalt. Er beschützte seine Mutter, die Erde, und mit ihr auch die Bauern, die Krieger und die Seefahrer. Die Verehrung dieses heidnischen Gottes war so tief im Volke verwurzelt, daß man ihn an vielen Orten noch heimlich anbetete, als die anderen Asen schon lange durch das Christentum verdrängt worden waren.

Wieso gab nun Donar dem fünften Tag der Woche seinen Namen? Ja, dem fünften, denn nach alter Tradition beginnt die Zählung mit dem Sonntag. Das hängt damit zusammen, daß man den blitzeschleudernden Donar mit Jupiter gleichsetzte, der ja auch den Blitz als seine Waffe einsetzte. Und so wurde der Jupitertag, der »Dies jovis« *(☞ jovial)* (französisch »jeudi«) zum Donarstag.

Parallel dazu wurde der Tag der Venus *(☞ venerische Krankheiten)*, der »Dies veneris« (vgl. »vendredi«), zum Tag der Freya, eben zum ☞ Freitag.

Doppler-Effekt

Christian Doppler (1803–1853)

Im Februar 1845 bekam der Skeptiker Buys Ballot von der holländischen Regierung die Einwilligung, die Eisenbahnlinie zwischen Utrecht und Amsterdam einige Stunden lang für ein persönliches Experiment zu nutzen. Ballot engagierte mehrere Hornbläser, plazierte den größeren Teil von ihnen in regelmäßigen Abständen dem Gleise entlang und die restlichen bei sich auf dem Eisenbahnwagen. Alle sollten den immer gleichen Ton blasen. Wegen eines Schneesturmes mußte das Experiment auf den Sommer verschoben werden. Im Juni startete Ballot seinen zweiten Versuch. Bevor sich die Lokomotive mit den Hornisten und einer Gruppe von Beobachtern, die über ein geschultes Gehör verfügten, in Bewegung setzte, wurden die Instrumente mit größter Präzision gestimmt. Nach der Fahrt waren sich die Musiker einig: Beim Passieren der Spieler am Streckenrand hätten sie sich gerne die Ohren zugehalten. Beim Heranfahren wurde der geblasene Ton um eine kleine Sekunde höher gehört und beim Wegfahren eine halbe Sekunde tiefer, was zusammen mit den Tönen der Instrumente, die auf dem Zug geblasen wurden, immer eine Dissonanz erzeugte. Ballot mußte sich geschlagen geben. Er hatte den Beweis für die Gültigkeit des *Doppler-Effekts* geliefert.

Doppler, der 1842 diese und andere Thesen in seinem Buch *»Das farbige Licht der Doppelsterne«* aufgestellt hatte, wurde 1803 als zweiter Sohn eines Salzburger Steinmetzen geboren. Er wäre gerne in die Fußstapfen seines Vaters getreten, doch obwohl er bemerkenswertes Talent für dessen Beruf zeigte, beschloß man seiner schlechten Gesundheit wegen, ihm eine wissenschaftliche Ausbildung zu ermöglichen. Doppler studierte am Polytechnischen Institut in Wien Mathematik, Mechanik und Physik, kehrte dann für drei Jahre nach Salzburg zurück und übernahm 1829 in Wien eine Assistenzstelle. Nach vier Jahren wollte die Universität seinen Vertrag nicht mehr verlängern, und nachdem er sich vergeblich um einen Lehrauftrag bemüht hatte, wurde er Buchhalter in einer Baumwollspinnerei. Im folgenden Jahr kam endlich ein Angebot. Doppler wurde als Professor für Mathematik und Handelsbuchhaltung an die »Ständische Realschule« nach Prag berufen. In Prag veröffentlichte er auch seine damals umstrittene Abhandlung, die Buys Ballot und andere Physiker dazu brachte, Experimente durchzuführen und alle Formeln mehrfach durchzurechnen. Doppler beschreibt in dieser Abhandlung die Änderung der Länge von Licht- oder Schallwellen, die beobachtet wird, wenn sich Quelle und Empfänger aufeinander zu- oder voneinander wegbewegen. Später wurde Dopplers Theorie durch seinen Schüler Ernst ☞ Mach verteidigt und erhärtet. 1848 erhielt Doppler ein Ehrendoktorat der Universität Prag und wurde als Mitglied in die Kaiserliche Akademie der Wissenschaften aufgenommen. Im folgenden Jahr kehrte er nach Wien zurück, wo er durch ein kaiserliches Dekret zum Direktor des Physikalischen Institutes der Universität ernannt wurde. 1852 reiste Doppler nach Venedig, um sich von seinem Lungenleiden zu erholen, das er sich wahrscheinlich bei der Arbeit im staubigen Steinmetzatelier seines Vaters zugezogen hatte. Er starb während seines Kuraufenthaltes im Alter von 49 Jahren.

Der Doppler-Effekt spielt heute in der Wissenschaft eine wichtige Rolle. Auf ihm basieren unter anderem die Ultraschalltechnik, die aus der medizinischen Diagnosemethodik nicht mehr wegzudenken ist, Navigationsinstrumente oder – weniger beliebt – die Radarfallen der Polizei.

Draisine

Karl Friedrich Christian Ludwig Drais von Sauerbronn (1785–1851)

Das Zweirad des Herrn von Drais. Zeitgenössische Zeichnung

»Man sah ihn meistens in einem grünen Frack und gelben anliegenden Beinkleidern, einem etwas defekten Käppi mit geradem Schilde oder dito abgetragenem ›Cylinder‹ und einer hohen, eng anschließenden Halsbinde. Rechnet man hierzu die vollen herabhängenden Pausbacken und den eigentümlichen Gesichtsausdruck mit den lauernden, etwas verschmitzten Augen sowie die vorgebeugte Haltung und endlich die hastige, kurz abstoßende Sprache – so erhalten wir ein komisches Bild, dessen Anblick unwillkürlich zum Lachen reizte.«

Der Freiherr von Drais war auf seine alten Tage senil geworden. In die Geschichte ist er als verschrobener Erfinder eingegangen, dem allerlei unbrauchbare Basteleien zugeschrieben werden. Seine berühmteste Erfindung wird ihm indes oft abgesprochen.

Drais hatte einige Semester an der neu eröffneten Universität Heidelberg studiert und konnte einen Abschluß als Forstmeister vorweisen. Seine Zeugnisse sind eine einzige Lobhudelei. Über die wahren Leistungen kann man sich kein Bild machen – als Patensohn des Großherzogs von Baden genoß Drais eine besondere Behandlung. Durch die Gunst des Herzogs wurde er 1810 zum Großherzoglich Badischen Forstmeister befördert. In dieser Stellung machte er der Forstdirektion den Vorschlag, die ganzen Staatswaldungen abzuholzen, um aus dem Ertrag die Staatskasse zu füllen.

Ein Jahr später wurde Drais bei voller Bezahlung auf unbestimmte Zeit beurlaubt.

Drais hatte also ein gesichertes Einkommen und konnte seinen Erfindergeist ausleben. Schon während seines Studiums hatte er eine mathematische Formel gefunden, mit der sich numerische Gleichungen jeden Grades auflösen ließen. 1812 präsentierte er eine Notenschriftmaschine, die beim Klavierspiel jeden Anschlag in einer eigenen Notenschrift aufnotierte. Später entwickelte er mit seinem »dyadischen Rechensystem« einen Vorläufer des dualen Systems, mit dem heute Computer operieren. Ebenfalls 1813 führte er eine vierrädrige Fahrmaschine vor – deren Motor war der Fahrer selbst. Ein Patent konnte darauf nicht erteilt werden, denn: *»Wir können … der von Draisischen Fahrmaschine gar keinen wesentlichen Zweck beilegen, weil jedermann, der Füße hat, dieselben für seine Ortsveränderung weit besser auf eine natürliche Art gebrauchen kann …«* Weitere Erfindungen folgten, den ersten großen Erfolg konnte er aber erst 1817 verbuchen. Damals stellte er seine Draisine vor, die eigentlich ein Fahrrad ohne Pedale war. Drais selbst machte Werbung für das neue Verkehrsmittel, indem er sich für kürzere Strecken konsequent in keine Kutsche mehr setzte. Er erhielt ein Erfinderpatent auf zehn Jahre. Anfangs stieß die Draisine in verschiedenen Ländern auf Begeisterung, aber bald flaute das Interesse wieder ab.

Prekär wurde seine Lage, als der russische Gesandte und Schriftsteller August von Kotzebue 1819 von einem Studenten erdolcht wurde. Metternich verbot daraufhin alle Burschenschaften und Turnvereine, denn er vermutete die konspirativen Kräfte in diesen Kreisen. Turnvater Jahn wurde verhaftet und alle Turngeräte, darunter auch die Draisine, aus den Turnanstalten verbannt. Drais' finanzielle Situation verschlechterte sich weiter, als er zum Professor der Mechanik ehrenhalber ernannt wurde und die Forstdirektion die Gelegenheit ergriff, ihm das Gehalt eines Forstmeisters zu verweigern.

Allmählich mokierte man sich über den radelnden Freiherrn. Drais wurde von seinem Vater nach Brasilien geschickt. Fünf Jahre später kehrte er zurück und brachte seine neuesten Erfindungen mit; eine Vorläuferin der heutigen Schreibmaschine und eine Fleischhackmaschine. Da die Anerkennung für seine Leistungen erneut ausblieb, verfiel der Freiherr immer mehr dem Alkohol. 1835 wurde er in eine Prügelei mit dem prominenten Kunstreiter Belling verwickelt, einem Verwandten von Tom Belling (☞ *dummer August*). Daraufhin wurde ihm die Kammerherrenwürde, die er seit 1821 innehatte, aberkannt.

1837 wurde Drais Opfer eines Rufmordes. Der Schriftsteller Karl Gutzkow (1811–1878), ein Verehrer des Kotzebue-Mörders Sand, publizierte unter einem Pseudonym einen reißerischen Text über Drais. Er stellte ihn als verrückten Erfinder dar und behauptete, Drais habe ein totes Kind zum Leben erwecken wollen – und sei deshalb verurteilt worden. Diese Intrige war ein Racheakt, denn Drais' Vater, Richter von Beruf, hatte seinerzeit den Kotzebue-Mörder verurteilt.

Nach Gutzkows Kampagne mußte Drais Karlsruhe verlassen. In seinem Exil auf dem Land machte er seine letzte Erfindung, die Eisenbahndraisine.

1845 kehrte Drais nach Karlsruhe zurück. Erfindungen machte er jetzt keine mehr. Er verkehrte meist in Wirtshäusern und litt zusehends unter geistiger Verwirrung. 1850 wurde gar ein Entmündigungsverfahren gegen den heruntergekommenen Freiherren eingeleitet.

In der *»Allgemeinen deutschen Biographie«* (erschienen 1877–1912) kann man nachlesen, daß *»Drais glaubte, eine Methode erfunden zu haben, die gekrümmte Wurfbahn eines Geschosses dadurch zum Schießen um die Ecke zu benutzen, daß man die Kanone auf die Seite lege«* – eine »Erfindung«, die der Freiherr nie gemacht hat.

Heute sind sich die Biographen wenigstens soweit einig, daß der unglückliche Freiherr den Vorläufer des Fahrrades erfunden hat.

Drakonische Strafe

Drakon (7. Jh. v. Chr.)

Drakon war im siebten vorchristlichen Jahrhundert einer der neun Archonten (der höchsten Beamten) Athens. Unter seiner Leitung wurden die athenischen Gesetze zum erstenmal in einem Kodex gesammelt und niedergeschrieben. Vorher waren die Gesetze nur mündlich, als Gewohnheitsrecht, überliefert worden.

Über den genauen Inhalt dieser Gesetzessammlung ist uns nur wenig bekannt. Möglicherweise sind also gewisse Fakten in der Überlieferung dramatischer dargestellt worden, als es der Wirklichkeit entsprach. Aristoteles berichtet immerhin, die Hopliten, die unterste Rangstufe der Soldaten, hätten durch diese Gesetze mehr Rechte bekommen.

Schon im Altertum waren die drakonischen Gesetze sprichwörtlich für ihre Strenge. Die Fama besagte gar, sie seien mit Blut geschrieben worden. Für viele Vergehen war die Todesstrafe vorgesehen, es gab nur wenige »mildernde Umstände«.

Hingegen brachten die drakonischen Gesetze eine wichtige Neuerung: Zum erstenmal in der Rechtsgeschichte wurde die Verantwortung für die Sühne eines Mordes dem Staat übertragen. Sie lag nun nicht mehr in der Hand der Familie des Opfers – die archaische Blutrache war abgeschafft. Damit die Geschlechter auf Blutrache verzichteten, mußten sie Gewißheit haben, daß die Schuldigen erbarmungslos bestraft wurden. Drakon war also gezwungen, wahrhaft »drakonische« Strafen festzulegen. Immerhin unterschied Drakon klar zwischen vorsätzlichem Mord und unabsichtlicher Tötung; zu letzterer zählten die Notwehr oder der Mord an einem auf frischer Tat erwischten Ehebrecher ...

Auch dezentralisierte Drakon das Gerichtswesen; es entstanden verschiedene Gerichtshöfe, von denen ein jeder ein anderes Ressort zugewiesen bekam.

Die Gesetzessammlung Drakons hatte nicht lange Bestand. Bereits nach siebenundzwanzig Jahren wurde sie durch den Gesetzeskodex eines anderen Archonten abgelöst: Im Jahre 594 v. Chr. gab Solon, den man den Weisen nannte, Athen eine neue Verfassung.

Doch die Sprache hat ihre eigenen Gesetze. Wir kennen keine »solonischen« Strafen. Drakon hingegen, dessen Name auf griechisch bezeichnenderweise »Drache« bedeutet, hat sich mit seiner Härte unsterblich gemacht.

Duden

Konrad Duden (1829–1911)

Darüber, ob man nun platzieren oder plazieren zu schreiben hatte, konnten sich die Gemüter an allen deutschsprachigen Hochschulen schon Mitte des letzten Jahrhunderts erhitzen.

Damals lieferten sich die Verfechter der historisch-etymologischen Schreibung heftige verbale Duelle mit den Verteidigern der phonetischen Schreibform, zu denen sich auch ein Gymnasialdirektor namens Konrad Duden zählte. Duden hatte in Bonn klassische Philologie, Germanistik und Geschichte studiert, danach an verschiedenen Schulen unterrichtet und immer wieder Reisen ins nahe Ausland unternommen.

Mit der Gründung des Deutschen Reiches erwachte auch bei ihm das Interesse an einer Vereinheitlichung der Schriftsprache. Zuerst stellte er Regeln für den Gebrauch an seiner Schule auf; als diese Anklang fanden, veröffentlichte er sie 1872 unter dem Titel *»Deutsche Rechtschreibung. Abhandlung, Regeln und Wörterverzeichnis. Für die oberen Klassen höherer Lehranstalten und zur Selbstbelehrung für Gebildete«*. Dieses Werk machte ihn so bekannt, dass er 1876 in die erste staatliche Rechtschreibekonferenz berufen wurde. Die Reformbeschlüsse dieser Konferenz gingen den Bundesregierungen zu weit und wurden nicht verwirklicht. Österreich und Bayern entschlossen sich deshalb zum Alleingang und stellten eigene Regeln auf. Jetzt ließ auch Preußen ein Regelwerk schreiben. In seinem *»Vollständigen Orthographischen Wörterbuch der deutschen Sprache«* (1880) wandte Duden diese, vom preußischen Kultusministerium anerkannten Regeln auf den Wortschatz an. Obwohl das Regelwerk und das *»Orthographische Wörterbuch«* keine großen Neuerungen brachten (die wesentlichste war die Verwandlung des -th in -t am Wortende, z.B. Brot statt Broth), erregten sie starkes Aufsehen. Dem konservativen Kanzler Bismarck paßte die neue Schreibweise überhaupt nicht, und er verbot den preußischen Beamten, nach den neuen Regeln zu schreiben. Die preußischen Beamten mußten also so schreiben, wie sie dies schon immer getan hatten … Von der Berliner Bevölkerung verspottet, fristete diese Beamtenschreibvariante ihr Dasein als »Ottographie« (nach dem Vornamen Bismarcks). In den preußischen Schulen hingegen wurden die neuen Regeln gelehrt. Auch die Verleger und Drucker unterstützten die neue Schreibweise, so daß ihr Siegeszug nicht mehr zu bremsen war.

Dudens Wörterbuch genoß schon in den neunziger Jahren so große Autorität, daß in der Schweiz eine vom Bundesrat einberufene Rechtschreibkonferenz 1892 beschloß, die Orthographie Dudens zu übernehmen. In Deutschland fand die entsprechende »Orthographische Konferenz« im Jahre 1901 statt (Bismarck war unterdessen entlassen worden und 1898 gestorben). 1902 wurde das preußische Regelbuch vom deutschen Bundesrat für verbindlich erklärt; Österreich stimmte zu, die Schweiz, die diesen Schritt schon zehn Jahre zuvor vollzogen hatte, ebenfalls.

Konrad Duden war insgesamt 31 Jahre für die Entwicklung des Werks verantwortlich, das bald einfach »Der Duden« genannt wurde. Er starb während der Arbeit an der neunten Auflage, die in ihren Prinzipien auch heute noch als Vorlage für neue Ausgaben dient. Der Name Duden ziert immer noch die Titelseite, allerdings nicht mehr als Name des Verfassers, sondern als Titel. Die letzte Ausgabe des Dudens (1996) ging wegen der Rechtschreibreform wie warme Semmeln über den Ladentisch. Doch obwohl neben der neuen Orthographie zahlreiche neuere Wortschöpfungen Aufnahme gefunden haben, sucht man einen Eintrag vergeblich: Duden.

Weise lächeln würde Konrad Duden, könnte er den Kleinkrieg um die »neue Rechtschreibung« mitverfolgen, der in Deutschland und in der Schweiz mittlerweile gar vor dem Richter ausgetragen wird.

Dummer August

Tom Belling (1834–?)

Tom Belling stammte aus einer traditionsreichen amerikanischen Kunstreiterfamilie. Sein Großcousin war Zirkusdirektor in Paris, sein Onkel der legendäre Clown Auriol, Bellings Vater Direktor des Wanderzirkus Belling, der in Österreich und Ungarn auf Tournee ging. Tom, das begabteste unter den Kindern des Direktors, war ein vielseitiger Artist. Für Tom schien es ein leichtes, hoch oben auf dem Drahtseil ein rührendes Lied auf der Violine vorzutragen.

Das renommierte deutsche Zirkusunternehmen Renz engagierte den jungen Künstler probeweise als Pausenclown. Der erste Auftritt war ein absolutes Desaster, denn die Nummernfolge war vorher nicht abgesprochen worden. Unmittelbar vor Belling trat eine Clowntruppe auf, seine eigene Nummer wirkte danach nur mehr wie ein müder Abklatsch und langweilte das Publikum. Hätte er sich mit Direktor Renz nicht auf eine vierwöchige Probezeit geeinigt, wäre Tom Belling sofort gefeuert worden. Weil Renz seine mündliche Zusage nicht mehr rückgängig machen wollte, gab er Belling ein Auftrittsverbot für den Rest der Probezeit.

Enttäuscht saß Belling Abend für Abend in der Garderobe und wartete in seiner Stallmeisteruniform darauf, für kleine Handreichungen gerufen zu werden. Um sich die Zeit zu vertreiben und in Übung zu bleiben, spielte Tom seinen Kollegen Sketche vor. In der Garderobe hing verlassen eine alte knallrote Perücke, die eines Abends zum Zeitvertreib von Kollege zu Kollege geworfen wurde. Als Belling das Haarbüschel in die Hände bekam, gab er es nicht weiter, sondern setzte es sich verkehrt herum auf. Die Haare standen an einigen Stellen senkrecht vom Kopf ab, an anderen lagen sie dicht an, was Tom Bellings Aussehen auf umwerfend komische Art verfremdete. Als er auf den Gesichtern seiner Kollegen allgemeine Erheiterung ablesen konnte, knöpfte er sich als Dreingabe den Stallmeisterrock schief zu und begann herumzustolzieren. Die Kollegen krümmten sich vor Lachen.

Wie es das gnädige Schicksal wollte, lief Belling in seiner Aufmachung dem Direktor in die Arme. Auch Renz prustete sofort los und schickte die dümmliche Gestalt umgehend in die Manege. In seiner Aufregung stolperte Belling und fiel ins Sägemehl. Das Publikum lachte, schließlich wußte niemand, daß dieser Sturz für einmal nicht einstudiert war. Weil der Clown selbst keine Nummer auf Lager hatte, schaute er verwirrt in die vollen Ränge. Ein Zuschauer – vielleicht fühlte er sich durch die Jammergestalt an einen Bekannten erinnert – brüllte: »Aujust!« (Schließlich befinden wir uns in Berlin.) Als Belling den Rufer verständnislos anstarrte und dabei besonders dumm dreinschaute, stimmten immer mehr Zirkusbesucher in den Ruf ein. Bald tönte es im Chor von den Rängen: »Aujust! Aujust!«

Der heute nicht mehr aus dem Wortschatz wegzudenkende »dumme August« war geboren und verdrängte beinahe den altbekannten ☞ Hanswurst.

Echo

E

Echo

In der griechischen Mythologie war die Nymphe Echo nicht nur in Schluchten und Grotten zu Hause, sondern überall, wo es ihr beliebte. Echo war eine der vielen Nymphen und Naturgeister, die im Gelände umherschweiften. Hera bestrafte die geschwätzige Echo, weil sie sie mit ihrem Redeschwall von der Überwachung ihres Gatten abgelenkt hatte. Zeus war wieder einmal auf Freiersfüßen unterwegs, und die eifersüchtige Hera wollte jeden seiner Schritte kontrollieren. Echo büßte ihre Geschwätzigkeit mit dem teilweisen Verlust der Artikulationsfähigkeit: Sie konnte nur noch sprechen, indem sie die letzten Worte einer fremden Rede wiederholte.

Eines Tages sah Echo den Blumengott Narziß (☞ *Narzisse*) und entbrannte sofort in Liebe zu dem hübschen Jüngling. Nur zu gern hätte sie ihn mit ihrer Stimme verführt. Weil es ihr aber unmöglich war, ihn anzusprechen, verfolgte sie ihn heimlich, in der Hoffnung, er könnte einen Laut von sich geben. Einmal nun verlor Narziß seine Gefährten und rief suchend: »Ist jemand hier?« Endlich konnte Echo antworten: »Hier!« rief sie. Es entwickelte sich ein vermeintliches Frage-und-Antwort-Spiel. Irgendwann schlug Narziß vor: »Hier vereinen wir uns!« – »Vereinen wir uns!« klang es zurück. Aber im letzten Moment flüchtete Narziß und ließ die Nymphe alleine im Wald stehen. Weil er ihre Liebe nicht erwiderte, ging Echo förmlich vor Traurigkeit zugrunde. Sie schrumpfte und schrumpfte, bis schließlich nichts als die Stimme von ihr zurückblieb.

In der zweiten Version der Geschichte wurde Echo, die nichts anderes zu tun hatte, als alle Klänge, die sie hörte, zu wiederholen, vom liebeshungrigen Gott Pan verfolgt. Pan lief ihr singend überall nach, und sie lief flink und singend vor ihm davon. Rasend vor Zorn schlug der verschmähte Liebhaber die Schäfer der Umgebung mit Wahnsinn. Sie töteten Echo und zerrissen sie in Stücke. Nichts blieb von ihr übrig als ihre Stimme.

Die Erinnerung an das traurige Ende der schönen Waldnymphe ist verlorengegangen. Überlebt hat Echo als Begriff für jenen Widerhall, den der Schall unserer Stimmen verursacht, wenn er von einem Hindernis zurückgeworfen wird.

Eiffelturm

Alexandre Gustave Eiffel (1832–1923)

Zum hundertsten Jahrestag der Französischen Revolution (1889) ließen sich die Franzosen für die Weltausstellung in Paris etwas ganz Besonderes einfallen. Als Wahrzeichen sollte ein Turm errichtet werden, der alle anderen Gebäude der Welt überragen würde.

Natürlich mußte der Konstrukteur eines solchen Monumentalbaus Erfahrung mitbringen, denn es standen nur vier Jahre für die Arbeiten zur Verfügung. Die Wahl fiel auf Alexandre Gustave Eiffel, der sein Können schon mehrfach unter Beweis gestellt hatte.

Der französische Ingenieur spezialisierte sich schon früh auf Metallbaukonstruktionen. Die berühmte eiserne Eisenbahnbrücke bei Bordeaux war sein erstes größeres Werk. In Portugal schlug er bei Porto eine Brücke über den Douro, die mit 159 Metern Spannweite nur 6 Meter kürzer war als die ebenfalls von ihm erbaute Trayèrebrücke mit 165 Metern. Aber nicht nur im Brückenbau kannte sich der vielseitige Eiffel aus. In Budapest deckte er die Bahnhofshalle, in New York verstärkte er die Freiheitsstatue, und in Nizza baute er ein 84 Meter hohes Observatorium.

Verglichen mit seinem berühmtesten Bauwerk war diese Höhe eine Kleinigkeit. Genau 300,5 Meter hoch, also doppelt so hoch wie der Petersdom zu Rom, ist der Turm, der unter Eiffels Leitung auf dem Marsfeld gebaut wurde. 12000 vorgefertigte Metallteile mit einem Gewicht von insgesamt 6900 Tonnen und 2,5 Millionen Nieten wurden nach ihrer Zusammenfügung zum Wahrzeichen der Stadt Paris.

Was sich Eiffel gleichzeitig leistete, war weniger ruhmreich. Er war in den Panamaskandal verstrickt, da er sich von der Panamagesellschaft Millionen für Arbeiten bezahlen ließ, die er nie ausgeführt hatte. Der Skandal platzte – ausgerechnet – im Jubiläumsjahr, als die Panamagesellschaft in Konkurs ging. Er führte zum Sturz der französischen Regierung, und Eiffel selbst saß für zwei Jahre hinter

Abbildung aus dem Führer der Pariser Weltausstellung von 1889

massiven Metallstäben in Untersuchungshaft. Der Prozeß schließlich endete 1897 mit dem Freispruch aller Beteiligten.

Ursprünglich war vorgesehen, den Eiffelturm nach der Weltausstellung wieder abzureißen. Weil man ihn aber als Radioturm ausgezeichnet nutzen konnte, ließ man ihn stehen, zum Unmut verschiedener Künstler und Schriftsteller und vieler Pariser Bürger. Ja der Turm durfte gar noch »wachsen« – dank der Antennenaufbauten beträgt seine Höhe heute 320,8 Meter. Nicht auszudenken, was aus Paris' Tourismus ohne den Eiffelturm geworden wäre …

Touristischen Aspekten trägt die Pariser Stadtregierung wohl erneut Rechnung. Laut Presseberichten vom Dezember 1997 plant diese, zur Jahrtausendwende einen Konkurrenzturm zu bauen. Er soll zwar nur 200 Meter hoch werden, im Unterschied zum Eiffelturm jedoch aus vorgefertigten Holzbauteilen bestehen – damit wäre der neue Turm wohl das höchste Holzgebäude der Erde. Nach Meinung des selbstbewußten Architekten soll der Turm »mindestens ein Jahrtausend ohne größere Reparaturen überstehen«.

Enzian

Gentius / Genthios von Illyrien (2. Jh. v. Chr.)

Er starb, nachdem man ihn als Gefangenen Roms in Ketten beim Triumphzug von 167 v. Chr. mitgeschleift hatte. Sein Königreich Illyrien war zerschlagen worden und verschwand von der Landkarte. Nur die nach ihm benannte Pflanze erinnert noch an ihn – auch wenn wohl kaum jemand an König Gentius denkt, wenn im Festzelt zu Heinos »Blau, blau, blau blüht der Enzian« geschunkelt wird.

Wie der römische Geschichtsschreiber Plinius bestätigt, soll Gentius der erste gewesen sein, der in seinem adriatischen Heimatland die wundersame Heilkraft einer gelben – ja, gelben – Blume entdeckt hatte. Der leuchtend blaue Enzian unserer Alpen ist zwar wunderschön, aber als Heilmittel taugt er wenig, auch wenn der eine oder andere Älpler anderer Ansicht sein dürfte.

Der gelbe Enzian *(Gentiana lutea)* nämlich ist es, aus dessen langer Pfahlwurzel seit dem Altertum die verschiedensten Pülverchen und Wässerchen gewonnen werden, die man vor allem bei der Wundheilung und als Mittel gegen Vergiftungen einsetzte.

Daß in unseren Breitengraden der blaue Enzian so eifrig gesammelt wurde, so daß ihn nur ein strenges Pflückverbot vor der Ausrottung retten konnte, hatte keine medizinischen Gründe. Aus Enzianwurzeln läßt sich ein wohlschmeckender Schnaps destillieren. Um die gute Ausrede, eigentlich trinke man den Schnaps einzig und allein, um die Verdauung anzuregen, sind die Trinker nie verlegen.

Und nach einigen Gläschen sind sie dann so blau wie der Enzian im Schunkellied.

Epikureer

Der Philosoph Epikur: »Die Lust ist Anfang und Ende des glückseligen Lebens.«

Epikur (341–271 v. Chr.)

»Die Freuden des Magens sind Quelle und Wurzel alles Guten.«

Fünf Jahrhunderte nach seinem Tod wurde dem griechischen Philosophen Epikur dieses Zitat in den Mund gelegt. Und noch bis in unsere Zeit steht sein Name für den Genuß der leiblichen Freuden schlechthin. Fälschlicherweise.

Epikur, Sohn des Atheners Neokles, wurde auf Samos geboren und ließ sich nach siebzehnjähriger Wanderschaft 323 in seiner Vaterstadt nieder. Seine persönliche Philosophie, die er in seinem Garten lehrte, hatte die individuelle Glückseligkeit zum Ziel. Das Lustprinzip stand bei Epikur an erster Stelle. Er verstand darunter aber – hier nahm das Mißverständnis seinen Anfang – nicht die bloße Befriedigung körperlicher Bedürfnisse. Nicht Wein, Weib und Gesang sollten den Menschen seinem Glück näher bringen, sondern Mäßigung und Tugend. Epikur suchte die seelische Ausgeglichenheit.

Die epikureische Lehre sah keine Heirat und keine Beteiligung am öffentlichen Leben vor. Der oberste Grundsatz Epikurs lautete: »Lebe im Verborgenen«. Die menschliche Seele, die seiner Meinung nach den Körper beherrschen konnte, sollte von jeder Angst befreit werden, auch von der Todesangst. Epikur erklärte, es gebe keinen Hades, in den die Seele der Toten wanderten. Er glaubte vielmehr daran, daß die Seele nach dem Tod in ihre Atome zerfalle. Schon zu Lebzeiten wurde Epikur als großer Weiser verehrt. Über Jahrhunderte fühlten sich Menschen zum epikureischen Ideal hingezogen.

Dies änderte sich mit dem in der Spätantike aufkommenden Christentum. Für die Kirchenväter war der Epikureismus die Verkörperung einer gottlosen, unmoralischen und verruchten Lebensweise. Dieses Fehlurteil klingt bis heute nach, wenn wir den Begriff »Epikureer« als Kennzeichnung eines sinnenfreudigen Menschen verwenden.

Erotik, Eros

Eros

Wenn sich Krieg und Liebe, Gewalt und Zärtlichkeit begegnen, dann muß das Kind, das bei dieser Begegnung gezeugt wird, außergewöhnlich sein. Und so entsproß aus der Beziehung zwischen dem Kriegsgott Ares und der Liebesgöttin Aphrodite *(☞ Aphrodisiakum)* denn auch ein Wesen, das die Eigenschaften beider in sich vereinigt.

Von Vater Ares übernahm der göttliche Eros die Waffen. Er ist mit einem Bogen bewaffnet, aber sein Pfeil tötet nicht, sondern – hier zeigt sich das Erbe Aphrodites – läßt die Getroffenen in Leidenschaft entbrennen. Weil schon die alten Griechen wußten, daß nur erwiderte Liebe auch glückliche Liebe ist, stellten sie Eros in ihrem Götterkosmos Anteros zur Seite – er verkörpert die Gegenliebe.

Anteros muß die Hand mit im Spiel gehabt haben, als sich sein Bruder Eros in die sterbliche ☞ Psyche verliebte – eine ungleiche Beziehung, die tragisch hätte enden können, wäre da nicht Göttervater Zeus gewesen, der sich persönlich um ein Happy-End bemühte.

Das Bemerkenswerte an Eros, dem altgriechischen Gott der Liebe, ist die Tatsache, daß er in den Darstellungen der Künstler immer jünger wurde. War er in den – verschollenen, aber oft beschriebenen – Statuen des berühmten Praxiteles noch als prächtiger und mächtiger Gott zu sehen, so wurde er in der Kunst der späthellenischen und römischen Zeit immer mehr zum harmlosen geflügelten Knäblein, das fröhlich durch die Weltgeschichte flattert und durch zielloses Verschießen seiner Spielzeugpfeile manchmal verwirrliche, aber kaum noch tragisch endende Liebesbeziehungen stiftet.

Eros und Psyche. Zeichnung aus dem 19. Jh.

Eros ist heruntergekommen – genauso wie die nach ihm benannte Erotik, die vom welterschütternden Mysterium zur neckischen Spielerei mit der Lust mutierte, der wir aufgeklärte Menschen des 20. Jahrhunderts keine Tempel mehr weihen, sondern oft genug ein ... »Eros-Center«.

Esperanto

Ludwik Leizer Zamenhof (Dr. Esperanto) (1859–1917)

»Niemand kann die Notwendigkeit einer menschlich neutralen und ›anationalen‹ Sprache so stark nachempfinden wie ein Jude, der verpflichtet ist, seinen Gott in einer Sprache anzubeten, die schon lange tot ist, der seine Erziehung in der Sprache eines Volkes erhält, das ihn ablehnt, und der Leidensgenossen in der ganzen Welt hat, mit denen er sich nicht verständigen kann ...«

Für Ludwik Leizer Zamenhof war die Sprache schon während seiner Kindheit im polnischen Bialystok ein zentrales Thema. Um ihn herum wurde Polnisch, Russisch, Weißrussisch, Deutsch, Jiddisch und – in der Synagoge – Hebräisch gesprochen. Doch diese sprachliche Vielfalt diente nicht der Verständigung. Sie schuf vielmehr Raum für religiöse und ethnische Auseinandersetzungen und Rivalitäten. Ludwik Leizer Zamenhof, geboren als ältester Sohn eines aufgeklärten jüdischen Lehrers, erlernte in dieser Umgebung seine ersten vier Sprachen spielerisch. Im Laufe seines Lebens sollte er sich mehr als ein Dutzend Fremdsprachen aneignen. Trotzdem aber befand er, daß er sich in keiner dieser Sprachen wirklich auf ideologisch und traditionell neutralem Terrain bewegte. Die anfänglich vage Idee, den Turm von Babel wieder einzureißen und der Sprachverwirrung ein Ende zu bereiten, nahm immer konkretere Formen an.

Erste Versuche, eine künstliche Sprache zu schaffen, unternahm Zamenhof während seiner Schulzeit in Warschau. Nachdem er vergeblich gehofft hatte, einer vereinfachten und verstümmelten Form von Latein Leben einzuhauchen, entschloß er sich dazu, eine absolut neue, eine künstliche Sprache zu konstruieren. Noch bevor er seine Schulzeit – mit Höchstnoten – beendet hatte, schuf er nach allen Grundsätzen der Logik seine »lingwe uniwersala« und testete sie auf Herz und Nieren, indem er ganze Bibelstellen und Werke verschiedener Schriftsteller in sie zu übertragen versuchte. Während seiner Studienzeit in Moskau legte er sein Projekt vorübergehend auf Eis. Er teilte seine linguistischen Träume mit keinem Menschen. Als er das Projekt wieder aufgriff, glaubte er nicht mehr an eine universelle Sprache, die andere Sprachen ersetzen sollte, sondern erhoffte sich lediglich eine internationale neutrale Verkehrssprache.

Erst nachdem er als Augenarzt promoviert hatte und von seiner Braut Liebesbriefe in der eigenen Kunstsprache erhielt, kehrte sein Lebensmut und das Vertrauen in sein Werk wieder zurück. 1887 veröffentlichte er endlich seine Grammatik, die den Titel »Lingvo Internacia« trug. Er zeichnete sie aber nicht mit eigenem Namen, sondern wählte das Pseudonym Doktor Esperanto – der Hoffende – als Ausdruck jenes Gefühls, das er seinen Mitmenschen mit dieser Sprache schenken wollte.

Schon nach wenigen Jahren fand die neue Sprache rund um die Welt, von Japan über Schweden bis nach Chile, ihre Anhänger. Die Esperantistengemeinde wuchs in einem unglaublichen Tempo, es wurden Journale, Lehrbücher und Übersetzungen aller großen Meister herausgegeben. Am 5. August 1905 fand schließlich der erste internationale Esperantistenkongreß im französischen Boulogne-sur-Mer statt. Zamenhof, der sich bis dahin dagegen gewehrt hatte, als Schöpfer dieser Sprache aufzutreten – seiner Meinung nach mußte Esperanto von den Menschen gesprochen und weiterentwickelt werden, ohne einen einzelnen als Erfinder zu verehren –, konnte davon überzeugt werden, die Eröffnungsansprache zu halten. Seine Worte bewegten die Abgeordneten aus zwanzig Ländern zutiefst, zumal er seinen Aufruf zur Hoffnung in einer krisengeschüttelten Zeit formulierte. Im Anschluß an den Kongreß wurden die definitiven Prinzipien der internationalen Sprache ausgearbeitet. Das *»Fundamento de Esperanto«* enthielt unter anderem die sechzehn grammatikalischen Regeln, auf denen Esperanto gründet. Auf dem zweiten Kongreß, der ein Jahr später in Genf stattfand, konnte man den 800 Teilnehmern erfreuliche Zahlen vorlegen: Weltweit existierten nun 434 Vereine für Esperanto, 29 Zeitschriften wurden in der neuen Sprache herausgegeben. Ein dritter Kongreß wurde in Cambridge, ein vierter in Dresden organisiert. Die Teilnehmerzahl war mittlerweile auf 1368 angewachsen, insgesamt waren 40 Nationen vertreten. Weitere Kongreßzentren waren Barcelona, Washington (erstmals waren hier am Kongreß 11 Nationen offiziell akkreditiert), Antwerpen, Krakau. Gealtert und krank, kündigte

Zamenhof nach 25 Jahren seinen Rücktritt als »majstro«, als Anführer der Esperantisten, an. An den folgenden Kongressen wollte er nur noch als ein Esperantist unter tausend anderen teilnehmen.

Der zehnte Kongreß sollte der Höhepunkt der erfolgreichen Bewegung sein. Doch der Erste Weltkrieg machte aus einer Veranstaltung, für die sich beinahe 4000 Personen angemeldet hatten, eine traurige Zusammenkunft, die nach zwei Stunden aufgelöst wurde. Ludwik Leizer Zamenhof starb 1917 nach längerer Krankheit. Seine Kinder wurden wie viele andere Anhänger des Esperanto von den Nazis verfolgt und umgebracht.

Heute wird Esperanto noch in 115 Ländern, je nach Schätzung, von ein bis drei Millionen Menschen gesprochen.

Europa

Europa

In der griechischen Mythologie kommt die Geschichte Europas in mindestens zehn verschiedenen Varianten vor. In der berühmtesten Sage, die sich um Europa rankt, ist sie eine wunderschöne phönizische Königstochter. Als sie mit ihren Freundinnen wieder einmal über die blumigen Wiesen schreitet, die sich rund um den Palast ihres Vaters erstrecken, sieht sie der stets zu Seitensprüngen neigende Zeus. Der Gott verliebt sich sofort in Europa und macht sich daran, die schöne Jungfrau zu verführen. Um seine eifersüchtige Gattin Hera nicht auf den Plan zu rufen, verwandelt er sich in einen kräftigen weißen Stier und nähert sich Europa in dieser Gestalt. Er schnaubt derart sanft und gutmütig, daß Europa sofort Zutrauen faßt. Sie krault den Stier, der sich ihr zu Füßen niedergelegt hat, zwischen den Hörnern und setzt sich kichernd auf seinen Rücken. In diesem Moment setzt sich das Tier in Bewegung.

Der Stier rast mit der Schönheit auf dem Rücken dem Meer entgegen. Poseidon streicht gerade noch rechtzeitig die Wogen glatt, damit Europa keine nassen Füße bekommt. Die Königstochter beginnt vor Angst wie am Spieß zu schreien. Mit einer Hand klammert sie sich an eines der Hörner des Stieres, mit der anderen hält sie ihre flatternden Gewänder zusammen …

Der Stier trägt sie bis Kreta, wo er sich in Zeus zurückverwandelt. Die verwirrte Königstochter wehrt sich nicht, als Zeus sie unter einer Platane stürmisch liebt. Neun Monate später schenkt Europa zwei Söhnen, Minos und Sarpedon, das Leben. Zeus überläßt ihr nach dem Liebesabenteuer den ehernen Riesen Talos, der Kreta bewachen soll, einen Hund mit unbestechlichem Geruchssinn und einen Jagdspieß, der sein Ziel niemals verfehlt. Danach verheiratet der dankbare Liebhaber sie mit König Asterion von Kreta, der, selbst kinderlos, die beiden Kinder der Europa adoptiert.

Seitdem wird unser Kontinent nach der phönizischen Königstochter benannt, die unfreiwillig ihre Heimat in Asien verlassen mußte.

Everest ☞ **Mount Everest**

F

Fahrenheit

Gabriel Daniel Fahrenheit (1686–1736)

Noch bevor der junge Fahrenheit das geplante Medizinstudium aufnehmen konnte, verstarben seine Eltern – vermutlich an einer Pilzvergiftung. Da Fahrenheit nicht volljährig war, wurde er der Vormundschaft eines Kaufmannes im heimatlichen Danzig unterstellt. Dieser war der Meinung, sein Mündel müsse als ältester von fünf Geschwistern die Familientradition aufrechterhalten und wie Fahrenheits Vater Kaufmann werden. Er schickte ihn nach Amsterdam in die Lehre. Sobald die Lehrjahre (1702–1706) vorüber waren, wandte sich Fahrenheit umgehend der Wissenschaft zu. Er bereiste Nord- und Ostdeutschland und Skandinavien, um sich weiterzubilden. Mit seinem besorgten Vormund versöhnte er sich erst Jahre später.

1714 begann Fahrenheit mit der Arbeit an einem eichbaren Thermometer. Er wählte drei Fixpunkte; eine Mischung aus Wasser, Salmiak und Eis bestimmte den Nullpunkt (entspricht –17,8° Celsius), während der Gefrierpunkt (bei 32° Fahrenheit) und der Siedepunkt (bei 212° Fahrenheit) die beiden anderen Fixpunkte definierten. Die Eichung machte es möglich, Thermometer serienmäßig herzustellen. Als Flüssigkeit gebrauchte er zuerst Alkohol, später erwies sich, daß mit Quecksilber genauere Resultate erzielt werden konnten. Fahrenheit entwickelte auch Verfahren, um den Luftdruck zu messen, und stellte selbsterfundene Geräte (Aräometer) her, mit denen er Gewicht und Dichte von verschiedenen Stoffen messen konnte.

Auf der Suche nach einer festen Anstellung reiste er nach Berlin, Danzig, Halle und Dresden. Gleichzeitig erlernte er die Glasbläserei und verbesserte seine ersten Thermometermodelle. Weil er ein ausgezeichneter Handwerker war, schienen seine Erfindungen den Wissenschaftlern seiner Zeit doch mehr dem Zufall als systematischer Arbeit entsprungen. Zudem gingen Fahrenheit fundierte mathematische Kenntnisse ab. Deshalb wollte ihn keine Hochschule einstellen. Schließlich ließ er sich 1717 in Amsterdam nieder, wo er in seiner Werkstatt Thermometer, Barometer und optische Geräte anfertigte, die in ihrer Präzision kaum zu übertreffen waren. Ab 1718 begann Fahrenheit naturwissenschaftliche Vorträge zu halten, die er mit zahlreichen Experimenten zu untermauern wußte. 1724 wurde er von der *Royal Society* zu einem Vortrag eingeladen. Seine Ausführungen überzeugten. Fahrenheit wurde zum Mitglied ernannt und durfte fünf Artikel, u. a. über Thermometrie, im Fachblatt der berühmten Londoner Society veröffentlichen.

Eine Familie gründete Fahrenheit nie, obwohl er das, um nicht immer bei fremden Menschen wohnen zu müssen, gern getan hätte. Er scheint aber sehr schnell die Geduld verloren zu haben, denn nach einer gescheiterten Liaison ließ er ein für allemal die Hände von den Frauen.

Fahrenheit entwickelte eine Maschine zur Entwässerung der Küstengebiete Hollands. 1736 wurde ihm in Den Haag ein Patent für fünfzehn Jahre ausgestellt. Möglicherweise erfuhr Fahrenheit aber nichts mehr von seinem Erfolg, denn bei seinem Aufenthalt in Den Haag erkrankte er so schwer, daß er sich einen Notar ans Bett rufen ließ, um sein Testament aufzusetzen. Wenige Tage darauf verstarb er und wurde in einem Grab »vierter Klasse« beigesetzt. Außer einer Wohnung in Amsterdam, Hausrat und seinen Erfindungen, die von der Nachlaßschätzerin pauschal als »weiterer Kram« abqualifiziert wurden, hinterließ Fahrenheit nur seinen Namen: auch heute noch wird in den angelsächsischen Ländern (mit Ausnahme Englands) die Temperatur in *Fahrenheit* gemessen.

Farad, Faradayscher Käfig, Faradaysche Gesetze

Michael Faraday (1791–1867)

Michael Faraday war ein ausgezeichneter Rhetoriker. Auch Charles Dickens, der berühmte englische Schriftsteller, war begeistert von seinen spannenden und gut formulierten Vorträgen. Um Weihnachten drängelten sich ganze Kinderscharen in seinen Hörsaal, um sich vom Londoner Naturwissenschaftler die »Naturgeschichte einer Kerze« erzählen zu lassen. Diese und ähnliche Geschichten, die durchaus einen wissenschaftlichen Hintergrund hatten, erzählte Faraday abwechselnd mit anderen Kollegen im Rahmen der *»Christmas Juvenile Lectures«*. Faraday war es ein Anliegen, Vorlesungen für ein möglichst breites Publikum zu halten. Wahrscheinlich setzte er sich für diese Vortragsreihen ein, weil ihm selbst ohne sie der Zugang zur Wissenschaft wohl versperrt geblieben wäre.

Michael Faraday war der Sohn eines einfachen Schmieds. Seine ganze Familie gehörte der christlichen Sandemansekte an, der Faraday bis zu seinem Tod treu bleiben sollte. Die Schule besuchte er nur bis zum dreizehnten Lebensjahr. Danach begann er eine Lehre als Buchbinder. Als Autodidakt machte er sich mit den Grundzügen der Elektrizitätslehre vertraut – Bücher standen ihm ja glücklicherweise ausreichend zur Verfügung. Sein Lehrmeister unterstützte ihn und ließ Faraday ab und an öffentliche Vorlesungen besuchen. Besonders genaue Notizen machte sich Faraday bei einer Vortragsreihe des bedeutenden Chemikers Sir Humphry Davy (1778–1829). Er illustrierte seine akkuraten Aufzeichnungen und ließ sie dem Wissenschaftler zukommen – zusammen mit seiner schriftlichen Bewerbung als Assistent. Weil gerade eine Stelle frei geworden war, engagierte Davy den aufgeweckten Buchbinder und nahm ihn gleich auf eine anderthalbjährige Europareise mit.

Die Beziehung zwischen Davy und Faraday blieb aber nur so lange gut, bis der Chemiker erkannte, daß sein Assistent ihm über den Kopf wuchs. Als Faraday mit seinen ersten Versuchen an die Öffentlichkeit trat, hatte er die Assistentenstelle, in der er Davys Laufbursche war, nicht mehr nötig. Schon 1824 wurde er Mitglied der *Royal Society,* der ältesten englischen Akademie der Wissenschaften. Mit sechsunddreißig Jahren war er ordentlicher Professor.

1821 konstruierte Faraday einen ersten Vorläufer des Elektromotors. Die Anordnung war einfach, das Maschinchen glich einem Spielzeug, funktionierte aber tatsächlich. Die erste Dampfmaschine hatte schließlich auch klein angefangen *(☞ Äolsharfe)*.

Zehn Jahre später entwickelte Faraday den ersten Dynamo. Er entdeckte unter anderem die elektromagnetische Induktion, prägte und klärte Begriffe wie Elektrolyse, Anode und Kathode – sie werden noch heute in der Wissenschaft verwendet –, beschrieb elektrische Felder und eröffnete der Elektrochemie ganz neue Perspektiven.

Es verwundert kaum, daß Faradays Name gleich mehrfach verewigt wurde. Neben dem bekannten Faradayschen Käfig, einer Vorrichtung aus Draht oder einem anderen leitenden Stoff, der einen Raum vor elektrischen Feldern abschirmt (Autos oder Flugzeuge wirken als Faradaysche Käfige und bieten deshalb Schutz bei Gewittern), wurden auch die Gesetze, die die Grundregeln der Elektrolyse beschreiben, nach Faraday benannt. Ebenso trägt die Maßeinheit Farad seinen Namen: Mit ihr wird die elektrische Kapazität gemessen. In der Fachliteratur stößt man auf weitere Ausdrücke wie: Faradaysche Ladung, Faradaysches Influenzgesetz, Faraday-Zylinder, Faradayscher Dunkelraum, Faraday-Effekt, Faradaysche Stäbchenmethode, Faraday-Verdet-Konstante, Faraday-Maxwellsche Elektrodynamik und faradisieren.

Faraday wurde von seinen Kollegen nicht nur wegen seiner Forschungsarbeit, sondern auch wegen seiner Freundlichkeit und Großherzigkeit sehr geschätzt. Was er nicht unbedingt für sein Leben brauchte, spendete er Bedürftigen. Sein Arbeitseifer war unglaublich, Tag und Nacht verbrachte er in seinem Laboratorium. Schließlich überforderte er sich so sehr, daß er einen Nervenzusammenbruch erlitt. Nach seiner Genesung war er nicht mehr der alte. Sein Gedächtnis ließ ihn immer öfter im Stich. Schließlich sah sich Faraday gezwungen, seine Forschungstätigkeit aufzugeben. Eine chronische Quecksilbervergiftung hatte den genialen Physiker und Chemiker in die Senilität getrieben.

Was er den Kindern in seinen Weihnachtsvorlesungen als Lebensmaxime mit auf den Weg gab, hatte Faraday in seinem eigenen Leben erreicht: *»Und so wünsche ich euch, daß ihr euer Leben lang den Vergleich mit einer Kerze in jeder Beziehung bestehen möget, daß ihr wie sie eine Leuchte sein möget für eure Umgebung, daß ihr in allen euren Hand-*

lungen die Schönheit einer Kerzenflamme widerspiegeln möget, daß ihr in treuer Pflichterfüllung Schönes, Gutes und Edles wirket für die Menschheit.«

Fata Morgana

Margan oder Morgan(e) le Fay

In der Artusdichtung des 12. Jahrhunderts wird die Zauberin Morgan le Fay erstmals erwähnt. Die Herrscherin von Avalon, einer sagenumwobenen Insel, konnte ihre Erscheinung nach Belieben verändern und besaß wunderheilende Kräfte. Bei dem altfranzösischen Dichter Chrestien de Troyes (1135–1190) taucht Morgane als König Artus' Schwester auf. Chrestien erzählt, der große Zauberer Merlin habe sie persönlich in die Geheimnisse der Magie eingeweiht.

In alten arabischen Märchen führt die Zauberin Margan (d. h. »Die Perle«) Reisende in der Straße von Messina in die Irre. Unter Vorspiegelung falscher Tatsachen machte sie diese so lange glauben, die Küste sei nur einen Steinwurf weit entfernt, bis sich die Illusion in Luft auflöste und die Reisenden Schiffbruch erlitten.

Beide Legenden sind bis in unsere Zeit im Ausdruck Fata Morgana – Fee Morgana – lebendig geblieben, als Ausdruck für die über Wüste und Meer häufig auftretenden Luftspiegelungen, aber auch als Ausdruck für »das Unmögliche, Unerreichbare«: »Er jagt einer Fata Morgana nach«, pflegen wir abschätzig oder mitleidig von Träumern, »Spinnern« und Utopisten zu sagen.

Fatzke ☞ **Scharwenzeln**

Faun, Fauna

Faunus und Fauna

Selbst bei den Göttern der Antike, die zahlreichen deutschen Wörtern ihren Namen geliehen haben, ist es nicht selbstverständlich, daß zwei himmlische Geschwister als Wortpaten auftreten. Schon gar nicht, wenn es sich um eher zweitrangige Mitglieder des göttlichen Hochadels handelt.

Faunus, der altrömische Gott der wilden Natur, war ein Enkel des Saturnus. Er zeugte den Latinus, König von Latium, der seinerseits zum Namensgeber (Latein) wurde. Da Faunus' Name auch »Wolf« bedeutet haben soll, feierte man ihm zu Ehren unter seinem »Zweitnamen« Lupercus jeweils am 15. Februar das Wolfsfest, die Luperkalien – eine Zeremonie, von der sich kinderlose Frauen Fruchtbarkeit versprachen.

Im Laufe der Zeit wurde Faunus immer mehr mit dem griechischen Gott Pan *(☞ Panik)* identifiziert. Als gehörnter, bockfüßiger, ewig lüsterner Naturgeist lebt er im Begriff des Fauns noch heute weiter.

Vergessen wurde, daß Faunus auch der Schutzgott des Viehs und der Hirten war. Als solcher wäre er eigentlich der ideale Namenspatron für die Tierwelt gewesen, aber diese Funktion übernahm in unserer Sprache seine Schwester *Fauna* (antike Autoren nennen sie manchmal auch Faunus' Gattin oder Tochter), von der die alten Sagen nicht mehr zu berichten wissen, als daß sie den ☞ Herkules auf seiner Wanderung durch Latium verführt haben soll.

Wie kam diese unbekannte Halbgöttin zu der Ehre, mit ihrem Namen die ganze Tierwelt zu bezeichnen? Der Naturforscher und -systematiker Carl von Linné (1707–1778) verfaßte 1745 ein Werk über die schwedische Pflanzenwelt, das er nach einer anderen altrömischen Gottheit »Flora Suecica« genannt hatte *(☞ Flora)*. Und als er ein Jahr später ein Werk über die Tierwelt nachschob, suchte er nach einer entsprechenden Göttin und stieß auf die vergessene Fauna.

Für einmal läßt sich deshalb ganz genau datieren, wann ein Wort von einem Namen abgeleitet wurde: Fauna als Bezeichnung für die Tierwelt gibt es exakt seit dem Jahre 1746. In diesem Jahr erschien Linnés *»Fauna Suecica«*.

Fiaker

Sankt Fiacrius (7. Jh.)

Der heilige Fiacrius war ein Mönch, der im 7. Jahrhundert gelebt haben soll. Er hatte sich als Beichtvater in einer Einsiedelei im heutigen französischen Städtchen Saint-Fiacre-en-Brie nahe Meaux niedergelassen. In einigen Manuskripten wird der Geistliche, der ursprünglich aus Irland stammte, auch Fefrus genannt, aber in die Reihen der Heiligen ist er als Fiacrius eingegangen.

Wie kam es, daß der heilige Fiacrius seinen Namen als Bezeichnung für Mietkutschen und ihre Kutscher hergab? Das geschah mehr als tausend Jahre nach seinem Tode, im Paris des 17. Jahrhunderts. Dort kam ein gewisser Monsieur Savage zum erstenmal auf die Idee, Kutschen zu vermieten. Den ersten Kutschenstandplatz richtete er in der Rue St-Martin ein – vor dem Hôtel St-Fiacre, dessen Außenwand mit einem Bild des Heiligen geschmückt war.

Bald einmal bürgerte sich daher bei der Pariser Bevölkerung der Name *Fiacre* für die Mietkutschen ein. Wer es eilig hatte und zahlen konnte, mietete sich einen Fiaker.

Heute sind die Fiaker schon lange durch Taxis ersetzt worden. Nur in Wien gehören sie noch zum Straßenbild, allerdings nicht mehr als besonders schnelles Transportmittel, sondern als nostalgische Attraktion für Reisende aus aller Welt.

Eine kleine hilfreiche Bemerkung zum Schluß. Der heilige Fiacrius saß jahrein, jahraus immer auf demselben Stein im Hofe seiner Einsiedelei. Allein schon aus diesem Grund hinterließ er einen »bleibenden Eindruck«. Der Stein steht in Meaux und wird daselbst verehrt. Angeblich soll er Wunder vollbringen bei Menschen, die am »fic saint Fiacre« – an Hämorrhoiden – leiden. Einmal hinsetzen genügt!

Flora

Flora

Die römische Göttin der Blumen und des blühenden Getreides, die schon von den altitalischen Völkern der Osker und Sabiner verehrt wurde, wird als blumengeschmückte Jungfrau dargestellt. Ihr Tempel, nahe beim Circus Maximus, wurde im Jahre 238 v. Chr. mit einem großen Fest eingeweiht, den *ludi florales* oder *Floralia*, das sich später zu einem alle Jahre wiederkehrenden, derb-fröhlichen Ereignis entwickelte. Jeweils zwischen dem 28. April und dem 3. Mai fand das Frühlingsfest statt, dessen Motto die wiedererwachende und blühende Natur war. Man schmückte die Wohnungen mit Blumen, trug bunte Gewänder, tanzte und schmauste.

Aus der harmlosen Vergnügung wurde im Lauf der Jahre ein ausschweifendes Volksfest, bei dem obszöne Darbietungen wandernder Schaustellertruppen besonders beliebt waren. Und als Höhepunkt bejubelte man komische Zirkusspiele, bei denen statt Löwen und Bären Ziegen und Hasen durch die Arena gejagt wurden.

An das Fest der Flora dachte der Naturwissenschaftler Carl von Linné (☞ *Fauna*) wohl kaum, als er im 17. Jahrhundert sein Sammelwerk *»Flora Suecica«* mit dem Namen der altrömischen Göttin bezeichnete. Seit der Publikation dieses Buches hat sich die Bezeichnung Flora für die gesamte Pflanzenwelt durchgesetzt. Auf den Kupferstichen der Titelblätter des Werks schwebt Flora, Botticellis *»Primavera«* gleich, blütenstreuend über die Erde.

Freitag

Freya

Vieles, was man über die nordische Göttin Freya weiß, ist von christlicher Seite in falsches Licht gerückt worden. Die Edda, die altnordische Heldensaga, ist größtenteils zu einer Zeit entstanden, in der das Christentum im Norden Europas schon weit verbreitet war. So wurde versucht, Freya in einen Kontext zu stellen, der für christliche Moralvorstellungen nachvollziehbar war.

Die schöne Göttin. Zeichnung aus dem 19. Jh.

Freya lebte mit ihrem Bruder Freyr in Geschwisterehe. Diese Form des Zusammenlebens war schon in mythologischen Erzählungen der Antike verbreitet. Das bedeutete jedoch nicht, daß die Geschwister keine Freiheiten hatten. Freyr war zusätzlich mit einer Riesentochter verheiratet, während Freya sich einen Liebhaber, Ottarr, hielt. Ihre zwei Töchter Hnoß und Gersimi sind also wahrscheinlich nicht von ihrem Gatten gezeugt.

Freya, die schöne Göttin der Liebe, kann mit Aphrodite *(☞ Aphrodisiakum)* verglichen werden. Auch sie stand für alles Weibliche und wurde bei Liebeskummer um Hilfe angefleht. Freya entstammte dem Geschlecht der Wanen, skandinavischer, ursprünglich weiblicher Naturgeister, die über Felder und Pflanzen wachten. Freya war die wichtigste und begehrteste Göttin der nordischen Mythologie und lebte in Luxus. Ihr Wagen wurde von Katzen gezogen, und ihr Kleid bestand aus Falkenfedern, damit sie fliegen konnte. Stets trug sie eine glänzende Halskette. Ihr Amulett war von vier Zwergen angefertigt worden, die tief unter der Erde lebten. Der Sage nach sollen ihr die vier kleinen Handwerker das Schmuckstück nur unter der Bedingung überlaßen haben, daß sie mit jedem von ihnen eine Nacht verbringe. Vor allem der Kriegsgott Thor benutzte diese Geschichte gegen Freya, um ihr Lasterhaftigkeit und Zügellosigkeit vorzuwerfen.

Das Matriarchat der Wanen hatte – wie so oft – keinen Bestand. Die patriarchalisch organisierten Asen besiegten ihre Konkurrentinnen im Krieg. Noch lange aber wurden die weiblichen Naturgötter ihrer Zauberkräfte wegen verehrt und gefürchtet.

Vor allem Göttervater Odin schien es die Göttin Freya angetan zu haben. Er überließ ihr freiwillig die Hälfte der Seelen aller gefallenen Helden. In ihrem Palast ließ sie eigens für die Verstorbenen einen Saal einrichten, in dem diese göttlich bewirtet wurden.– ein echtes Konkurrenzunternehmen zu Walhall.

Einmal wöchentlich huldigen wir auch heute noch der kraftvollen Göttin Freya – jeden Freitag.

Frisbee

Mrs. Frisbie

Der Studentenschaft der Eliteuniversität Yale (benannt nach dem britischen Kaufmann Elihu Yale (1649–1721) ist schon immer eine besondere geistige Beweglichkeit nachgesagt worden. Aber auch körperlich scheinen die Angehörigen dieser Hochschule über ein besonderes Leistungsvermögen zu verfügen, denn die Studenten tun sich immer wieder durch besondere sportliche Leistungen hervor.

Es war nach dem Zweiten Weltkrieg, als sich ein Grüppchen Studenten einen Kuchen leistete, vielleicht um einen Geburtstag oder ein bestandenes Examen zu feiern. Der Kuchen stammte aus einer Großbäckerei in Connecticut und wurde traditionellerweise auf einem flachen Teller aus Weißblech geliefert. Nachdem die letzten Krümel zusammengekratzt waren, kam ein Student auf die Idee, den Untersatz in perfekter Diskuswurfhaltung in die Luft zu schleudern. Die geschulten Augen erkannten sofort, daß der umfunktionierte Teller eine tadellose Flugbahn beschrieb und somit fortan als empirisch getestetes neues Sportgerät gelten durfte. Auch ein Name war schnell gefunden, denn in das Blech war der Name des Produktes eingeprägt: Mrs. Frisbie's Pies.

1959 ließ ein gewisser Fred Morrison Mrs. Frisbie's Teller als Wurfscheibe patentieren. Der Name wurde beibehalten, aber aus rechtlichen Gründen wurde aus Frisbie neu Frisbee.

Und statt Weißblech wurde als Baumaterial bald Plastik verwendet. Das neue Sport- und Spielgerät konnte seinen Siegeszug um die Welt antreten und machte Fred Morrison zum reichen Mann.

Fuchsie

Leonhart Fuchs (1501–1566)

Die Fuchsie, ein Zierstrauch aus der Gattung der Nachtkerzengewächse, wächst in Zentral- und Südamerika in freier Natur.

Der gebürtige Schwabe Fuchs studierte in Heilbronn und Erfurt und promovierte 1521 an der Universität Ingolstadt als Magister Artium für klassische Sprachen. Anschließend nahm er das Medizinstudium auf. Der militante Lutheraner verließ das katholische Ingolstadt sofort nach seiner Habilitation 1524 und praktizierte zwei Jahre lang in München. 1526 kehrte er als Lehrer doch wieder nach Ingolstadt zurück. Zwei Jahre später wurde Fuchs als Leibarzt an den Hof des Markgrafen Georg von Brandenburg in Ansbach berufen. 1533 versuchte sich Fuchs ein letztes Mal als Lehrer an der Universität Ingolstadt, weil er enttäuscht war über die gescheiterten Pläne des Markgrafen, eine protestantische Universität ins Leben zu rufen. Nach kurzer Zeit mußte er einsehen, daß seine religiösen Ansichten sich nicht mit seiner Lehrtätigkeit vereinbaren ließen –

Fuchs kehrte nach Ansbach zurück. 1535 erhielt er einen Ruf an die Universität Tübingen, wo er bis zu seinem Tod 1566 wirkte.

Fuchs' Leistungen auf dem Gebiet der Medizin gelten nicht als herausragend, obwohl er zu den bedeutendsten Humanistenärzten gezählt wird und auch als Hochschulreformer hervortrat. In seinen Abhandlungen machte er es sich zur Aufgabe, die arabische Lehre aus der Heilkunde zu eliminieren und sich dafür an den antiken Klassikern der Medizin, an Galen (griechisch-römischer Arzt, 129–199 n. Chr.) oder Hippokrates *(☞ Hippokratischer Eid)*, zu orientieren.

Zweifellos aber war Fuchs ein großer Botaniker. Als einer der ersten Wissenschaftler befaßte er sich mit der Erforschung der einheimischen ☞ Flora. 1542 erschien in Basel sein wegweisendes botanisches Werk *»De historia stirpium commentarii insignes«*, in dem er zahlreiche Wildpflanzen, Gartenblumen und Nutzpflanzen beschrieb und sie mit 541 vortrefflichen und exakten Holzschnitten illustrieren ließ. 1543 erschien die deutsche Fassung unter dem Titel *»New Kreüterbuch«*. In den folgenden Jahren wurde das Werk in französischer, holländischer und spanischer Sprache veröffentlicht. In Europa fand Fuchs für seine Leistungen bald in breiten Kreisen Anerkennung. Der Herzog von Florenz, Cosimo de' Medici (1519–1574), wollte ihn als Vorsteher für einen neu errichteten botanischen Garten in Pisa gewinnen, Kaiser Karl V. erhob ihn in den Adelsstand, und die Nachwelt hat ihn zu einem der »Väter der Botanik« ernannt.

Die Fuchsie ist in seinem Werk nicht enthalten, denn die als Topfpflanze auch heute beliebte Staude wurde erst 1693 von Charles Plumier nach Europa eingeführt und später nach dem Arzt und Botaniker Leonhart Fuchs benannt.

Furie ☞ Megäre

G

Gallium

Paul-Emile (genannt François) Lecoq de Boisbaudran (1838–1912)

Was haben lateinische Hähne und Gallium, das Element mit der Atomzahl 31, gemeinsam? Mehr, als wir auf den ersten Blick vermuten würden.

François Lecoq hatte nie eine Schule besucht. Alles, was zu einer klassischen Erziehung gehörte, brachte ihm seine Mutter bei. Allein ackerte er sich durch die Lehrbücher der Polytechnischen Hochschule und führte im Laboratorium, das sein Onkel für ihn eingerichtet hatte, erste Experimente durch.

Als er zwanzig geworden war, wurde er im Familienunternehmen als Arbeitskraft eingespannt. Sein Vater betrieb zusammen mit Lecoqs Onkel eine Weinhandlung in der Region Cognac. Paul-Emile wurde als Handelsvertreter auf Reisen geschickt. Er besuchte halb Europa und verkaufte seinen Wein sogar in England. Wenn ihm zwischen zwei Reisen etwas Zeit blieb, setzte er seine Studien fort. Dank seiner immensen Geschäftstüchtigkeit florierte der Weinhandel hervorragend. Bald konnte Lecoq sich leisten, mehr Zeit auf Studien und Experimente zu verwenden.

Nach der Methode von Bunsen *(☞ Bunsenbrenner)* führte er eine Spektralanalyse von fünfunddreißig Elementen durch. In seinem zweibändigen Werk »Spectres lumineux«, das 1874 entstanden ist, wollte Lecoq den Beweis für den Zusammenhang zwischen der Länge der Spektralwellen und dem Atomgewicht erbringen. Seiner Meinung nach waren unterschiedliche Bewegungsarten der Moleküle verantwortlich für die unterschiedlichen Spektren.

1875 machte Lecoq seine bedeutendste Entdeckung. Er stieß auf ein neues Element. Umgehend wurde ihm ein Laboratorium in Paris zur Verfügung gestellt. Hier gelang es ihm, das neue Element durch Elektrolyse in seiner reinen Form zu gewinnen. Der russische Chemiker Dimitri Iwanowitsch Mendelejew (1834–1907) hatte 1871 in seiner Arbeit »Über das natürliche System der Elemente« ein unvollständiges Periodensystem der chemischen Elemente vorgelegt und bewußt Lücken für all jene Elemente frei gelassen, die noch zu entdecken waren. Für drei unentdeckte Elemente lieferte er eine Zusammenstellung ihrer Eigenschaften. Seine Voraussagen bestätigten sich, als das von Lecoq entdeckte Element Gallium dieselben Eigenschaften aufwies wie das von Mendelejew früher vermutete »Eka-Aluminium«.

Auch in seinerer späteren Forschung befaßte sich Lecoq ausschließlich mit der Spektralanalyse und wurde noch ein zweites Mal fündig – diesmal stieß er auf das Element Samarium. Ab 1895 verlor seine Arbeit stark an Qualität. Seine schlechte körperliche Verfassung und familiäre Probleme zehrten auch an seiner akademischen Kondition. Trotzdem fand Lecoq 1886 mit dem Dysprosium noch ein drittes der fehlenden Elemente.

Lecoq wurde mehrfach ausgezeichnet: Medaille der Ehrenlegion, Davy-Medaille, benannt nach dem britischen Chemiker Sir Humphry Davy *(☞ Faraday)*; er wurde als Mitglied in die französische Akademie der Wissenschaften und die Chemical Society in London aufgenommen.

Aber zurück zum lateinischen Federvieh. Als François Lecoq de Boisbaudran das »Eka-Aluminium« entdeckte, fiel ihm nichts Besseres ein, als ihm seinen eigenen Namen zu geben. Nur seine klassische Bildung und die Tatsache, daß sein Name zu lang war, hielten ihn davon ab, dies allzu offensichtlich zu tun. Er übersetzte den Hahn (Coq) in seinem Namen kurzerhand ins Lateinische. Das Gallium war geboren. Voilà, auch Chemiker haben Sinn für Wortspielereien.

Galvanismus

Luigi Galvani (1737–1798)

Ein seltsames Bild: Der italienische Mediziner und Naturforscher Luigi Galvani drückt seine Nase am Fenster platt und starrt auf die Wäscheleine, an der für einmal nicht seine gewaschenen Unterhemden, sondern präparierte Froschschenkel hängen. Galvani wartet auf das sich mit fernem Donnergrollen ankündigende Gewitter.

Da hatte er nun Theologie und Medizin studiert, erfolgreich als Arzt und Anatom gearbeitet, Vorlesungen an der Universität Bo-

Der unglückliche Galvani

logna gehalten – sogar eine Professur hatte er dort inne, zu der 1782 noch eine weitere (für Geburtshilfe) kommen sollte –, und nun führte er derart seltsame Versuche durch.

Seine Frau und Assistentin wunderte sich schon lange nicht mehr; schließlich war sie auch dabeigewesen, als Galvani seine ersten Versuche mit präparierten Froschschenkeln durchgeführt hatte. Ursprünglich ging es ihm dabei um physiologische Forschungen an Muskeln und Nerven, doch sein Interesse verlagerte sich schlagartig, als er rein zufällig eine phantastische Beobachtung machte. Während er mit seinem Skalpell einen Froschschenkel und gleichzeitig den Leiter einer Funkenentladungsmaschine berührte, zuckte der grüne Schenkel zusammen, als wäre er noch an seinem lebenden Besitzer angewachsen.

Während zweier Jahrzehnte führte Luigi Galvani Experimente durch und versuchte Froschschenkel zum Beben zu bringen, indem er Nerven- und Muskelstränge mit einem Bogen aus zwei unterschiedlichen Metallen verband. Bei Gewittern führte er die Versuche im Freien weiter, denn der gleiche Effekt zeigte sich bei elektrisch aufgeladener Atmosphäre an den an der Wäscheleine aufgehängten Froschschenkeln, deren Nerven er mit langen Metalldrähten verbunden hatte. Galvani führte die Reaktion auf eine Art »tierische Elektrizität« zurück, die seiner Meinung nach im Muskel der Schenkel gespeichert sein sollte.

Nachdem der Forscher erste Arbeiten über seine Beobachtungen veröffentlicht hatte, entbrannte eine heftige Kontroverse zwischen ihm und Alessandro Volta (☞ *Volt*), der die Quelle der Elektrizität in der Berührung der unterschiedlichen Metalle sah. 1796 konnte Volta schließlich den Beweis erbringen, daß elektrochemische Prozesse die Muskelzuckungen ausgelöst hatten.

Ein Jahr später wurde Bologna von französischen Truppen besetzt. Galvani verlor seine Stellung, weil er sich weigerte, den Treueeid auf Napoleon zu schwören. 1798 starb er verarmt und ohne die Rehabilitierung erlangt zu haben, für die er während seiner letzten Lebensjahre gekämpft hatte.

Galvani leistete mit seinen Versuchen Pionierarbeit auf dem Gebiet der Elektrochemie – auch wenn er sie falsch deutete. Sein großer Gegenspieler Volta ehrte den Forscher dennoch und nannte das von Galvani erstmals beschriebene Phänomen »Galvanismus«. Der Galvanismus bezeichnet die Lehre von der Umwandlung chemischer in elektrische Energie. Eine Fülle weiterer Bezeichnungen sind mit Galvanis Namen bleibend verbunden, u. a. Galvanisation, galvanisches Element, galvanisches Bad, galvanische Kette, Galvanometer.

Geigerzähler

Johannes Wilhelm Geiger, genannt Hans Geiger (1882–1945)

Wenn es ein Geräusch gibt, das die Bedrohung der Umwelt und unseres Leben durch die Entwicklungen der modernen Wissenschaft symbolisiert, dann ist es das unheimliche Ticken des Geigerzählers.

Hans Geiger war ein vorbildlicher Physiker. Nach dem Studium in München und Erlangen promovierte er schon mit vierundzwanzig Jahren über das Thema *»Strahlungs-, Temperatur- und Potentialmessungen in Entladungsröhren bei starken Strömen«.* Unmittelbar nach seiner Promotion wurde er Mitarbeiter des berühmten britischen Physikers Ernest Rutherford (1871–1937) am physikalischen Institut in Manchester. Gemeinsam gelangen ihnen grundlegende Entdeckungen auf dem Gebiet der Radioaktivität. Geigers wohl wichtigste Erkenntnis aus dieser Zeit besagt, daß die Ordnungszahl eines chemischen Elementes gleich der Kernladungszahl seiner Atomkerne ist. Wahrscheinlich ist es gleichzeitig auch seine einzige Entdeckung, die für uns Laien noch einigermaßen verständlich ist.

1912 übernahm Geiger die Leitung des Laboratoriums für Radioaktivität an der Physikalisch-Technischen Reichsanstalt in Berlin-Charlottenburg. Während der Kriegsjahre mußte er seine Forschungen unterbrechen, aber dann ging es mit seiner Akademikerkarriere rasant aufwärts. Als er 1925 eine Professur in Kiel annahm, hatte er den Geigerzähler in seiner ersten Version (1913) bereits erfunden. Zusammen mit seinem Schüler, dem deutschen Physiker Walter M. Müller (1905–1979), verbesserte Geiger das Gerät. 1928 erhielt der Apparat den Namen »Geiger-Müller-Zählrohr«. Die Namengebung ließ sich nicht halten und wurde zu »Geigerzähler« vereinfacht. Mit dem Geigerzähler ließen sich erstmals Alphastrahlen in ihrer Stärke und Häufigkeit messen. Dieses Instrument erlangte sowohl für die Gesundheitsvorsorge als auch für die Forschung größte Bedeutung. Denn mit dem Geigerzähler lassen sich u.a. Uranvorkommen, aber auch der Strahlenaustritt an lecken Kernkraftwerken orten.

Geiger, der inzwischen mit vielen Publikationen hervorgetreten war, wechselte an die Universität Tübingen und erhielt schließlich ein Ordinariat an der Technischen Hochschule Berlin-Charlottenburg. Für seine zahllosen Entdeckungen wurde er zweifach geehrt. 1935 fand er Aufnahme in die Leopoldina, die deutsche Akademie der Naturforscher. Drei Jahre später wurde ihm die Ehrenmedaille der *Royal Society* verliehen.

Wegen einer starken rheumatischen Erkrankung mußte Geiger die Forschungstätigkeit aufgeben. Er starb kurz nach Kriegsende.

So wichtig Geigers berühmteste Erfindung auch sein mag, es bleibt trotzdem zu hoffen, daß wir das knarrende Ticken des Geigerzählers in Zukunft nicht oft zu hören bekommen …

Glaubersalz

Johann Rudolph Glauber (1604–1670)

Gestorben ist der Chemiker und Tüftler Johann Rudolph Glauber an den Nachwirkungen seiner eigenen Arzneimittel.

Der Sohn eines Barbiers aus Karlstadt schnürte nach dem frühen Tod seiner Eltern sein Bündel und reiste quer durch Deutschland. Seinen Lebensunterhalt verdiente er sich mit dem Verkauf von Arzneimitteln und Chemikalien sowie dem Handel mit Spiegeln aus Metall. Glauber besaß nur eine bescheidene Schulbildung, aber auf seiner Wanderschaft eignete er sich neues Wissen an, wann immer er konnte. Nach Aufenthalten in Wien und in verschiedenen Städten entlang des Rheins ließ er sich 1656 als »Chymist« in Amsterdam nieder.

Von einem Alchimisten übernahm Glauber ein Laboratorium. Er begann bald mit der industriellen Fertigung chemischer Stoffe, wie er sie schon 1646 in seinem Werk *»Furni Novi Philosophici, Beschreibung einer newerfundenen Destillirkunst«* beschrieben hatte. Um sich das Monopol zu sichern, führte er seine Experimente meist unter strenger Geheimhaltung durch. Er stellte selbst viele Apparaturen her, die ihm dabei halfen, neue und einfachere Verfahren zur Gewinnung chemischer Substanzen zu entwickeln. Glaubers Anliegen war es, die medizinische Versorgung zu verbessern. Nach dem Dreißigjährigen Krieg formulierte er seine Philosophie im utopischen siebenbändigen Werk *»Des Teutsch Landes Wolfarth«.* Er hoffte, das aufgesplitterte Deutschland würde sich zu einem größeren Verbund zusammenschließen. In einem solchen Verbund hätten die Rohstoffe besser genutzt und sinnvoller verteilt werden können, und alle Menschen hätten von den Fortschritten in Chemie und Pharmazie profitiert.

Um 1625 entdeckte Glauber, daß bei der Reaktion von Schwefelsäure und Kochsalz ein neues Salz entstand. Er nannte es »Sal mirabilis«, weil es sich seiner Meinung nach als Allheilmittel einsetzen ließ. Sogar Typhus wollte Glauber mit dem kristallisierten Natriumsulfat heilen. Noch heute wird es ihm zu Ehren Glaubersalz genannt.

Glauber sammelte all sein Wissen und faßte es ab 1651 im vierbändigen Werk *»Opera omnia Chymica«* zusammen. In diesem Gesamtwerk finden sich viele chemische Entdeckungen, die er damals noch nicht korrekt zu erklären wußte.

Für Glauber war es ganz selbstverständlich, neue Rezepturen im Selbstversuch zu testen. Auf diese Weise erkannte er auch schnell den »durchschlagenden« Effekt des Glaubersalzes als Abführmittel. 1670 wurden ihm seine Selbstversuche zum Verhängnis. Der inzwischen schwerreich gewordene Glauber, der als eigentlicher Begründer der chemischen Industrie gilt, starb an chronischer Vergiftung durch seine am eigenen Leib getesteten Chemikalien.

Gordischer Knoten

Gordius / Gordios

Der Gordische Knoten ist ein unlösbares Problem – sofern man nicht Alexander der Große *(☞ Alexandriner)* ist.

Gordius war ein Bauer aus Phrygien. Eines Tages, als er am Pflügen war, setzte sich ein Adler auf die Deichsel seines Pflugs und blieb dort bis zum Abend sitzen. Gordius faßte dies als göttliches Zeichen auf und fuhr in die lykische Stadt Telemessus, deren Einwohnern prophetische Fähigkeiten zugeschrieben wurden. Er begegnete einem Mädchen, das gerade Wasser schöpfte. Er erzählte ihr seine Geschichte und bat sie um Rat. Das Mädchen ließ ihn Zeus ein Opfer darbringen. Gordius heiratete das Mädchen und zeugte mit ihr Sohn Midas.

Einige Jahre später herrschten in Phrygien Thronwirren. Da sich die Phrygier nicht auf einen König einigen konnten, befragten sie das Orakel. Dieses sagte, daß der zukünftige König mit einem Wagen in die Stadt einfahren würde. Zufällig kehrte Gordius genau zu diesem Zeitpunkt in seine Heimat zurück. Als die Phrygier ihn auf seinem Wagen entdeckten, krönten sie ihn sofort zu ihrem König.

Sein Wagen wurde Zeus geweiht; und die Stadt, in der Gordius Hof hielt, Gordion genannt. Bald verbreitete sich auch das Gerücht, daß derjenige zum Herrscher über ganz Kleinasien werden würde, dem es gelingen sollte, den gewaltigen Knoten zu lösen, mit dem Joch und Deichsel seines alten Wagens verbunden waren.

Es war im Mai 333 v. Chr., als Alexander der Große auf seinem Eroberungsfeldzug nach Gordion vorrückte. Der Feldherr löste den Gordischen Knoten nach Feldherrenart. Da es ihm nicht gelang, die verknüpften Streifen aus zäher Kirschbaumrinde zu entwirren, durchschlug er den Knoten kurzerhand mit einem kräftigen Schwertstreich. Die Prophezeiung bewahrheitete sich erneut, und Alexander sollte nicht nur den größten Teil Kleinasiens, sondern auch Syrien, Palästina, Ägypten erobern und über Mesopotamien, Medien, Parthien und den Hindukusch bis nach Indien vorstoßen.

Götze ☞ Ölgötze

Grahambrot

Sylvester Graham (1794–1851)

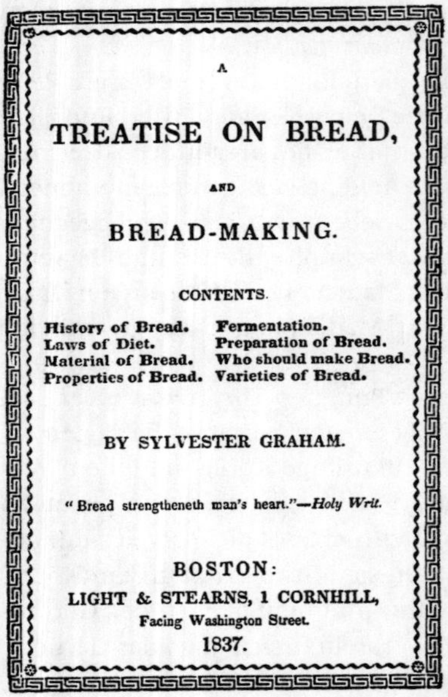

A

TREATISE ON BREAD,

AND

BREAD-MAKING.

CONTENTS.

History of Bread. Fermentation.
Laws of Diet. Preparation of Bread.
Material of Bread. Who should make Bread.
Properties of Bread. Varieties of Bread.

BY SYLVESTER GRAHAM.

"Bread strengtheneth man's heart."—*Holy Writ.*

BOSTON:
LIGHT & STEARNS, 1 CORNHILL,
Facing Washington Street.
1837.

Das Buch des Brotreformers

Sylvester Graham hatte stets einen schweren Stand bei seinen Mitmenschen: Als jüngster Sohn eines zweiundsiebzigjährigen amerikanischen Geistlichen und Physikers und dessen zweiter Frau wurde er nach dem baldigen Ableben des Vaters in die Obhut seiner Verwandten gegeben, die ihn auf Kosten seiner Gesundheit und Ausbildung mehr und mehr vernachlässigten.

Graham arbeitete in jungen Jahren als Landarbeiter, Geistlicher und Lehrer. Nachdem man bei ihm erste Anzeichen von Tuberkulose diagnostiziert hatte, beschloß er, sich intensiver seinem Studium zu widmen. Ein Sprachstudium gab er auf, nachdem Kommilitonen Gerüchte über seinen schlechten Charakter in Umlauf gesetzt hatten.

Sylvester Graham, ein überzeugter Vegetarier, wurde wichtiger Mitarbeiter eines Gesundbetervereins in Pennsylvania. Er eignete sich während eines kurzen, aber intensiven Studiums Kenntnisse über die menschliche Physiologie und verschiedene Diätmethoden an.

Ab 1831 hielt er regelmäßig Vorträge. Er predigte seiner immer größer werdenden Anhängerschaft, nur Brot zu essen, das nicht älter als zwölf Stunden sein dürfe und das nach seinem Rezept aus grob gemahlenem, ungesiebtem Mehl gebacken werden solle – das berühmte Grahambrot eben. Daneben empfahl er, auf harten Matratzen zu schlafen, die Schlafzimmerfenster immer geöffnet zu halten und möglichst kalt zu duschen. Ferner sollten seine Zuhörer leichte Kleidung tragen, viel Sport treiben und mit Verstand essen: Gemüse, Früchte, Getreide, Grahambrot und zu diesen Speisen viel frisches Wasser trinken. Seine Ansichten muten uns heute durchaus modern an *(☞ Birchermüesli / Kneippen / Schrothkur).*

Grahams Vorträge und Publikationen über Gesundheits- und Ernährungsfragen, über vergleichende Anatomie oder die Bedeutung von Brot, Wein und Fleisch in der Bibel stießen nicht nur auf positive Reaktionen; prüde Menschen waren schockiert über die Offenheit, mit der er über heikle Themen zu sprechen wagte. So blieben Verfolgung, Spott und Häme nicht aus: In Boston wurde er von einer Horde aufgebrachter Bäcker und Metzger angegriffen, die seine Thesen als Boykottaufruf *(☞ Boykott)* gegen den Genuß ihrer Waren auffaßten. Von einem sarkastischen Zeitgenossen wurde Graham als »Poet von Kleiebrot und Kürbis« verspottet.

Trotz der asketischen Lebensweise verschlechterte sich Grahams Gesundheitszustand in seinen letzten Jahren. Der Prediger des kalten Duschens starb, kurz nachdem er ein lauwarmes Bad genommen hatte.

Sein Grahambrot hat – mit veränderten Zutaten – bis heute überlebt und gehört zum Standardsortiment vieler Bäcker – jener Zunft also, die Grahams Lehren seinerzeit leidenschaftlich bekämpft hatte.

Grobian ☞ Rüpel

Grog, groggy

Edward Vernon (1684–1757)

Im August 1740 erließ der englische Admiral Vernon den Befehl, die Rumration für die Matrosen seiner Majestät ab sofort nur mehr mit Wasser verdünnt auszuschenken. Als strenger Vorgesetzter wußte der Admiral, daß Alkohol die Kampfkraft senkt und andauernd besoffene Matrosen keine Disziplin halten, wie sie auf einem Segelschiff nun mal notwendig ist. Ein Admiral hält eben (meist) mehr von Ruhm als von Rum.

Die trinkfesten Matrosen zeigten anfangs keine große Begeisterung über den Ukas. Weil sie darauf hinweisen wollten, wie lächerlich die neue Bestimmung war, wählten sie Vernons Spitznamen als Bezeichnung für das neue Getränk.

Der Admiral pflegte auf See immer einen Rock (nach anderer Quelle: Hosen) aus einem aus Kamelhaar und Schafwolle gewobenen groben Kleiderstoff, dem sogenannten *grogram* (aus dem französischen *gros-grain,* für die getreidekorngroße Struktur des Stoffes, ☞ *Jacke*), zu tragen. Vernon wurde nach dieser ☞ Marotte »Old Grog« genannt. Das neue Gesöff wurde deshalb ganz einfach zum »Grog«. Old Grog hatte allerdings eines nicht bedacht – das verdünnte Getränk wird mit Zucker versüßt und möglichst heiß getrunken. Zucker und Wärme aber sorgten dafür, daß der Alkohol desto schneller seine volle Wirkung tat …

Heute ist Grog das typische Getränk aller Seeleute und in Norddeutschland gar eine Art »Nationalgetränk«. Er wird mit Rum, Zucker und heißem Wasser bereitet. Anstelle von Rum läßt sich auch Cognac, Arrak (ein Reisbranntwein) oder Whisky verwenden – die Wirkung bleibt dieselbe: Ein Seemann, der beim Landgang in jeder Kneipe einen steifen Grog zu sich nimmt, hat danach Schwierigkeiten, gerade zu gehen – er beginnt zu torkeln. Auf englisch nennt man diesen Zustand kurz und bündig »groggy«.

Auch Boxer, die vom Gegner im Ring einen Volltreffer eingefangen, beginnen zu taumeln. Weil ihre unsicheren Bewegungen an den Schlingergang betrunkener Matrosen erinnern, übertrug man das Wort »groggy« auch auf Boxer, die k. o. sind.

Wahrlich seltsame Gedankensprünge prägen diesen Begriff – vom Kamelhaarüberzieher des Admirals über ein verdünntes Getränk bis zum taumelnden Boxer. Und der Begriff »groggy« hat gar unsere Alltagssprache erobert: »Ich bin fix und fertig«, pflegten wir früher zu sagen, wenn wir müde und ausgebrannt waren. Heute heißt es neudeutsch einfach: »Ich bin groggy« – und alle wissen über unseren Zustand genauestens Bescheid.

Guillotine

Joseph-Ignace Guillotin (1738–1814)

In früheren Zeiten hing es gelegentlich vom Standesunterschied ab, auf welche Weise ein Verurteilter ins Jenseits befördert wurde. Für gewöhnliche Sterbliche war der Galgen gut genug. Menschen von Adel hingegen wurden vom Scharfrichter geköpft.

Die Französische Revolution hatte »Freiheit, Gleichheit, Brüderlichkeit« auf ihre Fahnen geschrieben. Das Prinzip der Gleichheit sollte auch für die Todesart gelten. In der konstituierenden Versammlung stellte deshalb am 10. Oktober 1789 der Arzt Joseph-Ignace Guillotin den Antrag, es solle in Zukunft die Todesstrafe unabhängig von Verbrechen und Stand auf dieselbe Weise vollzogen werden. Aus Gründen der Zuverlässigkeit sollte die Hinrichtung durch ein Maschine vorgenommen werden.

Von einer bestimmten Tötungsart war bei diesem Antrag nicht die Rede. Joseph Guillotin ist auch nicht der Erfinder der Guillotine. Der mörderische Mechanismus war bereits in England in Gebrauch und seit Jahrhunderten auch in anderen Ländern. In Deutschland wurde sie »Diele«, »Hobel« oder »welsche Falle«, in Frankreich vorerst Louisette genannt, denn der Arzt Antoine Louis (1723–1792) hatte die Maschine aus England importiert und ein Gutachten über ihre Wirkung erstellt.

Die von einem deutschen Zimmermann namens Schmitt perfektionierte Hinrichtungsmaschine wurde auf der Place de Grève in Paris aufgebaut. Ein Straßenräuber namens Pelletier soll ihr erstes Opfer gewesen sein. Zuvor hatte Schmitt den Mechanismus gründlich geprüft, und zwar auf eine eher makabre Weise. Im Spital von Bicêtre probierte er die Maschine an Leichen aus.

Guillotin war nicht nur ein angesehener Arzt, sondern auch ein Träumer und Weltverbesserer. Seine Anregung einer modernen Tötungsmaschine hatte er aus rein humanitären Überlegungen eingereicht. Hinrichtungen sollten damit so schmerzlos wie möglich vorgenommen werden. Er litt sein Leben lang darunter, daß die Guillotine durch die häufige Anwendung in den Revolutionsjahren zu einem Symbol der Grausamkeit wurde – und daß man ihr später seinen Namen gab. Nach seinem Tod ließen seine Nachfahren aus Scham gar ihren Nachnamen ändern.

Die berühmtesten Opfer der Guillotine waren die Mitglieder der französischen Königsfamilie und später die Führer der Revolution selbst. Doktor Guillotin selbst entging dem Wüten der Todesmaschinerie nur, weil er sich rechtzeitig aus Paris in die Provinz abgesetzt hatte. Aber sie forderte Tausende von anderen Opfern.

Paradoxerweise verdankten viele Menschen Dr. Guillotin ihr Leben, denn er war ein ausgezeichneter Arzt. Und er war es auch, der die vom englischen Arzt Edward Jenner (1749–1823) eingeführte Impfung gegen die Pocken in Frankreich anwandte.

H

Halleyscher Komet / Halley-Komet

Edmond Halley (1656–1742)

Wie vielen anderen Wissenschaftlern wurde auch Edmond Halley erst nach dem Tode (1742) die größte Ehrung zuteil. In seinem Fall aber war es bis 1758, also sechzehn Jahre später, tatsächlich nicht möglich, vorauszusagen, ob er denn die Würdigung auch wirklich verdiene …

Edmond Halley wuchs in London auf. Schlimme Zustände herrschten in der Großstadt: Armut, Pest und verheerende Brände prägten das Gesicht der Metropole. Mit siebzehn Jahren zog Halley nach Oxford, um sein Studium in Angriff zu nehmen. Sein Vater, ein wohlhabender Seifensieder, hatte ihm ein Täschchen mit einem Teleskop und einem Sextanten mit auf den Weg gegeben. Diese Utensilien sollten Halley für sein Astronomiestudium unentbehrlich werden.

Noch vor dem Studienabschluß reiste der begabte Student nach St. Helena, um den südlichen Sternenhimmel zu erforschen. Zwei Jahre lang sammelte er Daten, um danach einen Sternkatalog mit 341 unbekannten Sternen herauszugeben. Für seinen »Catalogus stellarum australium« erhielt er seinen Hochschulabschluß. Zudem wurde er gleichzeitig als Mitglied in die *Royal Society* aufgenommen. Aber nicht nur für Sterne interessierte sich der Jungforscher. Schon vor seiner Hochzeit hatten es ihm verheiratete Frauen angetan – Gerüchte über Affären waren seine ständigen Wegbegleiter.

Kometen versetzten die Menschen in Angst und Schrecken. Sie galten als Zeichen für drohende Seuchen, Naturkatastrophen oder gar den Weltuntergang. Halley faszinierten die wandernden Himmelskörper. Er begann, Berechnungen über ihre Bahnen anzustellen, gelangte aber erst mit Hilfe ☞ Newtons zu überzeugenden Lösungen. 1684 fanden die beiden Wissenschaftler Newton und Halley zusammen und wurden enge Freunde. Halley motivierte den Kollegen, seine Forschungen über die Gravitation zu Papier zu bringen. Halleys moralischer und finanzieller Unterstützung ist es auch zu verdanken, daß Newton später seine »Principia« veröffentlichen konnte. Kein Wunder, sprach Newton aus Dankbarkeit oft von »Halley's book«.

Erst als die *»Principia«* gedruckt waren, kümmerte sich Halley wieder um seine eigenen Forschungen. 1691 bewarb er sich in Oxford um einen vakanten Lehrstuhl für Astronomie. Es waren seine aufklärerischen Ideen, die ihm eine Absage eintrugen, denn die Kandidatur mußte von der Kirche abgesegnet werden. Zum Verhängnis wurde ihm eine Arbeit über die Sintflut. Er stellte darin göttliches Einwirken in Frage und vertrat die These, daß ein vorbeifliegender Komet durch seine Anziehungskräfte eine enorme Springflut ausgelöst haben könnte.

Statt in Oxford zu lehren, nahm Halley an Expeditionsreisen teil, um sich mit nautischen Problemen auseinanderzusetzen. 1702 wurde er von Königin Anne als persönlicher Beauftragter in geheimer Mission nach Wien geschickt, um Leopold von Österreich über den Bau von Befestigungsanlagen entlang der Adriaküste zu beraten. 1703 erhielt er schließlich doch noch die heiß ersehnte Professur in Oxford – nicht als Lehrer für Astronomie, sondern für ... Geometrie. 1713 wurde Halley Sekretär der *Royal Society;* 1720 wurde er endlich zum königlichen Astronomen und Direktor der Sternwarte zu Greenwich ernannt.

Halley widmete sich bis ins hohe Alter seiner Forschung. Nach einem Schlaganfall mußte er sich mit einer leichten Lähmung seiner rechten Hand arrangieren, erfreute sich ansonsten aber bester Gesundheit. Einzig seine Zähne hatten ihn im Stich gelassen, so daß der alte Halley nur mehr Fisch aß.

1705 hatte Halley als erster berechnet, daß es sich beim Kometen, den er 1682 beobachten konnte, um den gleichen handeln mußte, dessen Erscheinen bereits 1456, 1531 und 1607 beobachtet worden war. Nach Halleys Berechnungen mußte der Himmelskörper 1758 wieder am Himmel erscheinen. Sechzehn Jahre nach seinem Tod bestätigte sich seine Hypothese. Zu seinen Ehren nannte man deshalb den Kometen, der 1758 am Nachthimmel zu sehen war und für großes Aufsehen sorgte, den Halleyschen Kometen.

Hammondorgel

Laurens Hammond (1895–1973)

Wer hat sie nicht schon gehört, die eigenartig starren Klänge einer Hammondorgel? Einer Orgel, die technisch gesehen eigentlich gar keine ist.

Die Hammondorgel ist ein elektronisches Tasteninstrument, bei dem an jede Taste eine bewegliche Scheibe angeschloßen ist, welche sich in einem Magnetfeld bewegt. Die dabei entstehenden Schwingungsimpulse werden auf eine Spule geleitet und von dort wiederum verstärkt schließlich an den Lautsprecher weitergeleitet. Dabei werden Klänge erzeugt, die denen einer Orgel ähnlich sind.

Konstruiert hat die Hammondorgel 1933 der produktive Erfinder Laurens Hammond. Nach seinem Universitätsstudium stellte er zunächst elektronische Uhren her. Im Verlaufe seines Lebens meldete er nicht weniger als 110 Patente auf den verschiedensten Gebieten an.

Seine erfolgreichste Erfindung war aber zweifelsohne die Orgel, das erste elektronische Instrument, das sich mit riesigem Erfolg verkaufen ließ. Der Vorläufer der heutigen Keyboards und E-Pianos benötigte viel weniger Platz als die »richtige« Orgel mit ihrem ganzen Arsenal von Orgelpfeifen, war im Gegensatz zu dieser auch transportfähig und schließlich auch bedeutend billiger.

1939 verbesserte Hammond seine Erfindung noch einmal. Das »Novachord« produziert Klänge, die andere Instrumente, von der Violine bis zur Trompete, nachzuahmen vermochte, allerdings immer noch mit dem vertrauten, sehr eigenen Charakter der Hammondorgel. Die Unterhaltungsmusiker werden Hammond sicher noch lange für seine Erfindung dankbar sein.

Hanswurst

Hans Wurst

Was den Franzosen ihr »Jacques« (☞ *Jacke*), war den Deutschen ihr »Hans«: ein allgegenwärtiger Vorname, der zur Verballhornung (☞ *Ballhornisieren*) geradezu einlud.

Seine anzügliche Bedeutung bekam er durch die Verbindung mit einem aussagekräftigen Nachnamen – Hans Stotterer, Hans Ohnesorg – oder zusammengezogen als Prahlhans, Großhans, Hansdampf, Schlumperhannes oder Schmalhans. Der populärste Hans aber wurde im 16. Jahrhundert Hans Wurst oder Hanswurst. Ursprünglich bezeichnete man dicke Menschen als Hanswurste, später war Hans Wurst ein ungebildeter, ungeschickter Mensch, meist bäurischer Herkunft. Eines der gröberen ☞ Pamphlete Martin Luthers – es ist gegen Herzog Heinrich von Braunschweig-Wolfenbüttel gerichtet – trägt den Titel »Wider Hans Worst« (1541). Als *Hans Worst* bezeichnet er *»die groben tölpel, die so klug sein wollen, doch ungereimpt und ungeschickt zur sachen reden und thun«*. Als Narr feierte Hans Wurst schließlich seinen Einzug in die Welt der Komödianten.

Den Höhepunkt seiner Karriere erreichte Hans Wurst (oft ergänzt oder ersetzt durch den ☞ Harlekin) zu Anfang des 18. Jahrhunderts. Damals kreierte der Gründer des Wiener Volkstheaters, Johann Anton Stranitzky (1676–1726), die Bühnenfigur Hanswurst. Er gab ihr nicht nur den Namen, sondern auch ein bestimmtes Aussehen und gar eine Herkunftslegende mit auf den Weg. Die rote Jacke, Hosenträger, weite gelbe Hosen, ein grüner Spitzhut und ein Holzschwert charakterisierten den Sau- oder Krautschneider aus Salzburg.

Kupferstich aus dem 17. Jh.

Hanswurst, der in der Tradition des Harlekins steht, übte auf der Bühne eine besondere

Funktion aus. Seine Rolle war nicht in die Handlung eingebunden. Hanswurst konnte an jeder Stelle des Stückes auftauchen und Kommentare über Figuren, Handlung, ja gar über das Publikum abgeben. Seine Ausdrucksweise war schnoddrig und derb, als Bauerntölpel hatte er das Privileg, Sprüche ins Publikum zu bellen, die oft auch unterhalb der Gürtellinie angesiedelt waren.

In Deutschland wurde der Hanswurst durch den Literaturprofessor und Theaterpapst Johann Christoph Gottsched (1700–1766) und die Schauspielerin und Theaterleiterin Friederike Caroline Neuber (1697–1760), die als »die Neuberin« in die Theatergeschichte eingegangen ist, heftig bekämpft. Die Neuberin forderte eine absolute Trennung der verschiedenen Genres: Ernst sei von Komik und Pathos von Zote scharf zu trennen. Bald tobte ein regelrechter Kulturkampf zwischen den Verfechtern des Bildungstheaters und den Liebhabern des kraftvollen, lebendigen volkstümlichen Theaters. Hans Wurst unterlag: *»Gottsched [und die Neuberin] wollte das Beste und vernichtete Lebendiges zugunsten von Werten, die keinen Boden in der Allgemeinheit haben konnten.«* (Paul Fechter)

Auch in Österreich verlor Hans Wurst Sympathien. Im »Hanswurststreit« forderten Wiener Aufklärer die Verbannung der rotzfrechen, zotigen Figur. In einer Zeit, in der das Theater als Sittenschule herhalten mußte, war er fehl am Platz. Schließlich einigte man sich darauf, den Hanswurst in »politisch korrekter« Form weiterleben zu lassen. Der vulgäre Spaßmacher hatte damit auf den Brettern, die die Welt bedeuten sollen, ausgedient.

Haribo-Goldbären

Hans Riegel (1893–1945)

Keine Frage, die Gummibärchen sind spätestens seit den zwanziger Jahren nicht mehr aus der hiesigen ☞ Fauna wegzudenken. Doch noch immer fällt es schwer, die possierlichen Tierchen, die durch ihren kleinen Wuchs (2,2 cm) und eine schrille Körperfärbung – Orange, Rot, Rosa, Gelb, Grün und Weiß – auffallen, zu klassifizieren.

Bis jetzt steht lediglich fest, daß die Gummibärchen zur Gattung der Fruchtgummis gehören, sich auf ungeschlechtlichem Wege vermehren – daraus läßt sich ohne größere Schwierigkeiten folgern, daß es sich um geschlechtslose Wesen handelt – und sie eher Lutsch- als Säugetiere sind.

Die Gummibärchen haben sich in den letzten Jahrzehnten weit über die Grenzen ihres ursprünglichen Stammgebietes in Kessenich bei Bonn verbreitet und gar den Sprung über den großen Teich geschafft. Das ist insofern verwunderlich, als die Bärchen, denen gar das Fell weggezüchtet wurde, nur in kleinen Tüten mit einem Füllgewicht von 100 bis 400 Gramm anzutreffen sind und außerhalb ihres Plastikbeutelbiotops nur eine ausgesprochen geringe Lebenserwartung aufweisen.

Blättern wir in der Geschichte der Gummibärchen zurück, stoßen wir auf das »Urbärchen«, das 1922 von einem gelernten Bonbonkocher von Hand in seine Form gegossen wurde. Seine direkten Nachfahren waren alle etwas größer und weniger rundlich als die heutigen Gummibärchen und wurden vorerst unter dem Namen »Tanzbär« bekannt.

Hier stoßen wir auch auf ein wichtiges Geheimnis: Die intelligenten Tierchen haben die menschliche Arbeitskraft stets für ihre Zwecke ausgenutzt. Sie machten sich in den Produktionsräumen der 1920 gegründeten Firma HARIBO breit – Haribo ist ein Akronym für Hans Riegel Bonn (Name und Wohnort des Firmengründers). Sie scheuten sich nicht davor, sich von der Frau des Firmenbesitzers, Gertrud Riegel, auf dem Betriebsfahrrad in ihre neuen Verbreitungsgebiete, die Süßwarenauslagen der Kramläden, karren zu lassen.

Gewissermaßen in einer Art Symbiose leben die Gummibärchen seit dieser Zeit mit der Firma der Familie Riegel zusammen. HARIBO war um ihr Wohlergehen und für ihre ungehemmte Vermehrung besorgt, während die Gummibärchen selbst ihren attraktiven Körper an Menschen, am allerliebsten an kleine, junge, verkaufen ließen.

Mit der Firma gingen die Gummibärchen durch die schwere Kriegszeit, in der die Produktionszahlen des Unternehmens stark zurückgingen und viele Arbeiter ihre Stelle verloren. Nach dem frühen Tod ihres Schöpfers Hans Riegel legten sie ihr Schicksal in die Hände der Witwe Riegel. Als die zwei Söhne 1946 die Leitung der Firma übernahmen, machten die Bärchen immer noch eine glänzende Figur – was wohl auf ihre mit Bienenwachs behandelte Oberfläche zurückzuführen ist.

Vom Aussterben kann bei den Gummibärchen heute keine Rede mehr sein. Im Gegenteil: Täglich werden 70 Millionen Jungtiere auf den Markt geworfen und erblicken das Licht der Supermärkte und Kioske.

Harlekin

König Herla

Auch die fürchterlichsten Gestalten aus der Unterwelt verlieren irgendwann ihren Schrecken; was unsere Urahnen noch erschauern ließ, bringt uns lediglich zum Schmunzeln.

Da gab es einst die mythische teutonische Gestalt, König Herla, der ähnlich wie Wotan an der Spitze einer wilden Heerschar durch die Lüfte brauste und den Menschen, denen er begegnete, Angst und Schrecken einjagte. In Frankreich nannte man die wilde Schar »Gesinde des Hellequin«. Bereits hatte das Wort viel von seinem ursprünglichen Grauen verloren, denn die Franzosen stellten sich darunter eine wilde Schar lustiger Teufel vor, die nachts durch die Lüfte fliegen und allerlei Schabernack treiben.

Eine italienische Schauspieltruppe, die Ende des 16. Jahrhunderts in Paris auftrat, übernahm den im Volksmund lebendigen Namen des fröhlichen Teufelchens für die komische Figur in einem ihrer Stücke. Dieser Harlekin wanderte mit der Truppe zurück nach Italien und wurde als Arlecchino zur beliebtesten Figur der Commedia dell'arte. Meist gibt er den schlauen Diener, der es immer wieder schafft, aus dem Chaos, das er bei seiner Herrschaft anrichtet, mit heiler Haut davonzukommen und erst noch die Hand der schönen Magd zu gewinnen. Am brillantesten hat ihn wohl Carlo Goldoni im Lustspiel *»Der Diener zweier Herren«* gezeichnet.

Die Commedia dell'arte geriet aus der Mode, aber Arlecchino überlebte. Nicht nur in Italien, sondern auch in Frankreich, England und Deutschland spielte man Komödien, in denen er die zentrale Figur war. In seinem engen, bunt karierten Kostüm hüpfte er in die Unsterblichkeit, und der »weiche Stock«, mit dem er wütend, aber harmlos um sich schlug, wurde als »Slapstick« zum weltweit bekannten Begriff für eine sehr handfeste und groteske Art von Komik.

Noch heute lachen wir gerne über den Harlekin, diesen eleganteren Bruder des ☞ Hanswurst. Und niemand denkt mehr daran, daß er seine Karriere anno dazumal als furchteinflößender König der Dämonen begann.

Herkulesarbeit

Herkules / Herakles

»Zugegeben, verehrte Meister. Die drei ersten Arbeiten, die ich vermittelt habe, brachten wenig ein. Der Nemeische Löwe, nach dessen Gewicht sich das Honorar richtete, erwies sich als ein Balkanzwergberglöwe, die Riesenschlange Hydra sackte in den lernäischen Sümpfen ab, und die Keryneiische Hindin sauste auf Nimmerwiedersehen davon. Aber der Erymanthische Eber – war das eine Hetzjagd – bis hier auf den Gipfel des Götterbergs, den vorher noch keines Menschen Auge sah.«

Was Friedrich Dürrenmatt hier dem griechischen Historiker Polybios (um 200 bis nach 118 v. Chr.) in den Mund legt, läßt kaum vermuten, daß er sich über die Heldentaten des Herakles – lateinisch Herkules – ausläßt.

Dabei fiel der neben Achilleus und Hektor berühmteste Held der griechischen Mythologie schon im Babyalter durch ungewöhnliche Kraft auf. Die stets eifersüchtige Hera sandte zwei Schlangen zu seiner Wiege, die der Kleine jedoch bald erledigte, indem er mit jeder Hand eines der Untiere packte und erwürgte. Aber Herakles war ja schließlich auch kein Durchschnittskind. Sein Vater hieß immerhin Zeus! Heras Eifersucht rührte daher, daß ihr Gatte, der es mit der ehelichen Treue nie genau nahm, Herakles mit einer anderen Frau, Alkmene, gezeugt hatte.

Zuvor hatte Zeus im Rat der Götter damit geprahlt, daß an diesem Tage Herakles, der erste Enkel des Perseus, geboren werde. Als Erstgeborenem gehöre ihm die Herrschaft über Mykene. Hera durchkreuzte seine Pläne und ließ Eurystheus, einen echten Enkel des Perseus, ein wenig früher zur Welt kommen.

Bald mußte Herakles auf Befehl der Götter seinem Nebenbuhler Eurystheus zwölf Jahre lang dienen, da er im Wahn Frau und Kinder gemeuchelt hatte. Gewiß war auch an dieser Bluttat Hera schuld, die Herakles die Sinne umnebelt hatte – aber Strafe mußte trotzdem sein.

Eurystheus fürchtete sich jedoch vor seinem heldenhaften Verwandten. Um ihn von seiner Person abzulenken, beschäftigte er Herakles mit zahlreichen schwierigen Aufgaben, die als die »Zwölf Arbeiten des Herakles« bekannt wurden.

Die vier ersten Aufgaben hat schon Polybios, Herakles' später Sänger, erläutert, auch wenn sie wohl ein wenig schwieriger zu lösen waren, als Dürrenmatt es darstellt. Die fünfte Arbeit war die entwürdigendste für einen Helden von solchem Format. An einem einzigen Tag mußte er die Ställe des Königs Augias ausmisten. Dort hatte sich über lange Jahre der Mist von 3000 Rindern angesammelt. Anschließend verscheuchte er die menschenfressenden Vögel aus dem Sumpf von Stymphalos, fing den feuerschnaubenden Stier auf Kreta, brachte die menschenfressenden Pferde des Thrakerkönigs Diomedes gezähmt nach Mykene, beschaffte den Gürtel der Amazonenkönigin und raubte schließlich dem dreileibigen Riesen Geryones seine Rinder.

Erschöpft kehrte Herakles nach Mykene zurück. Eurystheus ließ zwei Arbeiten, die Tötung der Wasserschlange Hydra und das Ausmisten der Ställe des Augias, nicht gelten, weil Herakles die Aufgaben mit fremder Hilfe gelöst hatte. Deshalb stellte er ihm zwei Zusatzaufgaben. Die elfte Aufgabe bestand darin, die goldenen Äpfel aus dem Garten der Hesperiden zu rauben *(☞ Atlas)*. Als allerletzte Arbeit mußte er gar den Höllenhund Kerberos (Zerberus) aus dem Hades entführen. Auch das gelang Herakles mit links, und als er mit dem dreiköpfigen Ungetüm unter dem Arm bei Eurystheus vorsprach, verkroch sich der Angsthase und befahl aus sicherer Deckung den beiden, schleunigst zu verschwinden.

Am Ende seines Lebens wurde Herakles, der noch zahllose Heldentaten vollbracht hatte, in den Olymp erhoben und in den Kreis der Unsterblichen aufgenommen – er hatte sich das ewige Leben wahrlich schwer verdienen müssen.

Hermaphrodit

Aphroditos / Hermaphroditos

Zweigeschlechtlichkeit ist keine neue Erscheinung. Viele alte Hochkulturen kannten diese Art der Verfremdung. Auf Zypern existierte schon in uralter Zeit ein Kult zu Ehren der männlichen Aphrodite. Dargestellt wurde die Gottheit, die man Aphroditos nannte, einfach als Aphrodite mit zusätzlich aufgesetztem Bart. Wurde der Gottheit ein Opfer dargebracht, war es Sitte, daß Männer und Frauen für das Fest die Kleider tauschten. Der Aphroditoskult gelangte im 5. Jahrhundert v. Chr. nach Athen. In der ursprünglichen Form konnte er sich dort nicht halten. Name und Gestalt der Gottheit änderten sich.

In Griechenland wurden an Wegrändern Steinhaufen für den Wegbeschützer Hermes errichtet, in deren Mitte ein Stab steckte. An den Stäben wurde ein Fruchtbarkeitssymbol in Form eines Phallus angebracht. Diese Hermenbildung muß beliebt gewesen sein, denn neben Hermaphroditos, der nun an die Stelle der Gottheit Aphroditos trat, ist man auch schon auf die Namen Hermathena, Hermerakles und Hermerotes gestoßen. Für Aphroditos wurden keine öffentlichen Feste mehr gefeiert. Die zypriotische Gottheit blieb nur noch für den Hausgebrauch reserviert.

In Ovids *»Metamorphosen«* findet sich die schönste Herleitung. Hermaphroditos war der Sohn des Hermes und der Aphrodite. Außer dem Namen hatte er auch die Schönheit beider Elternteile geerbt. Als Jüngling streifte er durch die Gegend und kam zu Salmacis' Quelle. Die Quellnymphe verliebte sich auf der Stelle in den gutaussehenden jungen Gott. Er hingegen zeigte sich nicht sonderlich an ihr interessiert. Als höflicher junger Mann konnte er ihren Wunsch aber nicht ausschlagen, mit ihr zusammen in der Quelle zu planschen. Kaum war er ins Wasser gestiegen, umarmte ihn Salmacis innig und flehte gleichzeitig die Götter an, ewig mit Hermaphroditos verbunden zu bleiben. Die Götter erhörten ihr Flehen und ließen die beiden ineinander verschmelzen. Als zweigeschlechtlicher Gott kehrte er zu seinen Eltern zurück und bat sie, daß jeder, der in Zukunft das Wasser der Quelle berühren würde, auch in einen Zwitter verwandelt werden sollte. In der Kunst wurde der schöne Hermaphroditos mit voll entwickelten schwellenden Brüsten dargestellt.

Die Vorstellung einer zweigeschlechtlichen Gottheit kommt aber nicht nur in der griechischen und römischen Mythologie vor. Auch Shiva, der dreifaltige Gott der Hindus, ist in einer seiner vielen Erscheinungsformen zwitterig. Als Ardhanarisvara ist er zur Hälfte Mann und zur Hälfte Frau. Im persischen Goldenen Zeitalter im Garten Heden – dem Vorläufer unseres Gartens Eden – war das erste Menschenpaar in einem einzigen Wesen vereint.

Hermetisch, Hermetismus

Hermes / Hermes Trismegistos

Mit dem »Sigillum Hermetis«, dem hermetischen Siegel, gelang es dem ägyptischen Weisen Hermes Trismegistos (gr. Hermes, der dreimal Mächtige) angeblich schon im 1. Jahrhundert, ein Glasröhrchen luftdicht zu verschließen. Das Adjektiv »hermetisch« gelangte allerdings erst im 16. Jahrhundert in unsere Breitengrade.

Ob Hermes Trismegistos wirklich gelebt hat oder ob er nur ein Produkt menschlicher Phantasie ist, bleibt umstritten. Der griechische Gott Hermes wurde oft mit Hermes Trismegistos gleichgesetzt. Hermes, Sohn des Zeus und der Nymphe Maia, wurde von Hirten und Händlern als Schutzgott verehrt, aber auch Erfinder und Diebe genossen seine Zuwendung. In der Mythologie taucht er als geflügelter Götterbote auf, der Zugang zum Himmel, zur Erde und zur Unterwelt hat. Er wurde als Hüter des Schlafes und der Träume angesehen. Als Gott und Förderer der Wissenschaft und der Kunst des Erklärens hat er einen weiteren Begriff geprägt: die Hermeneutik – die wissenschaftliche Auslegung und Erklärung von Texten. In Ägypten geleitete er als Hermes Psychopompos die Seelen der Verstorbenen in die Unterwelt. Zudem wurde er mit dem ägyptischen Gott Thot identifiziert, der als der Begründer der Alchemie galt und gleichzeitig Gott des gesprochenen Wortes war. Weiter wurde der Götterbote mit Helios bzw. seinem ägyptischen Pendant Re und mit dem Lichtgott Mithras gleichgesetzt. Ein gewaltiges Pensum!

Bei verschiedenen Schriftstellern und Philosophen, etwa bei Platon (427–347 v. Chr., ☞ *platonische Liebe*) und dem lateinischen Schriftsteller Tertullian (160–225 n. Chr.), war Hermes die Reinkarnation eines mythischen Königs, der 3226 Jahre lang regiert haben soll. Dieser, Hermes Trismegistos, soll der Verfasser naturphilosophischer Werke gewesen sein. Die Zahl der ihm zugeschriebenen Werke hat bis auf den heutigen Tag ständig abgenommen. War in frühen Texten von 36 525 Werken die Rede, wurde die Zahl auf 20 000 reduziert. Im 2. Jahrhundert waren es noch ganze zweiundvierzig. Gegenwärtig existieren vierzehn Texte, die angeblich auf Hermes Trismegistos zurückgehen sollen. Der berühmteste davon, die *»tabula smaragdina«*, umreißt die Grundgedanken der hermetischen Philosophie. Die darin enthaltenen Ideen sind derart vage formuliert, daß sie großen Spielraum für vielfältige Interpretationen lassen – kein Wunder also, daß Hermes Trismegistos heute in Kreisen, die der modischen Esoterik huldigen, hoch geschätzt wird. Die hermetische Philosophie, die sich auf Hermes Trismegistos und im speziellen auf die »tabula smaragdina« beruft, ist eine verschwommen mystische Philosophie, die durch das Aufeinandertreffen der griechischen und der ägyptischen Philosophie entstanden ist und deshalb auch als Grundlage für allerlei Hokuspokus diente und dient.

In neuerer Zeit hat sich der Begriff Hermetik oder Hermetismus (ital. Ermetismo) für verschlüsselte Botschaften in der modernen (italienischen) Lyrik durchgesetzt. Die wohl berühmtesten Vertreter der Schule sind die großen Lyriker Montale, Ungaretti und Quasimodo, in der deutschsprachigen Dichtung Paul Celan (1920–1970).

Schon erstaunlich, für was alles ein Götterbote verantwortlich zeichnet.

Hertz

Heinrich Rudolph Hertz (1857–1894)

Er konnte wirklich fast alles. Nur singen konnte er nicht.

Heinrich Hertz, der in einem humanistischen und liberalen Elternhaus in Hamburg aufwuchs, war vielseitig begabt. Als er neun Jahre alt war, schrieb sein Lehrer in sein Zeugnis: *»Keiner übertrifft ihn an Schnelligkeit und Schärfe der Auffassung.«* Nur wenn er ein Lied vortragen sollte, versagte er. Neben der Grundschule besuchte Hertz am Sonntag zusätzlich eine Gewerbeschule, wo er Mathematik und technisches Zeichnen lernte. Schnell fühlte er sich aber unterfordert und langweilte sich sträflich. Sein Vater engagierte einen Privatlehrer, der ihn auf das Gymnasium vorbereiten sollte. Trotz seiner scharfen Auffassungsgabe, mit der er Lehrer und Prüfungskomissionen begeisterte, sträubte sich Hertz zunächst, eine akademische Karriere einzuschlagen.

Hertz begann ein Praktikum in einem Baubüro in Frankfurt am Main. Die Atmosphäre mißfiel ihm, er fand kaum neue Freunde. In seiner Freizeit befaßte er sich mit den griechischen Klassikern, mit physikalischen Problemen und lernte daneben Arabisch, um die Langeweile zu vertreiben. Als er ein Jahr im Baubüro abgesessen hatte, nahm er doch noch das Ingenieurstudium am Polytechnikum in Dresden auf. Aber auch dieses Studium erfüllte seine hohen Erwartungen nicht. Nach dem ersten Semester mußte er eine einjährige Pause einlegen, um im Heer zu dienen. Sein Studium setzte er danach in München fort. Bald wurde Hertz klar, daß Ingenieur doch nicht der richtige Beruf für ihn sei, und er wechselte die Fachrichtung. Seinen Eltern schrieb er: *»Aber jetzt wird mir immer klarer, daß das jetzt Ergriffene das für meine Neigung einzig Richtige ist und daß ich mich früher getäuscht habe; ich möchte ganz gerne Ingenieur, aber auch ganz gerne Buchbinder oder Drechsler oder alles Ordentliche werden, es ist aber doch ein Unterschied zwischen gern und gern.«* Fortan besuchte er Vorlesungen in Mathematik, Physik, Zoologie und Astronomie.

Nach einem weiteren Jahr wechselte Hertz an die Universität Berlin, wo er in den Physikern Hermann von Helmholtz (1821–1894) und Robert Kirchhoff (1824–1887) zwei ausgezeichnete Lehrer fand, die ihn förderten, wo es nur möglich war. Nach seiner Promotion wurde ihm sofort eine Assistentenstelle angeboten. Sein Weg führte ihn an die Universität Kiel, wo er – wieder unzufrieden – als Dozent für Physik vier Jahre unterrichtete. In Karlsruhe, wo er seine zukünftige Frau kennenlernte, fand er Arbeitsbedingungen vor, die ihn in seinem Forschungsdrang bestärkten. Hier gelang ihm erstmals der experimentelle Nachweis der elektromagnetischen Wellen, die Clerk Maxwell (1831–1879) in seiner Theorie vermutet hatte. Dabei entdeckte er den Photoeffekt. In den folgenden Jahren beschäftigte sich Hertz mit der Erforschung der elektromagnetischen Wellen und der Radiowellen. Ihm zu Ehren mißt man heute die Frequenz dieser Wellen mit seinem Namen. Die Ergebnisse, die seine Versuche mit

Heinrich Hertz

elektromagnetischen Strahlen lieferten, führten bald zu weiteren wichtigen Entdeckungen. Die Entwicklung des Radars und der Radioübertragung begann, und Röntgen *(☞ Röntgenstrahlen)* erforschte die Strahlen, die später nach ihm benannt werden sollten.

1888 hatte Hertz einen dermaßen guten Ruf als Wissenschaftler, daß er Lehrangebote aus allen Teilen des Landes erhielt. Damit er seine Forschungen weiterführen konnte, entschied er sich gegen eine Professur in Berlin und zog mit seiner Familie nach dem ruhigen Bonn.

Viel Zeit für seine Experimente blieb ihm nicht mehr. Eine Zahninfektion vergiftete seinen Körper. Die letzte Vorlesung hielt er Ende 1893. Wenige Wochen darauf starb er an den Folgen der Blutvergiftung. In einem letzten Brief an die Eltern schrieb er: *»Wenn mir wirklich etwas geschieht, so sollt Ihr nicht trauern, sondern sollt ein wenig stolz sein und denken, daß ich dann zu den besonders Auserwählten gehöre, die nur kurz leben und doch genug leben.«*

Hiobsbotschaft, Hiobspost

Hiob

Hiobs Leidensgeschichte ist rund um die Welt sprichwörtlich geworden. In unserer Sprache hat die biblische Figur in den Ausdrücken »Hiobsbotschaft« oder »Hiobspost« (einer schlechten Nachricht) ihren Niederschlag gefunden.

Das Buch Hiob steht im Alten Testament und erzählt die Lebens- und Leidensgeschichte Hiobs. Gott läßt sich von Satan dazu provozieren, ihm die Erlaubnis zu geben, Hiob auf die Probe zu stellen. Satan behauptet nämlich, Hiob sei nur so fromm und gottesfürchtig, weil es ihm so gut gehe. Würde Hiob vom Unglück verfolgt, so fiele er schnell von Gott ab. Nun bricht eine Hiobsbotschaft nach der andern über Hiob herein: seine Feinde stehlen seine Herden, töten seine Knechte, seine Söhne werden von einem zusammenstürzenden Haus getötet:

»Deine Söhne und deine Töchter waren dabei,
im Haus ihres erstgeborenen Bruders zu essen und Wein zu trinken,
da ein großer Wind kam von jenseits der Wüste,
rührte an die vier Ecken des Hauses,
es fiel auf die Knaben, und sie starben,
ich allein bin entronnen, dir's zu melden.«

Dann wird Hiob auch noch von einem häßlichen Geschwür befallen. All dies vermag ihn aber nicht von Gott abzubringen: Wenn wir, so sein Argument, das Gute von Gott annehmen, wieso sollten wir dann nicht auch das Böse von ihm annehmen? Seine Freunde – sie vertreten die traditionelle Weisheit, die sagt, daß Glück und Unglück Folge des menschlichen Tuns sind – sind der Meinung, Hiob werde mit diesen Unglücksfällen für seine Sünden gestraft. Hiob hingegen ist überzeugt, er leide schuldlos. Er klagt Gott an und fordert ihn heraus. Schließlich aber sieht er ein, daß er vor Gott machtlos ist und sich ihm unterwerfen muß. Jetzt wendet Gott Hiobs Geschick und gibt ihm doppelt soviel zurück, wie er verloren hat: 14 000 Schafe, 6000 Kamele, 1000 Joch Rinder, 1000 Eselinnen, 7 Söhne und 3 Töchter, die schönsten Frauen im ganzen Lande. Und um sich all dessen erfreuen zu können, darf er noch 140 Jahre lang leben *(☞ Methusalem)*.

Hippokratischer Eid

Hippokrates (um 460–um 370 v. Chr.)

Für den griechischen Arzt Hippokrates waren Abtreibung und aktive Sterbehilfe durchaus legitim. Der Eid des Hippokrates sieht diese Methoden allerdings nicht vor.

Viel ist nicht bekannt über Hippokrates' Leben, und das wenige, was bekannt ist, ist kaum gesichert. Angeblich soll er aus einer Familie stammen, in der der Arztberuf Tradition hatte. Nachdem sich Hippokrates bei seinem Vater genug Wissen angeeignet hatte, zog er als Wanderarzt durch Kleinasien und Griechenland. Später kehrte er auf seine Heimatinsel Kos zurück und gründete dort eine Ärzteschule.

Seine Methoden waren neu und der Zeit weit voraus. Den Organismus sah er als Gesamtheit. Dabei griff Hippokrates die Säftelehre eines Zeitgenossen, des Philosophen Empedokles (490–430 v. Chr.), auf. Nach jenem beruhte die Gesundheit auf einem Gleichgewicht der vier Körpersäfte Blut, Galle, schwarzer Galle und Schleim. Der Arzt hatte eine vollständige Krankengeschichte zu führen, in der auch Wetterverhältnisse, die Jahreszeit und gar eine allfällige epidemische Verbreitung der Krankheit des Patienten berücksichtigt wurden.

Mit diesem theoretischen Ansatz löste sich die Medizin vom religiösen Ballast. Krankheit wurde nicht mehr durch Einwirkung der Götter verursacht oder geheilt. Der Krankheitsverlauf war nun vom rational-empirischen Handeln des Arztes abhängig. Zu Recht gilt Hippokrates als Begründer der wissenschaftlichen Medizin.

In der Therapeutik lehrte Hippokrates, die natürliche Genesung sei durch geeignete Methoden zu unterstützen. Vor allem diätetische Maßnahmen sollten die Abwehrkräfte des Körpers aktivieren. Gegensätze wurden durch Gegensätzliches – »Contraria contrariis« – bekämpft. Fieber versuchte man durch Kälte zu senken. Operative Eingriffe zu Therapiezwecken wurden grundsätzlich abgelehnt.

Der *»Corpus Hippocraticum«* ist eine Sammlung medizinischer Schriften, von denen noch rund sechzig aus dem Jahre 100 n. Chr. erhalten geblieben sind. Die zentralen Werke dieser Sammlung stammen fast alle aus der Schule von Kos. Noch bis ins 19. Jahrhundert wurden Abhandlungen aus dem *»Corpus Hippocraticum«* für Unterrichtszwecke genutzt. Das bekannteste Schriftstück aus der Sammlung, der hippokratische Eid, der kaum von Hippokrates selbst stammt, bildet die Grundlage für die Ethik in der Medizin und verpflichtet Ärzte und Ärztinnen zu einer humanitären Grundeinstellung ihrem Beruf und den Patienten gegenüber.

Trotz aller Verdienste des Hippokrates um die Medizin – eine seiner Empfehlungen wollen wir nicht vorbehaltlos weiterempfehlen. Jenen Rat nämlich, sich zur Selbstreinigung regelmäßig bis zum Erbrechen zu betrinken …

Homerisches Gelächter, homerische Frage

Homer / Homeros

Vom ältesten und, wie viele meinen, größten griechischen Dichter wissen wir wenig – noch nicht einmal, ob er tatsächlich Homer hieß, wo er geboren wurde oder ob er auch nur existiert hat. Gerade unter Philologen herrscht in der »homerischen Frage« noch immer Uneinigkeit.

Beginnen wir beim Namen. Lange wurde behauptet, Homeros sei gar kein Name, sondern ein Eigenschaftswort und bedeute »blind«. Daraus entwickelte sich die Vorstellung des blinden Sängers, der seine Heldenlieder nur aus der Kraft seiner inneren Visionen heraus dichtete.

Angenommen wird, daß Homer – wenn er denn tatsächlich so geheißen hat – in Smyrna oder in Athen geboren wurde. Aber auch Chios, Pylos, Argos, Ithaka oder Kolophon erheben den Anspruch, die Vaterstadt des Dichters zu sein.

Denn berühmt war Homer schon vor Urzeiten – auch wenn Gelehrte sich schon vor zweitausend Jahren nicht darüber einig waren, welche Werke er denn tatsächlich geschrieben habe. Die Rhapsoden (fahrende Sänger) schmückten die von ihnen rezitierten Heldenepen gerne mit dem berühmten Namen. Da gab es zum Beispiel die Diskussion über die »Epigonoi«, das Epos über die Nachkommen der Sieben gegen Theben. Herodot, der älteste griechische Geschichtsschreiber, setzte sich schließlich mit der Ansicht durch, daß dieses Werk nicht von Homer selbst, sondern von einem Epigonen, einem Nachahmer, stammen müsse.

Beschränkt einig war man sich nur über Ilias und ☞ Odyssee. Diese beiden Epen werden meist übereinstimmend Homer zugeschrieben – so er denn gelebt hat. Es kann durchaus sein, daß uralte Gesänge über Generationen hinweg mündlich überliefert und viel später erst zusammengefaßt und aufgezeichnet wurden.

Die deutsche Sprache läßt wenigstens über ein kleines Detail keinen Zweifel zu: In Homers Werken wird viel gelacht. Nicht die Heldentaten, nicht die tragischen Ereignisse rings um Troja sind in unsere Sprache eingegangen, sondern das dröhnende, schallende, zwerchfellerschütternde, eben das »homerische Gelächter« – nach jenen Stellen bei Homer, wo von dem »unauslöschlichen Gelächter der seligen Götter« die Rede ist. Und ebenfalls kein Zweifel besteht daran, daß die Homer zugeschriebenen Werke zu den größten und schönsten Dichtungen des Abendlandes zählen.

Hortensie

Hortense

Welcher Hortense hat die Verehrung des französischen Arztes und Naturwissenschaftlers Philibert Commerson (1727–1773) gegolten?

Commerson gehörte zu den auserwählten Wissenschaftlern, die ☞ Bougainville auf seiner ersten Weltumsegelung begleiten durften. Er brachte von dieser Reise eine ansehnliche Sammlung exotischer Pflanzen mit, darunter einen besonders schönen Zier- und Kletterstrauch, den er Hortensie (botanisch: *Hydrangea*) nannte.

Seither rätselt man darüber, welche Dame den Botaniker zu dieser Namensgebung inspiriert hat. War es Commersons heimliche Geliebte und Begleiterin, eine junge Frau namens Hortense Barré? Oder war die Gesuchte Hortense Lapeauté, die schöne Gattin des Uhrmachers und Mathematikers André Lapeauté, die von Commerson verehrt worden sein soll?

Das Rätseln um die Leidenschaften des Botanikers Commerson nimmt kein Ende. Einige nüchterne Geister wollen keine weibliche Namensgeberin erkennen – sie leiten den Pflanzennamen vom lateinischen Wort »hortus« – Garten – ab. Commerson selbst hat das (möglicherweise süße) Geheimnis nie gelüftet. Er starb am 13. März 1773 auf Mauritius. Wie seine unbekannte Hortense hat auch er in der Botanik überlebt – eine Pflanzengattung wurde nach ihm *Commersonia* benannt.

Hyazinthe

Hyakinthos

Eine traurige und kurze Liebesgeschichte aus der griechischen Mythologie:

Hyakinthos war der Sohn des spartanischen Königs Amyklas und der Diomede. Der sagenhafte thrakische Sänger Thamytis, dem nachgesagt wird, er sei der erste Homosexuelle gewesen, verliebte sich in den hübschen Königssohn. Aber auch Gott Apollon schien an ihm Gefallen gefunden zu haben. Hyakinthos war also vor die Wahl gestellt: den Sänger oder den Gott? Die Entscheidung fiel zugunsten des Apollon aus.

Das Glück der frisch Verliebten hielt indessen nicht lange. Als sie sich gemeinsam in der Disziplin Diskuswerfen übten *(☞ Frisbee)*, traf Apollon Hyakinthos derart unglücklich am Kopf, daß dieser starb. Einige Autoren behaupten, Windgott Zephyros habe den Diskus aus Eifersucht auf Hyakinthos gelenkt. Apollon war untröstlich. Als Erinnerung an seine verlorenen Liebe ließ er aus dem Blut, das aus Hyakinthos Wunde floß, eine Blume wachsen und erhob den Geliebten zu den Göttern. Das Fest des Hyakinthos wurde in Sparta im Hochsommer gefeiert, also dann, wenn auch die letzte Hyazinthe verblüht war. Auf jedem ihrer Blütenblätter erscheint der griechische Klagelaut AIAI. Zusammen mit ☞ Narziß und ☞ Adonis zählt man Hyakinthos zu den Vegetationsgöttern, die sterben müssen, aber im folgenden Jahr wiederauferstehen.

Damit Sie beim nächsten Blumenkauf nicht in Tränen ausbrechen: Unsere Hyazinthe hat außer dem Namen nichts mit dem traurig verunglückten Jüngling gemeinsam. Aller Wahrscheinlichkeit nach nannten die Griechen ursprünglich die Fritillaria (Schachbrettblume) nach Hyakinthos. Und dies ist eine ganz andere, wenn auch genauso hübsche Zwiebelpflanze. Ihrer hauchzarten Blüten wegen und weil sie schwierig in Kultur zu halten ist, finden wir die nickenden Blüten der Fritillaria kaum je in einem Frühlingssträußchen.

Hygiene

Hygieia

Hygieia. Zeichnung aus dem 19. Jh.

Nicht erst seit Pasteur *(☞ Pasteurisation)* den Bakterien den Kampf angesagt hat, wurde die Hygiene zu einem wichtigen Begriff.

Hygieia – Gesundheit – war den alten Griechen schon in frühesten Zeiten ein Begriff. Die Göttin Hygieia entstand im Zuge der allgemeinen »Personifizierungswelle«, der auch andere Gottheiten wie ☞ Aion oder ☞ Iris, die Göttin des Regenbogens, ihre Existenz zu verdanken haben. Anfänglich war die Darstellung der Hygieia wenig differenziert. Sie trat stets im Gefolge ihres Vaters Asklepios *(☞ Äskulapstab)* auf, meist zusammen mit ihrer Schwester Panakeia und, um die Trias der Heilerinnen komplett zu machen, einer dritten Schwester namens Iaso. Im Eid des Hippokrates *(☞ Hippokratischer Eid)* werden neben Asklepios nur Hygieia und Panakeia angerufen.

Im Laufe der Zeit wurde aus der personifizierten Gesundheit eine Göttin, die in den überlieferten Darstellungen ihrem Vater Asklepios an Würde in nichts nachsteht und keineswegs unterwürfig wirkt. Deshalb wurde sie fälschlicherweise oft auch als seine Gattin bezeichnet. Hygieia wurde mit anderen Göttinnen in Verbindung gebracht und übernahm zum Teil deren Attribute. In Griechenland verdrängte und überdeckte der Hygieia-Kult zunehmends den Kult der Athene Hygieia, die als Heilherrin verehrt wurde. In Rom fand Hygieia ihre Entsprechung in der Göttin Valetudo.

Der Hygieia-Kult war lange Zeit populär. Vornehme Damen im alten Rom ließen sich auf Porträts als Valetudo darstellen. In der Spätantike verlor er allmählich an Bedeutung. Trotzdem hielt sich die Gesundheitsgöttin hartnäckig als beliebtes Dekorationsmotiv in Thermalbädern.

Im deutschsprachigen Raum wurden Hygieia und vor allem die mit ihr verbundene Lehre, die Hygiene, erst im 18. Jahrhundert populär.

Hypnose

Hypnos

Das Wort Hypnose ist jung. Erst im 19. Jahrhundert bildeten es gelehrte Köpfe, um damit einen schlafähnlichen Zustand zu beschreiben, der durch Suggestion herbeigeführt wird. Das Verb »hypnotisieren« gelangte auf Umwegen ins Deutsche. Der britische Arzt James Braid kreierte 1842 das englische Verb »to hypnotize«, aber erst nach einem Abstecher ins Französische fand es Eingang in unseren Wortschatz.

Der Namensgeber ist um einiges älter. Hypnos, der Gott des Schlafes, stammt aus dem alten Griechenland. Nyx, die Nacht, war seine Mutter, sein Zwillingsbruder war der Tod und nannte sich Thanatos. Hypnos hatte unendlich viele Söhne, die Träume. Morpheus, dem berühmtesten unter ihnen, verdanken wir nicht nur das geflügelte Wort »Schlafen wie in Morpheus Armen«. Ab 1804 kam er regelmäßig in die Schlagzeilen. Das Alkaloid, das der deutsche Apotheker Friedrich Wilhelm Adam Sertürner (1783–1841) in Mohnkapseln entdeckt hatte, nannte er Morphium, weil es nach dessen Einnahme eine stark berauschende und betäubende Wirkung zur Folge hatte. Damit entsprach es in seiner Wirkung nahezu den Fähigkeiten des Hypnos-Sprosses, der den Schlafenden im Traum menschliche Schatten erscheinen ließ.

Aber zurück zu Hypnos. Der Gott des Schlafes lebte in einer Höhle auf Lemnos. Mitten durch die Höhle strömte der Fluß Lethe, der Fluß des Vergessens. Hypnos verließ sein düsteres Zuhause fast nie. Den ganzen Tag lang lag er auf seinen weichen Kissen, umgeben von seinen Söhnen. Nur wenn es denn unbedingt sein mußte, erhob sich Hypnos, der ganz im Gegensatz zu seinem Bruder Thanatos ein absolut friedfertiges und freundliches Wesen hatte. Die Menschen der Antike dachten sich Hypnos als geflügelten Jüngling, der die Müden durch einen Schlaftrunk oder die Berührung mit einem Zweig sanft entschlummern läßt.

Während des Trojanischen Krieges bat ihn Hera um Hilfe. Er sollte Zeus einschläfern, damit dessen Bruder Poseidon den Griechen unbemerkt helfen konnte. Zuerst weigerte sich Hypnos, denn er hatte sich schon einmal auf ein ähnliches Unterfangen eingelassen und war nur knapp einer harten Bestrafung entgangen. Erst als ihm

Hera eine Grazie zur Frau versprach, willigte Hypnos ein. Er flog in Gestalt einer Nachtschwalbe (Ziegenmelker) zum Berg Ida, von wo Zeus die Ereignisse des Trojanischen Krieges aus sicherer Entfernung beobachtete. Hypnos ließ sich in der Nähe des Gottes nieder und wiegte ihn mit seinem leisen Ruf sanft in den Schlaf.

Es kam noch öfter vor, daß er um ähnliche Gefälligkeiten gebeten wurde; der gutmütige Hypnos war aber jedesmal heilfroh, wenn er in seine dunkle, gemütliche Höhle zurückkehren durfte.

Iris

Iris

Die Regenbogenhaut oder Iris, die wie eine Blende vor der Linse des Auges liegt und dessen Farbe bestimmt, hat ihren Namen von Iris, der griechischen Göttin des Regenbogens. In der frühen mythologischen Überlieferung war Iris lediglich die Personifizierung des Regenbogens, in der späteren Dichtung trat sie als Heras Götterbotin auf. Es verwundert deshalb nicht, daß die Angaben über ihre Genealogie selten übereinstimmen. Homer spricht Iris die Funktion als Göttin des Regenbogens ab und glaubt, daß außer dem Gleichklang der Namen keine Übereinstimmung herrscht. In der Ilias tritt sie deshalb ausschließlich als Botin auf. Bei Hesiod und später bei Ovid wird die Göttin des Regenbogens hingegen mit der Götterbotin gleichgesetzt. In Ovids *»Metamorphosen«* zeigt sich die Doppelfunktion bildhaft: *»Iris aber legt ihr tausendfarbiges Gewand an, zieht einen weitgeschwungenen Bogen über den Himmel und sucht, wie befohlen, den unter Wolken verborgenen Königspalast auf.«*

Im Mittelmeerraum war Iris nicht nur als Göttin und Götterbotin bekannt. Ihr Name bezeichnete schon im Altertum die Schwertlilie, die in allen Farben des Regenbogens (und auch noch andern) blüht. Die Iris zählt heute weltweit zu den meistgezüchteten Gartenblumen – wohl deshalb, weil ihre zarten Blüten die Herzen der Blumenfreunde bewegen – sie verblühen beinahe so rasch, wie ein Regenbogen verblaßt.

Isabellen-Schimmel, Isabellenfarbe

Isabella Clara Eugenia von Österreich (1566–1633)

Unter einem Isabellen-Schimmel verstehen wir ein Pferd, dessen Farbe einen leichten Gelbstich hat. Und das nicht etwa, weil Erzherzogin Isabella Clara Eugenia besonders gern auf einem solchen Schimmel geritten wäre. Die weiß-bräunliche Farbe mit dem gelben Schimmer wurde aus ganz anderem Grund nach ihr benannt.

Isabella, die älteste Tochter des Königs Philipp II. von Spanien (1527–1598) und dessen dritter Frau Elisabeth von Valois, war die Halbschwester jenes Don Carlos, der im Drama von Schiller überlebt hat.

Nach dem Willen ihres Vaters hätte sie Königin von Frankreich werden sollen, aber die Heirat kam nicht zustande. 1599 heiratete sie Erzherzog Albrecht VII. von Österreich (1559–1621), einen Sohn Maximilians II. Albrecht war ursprünglich für die geistliche Laufbahn bestimmt; bereits als Achtzehnjähriger wurde er Kardinal und Erzbischof von Toledo. Nachdem er mit päpstlicher Erlaubnis die geistlichen Würden niedergelegt hatte, wurde er durch die Heirat mit Isabella, die die Niederlande in die Ehe einbrachte, selbständiger Fürst dieses Landes. Kaum im Amt, versuchte er, die abgefallenen niederländischen Provinzen (Union von Utrecht) wieder unter seine Fuchtel zu bringen. 1601 begann er deshalb mit der Belagerung von Ostende, das von den Geusen besetzt war.

Isabella, die ihren Mann in seinen Bestrebungen unterstützte, legte ein Gelübde ab: Sie wollte bis zur Eroberung Ostendes ihr Hemd nicht wechseln. Sie konnte nicht ahnen, daß die Belagerung drei Jahre dauern sollte.

Als Albrecht 1604 Ostende schließlich einnahm, war der Stoff nicht mehr so blütenrein weiß, wie es sich für eine Infantin von Spanien geziemte. Das Hemd Isabellas war – isabellenfarbig geworden, auch wenn die Kavaliere am Hofe es wohl vornehm »elfenbeinfarben« genannt haben dürften.

Der Freiheitskampf der Niederlande gegen die übermächtigen Spanier dauerte noch bis 1648, auch wenn der Krieg zwischen 1609 und 1621 durch einen Waffenstillstand, den Albrecht ausgehandelt hatte, unterbrochen war. Sofort nach seinem Tod flammten die Kämpfe erneut auf.

J

Jacke

Jacques Bonhomme

Erfolglose Revolutionen werden leicht vergessen. Und so weiß heute kaum mehr jemand vom großen Bauernaufstand von 1358 in den Gegenden rund um Paris, in Beauvais und Brie.

Der Hundertjährige Krieg zwischen Frankreich und England dauerte schon zwanzig Jahre. Das Land litt unter der Pest, unter Hunger und grausamer Unterdrückung. Die Lebensbedingungen der rechtlosen Bauern wurden unerträglich, und doch preßte der Adel immer höhere Zinsen und Abgaben aus ihnen heraus. Es mußte zum Aufstand kommen.

Die Namen der Bauernführer sind nicht bekannt – ausgenommen jener von Guillaume Carle oder Guillaume Caillet. Der Adel nannte ihn »Jacques Bonhomme« – der Spottname bezeichnete allgemein ungebildete und einfältige Menschen. Der Bauernaufstand selbst erhielt den Namen »Jacquerie«, denn Jacques war im 14. Jahrhundert ein genauso verbreiteter Name unter den französischen Bauern wie heute.

Der blutige Aufstand dauerte nur gerade zwölf Tage. Überall brannten die Schlösser der Adligen. Die Besitzer wurden erschlagen, ihre Frauen vergewaltigt, ein Kind soll bei lebendigem Leibe verbrannt worden sein. Anfänglich wurde die Revolte von den Bürgern unterstützt. Sie sahen eine Chance, ihre Stellung gegenüber dem Adel zu stärken. Aber als Karl II., König von Navarra, mit seinem Heer anrückte, wurde der Aufstand der schlecht ausgerüsteten, hungrigen und verzweifelten Bauernhaufen rasch und mit größter Brutalität niedergeschlagen. Wohl deswegen wird Karl II. noch heute als »Karl der Schlechte« in den Annalen geführt.

Die Bürger beeilten sich, zur siegreichen Aristokratie überzulaufen. Mit dem gescheiterten Aufstand wollten sie nichts mehr zu tun haben. Schließlich hatten sie auch nie das typische Kleidungsstück getragen, das als Kennzeichen der Bauern galt: Die ärmlichen, fadenscheinigen Röcke, die eng am Körper anlagen, weil man mit dem groben Stoff (gros-grain, ☞ *Grog*) sparen mußte, wurden ebenfalls Jacques genannt. Die Bauern trugen sie wie eine Uniform. So ist unser Begriff Jacke von einem Spottnamen abgeleitet.

Die Erinnerung an den Aufstand schwand rasch, dafür tauchte die bescheidene Herrenoberbekleidung der Bauern bald auch im deutschen Sprachraum auf. Die Bezeichnung Jacke für ein geknöpftes Oberteil, das bis zur Hüfte reicht, ist seit dem 15. Jahrhundert geläufig. Im Französischen wurde früher eine Ableitung zu Jacques gebildet, die Ja(c)quette. Natürlich ist auch diese Form in unseren Sprachgebrauch übergegangen. Wer heute ein Jackett trägt, ist nicht bäuerisch, sondern elegant gekleidet.

Januar

Janus

Daß der erste Monat des Jahres nach dem römischen Gott Janus benannt wurde, ist nicht weiter verwunderlich. Denn Janus war nicht nur der Beschützer der Tore und Türen, er wachte auch über Sonnen- und Jahreslauf und über Tages- und Jahresbeginn – er war der Gott des Anfangs.

In der Kunst wird Janus mit zwei Gesichtern dargestellt, die in entgegengesetzte Richtungen schauen. In der Mythologie wird er wenig erwähnt. Bei Ovid findet sich eine Geschichte über die Nymphe Carna, die aufdringliche Verehrer mit einem Trick loswurde. Unter dem Vorwand, sie habe große Lust auf Sex, lockte sie ihre stürmischen Verfolger zum Eingang einer Höhle. Jedesmal bat sie die Männer vorzugehen. Sobald ihr der Galan den Rücken kehrte und sich durch den engen Höhleneingang zwängte, rannte sie davon. Mit ihrer List suchte sie auch Janus zu übertölpeln. Er aber konnte sie mit seinem zweiten Gesicht mühelos unter Kontrolle halten – Carna mußte Janus in die Höhle folgen.

Im alten Rom wurde der Beginn wichtiger Handlungen – ein Amtsantritt, eine Geschäftsreise, die Aussaat im Frühling – unter Janus' Schutz gestellt. Der alte Janustempel auf dem Capitol war aber auch ein Indikator für die politische Lage des Landes, denn in Friedenszeiten war er verschlossen. Das war allerdings selten der Fall: Augustus (☞ *August*) rühmte sich, daß unter seiner Regierung dreimal, während der gesamten römischen Geschichtsschreibung vor seiner Herrschaft aber nur zweimal Frieden geherrscht habe und die zwei gewaltigen Türflügel des Janustempels somit für einige Zeit geschlossen werden konnten.

Joule

James Prescott Joule (1818–1889)

Offiziell ist die Kalorie seit 1975 nicht mehr in Gebrauch. Doch die neue Maßeinheit Joule konnte sich bis heute nicht recht durchsetzen.

Benannt ist sie nach dem englischen Physiker Joule. Er machte 1843 als erster die Entdeckung, daß verschiedene Formen von Energie einheitlich bezeichnet werden können, da es möglich ist, jede Art von Energie in eine andere umzuwandeln.

Das Funktionieren jedes Heizkörpers, den wir an das Stromnetz anschließen, beruht auf einem weiteren Gesetz, das Joule in seiner Schrift *»Über die Produktion von Wärme aus voltaischer Elektrizität«* *(☞ Volt)* formulierte. Und die ersten Eisschränke arbeiteten nach einem Prinzip, das Joule zusammen mit dem Physiker William Thomson, Lord Kelvin (1824–1907), entdeckt hatte: Wenn sich ein Gas ausdehnen kann, ohne dabei eine Arbeit leisten zu müssen, kühlt es sich ab (»Joule-Thomson-Effekt«).

Joule wurde an einem Weihnachtsabend in Salford, nahe Manchester, als Sohn eines Bierbrauers geboren. Weil er von Geburt an unter Rückenschmerzen litt, wurde Joule lange Zeit zu Hause von Privatlehrern unterrichtet. Als er sechzehn Jahre alt wurde, engagierte sein Vater den Begründer der Atomtheorie, John Dalton (1766–1844), um Joule in die Geheimnisse der Algebra und der Geometrie einzuweihen.

Als Joules Vater erkannte, mit welchem Interesse sein Sohn den Ausführungen seines Lehrers folgte, ließ er ihm ein Labor einrichten. Hier machte Joule seine ersten Experimente und Entdeckungen. 1847 hielt er vor der *British Association for the Advancement of Science* einen Vortrag. Anhand eines Beispieles, das noch heute in vielen Physikbüchern auftaucht, erläuterte er den Zusammenhang zwischen Reibung und Temperaturanstieg. Die Idee war ihm beim Rudern gekommen. Bei jedem Ruderschlag mußte sich das Wasser geringfügig durch die Reibung des Ruders erwärmen. Um das Gesetz zu veranschaulichen, hatte er eine Vorrichtung gebastelt, die aus einem Schaufelrad bestand, das sich in einem Wasserbecken drehte. Er maß in regelmäßigen Abständen die Temperatur, und tatsächlich – sie stieg an. Die Reaktion war lau, die Wissenschaftler begriffen offenbar nicht, daß ihnen eben der direkte Zusammenhang zwischen Arbeit und Wärme bewiesen worden war. Schließlich erhob sich ein junger Mann im Auditorium und klärte seine älteren Kollegen darüber auf, welch bedeutende Entdeckung Joule gemacht hatte. Es war kein Geringerer als William Thomson, der spätere Lord Kelvin, mit dem Joule bald eine tiefe Freundschaft verband, die ab 1852 auch in eine enge Zusammenarbeit mündete.

1849 wurde Joule von der »Königlichen Akademie der Wissenschaften« in Turin, ein Jahr später auch von der *Royal Society* als Mitglied aufgenommen. Joule stand auf dem Höhepunkt seiner wissenschaftlichen Karriere. Private und finanzielle Schwierigkeiten schienen aber seine Kreativität zu hemmen. In seinen letzten Lebensjahrzehnten trat Joule kaum mehr mit seiner Forschungsarbeit an die Öffentlichkeit.

Joule war ein einfallsreicher Wissenschaftler, aber seine rhetorischen Fähigkeiten hielten sich in Grenzen. Da war kaum jemand, der in seinen Vorträgen nicht von Gähnkrämpfen übermannt wurde. Vielleicht war diese Schwäche daran schuld, daß sein Name schon zu Lebzeiten in Vergessenheit geriet.

Die Frage ist deshalb berechtigt: Was ist nun eigentlich ein Joule? Ersparen wir uns die komplizierte wissenschaftliche Definition – für Kalorienzähler gibt es eine einfache Faustregel: Ein Joule entspricht rund vier Kalorien. »Kalorienbewußte« brauchen die vertrauten (Kilo-)Kalorienangaben (kcal) auf den Produkten lediglich mit vier zu multiplizieren, um zu wissen, wieviel (Kilo-)Joule (kJ) sie konsumieren dürfen, wenn sie schlank bleiben möchten. Je höher die Zahl, desto stärker der »Abschreckungseffekt« – im Zeitalter des Schlankheitswahns dürfte sich also bald die Zahl der »Joulebewußten« (der Gleichklang mit »Schuldbewußten« ist unüberhörbar …!) auf Kosten der »Kalorienbewußten« erhöhen. Und vielleicht wird damit auch Joule, der zu Unrecht Vergessene, wieder etwas populärer.

Jovialität, jovial

Jupiter (lat.: Iuppiter oder Iovis)

Menschen, die unter dem Planetenzeichen des Jupiters geboren werden, ist Glück und ein sonniges Gemüt in die Wiege gelegt – glaubten Astrologen im Mittelalter.

Jupiter, der zweithellste Planet unseres Sonnensystems, erhielt seinen Namen von den Römern, die in ihm ihren Hauptgott verehrten. Jupiter wurde aber nicht nur im alten Rom verehrt. Seine Wurzeln lassen sich bis nach Indien zurückverfolgen, wo er in der arischen Gottheit Dyauh Pitar, dem Urvater des Himmels und Gatte von Mutter Erde, seine Entsprechung findet. Im antiken Griechenland erfreute er sich als Zeus großer Popularität. Die Mythen um Zeus übertrugen römische Schriftsteller nahtlos auf die italische Gottheit. Jupiter galt als Gott der Gestirne, des Donners und der Blitze, er war der Schirmherr über Recht und Sitte, schützte die Ehe und verlieh Kriegern Mut und Kraft.

Menschen, die unter dem Einfluß Jupiters geboren wurden, erhielten im Mittelalter oft den Beinamen »Jovialis« – Jupiter zu gehörig. In unsere Sprache hielten die Begriffe »jovial« und «Jovialität« im 18. Jahrhundert Einzug.

Jupiter. Zeichnung aus dem 19. Jh.

Juli / Julianischer Kalender ☞ Kaiser

Juni

Juno

Juno. Zeichnung von Benvenuto Cellini, Florenz 1500–1571

Juno, Namensgeberin des sechsten Kalendermonats, war die römische Göttin der Frauen, Beschützerin der Ehe und der Familie und die Gattin von Göttervater Jupiter – sie war also das römische Pendent zu Hera. Eine hübsche Geschichte über Juno findet sich in der römischen Mythologie: Jupiter hatte Tochter Minerva ohne Beihilfe von Juno als »Kopfgeburt« in die Welt gesetzt. Juno fühlte sich übergangen und klagte ihr Leid Frühlingsgöttin ☞ Flora. Als Flora sie mit einer Lilienblüte *(☞ Iris)* berührte, wurde Juno schwanger und gebar Mars *(☞ März)*.

Nicht nur einen Monatsnamen haben wir Juno zu verdanken. In der Nähe des Kapitols in Rom stand der Tempel der Juno Moneta, der warnenden Juno. Man hatte Juno diesen Beinamen gegeben, weil sie die Stadt angeblich vor einem Erdbeben gewarnt hatte. Neben dem Tempel befand sich die Münzstätte. Vom Beinamen der Göttin wandelte sich der Begriff zur »Münze« und zum umgangssprachlichen Wort »Moneten« als allgemeines saloppes Synonym für Geld.

Kabale / Cabal

Thomas, Baron Clifford von Chudleigh (1630–1673)
Henry Bennet, Graf von Arlington (1618–1685)
Georg Villiers, Herzog von Buckingham (1628–1687)
Anthony Ashley Cooper, Graf von Shaftesbury (1621–1683)
John Maitland, Herzog von Lauderdale (1616–1682)

Es kommt oft vor, daß ein einzelner Mensch so berühmt wird, daß sein Name zu einem stehenden Begriff in unserem Wortschatz wird. Aber nur ein einziges Mal haben fünf Leute gemeinsam für einen »geflügelten Namen« Pate gestanden.

Die Grafen von Arlington und Shaftesbury, der Baron von Chudleigh und die Herzöge von Buckingham und Lauderdale waren allerdings auch wichtig genug, die englische und europäische Politik eines halben Jahrhunderts mitzubestimmen.

Sie waren die einflußreichsten Berater des englischen Königs Karl II., des »Good King« (1630–1685). Der dritte Stuart auf dem Thron regierte von 1660 bis 1685. Die »Fünferbande« bildete das *Committee for Foreign Affairs*, das die Außen- und Innenpolitik des britischen Königreiches jener Epoche prägte. Die Außenpolitik nahm im Jahre 1670 eine überraschende Wendung:

Die britische Monarchie stand zu jener Zeit auf sehr wackligen Beinen. Das Parlament hatte während des Bürgerkrieges Karls Vater (Karl I., »the man of blood«, der Enkel von Maria Stuart, geboren 1600, regierte ab 1625) nicht nur abgesetzt, sondern am 19. Januar 1649 auch gleich enthaupten lassen. Die alte Staatsordnung wurde erst 1660 wiederhergestellt – nach elfjähriger Diktatur (Republik unter Oliver Cromwell). Die Streitfrage um die Machtverteilung zwischen König und Parlament blieb jedoch ungelöst, denn niemand wollte es riskieren, eine weitere Dekade der Diktatur und Gewalt zu initiieren.

Karl II. strebte einen Pakt mit Frankreich an. Auch fühlte er sich stark zur katholischen Kirche hingezogen – sowohl aus religiösem Eifer als auch aus Geldgier, denn Karl II. trachtete nach einer Verbindung mit Frankreich, um sich von seinem Parlament finanziell unabhängig zu machen. Im sogenannten »Geheimen Vertrag von Dover« verbündete sich also der englische König mit dem katholischen Frankreich. Und in einer geheimen Klausel versprach er Ludwig XIV. gar den Übertritt zum römisch-katholischen Glauben. Als Gegenleistung für Karls Konversion hatte ihm der Sonnenkönig 166 000 englische Pfund versprochen und 6000 französische Fußsoldaten für den geplanten Krieg gegen Holland zur Verfügung gestellt.

Drei der fünf persönlichen Berater des Königs wurden nicht eingeweiht, denn sie hätten sich als Protestanten klar gegen diese Vereinbarung ausgesprochen. Buckingham und Ashley, zwei der Hintergangenen (der dritte war Lauderdale), wurden von Karl II. jedoch noch im selben Jahr nach Paris geschickt, um über den Angriffskrieg gegen Holland zu verhandeln. Es entstand ein weiterer Vertrag, der sogenannte »Scheinvertrag«. Inhaltlich – jedenfalls was die Kriegspläne betraf – war das Dokument eine Kopie des »Geheimen Vertrags von Dover«.

Als die Öffentlichkeit in England durch Indiskretionen über die Inhalte der Vereinbarungen informiert wurde, brach große Empörung aus. Der Zorn der Bürger richtete sich nicht nur gegen den König, der mit Frankreich ein »papistisches Komplott« geschmiedet hatte, sondern auch gegen seine Berater, die ihre Pläne im geheimen ausgehandelt hatten.

Als Folge der Geheimverträge wurde zwar der Krieg gegen Holland geführt, aber was die Zusatzklausel betraf, mußte der König sein Versprechen brechen. 1673 erließ er auf Druck des Parlaments den »Test Act«, ein Gesetz, das vorschrieb, daß jede Person, die in Staatsdiensten stand, sich ausweisen mußte, nicht dem katholischen Glauben anzugehören. Der »Test Act« hatte nicht nur den Rücktritt des Bruders des Königs zur Folge, sondern war durch die Demission von Clifford der Anfang vom Ende der Cabal-Berater. Im Februar 1674 schied England im Frieden von Westminster aus dem Krieg gegen Holland aus. Karl ließ Ludwig wissen, daß er dazu gezwungen worden sei. Im selben Jahr mußte auf Druck des Parlaments das gesamte Cabal-Ministerium zurücktreten, und das Parlament zwang Karl seinen eigenen Mann auf: Thomas Osborne. Der spätere Earl of Denby zeichnete sich durch planmäßige Bestechung von Parlamentsgruppen aus, um seine eigene Position zu stärken …

Cabal ist nichts weiter als eine Zusammensetzung aus den Anfangsbuchstaben der Namen der fünf geheimen Berater. Gewollt oder ungewollt aber ergibt das Wort einen Sinn, wenn man es mit dem hebräischen Wort »Kabbala« vergleicht, das für die jüdische Geheimwissenschaft steht. Auf englisch wie auf deutsch hat sich die Kabale als üble Geheimniskrämerei bis heute erhalten.

Trotz Intrigen und Kabale blieb Karl II. zu Lebzeiten und bis heute »Good King Charles«. Dietrich Schwanitz nennt ihn in seiner schönen Kulturgeschichte Englands »alles in allem einen der interessantesten Monarchen, die England gehabt hat«. Noch auf dem Totenbett erfüllte Karl sein einstiges Versprechen – er konvertierte zum katholischen Glauben.

Dem zu seinen Lebzeiten führenden deutschen Theaterdirektor August Wilhelm Iffland (1759–1814) gefiel der damals noch neue Begriff so gut, daß er das Theaterstück »Luise Millerin«, das ihm Schiller angeboten hatte, kurzerhand mit dem Titel »Kabale und Liebe« versah. Denn mit reißerischen Titeln lockte man schon damals mehr Zuschauerinnen und Zuschauer ins Theater.

Kainsmal

Kain

Kain, der Ackerbauer, und Abel, der Schafhirte, sind die Söhne Adams *(☞ Adamsapfel)* und Evas. Beide brachten Gott ein Opfer dar; Kain einen Teil seiner Ernte, Abel Jungtiere aus seiner Herde. Gott nahm nur das Opfer Abels an, worauf Kain zornig reagierte. Er wollte mit seinem Bruder über diese Ungerechtigkeit diskutieren, schlug ihn dann aber im Jähzorn tot. Als Kain von Gott nach Bruder Abel gefragt wurde, rechtfertigte er sich, er sei doch nicht Abels Kindermädchen: »Soll ich meines Bruders Hüter sein?« Darauf verfluchte ihn Gott dazu, ruhe- und rechtlos auf Erden umherzuziehen. Damit Kain jedoch von niemandem getötet werde, zeichnete Gott ihn mit einem Mal:

> Kajin sprach zu IHM:
> Allzu groß zum Tragen ist meine Verfehlung.

> Da, du vertreibst mich heute vom Antlitz des Ackers,
> vor deinem Antlitz muß ich mich bergen,
> schwank und schweifend muß ich sein auf Erden –
> so muß es sein;
> allwer mich findet, tötet mich!
> ER sprach zu ihm:
> So denn,
> allwer Kajin tötete, siebenfach würde er geahndet.
> Und er legte Kajin ein Zeichen an,
> daß ihn unerschlagen lasse, allwer ihn fände.

Die Form des Kainsmals ist nicht bekannt. Stand dem Mörder die Schuld ins Gesicht geschrieben, war er als Mörder gebrandmarkt? Hypothesen gibt es viele: Gott habe Kain einen Buchstaben seines heiligen Namens auf die Stirn gezeichnet oder ihm ein Horn aus der Stirn wachsen lassen. Andere glaubten, Kain habe nach der Bestrafung am ganzen Körper gezittert, seine Gesichtszüge seien durch Lepra oder Wahnsinn entstellt worden oder eine Art Tätowierung, ein Schutz- oder Stammeszeichen, habe Kain vor Rache geschützt.

Uneinigkeit herrscht auch über die Bedeutung des Zeichens. Es kann ebenso als Warnung für Verbrecher, als Sühnezeichen für bereuende Sünder oder gar als Zeichen der Unverletzbarkeit gedeutet werden. Erschwerend kommt hinzu, daß Kain der einzige Mann außerhalb des Garten Edens war. Wer also hätte ihn angreifen sollen?

Schließlich bot das Zeichen doch keinen hinreichenden Schutz: Die Legende erzählt, daß Kain von seinem blinden Nachkommen Lamech getötet wurde, da der Blinde das Zeichen nicht erkennen konnte. Nach einer anderen Überlieferung kam Kain auf der Jagd ums Leben. Wir aber glauben nach wie vor, das Kainsmal auf den Gesichtern von Schuldbewußten und Übelgesinnten erkennen zu können.

Kaiser, Kaiserschnitt

Gaius Julius Cäsar (100 v. Chr. – 44 v. Chr.)

Münze mit dem Bild des Alleinherrschers

Der große römische Feldherr und Staatsmann hat unseren Wort- und Sprichwortschatz mehrfach bereichert. Angefangen hat es schon bei Cäsars Geburt: Plinius leitete fälschlich den Namen vom Verb »caedere« (herausschlagen) ab. Bald sprach man von einer »sectio caesarea«, dem Kaiserschnitt.

Die Lebensgeschichte Cäsars füllt Bibliotheken. Wir beschränken uns deshalb auf Stichworte: Der Patrizier machte eine militärische und politische Blitzkarriere, wurde Quästor, Ädil, Pontifex maximus und Prätor. Mit Pompeius und Crassus bildete er das erste Triumvirat. 59 v. Chr. wurde Cäsar zum Konsul gewählt.

Als Statthalter eroberte er 51 v. Chr. Gallien und verfaßte darüber das berühmte Werk *»Commentarii de bello Gallico«*. Danach widersetzte sich Cäsar dem Befehl des Senats, vor der Rückkehr die Waffen niederzulegen, und überschritt mit seinem Heer den legendär gewordenen Grenzfluß Rubikon. Nach dem vier Jahre dauernden Bürgerkrieg (49–45 v. Chr.) wurde er unumschränkter Herrscher. Den Titel »Kaiser«, abgeleitet von seinem Namen, aber erhielt erst sein Adoptivsohn und Großneffe Gaius Julius Cäsar Octavianus, der spätere Kaiser Augustus *(☞ August)*.

Neben »Kaiser«, »Kaiserschnitt« und »Zar« ist auch der Begriff »Cäsarismus« von Cäsar abgeleitet; er meint die Ballung der Macht in den Händen eines einzelnen. »Cäsarenwahn« steht als Bezeichnung für die krankhafte Übersteigerung des Macht- und Aggressionstriebes bei Herrschern und Diktatoren. Aber auch häufig gebrauchte geflügelte Worte werden Cäsar zugeschrieben: *Alea iacta est* – der Würfel ist geworfen (gefallen). *Caesar citra Rubiconem* – Cäsar ist diesseits des Rubikon; *Veni, vidi, vici* – Ich kam, sah, siegte; *Et tu, Brute?* – Auch du, Brutus?

Ja selbst Cäsars Todestag ist sprichwörtlich, nicht erst seit Thornton Wilders großartigem Roman: Cäsar wurde, einen Monat nach dem Griff zur absoluten Macht, an den *Iden des März* 44 v. Chr. ermordet.

Kamelie

Georg Joseph Kamel (1661–1706)

Eine verwirrliche Geschichte! Die Rollen sind verteilt auf eine Dame mit Namen Marguerite Gautier, einen mährischen Ordensbruder und einen schwedischen Naturforscher.

Im Jahre 1639 stieß der mährische Ordensbruder Georg Joseph Kamel (Camel) aus Brünn als Apotheker zur Jesuitenmission in Manila. Die Jesuiten scheinen gesunde Leute gewesen zu sein, denn ihr Apotheker hatte genügend Zeit, sich mit der botanischen Forschung zu befassen und eine Abhandlung über die Pflanzenwelt der Philippinen zu verfassen.

Eine Pflanze kommt darin *nicht* vor, da sie in Japan, Korea und China wuchs, die »Tsubaki« oder »Ch'a hua«. Besonders auffällig sind die großen Blüten dieses immergrünen Strauches oder Baumes aus der Gattung der Teestrauchgewächse.

Dem schwedischen Naturforscher Carl von Linné *(☞ Chinarinde)* waren die chinesischen Namen zu kompliziert. Als er sein berühmtes botanisches System erstellte, nannte er die Blütenpflanze »Camelia« nach jenem Ordensbruder, der die Kamelie nie zu Gesicht bekommen hatte.

Ihren literarischen Niederschlag fand die Kamelie 1848. Damals schuf Alexandre Dumas (1824–1895) die Figur der Marguerite Gautier, besser bekannt als die *»Kameliendame«* in seinem gleichnamigen Roman. Vier Jahre später war die Bühnenfassung des Romans in Paris ein Riesenerfolg. Er wurde noch weit übertroffen vom Erfolg der Opernfassung von Giuseppe Verdi (1803–1901): *»La Traviata«* (1853) ist eine der schönsten und meistgespielten Opern der Musikgeschichte.

Kardangelenk, Kardanische Aufhängung, Kardanwelle, Kardanische Formel

Geronimo (Girolamo) Cardano (Hieronymus Cardanus) (1501–1576)

Seine berühmteste Erfindung machte Cardano, lange bevor das Automobil erfunden wurde. Trotzdem wäre das Autofahren ohne die Kardanwelle nur halb so schön: sie überträgt die Kraft des Motors auf die Räder des Wagens. Das Kardangelenk ist ein Maschinenelement zur Übertragung von Drehmomenten zwischen Wellen, die in einem veränderlichen Winkel zueinanderstehen – beim Auto z. B. Getriebeantriebswelle und Differential. Die Kardanwelle verbindet das Wechselgetriebe mit dem Achsantrieb mittels mehrerer Kardangelenke. Besonders wichtig für die Schiffahrt wurde die kardanische Aufhängung, bei der ein Körper allseitig drehbar gelagert ist – der Schiffskompaß behält dadurch seine Stellung auch bei hohem Seegang unverändert bei.

Cardano wurde 1501 als uneheliches Kind eines Mathematikers in Pavia geboren. Der Makel seiner Geburt sollte ihm später Schwierigkeiten machen: Trotz bestandener Prüfung wurde er nicht ins Ärztekollegium aufgenommen.

Als Astrologe hatte Cardano keine derartigen Schwierigkeiten. Hier machte ihm eher die Tatsache zu schaffen, daß seine Voraussagen oft falsch waren. Auch sein Versuch, ein Horoskop von Jesus zu erstellen, sprach wohl nicht für ihn.

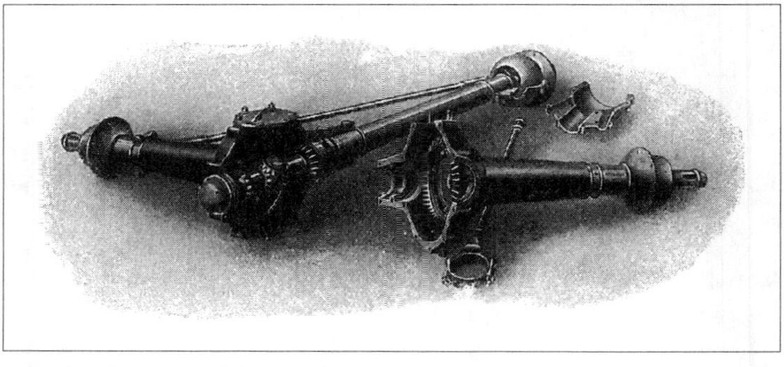

Mercedes-Kardanantrieb (um 1900)

Dabei war er ein brillanter Mathematiker und hätte es nicht nötig gehabt, seinen Freund Niccolò Tartaglia (1500–1557) hereinzulegen: Tartaglia hatte eine Formel zur Lösung von Gleichungen dritten Grades gefunden. Das ermöglichte ihm, andern Mathematikern Aufgaben zu stellen, die diese nicht lösen konnten. Dummerweise verriet er die Formel Cardano, der sie prompt veröffentlichte. Noch heute wird sie – fälschlicherweise – nach ihm benannt. Autofahrer werden Cardano den Betrug wohl verzeihen.

Kneippkur

Sebastian Kneipp (1821–1897)

Sebastian Kneipp war kein Arzt. Trotzdem schwören heute viele auf seine Therapieform.

Ursprünglich war Kneipp Weber. Aber sein innigster Wunsch war es, Priester zu werden. Mit einundzwanzig Jahren ging er auf Wanderschaft, um seinen Beruf gegen ein Studium zu tauschen. Dazu mußte Kneipp vorerst das Gymnasium besuchen. Im Städtchen Grönebach nahm ihn ein Kaplan in seine Obhut und unterrichtete ihn. Nach zwei Jahren trat er ins Gymnasium ein und lernte mit großer Energie. Sein Ehrgeiz war groß, und er vergaß, auf seine Gesundheit zu achten. So erkrankte er schwer; die Ärzte räumten ihm keine Chance mehr ein, dereinst von der Kanzel zu sprechen.

Wer das Bett hüten muß, hat Zeit zu lesen. Daß jemand damit sein Leben rettet, ist allerdings selten.

Der kranke Kneipp las alles, was ihn von seinem Siechtum ablenkte. *»Der Zufall – ich bediene mich dieses gebräuchlichen, aber vagen, d.i. nichtssagenden Wortes; denn es gibt keinen Zufall – spielte mir ein unscheinbares Büchlein in die Hand; ich öffnete es; es handelte von Wasserheilkunde. Ich blätterte hin und blätterte her; da stand Unglaubliches.«* Kneipp testete die Anwendungen im

Selbstversuch. Dreimal pro Woche badete er im kalten Wasser der Donau – und genas rasch.

Am Priesterseminar in München lernte er einen kranken Kommilitonen kennen, dem das nötige Gesundheitszeugnis für die Priesterweihe verweigert wurde – die Ärzte hatten ihm vorgerechnet, daß er nicht mehr lange zu leben habe und seinen Beruf nie ausüben könne. Kneipp hatte seinen ersten Patienten. Zusammen sprangen sie nun regelmäßig ins Wasser. Es dauerte nicht lange, bis man dem kranken Studenten hervorragende Gesundheit attestierte und ihn zur Priesterweihe zuließ.

1855 wurde Kneipp Kaplan in Wörishofen, 1881 Pfarrer. Und er experimentierte dreißig Jahre lang mit Wasseranwendungen, verbesserte und verfeinerte die Methoden, die er in seinem Büchlein kennengelernt hatte. Zur Freude seiner Patientinnen und Patienten wurde seine Methode im Laufe der Zeit weniger streng. Niemand wurde mehr in einen Zuber voll kalten Wassers getaucht. Statt dessen empfahl Pfarrer Kneipp kalte und warme Güsse, Dampfbäder und Wickel. 1886 veröffentlichte er seine *»Wasserkur«*, das erste seiner drei Gesundheitsbücher.

Bis heute ist die »Wasserkur« in unzähligen Auflagen erschienen. Das Kneippen erfreut sich trotz anfänglichen Widerstandes der Schulmedizin auch heute noch allgemeiner Beliebtheit und einer riesigen Fan-Gemeinde.

Knickerbocker

Washington Irving alias Diedrich Knickerbocker (1783–1859)

1809 veröffentlichte der amerikanische Autor Washington Irving eine fiktive Chronik der Stadt New York. Die Stärke des Werks lag nicht etwa in historischer Detailkenntnis, sondern in Anspielungen auf Autoren, Politiker und andere zeitgenössische Figuren, die er gleich dutzendweise einfließen ließ: die Stadtgeschichte ist eine Satire, in der Irving die behäbige und erdverbundene bürgerliche Art der holländischen Siedler aufs Korn nahm. Um möglichst glaubhaft zu wirken, veröffentlichte er die *»History of New York«* unter dem Pseudonym Diedrich Knickerbocker (nach dem Namen einer holländischen Familie, die 1674 eingewandert war).

»Eine Geschichte New Yorks, vom Beginn der Welt bis zum Ende der holländischen Dynastie. Enthaltend – neben vielen erstaunlichen und seltsamen Dingen – die unaussprechlichen Ratschlüsse Walters des Zweiflers, die unheilvollen Unterfangen Wilhelm des Ungeduldigen und die ritterlichen Taten Peters des Dickköpfigen, der drei holländischen Gouverneure von Neu-Amsterdam. Die einzige authentische Geschichte dieser Zeit, die jemals veröffentlicht wurde und veröffentlicht werden wird« – lautete der vollständige Titel. Das Werk wurde ein großer Erfolg, so daß sich der Autor später dazu entschloß, zwei weitere Werke unter dem Pseudonym Knickerbocker zu veröffentlichen. Es entstanden der unvergeßliche *»Rip van Winkle«* und die Erzählung *»Sleepy Hollow«*, mit der Irving die Tradition der amerikanischen Kurzgeschichte begründete.

Washington Irving

In Anlehnung an die Chronik entstand die populäre Bezeichnung »Knickerbockers« für die Bewohner New Yorks; eine Gruppe von literaturbegeisterten Freunden Irvings gründete den »Knickerbocker-Club« und die Zeitschrift *»Knickerbocker«*, die wiederum den Vater dieser Figur als freien Mitarbeiter gewinnen konnte. In unserem Jahrhundert inspirierte »History of New York« Kurt Weill (1900–1950) zu einem seiner ersten amerikanischen Musicals, *»Knickerbocker Holiday«*.

Wie aber kamen die Knickerbocker-Hosen zu ihrem Namen? Mitte des 19. Jahrhunderts kam eine illustrierte Ausgabe der Irvingschen Pseudochronik auf den Markt. Die Abbildungen zeigten holländischen Gouverneure in der charakteristischen Tracht ihrer Heimat – mit gebauschten, leicht überfallenden Kniehosen eben. Und ebendiese Hosen hießen fortan Knickerbocker.

Knigge

Adolf Franz Friedrich, Freiherr von Knigge (1751–1796)

Der besterzogene und gesittetste Mensch des 18. Jahrhunderts? Das kann niemand anders als der Freiherr von Knigge gewesen sein, schließlich war er es, der in seinem Buch »Über den Umgang mit Menschen« Regeln über das korrekte Verhalten aufstellte.

Aber eben, die Wirklichkeit sieht oft anders aus. Knigge wurde 1752 auf Schloß Bredenbeck bei Hannover geboren. Der Freiherr mußte früh lernen, auf eigenen Füßen zu stehen. Sein Vater hatte ihm nach seinem Tod nichts weiter als eine Schuldenlast von 100 000 Reichstalern hinterlassen. Die Güter teilten die Gläubiger unter sich auf. Ohne sein Studium abgeschlossen zu haben, trat Knigge 1772 eine Stelle als Hofjunker am hessischen Hof zu Kassel an. Schon drei Jahre später trat er aus ungeklärten Gründen zurück – man munkelt, der Landgraf habe ihn des Landes verwiesen, da sein schlechtes Benehmen für die feine Hofgesellschaft nicht mehr tragbar gewesen sei.

Inzwischen hatte er die Hofdame Henriette von Baumbach geheiratet und war auf das Gut ihrer Mutter gezogen. 1777 berief man ihn an den Hof des hessischen Erbprinzen, damit er dessen Privattheater leite. Nach einiger Zeit verließ er heimlich den Hof – er hatte sich erneut schwer verschuldet und war das Opfer von Intrigen geworden. Er siedelte zuerst nach Frankfurt am Main über und ließ sich später mit seiner Familie in Heidelberg nieder. In dieser Zeit begann er, sich intensiv mit der Freimaurerei zu beschäftigen, und trat schließlich dem Geheimorden der Illuminaten bei, der Gesellschaft und Kirche nach den Grundsätzen der Aufklärung umgestalten wollte. Knigge setzte sich stark für den Orden ein, aber Meinungsverschiedenheiten zwangen ihn 1784 zum Austritt.

Aus finanziellen Gründen mußte er im selben Jahr nach Hannover zurückkehren. Während sechs Jahren versuchte er, das väterliche Erbe zu retten. 1790 trat er im Herzogtum Bremen seine letzte Stelle an. Aber auch diese Jahre des alten und kranken Knigge waren überschattet von seltsamen Intrigen.

Knigge war ein produktiver Schriftsteller. Seine gesammelten Werke wurden nach seinem Tode in zwölf Bänden herausgegeben. Da der Freiherr fast ausschließlich von der Schriftstellerei lebte, litt die Qualität seiner Bücher oft zugunsten der Quantität. Trotzdem war er stolz auf seine Romane, denen er imposante Titel verliehen hatte, wie zum Beispiel *»Des seligen Herrn Etatsraths Samuel Conrad von Schaafkopf hinterlassene Papiere«*. Seine Werke wurden vor allem wegen ihrer derben Komik geschätzt.

Die politischen Schriften blieben umstritten. Wegen seiner republikanischen Einstellung wurde er als »deutscher Jakobiner« verfolgt. Sein politisches Ziel war, *»... daß in diesen Zeiten der Aufklärung bald kein Mensch mehr daran glauben wird, daß ein Einziger, vielleicht der Schwächste der ganzen Nation, ein angeerbtes Recht haben könne, hunderttausend weisern und bessern Menschen das Fell über die Ohren zu ziehen«*.

Unumstritten und bis heute von großem kulturhistorischem Wert ist sein bekanntestes Werk, *»Über den Umgang mit Menschen«*, wohl eines der wichtigsten gesellschaftsethischen Werke seiner Zeit. Nie war der »Knigge« als »Benimmbuch« gedacht. Der Lebenskünstler Knigge stellte vielmehr Regeln auf, wie man mit sich selber umzugehen habe und wie man Mitmenschen behandeln müsse, um möglichst viel aus ihnen herauszuholen – dabei konnte Knigge gewiß aus einem großen Erfahrungsschatz schöpfen.

Köchelverzeichnis

Ludwig Alois Friedrich, Ritter von Köchel (1800–1877)

Köchel absolvierte ein Jurastudium an der Universität Wien. Danach war er Erzieher im Hause eines Grafen und wurde 1827 von Erzherzog Karl von Habsburg als Hauslehrer für dessen drei Söhne engagiert. Köchel hatte die Stelle bis 1842 inne und wurde für seine Verdienste um die Erziehung der Prinzen zum Ritter geschlagen. 1850–1852 war er k. k. Schulrat und Schulinspektor in Salzburg. Danach führten ihn botanische Forschungsreisen von Sizilien bis zum Nordkap. Sein Interesse galt allein der ☞ Flora. Obwohl in Sachen Botanik Autodidakt, eignete er sich ein immenses Fachwissen an. Zwar veröffentlichte er selbst nie etwas, aber er lieferte Botanikern wichtige Anregungen. Verschiedene Naturforscher haben Pflanzen nach ihm benannt.

Köchel ist allerdings nicht als Hobbybotaniker, sondern als Musikgelehrter berühmt geworden. 1862 erschien in Leipzig sein Werk *»Chronologisch-thematisches Verzeichniss sämtlicher Tonwerke Wolfgang Amadeus Mozarts. Nebst Angabe der verloren gegangenen, übertragenen, zweifelhaften und unterschobenen Compositionen desselben«*, kurz, das im Musikleben unverzichtbare »Köchelverzeichnis«.

Kondom

Dr. Conton / Colonel Condum

Gleich zwei Zeitgenossen nehmen für sich in Anspruch, dem Kondom seinen Namen gegeben zu haben.

Der eine, ein gewisser Dr. Conton, war Hofarzt bei Karl II. von England (1630–1685, ☞ *Kabale*). Ihm wird nachgesagt, er habe seine »French Letters« aus Schafdärmen hergestellt, die er zuerst trocknen ließ und dann kräftig einölte, um sie geschmeidig zu machen. Schon bald erfreuten sich die kleinen Überzieher großer Beliebtheit im In- und Ausland. ☞ Casanova kaufte seine »capôtes anglais« gleich im Dutzend. Die Popularität nahm erst wieder ab, als Papst Leo XIII. 1826 per Bulle den Gebrauch von Kondomen als Zuwiderhandlung gegen die göttliche Vorsehung verurteilte.

Einer anderen Quelle zufolge wurden die Kondome nach Colonel Condum, dem Befehlshaber der königlichen Garde, benannt, der die präparierten Schafdärme unter seinen Truppen verteilt haben soll. Nicht uninteressant ist, daß auch der Colonel unter Karl II. diente, einem König, dessen sprichwörtliche Lüsternheit in die Geschichte eingegangen ist.

Welcher der beiden Herren nun der Namenspate ist, wird wohl offenbleiben. Sicher ist allerdings, daß keiner von ihnen der Erfinder des Schafdarm-Kondoms ist. Im Mittleren Osten war diese Verhütungsmethode schon Jahrhunderte früher bekannt.

Krösus

Kroisos, König von Lydien (um 595–nach 526 v. Chr.)

Kroisos oder Krösus, der im 6. Jahrhundert v. Chr. als letzter lydischer König den Thron bestiegen hatte, ist eine reale historische Figur, dessen unermeßliche Reichtümer bereits zu seiner Zeit sprichwörtlich waren.

Der Grieche Herodot (5. Jh. v. Chr.), der »Vater der Geschichtsschreibung«, berichtet nämlich, der weise Solon aus Athen (640–561 v. Chr.) habe den Hof des Kroisos besucht. Stolz zeigte ihm der König seine unermeßlichen Schätze, die er durch Eroberungen im Westen Kleinasiens zusammengerafft hatte, und fragte: »Bin ich nicht der glücklichste aller Sterblichen?« Solon schüttelte den Kopf und antwortete: »Niemand ist vor seinem Tode glücklich zu preisen!«

Und tatsächlich, das Schicksal wendete sich: In Persien wurde Kyros II., der Große (König von 559 bis 529 v. Chr.), immer mächtiger und hungriger nach den Schätzen des Nachbarn. Kroisos sah sein Reich bedroht und tat sich mit Babyloniern, Ägyptern und Spartanern zusammen. Bevor er zum Angriff überging, befragte er das Orakel von Delphi nach seinen Chancen. Er erhielt die Antwort: *»Wenn du den Fluß Halys überquerst, wird ein großes Reich zugrunde gehen.«*

Kroisos war überzeugt, das Orakel habe das Perserreich gemeint, und marschierte mit seinen Truppen in das persische Kappadokien ein. Aber es gelang ihm nicht, das persische Heer entscheidend zu schlagen. In einem Gegenangriff eroberte Kyros II. 546 v. Chr. Lydien und die Hauptstadt Sardis. Reichtum macht also nicht immer glücklich …

Eine weitere Legende rankt sich um Krösus: Sieger Kyros soll ihn zum Tod auf dem Scheiterhaufen verurteilt haben. Im Angesicht des Todes rief Kroisos den Namen des weisen Solon an. Kyros fragte Kroisos nach dem Grund für sein Rufen. Als er von der Warnung Solons hörte, begnadigte er seinen Gegner. *Se non è vero, è ben trovato:* Wenn die Geschichte nicht stimmt, so ist sie doch mindestens schön erfunden.

Kruppstahl ☞ **Dicke Bertha**

Kyrillisches Alphabet

Sankt Kyrillos (827–869 n. Chr.)

Russen, Ukrainer, Weißrussen, Bulgaren, Makedonier und Serben verwenden die kyrillische Schrift. Aber auch andere, nichtslawische Sprachen, die in der ehemaligen UdSSR gesprochen werden, übernahmen diese Schrift.

Entwickelt wurde die kyrillische Schrift im 9. Jahrhundert. Die meisten Buchstaben des neuen Systems waren aus der griechischen Unzialschrift abgeleitet. Weil die slawischen Sprachen aber über viele Konsonanten verfügen, genügten die griechischen Schriftzeichen nicht. Teils mußten sie verändert oder in neuen Zeichen zusammengelegt werden, teils wurden die griechischen Unzialen auch durch Schriftzeichen ergänzt, die dem Hebräischen entlehnt wurden.

Fälschlicherweise schreibt man die Entwicklung der kyrillischen Schrift dem Slawenapostel Sankt Kyrillos (nach dem sie benannt ist) und seinem Bruder Sankt Methodios zu. Das soll nicht heißen, daß der aus Thessaloniki stammende Kyrillos keine Schrift erfunden hätte; sein sogenanntes glagolitisches Schriftsystem war aber zu komplex, als daß es sich über längere Zeit hätte halten können. Kyrillos – er hieß bis kurz vor seinem Tod Konstantin – war außergewöhnlich gebildet und sprachgewandt, so daß er alle Besonderheiten des Slawischen in seinem Schriftsystem unterbringen wollte. Seine Absicht war es, eine einheitliche Schriftsprache für die slawisch sprechenden Gebiete zu schaffen und das Slawische durch eine Bibelübersetzung und die Übertragung religiöser Schriften zur Sprache der Liturgie aufzuwerten.

Natürlich war das ein gefundenes Fressen für die Anhänger der römisch-katholischen Kirche. Die Erzbischöfe von Salzburg und Passau wehrten sich so vehement gegen die Bibelübersetzung, daß Kyrillos und Methodios – durch den Patriarchen von Konstantinopel mit der Missionierung der Slawen beauftragt – vom Papst nach Rom zitiert wurden.

Der Protest der Bischöfe richtete sich in erster Linie nicht gegen die neue Liturgie. Sie fürchteten vielmehr, daß sie den religiösen Einfluß über die Slawen verlieren könnten. Der Papst billigte jedoch vorerst die neue Liturgie. Weil Kyrillos noch in Rom starb, kehrte

Methodios alleine zu den mährischen Slawen zurück und führte zusammen mit seinen Schülern die Missionsarbeit fort. Nach Methodios' Tod wurde die slawische Liturgie vom Papst wieder verboten.

Die Ostkirche sprach die Gebrüder, die Slawenapostel Kyrillos und Methodios, schon bald darauf heilig. Erst im Jahre 1880 konnte sich die römische Kirche zu diesem Schritt durchringen.

Lappalie

Jacques de Chabanne, Seigneur de la Palice (1470–1525)

Die Spanier nannten ihn ehrfürchtig den »großen Marschall«. Er war einer der hervorragendsten Heerführer seiner Zeit, und doch ist von seinen Taten nur eine Lappalie übriggeblieben.

Herr von La Palice kämpfte für drei französische Könige, für Karl VIII., Ludwig XII. und Franz I. Die Liste der Schlachten, in denen er sich ausgezeichnet hat, liest sich wie ein Handbuch der französischen Geschichte seiner Zeit.

Als Sechzehnjähriger trat er 1486 ins Heer ein. Er machte schnell Karriere und wurde 1515 in den Rang eines Marschalls von Frankreich erhoben. In dieser Eigenschaft kämpfte er im selben Jahr in der Schlacht von Marignano, die als der Anfang vom Ende der Großmachtträume der Schweizer Eidgenossenschaft gilt.

Von seinen Soldaten wurde La Palice verehrt. Und als er 1525 bei Pavia fiel, verfaßten sie zu seinen Ehren ein Lied, in dem seine Heldentaten und seine Treue zum Vaterland besungen werden sollten. Der Nachwelt ist nur eine Strophe erhalten geblieben:

Monsieur d'la Palice est mort,
Mort devant Pavie,
Un quart d'heure avant sa mort,
il était encore en vie.

Herr La Palice hat sich dem Tod
vor Pavia ergeben.
Fünfzehn Minuten vor dem Tod
war er noch ganz am Leben.

Dem volkstümlichen französischen Lied ist es zu verdanken, daß man in Frankreich die in diesem Lied so bombastisch vorgetragene Selbstverständlichkeit als »lapalissade« (Binsenwahrheit) bezeichnet. Ob das deutsche Wort Lappalie (unbedeutende Sache, Nichtigkeit) denselben Ursprung hat oder einem studentischen Wortspiel des 17. Jahrhunderts zu verdanken ist, bleibt offen. Die Studenten sollen das Wort »Lappe(n)« »in spöttischer Nachbildung von Kanzleiwörtern wie Personalia« (Friedrich Kluge) durch Anfügung der lateinischen Endsilbe -alia gebildet haben.

Auch wenn die zweite Version die wahrscheinlichere ist, bleibt doch die französische die hübschere, selbst wenn die Lappalie auf französisch »bagatelle« heißt.

Lazarett

Lazarus

»Ein Armer aber mit Namen Lazarus lag vor seiner Türe; der war mit Geschwüren bedeckt.« (Lk 16,20)

Die tragische Geschichte des armen Lazarus, der vor der Tür des prächtig gekleideten und wohlgenährten Reichen bettelt, ist im Lukasevangelium nachzulesen. Seine Jammergestalt wurde zum Schutzpatron der Leprakranken.

1457 wurde in Venedig neben der Kirche Santa Maria di Nazareth auf der gleichnamigen Insel (heute *Lazaretto Vecchio*) das Krankenhaus »Ospedale Santa Maria di Nazareth« errichtet. Hier wurden die Leprakranken, die »lazzari«, behandelt. Im Volksmund wurde diese Krankenstation nach der benachbarten Insel zuerst als »nazareto« bezeichnet. Später wurde daraus »lazareto«, eine Verschmelzung beider Begriffe.

In deutscher Sprache bezeichnete das Lazarett bis ins 18. Jahrhundert hinein ganz allgemein ein Seuchenspital oder Krankenhaus. Seither werden in einem Lazarett keine »lazzari« mehr behandelt, sondern nur noch Soldaten.

Eine Genugtuung bleibt: Der geizige Reiche, dessen Name vergessen ist, kam nach seinem Tod in die Hölle; Lazarus aber fand Geborgenheit in Abrahams Schoß.

Leibnizkeks

Gottfried Wilhelm Freiherr von Leibniz (1646–1716)

Er galt als einer der klügsten Männer seiner Zeit, der Universalgelehrte, Doktor der Rechte, Bibliothekar und Historiograph Gottfried Wilhelm Freiherr von Leibniz. Er war Reichshofrat auf Lebenszeit, Präsident der »Societät der Wissenschaften« und Mitglied der *Royal Society.* Leibniz konstruierte die erste Rechenmaschine, war ein berühmter Philosoph und Metaphysiker – und was erinnert heute noch an ihn? Ein Keks!

Aber in seinem berühmtesten Werk, den *»Essais de théodicée sur la bonté de Dieu, la liberté de l'homme et l'origine du mal«* vertrat er ja die Meinung, daß Gott aus der Vielzahl denkbarer und von ihm erdachter Welten aufgrund seiner Allwissenheit und Güte die beste zur Existenz bringe. Und so muß es wohl im göttlichen Plan gelegen haben, daß in dieser besten aller Welten der Keksfabrikant Hermann Bahlsen (1859–1919) seinen berümten Butterkeks nach dem längst verstorbenen Philosophen benannte. Die Zeitgenossen schienen das neue Produkt jedenfalls für den besten aller möglichen Kekse zu halten, denn 1893 auf der Weltausstellung zu Chicago verliehen sie ihm die höchste Auszeichnung.

Warum gab Herr Bahlsen seinem Keks – oder Cakes, wie das damals noch hieß – den Namen von Gottfried Wilhelm Leibniz? Ohne tieferen Grund, ganz einfach, weil der Name so bedeutend klang.

Leviten lesen

Levi

Daß ☞ Rastas Zöpfe tragen, hängt wohl damit zusammen, daß sie sich gegenseitig die Leviten gelesen haben.

Die Wendung »jemandem die Leviten lesen« – zurechtweisen – wurde schon im 15. Jahrhundert in den deutschen Wortschatz aufgenommen. Wahrscheinlich geht sie auf den mittelalterlichen Brauch der Geistlichen zurück, den Diakonen täglich aus der Bibel vorzulesen und ihren Vortrag mit Ermahnungen zu pfeffern. Besonders lieb war ihnen dabei das dritte Buch Mose, der Leviticus.

Im Leviticus sind die Priestergesetze, Kultus- und Opferbestimmungen niedergeschrieben. Explizit werden hier jene Bestimmungen aufgeführt, die größtenteils bis heute im Judentum lebendig geblieben sind. Im hebräischen Original trägt das Schriftwerk den Namen »Wajikra« – ER rief. Der Begriff Leviticus wurde aber schon mit der Septuaginta geprägt. In dieser ersten griechischen Bibelübersetzung findet man die Bezeichnung »leviticon biblion«, analog dazu den »Leviticus« in der Vulgata, der vom Kirchenlehrer Hieronymus überarbeiteten lateinischen Bibelübersetzung. Beide Übersetzungen beziehen sich dabei auf den Priesterstamm der Leviten, obwohl dieser Name im ganzen dritten Buch Mose nicht einmal erwähnt wird. Erst im Buch Numeri wird ausführlich auf sie und auf ihre Priesterfunktion Bezug genommen.

Urvater der Leviten war Levi, einer der Söhne Jakobs und Leas. Der Stamm Levi war also einer der zwölf Stämme Israels. In Genesis 34,25 läßt sich nachlesen, wie der Stamm Levi – die Leviten – zusammen mit dem Stamm Simeon die Stadt Sichem plünderten und deren Bewohner umbrachten. Daraufhin wurde der Stamm Levi in ganz Israel geächtet und mußte sich anderen Stämmen als »Gastarbeiter« anbieten. Dabei scheinen sie sich vor allem auf den Opferdienst spezialisiert zu haben. Im Buch Numeri werden sie schließlich offiziell als Tempelwächter eingesetzt und genießen besondere Privilegien. Als sich die zwölf Stämme in Kanaan ansiedelten, wurde den Leviten kein eigenes Land zugewiesen. Als Priester hatten sie allerdings Anrecht auf den Zehnten der Landbesitzer. Der Name dieser ehemaligen Parias hat sich bis in unsere Zeit als typisch jüdischer Familienname gehalten.

Auch die Rastafari auf Jamaica, Anhänger einer religiösen schwarzafrikanischen Befreiungsbewegung mit äthiopischen Wurzeln, berufen sich auf mosaisches Recht. Eine ganz zentrale Rolle in ihrer Lehre nehmen die Bücher Leviticus und Numeri ein. Haareschneiden, Rasieren, Tätowieren, den Genuß von Schweinefleisch oder Schnecken lehnen sie konsequent ab. Rastazöpfe haben also die gleiche Funktion wie die Schläfenlocken der orthodoxen Juden. Reggae und Klezmermusik sollte man indes nicht unbedingt in einen Topf werfen.

Litfaßsäule

Ernst Litfaß (1816–1874)

Aus dem Alltagsbild verschwinden sie leider immer mehr, die charakteristischen runden Litfaßsäulen, die nicht nur dem Plakataushang dienen, sondern oft auch als Telefonzellen oder öffentliche Toiletten dienen.

Ernst Litfaß wurde 1816 in Berlin geboren, wo er sich zum Buchhändler ausbilden ließ. Sein Vater, ein Druck- und Verlagshausbesitzer, starb wenige Tage nach seiner Geburt, so daß das Unternehmen bis zur Übernahme durch Ernst Litfaß von dessen Stiefvater verwaltet wurde. Ernst Litfaß genoß seine jugendliche Freiheit und nutzte die Zeit, um Bildungsreisen in verschiedene Länder Westeuropas zu unternehmen. Erst mit knapp dreißig Jahren stieg er in das Unternehmen seines Vaters ein.

Litfaß war ein theater- und literaturbegeisterter Mensch. In seinem Verlag erschien Moritz G. Saphirs umstrittene *»Berliner Schnellpost«* (der spätere *»Berliner Curier«*). Im Revolutionsjahr 1848 verlegte er den *»Berliner Krakehler«,* der mit in einer wöchentlichen Auflage von 20000 Exemplaren erschien. Noch im selben Jahr wurde der »Krakehler« zusammen mit sieben anderen demokratischen Zeitungen verboten.

Ab 1851 erschien im Hause Litfaß der *»Berliner Tagestelegraph«,* eine Zeitschrift, die das Publikum über die neuesten Ereignisse in Theater, Musik, Kunst und Unterhaltung informierte und einen reichhaltigen Annoncenteil vorweisen konnte.

Nun konzentrierte sich Litfaß zunehmend auf das Anzeigengeschäft. Er bemühte sich um eine Neuorganisation des Anschlagwesens, das bisher nur ein »wildes Affichieren« an Zäunen und Mauern war. Litfaß bot der Polizei an, auf eigene Kosten 150 runde Plakatsäulen nach englischem und französischem Vorbild aufzustellen. Allerdings verlangte er als Gegenleistung, während fünfzehn Jahren für deren Vermietung zuständig zu sein. 1854 schloß er mit der Polizeiverwaltung den entsprechenden Vertrag.

Die ersten »Annoncir-Säulen« wurden 1855 mit einem großartigen Spektakel eingeweiht. Nicht nur in den Zeitungen wurde darüber berichtet, es fand auch eine öffentliche Vorstellung der uniformierten Anschlagspediteure statt, und es wurde gar eine eigens für diesen Zweck komponierte »Annoncir-Polka« uraufgeführt.

Im folgenden Jahr wollte Ernst Litfaß eine internationale Künstlervermittlung einrichten, scheiterte aber mit diesem Projekt. Mehr Erfolg hatte er mit zahlreichen patriotisch gefärbten wohltätigen Aktionen.

In den Kriegen von 1866 und 1870/71 erhielt er die alleinige Konzession für die Erstveröffentlichung von Kriegsdepeschen und Siegesbulletins. Vom preußischen König wurde er mehrfach ausgezeichnet: Litfaß wurde Kommissionsrat, Hofbuchdrucker und endlich gar geheimer Kommissionsrat.

Seine Erben verloren 1880 die Anschlagkonzession an die Konkurrenz. Heute wird die Litfaßsäule durch großflächige Plakatwände leider aus dem Stadtbild verdrängt. Eine Renaissance scheint sie gegenwärtig in Zürich zu erfahren, sind doch hundert, vielleicht sogar zweihundert neue Litfaßsäulen geplant.

Lobelie

Mathieu de l'Obel, Lobelius (1538–1616)

Will man Mathieu de l'Obels Lebensweg verfolgen, ist eine fundierte Kenntnis der europäischen ☞ Flora unerläßlich.

Der flämische Arzt und Botaniker Mathieu de l'Obel richtete sein Leben wie eine Sightseeing-Tour ein. Schon während seiner Studienzeit schien er sich nicht auf eine einzige Stadt beschränken zu wollen. Es gibt verschiedene Spekulationen darüber, auf wie viele Universitäten er sein Studium verteilt hatte. Gesichert ist nur, daß er Lehrveranstaltungen in Louvain, Pisa, Padua und Marseille besuchte. Anhand der Publikationen de l'Obels (fünf große Werke und zahlreiche kleinere Schriften) lassen sich seine Reiserouten rekonstruieren. Denn in seinen Pflanzen- und Kräuterbüchern finden sich exakte Ausführungen über den Herkunftsort der beschriebenen Gewächse. De l'Obel hielt sich vornehmlich in Italien, Frankreich und England auf, bereiste aber auch Deutschland, Österreich, die Schweiz, Böhmen und Spanien und kehrte dazwischen immer wieder in seine Heimat zurück.

1590 emigrierte de l'Obel nach England. Über die Gründe können nur Vermutungen aufgestellt werden. Einerseits wäre eine politisch und religiös motivierte Flucht aus seinem damaligen Wohnort Montpellier denkbar, schließlich lieferten sich Katholiken und Hugenotten in Frankreich blutige Kämpfe. Andererseits könnten ihn aber auch die schlechten Verkaufszahlen seines Hauptwerkes, eines Kräuterbuches, in dem er eine systematische Ordnung der Pflanzen anstrebte, bewogen haben, sich einen neuen Wirkungsraum zu suchen. Tatsächlich stand Mathieu de l'Obels Karriere jenseits des Kanals unter einem besseren Stern. Er wurde ein gefragter Arzt und stand als Botanograph in den Diensten des Königs Jakob I. (Regierungszeit 1603–1625). Seine letzten Jahre verbrachte l'Obel mit der Neubearbeitung seiner Pflanzenbücher.

Beinahe ein Jahrhundert nach seinem Tod wurde de l'Obels Name durch den französischen Botaniker Charles Plumier verewigt. Die Lobelie, eine Zierpflanze mit himmelblauen, violetten oder weißen Blüten, die zur Gattung der Glockenblumengewächse zählt und ursprünglich in Südafrika beheimatet ist, wurde von Carl von Linné in dessen Klassifikationsschema aufgenommen. Viele Arten der Gattung enthalten ein giftiges Alkaloid, das in kleinen Dosen als Heilmittel bei Atemlähmung eingesetzt wird und das ähnlich wie Nikotin wirkt: das Lobelin.

Lukullisches Mahl

Lucius Licinius Lucullus (um 117–57 v. Chr.)

Von Lucullus ist den meisten Menschen heute nicht viel mehr bekannt als die Tatsache, daß er ein sprichwörtlicher Feinschmecker war. Dabei widmete er sich erst in seinen alten Tagen den Freuden lukullischer Mahlzeiten.

Seinen Ruhm – und den Reichtum, der ihm sein späteres Genießerleben überhaupt erst ermöglichte – erwarb sich Lucullus als Feldherr. Nachdem er die Karriereleiter – Quästor, Prätor, Konsul – erklommen hatte, wurde er 74 v. Chr. beim Ausbruch des dritten Krieges gegen Mithridates in die kleinasischen Provinzen Kilikien und Asia versetzt. Lucullus vertrieb den mächtigen Mithridates und begann sofort mit der Sanierung der Provinz Asia. Er erließ den verschuldeten Gemeinden ihre Zinsrückstände und senkte den Zinsfuß.

Damit zog er sich den Zorn der römischen Geldsäcke zu, die von den Wucherzinsen profitiert hatten. Auf ihr Drängen hin wurde Lucullus durch Pompeius abgelöst, der die Lorbeeren des Sieges einheimste, den Lucullus erfochten hatte.

Lucullus zog sich ins Privatleben zurück. Die Reichtümer, die er in seinen Feldzügen gesammelt hatte, erlaubten ihm ein luxuriöses Leben. Er ließ auf seinem Landgut einen ganzen Gebäudekomplex aus schwarzem Marmor errichten, in dessen Mittelpunkt ein gigantischer Speisesaal lag. Aber er widmete seine Zeit nicht nur den Tafelfreuden, für die er sprichwörtlich geworden ist. Sein Haus war ein Treffpunkt für Dichter und Philosophen. Noch berühmter war seine Bibliothek, die jedermann nutzen durfte.

In der Öffentlichkeit allerdings gelang es ihm nicht, Maß zu halten, vor allem, wenn es um kulinarische Genüsse ging. Es wird erzählt, daß er deshalb immer von einem Sklaven begleitet wurde, der nur darauf zu achten hatte, daß sein Herr nicht zu viel fraß.

Lucullus erkrankte an »Nervenfieber«, und sein Zustand verschlechterte sich von Tag zu Tag. In Rom ging allerdings das Gerücht um, daß ein Liebestrank, der ihm verabreicht worden sei, Lucullus in den Wahnsinn getrieben habe.

Lynchen

Charles Lynch (1736–1796)

Während des amerikanischen Unabhängigkeitskrieges (1773–1781) waren Recht und Ordnung ziemlich aus den Fugen geraten. England, die alte Autorität, war verjagt worden, und die neue hatte sich noch nicht richtig etabliert. Viele Bürger kamen deshalb auf den Gedanken, selbst zum Rechten zu sehen.

In der von Quäkern gegründeten Stadt Lynchburg in Virginia lebte der Pflanzer und Friedensrichter Charles Lynch, ein Bruder des Stadtgründers. Während der amerikanischen Revolution brach die Lokalverwaltung durch die Kriegswirren zusammen, so daß sich der konservative Charles gezwungen sah, selbst für Ruhe und Ordnung zu sorgen. Er berief ein Sondergericht ein und ließ Verbrecher und Loyalisten ohne rechtsgültige Verhandlung aburteilen, steckte sie ins Gefängnis oder ließ sie auspeitschen.

Obwohl Charles Lynch wahrscheinlich nie einen Menschen zum Tode verurteilt hat, kommt ihm die zweifelhafte Ehre zu, den Begriff »Lynch law« geprägt zu haben. Diese Lynchjustiz ging wesentlich härter gegen Angeklagte vor, als dies ein ordentliches Gericht getan hätte. Ohne Verhandlung wurden die Opfer vom Mob hingerichtet. Meist wurden sie gefoltert, bevor man sie am nächsten Baum aufknüpfte.

Die Lynchjustiz wurde nicht erst während der amerikanischen Revolution erfunden. Daß eine wütende Menge das Gesetz in die eigene Hand nahm, kam zu allen Zeiten vor. Schon die Femegerichte im Mittelalter verurteilten Angeklagte in Nacht-und-Nebel-Aktionen. Die spanische Inquisition und antisemitische Pogrome in ganz Europa wiesen ähnliche Formen auf, auch wenn sie von offizieller Seite unterstützt wurden.

Die amerikanische Lynchjustiz erreichte ihren Höhepunkt in den Jahren nach dem Bürgerkrieg. In den Südstaaten wurden schwarze Mitbürger und alle, die sich gegen die Sklaverei aussprachen, terrorisiert. Als trauriges Relikt aus dieser grausamen Zeit ist uns bis heute der Ku-Klux-Klan erhalten geblieben, der Geheimbund, der seine Wurzeln im Süden der Vereinigten Staaten hat.

Nur die Iren wollen Charles Lynch nicht als Namensgeber für das »Lynch law« gelten lassen. Sie haben ihre eigene Version: Bürgermeister James Lynch Fitzstephen im irischen Galway habe ein derart ausgeprägtes Rechtsempfinden gehabt, daß er seinen Sohn eigenhändig an einem Baum erhängte, nachdem der Henker sich geweigert hatte, seines Amtes zu walten und den Mörder eines Gastes des Bürgermeisters aufzuknüpfen. Am Ort des Geschehens steht heute ein Bankgebäude. Wer die Geschichte nicht glauben mag, kann sie dort auf einer Gedenktafel nachlesen.

M

Mach

Ernst Mach (1838–1916)

Wir alle kennen den Knall, den ein Flugzeug verursacht, wenn es die Schallmauer durchbricht: Es fliegt mit Mach 1.

Ernst Mach war einer der bedeutendsten Wissenschaftler des 19. Jahrhunderts. Er wurde 1838 in Mähren geboren. Bevor er in Kremsier auf das Gymnasium kam, wurde er von seinem Vater zu Hause unterrichtet. Von 1854–1859 studierte er Physik in Wien und trat schon zwei Jahre später seine erste Stelle als Privatdozent an. Weitere drei Jahre später wurde er als Professor für Mathematik nach Graz berufen. Später wechselte er an die Universität Prag, wo er den Lehrstuhl für experimentelle Physik innehatte. 1895 schließlich führte ihn eine Professur für Philosophie nach Wien zurück. Der genaue Titel hieß nach seinen Wünschen »Professur für Philosophie, Geschichte und die Theorie der induktiven Wissenschaften«.

Zu Machs Lebzeiten wurden viele Dinge in der Wissenschaft, die nicht empirisch zu belegen waren, einfach als selbstverständlich angesehen. Vor Ernst Mach war zum Beispiel kaum jemand auf die Idee gekommen, Begriffe wie Raum und Zeit auf ihre Bedeutung hin zu überprüfen. Seine kritischen Überlegungen auf diesem Gebiet waren Wegbereiter für die spätere Relativitätstheorie Einsteins.

Mach war auch der erste, der auf den Gedanken kam, körperliche Empfindungen exakt zu überprüfen. In seinen »Beiträgen zur Analyse der Empfindungen« stellte er den Unterschied zwischen exakt meßbaren physikalischen Tatsachen und subjektiven Empfindungen fest. Mach untermauerte auch die Theorien seines Lehrers Christian Doppler (☞ *Doppler-Effekt*), die lange umstritten waren.

Obwohl Mach Wissenschaftler war, hatte er viel Sinn für Humor und eine Vorliebe für Wortspielereien. So pflegte er Medizinstudenten, die ihn fragten, wieviel Physik ein Arzt brauche, zu antworten: *»Ein Arzt braucht exakt soviel Physik, wie er weiß. Wissen, das man nicht besitzt, kann man auch nicht brauchen.«*

1898 erkrankte Ernst Mach schwer und trat von seinem Amt zurück. Seine letzten Jahre verbrachte er bei seinem Sohn in der Nähe von München.

Ernst Mach erlitt das Schicksal vieler Wissenschaftler. Viele seine Erkenntnisse sind in der Öffentlichkeit nahezu unbekannt geblieben. Seine Strömungsexperimente an Objekten mit Schallgeschwindigkeit hingegen haben ihn unsterblich gemacht.

Maggi-Suppenwürze, Maggikraut

Julius Maggi (1846–1912)

Vater und Sohn

Vater, mein Vater!
Ich werde nicht Soldat,
Dieweil man bei der Infantrie
Nicht Maggi-Suppe hat.

Söhnchen, mein Söhnchen!
Kommst du erst zu den Truppen,
So ißt man dort auch längst nur Maggi's
Fleischconservensuppen.

Kein Geringerer als der Schriftsteller Franz Wedekind (1864–1918) ist der Verfasser dieses etwas einfältigen, aber eingängigen Werbetextes für die 1872 gegründete Firma Maggi & Co. Ein Zufall und gute Beziehungen zum Bruder des deutschen Fabrikanten Henckell (der zusammen mit seinem Partner Roth die Konservenfabrik Hero leitete) hatten dem Schriftsteller, der damals kaum über finanzielle Mittel verfügte, zu einer Stelle in der Werbeabteilung verholfen. Julius Maggi hoffte, mit diesem Nachwuchsdichter etwas mehr Pep in seine Slogans zu bringen. Als erster Schweizer Unternehmer baute Maggi (im November 1886) eine eigene Marketingstelle auf. Wedekind blieb nur wenige Monate in der Werbeabteilung tätig, bevor er sich aus der Privatwirtschaft verabschiedete und sich ganz seinem literarischen Schaffen widmete.

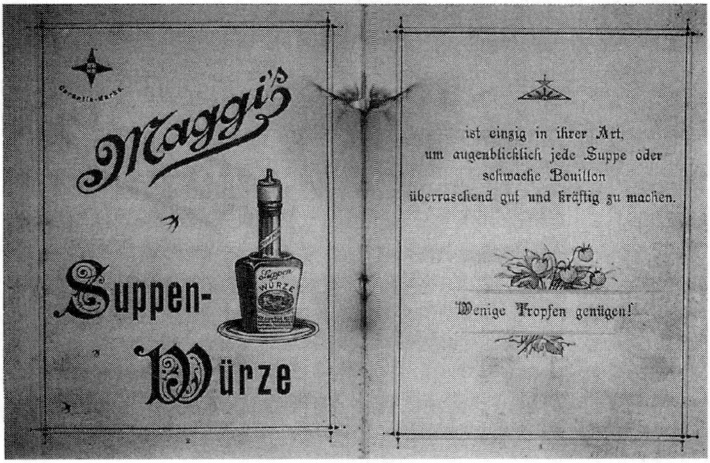

Julius Maggi, der Sohn eines italienischen Flüchtlings, wechselte immer wieder die Schule. Nach einer kaufmännischen Lehre und der militärischen Grundausbildung, die er in einer Feldküche hinter sich brachte, fand er eine Anstellung in der »Ersten Ofen-Pester-Dampfmühle« in Budapest. Nach seiner Rückkehr in die Schweiz übernahm er die Mühle seines Vaters in Kemptthal und heiratete im selben Jahr. Seine Frau verstarb schon wenige Jahre nach der Heirat. Sechs Jahre nach ihrem Tod entschloß sich Maggi, ein zweites Mal zu heiraten. Danach kaufte er zwei weitere Mühlen auf und wurde zum einflußreichsten Mühlenbesitzer des Landes. Als der Kanton Zürich den staatlichen Getreidehandel aufhob, verschlechterte sich die ökonomische Situation in seinem Gewerbe massiv. Maggi mußte sich nach anderen Einnahmequellen umtun.

Fabrikbesitzer Maggi hatte eine starke soziale Ader. Er war Mitglied der schweizerischen »Gemeinnützigen Gesellschaft«, die sich für bessere Arbeits- und Lebensbedingungen der Arbeiter einsetzte – mit dem Hintergedanken, daß zufriedene Arbeiter der Firma dank einer besseren Leistung größere Gewinne brachten. Vor allem die schlechte Ernährung der Fabrikarbeiter stand zuoberst auf der Dringlichkeitsliste der Gesellschaft. Maggi ging daran, nährstoffreiche Präparate aus Hülsenfrüchten (Bohnen, Erbsen, Linsen) zu entwickeln, den sogenannten Leguminosen. Nach zwei Jahren Forschungsarbeit hatte er eine Mischung zusammengestellt, die einen sehr hohen Nährstoffgehalt aufwies und preislich weit unter den Produkten der Konkurrenz lag.

1886 warf Maggi seine Fertigsuppen auf den Markt. Die Trockensuppen waren mit Aromen angereichert, denn pur besaß die Substanz in Pulver- oder Würfelform einen seltsamen Eigengeschmack. Maggis Pioniertat revolutionierte die Küchenarbeit und bedeutete für die Hausfrau einen unschätzbaren Zeitgewinn.

Jetzt begann die Firma zu expandieren. Niederlassungen wurden in Europa und Übersee eröffnet. Den Suppen folgten die flüssige Maggiwürze mit ihrem charakteristischen Aroma und der ebenso revolutionäre Bouillonwürfel.

Das Gewürzkraut Liebstöckel weist einen ähnlichen Geschmack auf wie die dunkelbraune Flüssigkeit in den typischen viereckigen Fläschchen. Deshalb hieß es im Volksmund bald Maggikraut. Dabei ist ausgerechnet der Liebstöckel *(Levisticum officinale)* in der Rezeptur der Maggiwürze *nicht* enthalten.

Durch den geschäftlichen Erfolg wurde Julius Maggi in seiner Exeperimentierfreude bestärkt. Er zwang seine Frau, jede neue Rezeptur in ihrer Küche auszuprobieren, und seine jüngste Tochter wollte er in seinem Enthusiasmus gar auf den Namen »Leguminosa« taufen.

Für seine Arbeiter führte Maggi verschiedene soziale Sonderleistungen ein: eine betriebseigene Krankenkasse, Arbeitszeitverkürzungen, Dienstaltersgeschenke, geregelte Ferien, die die Arbeiter und deren Familien in betriebseigenen Heimen verbringen konnten.

Der rastlose Unternehmer siedelte 1902 für einige Jahre nach Paris über und leistete mit seiner »Société Laiterie Maggi« einen wesentlichen Beitrag zur Sanierung der bis anhin desolaten Milchversorgung im Großraum Paris.

In der Werbeabteilung wurden auch nach der Kündigung von Franz Wedekind Lokalschriftsteller und Journalisten bevorzugt, da Maggi vorzugsweise in Reimen warb. 1909 belief sich das Budget für die Werbeabteilung auf unglaubliche zwei Millionen Franken. Vor dem Ersten Weltkrieg beschäftigte das Unternehmen über viertausend Arbeiter im In- und Ausland. Heute gehört das Unternehmen zum Nestlé-Konzern *(☞ Nescafé)* und ist weiterhin ein blühendes Unternehmen. Die Werbung allerdings hat seit Maggis Zeiten erheblich an Originalität verloren.

Julius Maggi war neben Liebig einer der wichtigsten Pioniere der Lebensmittelindustrie in Europa und gilt in der Sozial- und Krankenvorsorge als fortschrittlichster Unternehmer seiner Zeit. Maggi wäre es wohl zufrieden, wenn er wüßte, daß seine Stammfabrik in Kemptthal weiterhin produziert. Genüßlich würde er das unverkennbare Aroma seiner Maggiwürze einatmen, das noch heute bei entsprechender Windlage Automobilisten begleitet, die auf der Hammerbrücke (Autobahn Zürich–Winterthur) das enge Tal der Kempt queren.

Mansarde

François Mansart (1598–1666)

Nur wenige seiner Bauten sind erhalten geblieben. Schade, denn François Mansart war Mitte des 17. Jahrhunderts einer der tonangebenden Architekten Frankreichs, der die klassische Barockarchitektur seiner Zeit wesentlich mitprägte.

Mansarts Werdegang war vorbestimmt. Sein Großvater arbeitete als Maurermeister, der Vater war Zimmermann. Als sein Vater starb, wurde der damals zwölfjährige François zu seinem Schwager, einem Bildhauer und Architekten, in die Ausbildung geschickt. Für den jungen Mansart war die Zeit günstig. Unter der Herrschaft Heinrichs IV. setzte in Paris ein Bauboom ein, da die Stadt aus Repräsentationsgründen in neuem Glanz erstrahlen sollte. Bald konnte sich Mansart die Aufträge aussuchen. Obwohl er dafür berüchtigt war, daß er seine Baupläne ständig veränderte und auch bereits gebaute Gebäude wieder abreißen ließ, schätzten die Adligen seine Arbeit, da seine Bauten einen Prestigegewinn versprachen.

Mansarts hervorragender Ruf drang bis in höchste Gesellschaftsschichten; bald wurde er auch von Mitgliedern der Königsfamilie mit Aufträgen betraut. Mansart baute und restaurierte Schlösser und hatte immer wieder spontane Einfälle, wie er diese modernisieren konnte. Manchmal wird einem Kunden aber der Geduldsfaden gerissen sein, denn Mansart war nicht nur in seiner Arbeitsweise eigenwillig, sondern auch im Umgang mit Menschen schwierig und verbohrt. Mit seiner Extravaganz zerrte er an den Nerven seiner

Auftraggeber. Anna von Österreich, die Mutter Ludwigs XIV., entließ ihn fristlos und ersetzte Mansart durch einen pflegeleichteren Kollegen.

1664 beschloß König Ludwig XIV., den Louvre fertigstellen zu lassen. Mansart wurde gebeten, Pläne für den Ostflügel anzufertigen. Weil er aber nie zu einem endgültigen Resultat kam, verlor er den Auftrag wieder. Auch Mansarts letzter großer Auftrag, die Planung einer Kapelle für das Familiengrab der Bourbonen, des großen französischen Herrscherhauses, scheiterte an seiner Unentschlossenheit. Sein Schüler und Großneffe Jules Hardouin-Mansart (1646–1708) nutzte seine Vorlagen für die Pläne des Dôme des Invalides, der 1680 eingeweiht wurde.

Entstanden ist die Dachwohnung aufgrund der damaligen Pariser Bauvorschriften, die zwar noch nicht so rigoros waren wie die unsrigen, aber doch so grundsätzliche Fragen wie die Gebäudehöhe regelten. Natürlich zerbrach sich auch Mansart den Kopf darüber, wie man die Vorschriften auf legalem Wege umgehen und den knappen Raum optimal nutzen konnte.

Er hatte bald einen Einfall. Er griff eine Idee von Pierre Lescaut auf: Unter den Dächern der Wohnhäuser war genügend Raum vorhanden, der nicht genutzt wurde. Warum also dort nicht Wohnungen einrichten? Diese Idee setzte Mansart in die Tat um. Die Wohnungen in den Dachschrägen waren eng – aber den Ansprüchen von Dienstboten genügten sie allemal.

Marionette, Marotte

Maria

Manche Begriffe aus unserem Wortschatz hatten eine abenteuerliche Reise quer durch Epochen, Länder und Kulturgeschichte hinter sich, bis sie zu ihrer heutigen Gestalt und Bedeutung fanden. Eines der Worte, das in seiner Entstehung besonders seltsame Umwege gemacht hat, hängt mit Maria, der Mutter Jesu, zusammen.

Im mittelalterlichen Puppenspiel war die Figur der Maria eine der beliebtesten Rollen. Besonders effektvoll war die Szene »Flucht nach Ägypten«. Das staunende Publikum sah, wie die Heilige Familie

Zeichnung nach Veit Stoß

langsam in der Ferne verschwand. Die Technik war einfach, aber effektvoll: Kleine und immer kleinere Puppen wanderten über die Bühne, bis die letzte hinter einer Sanddüne oder Palme im Bühnenhintergrund verschwand. Das Publikum nannte die Puppen »kleine Marien« – »Marionettes« oder «Mariottes«. So entstand das Wort Marionette.

Aber die Bedeutung machte noch eine weitere Wandlung durch. Eine bestimmte Art von Puppe – die Marotte – bestand einfach aus einem Stück Holz, dem ein Kopf aufgesetzt war. Die führende Hand des Puppenspielers war unter den Kleidern der Figur verborgen.

Diese Marotte wurde zu einem der Kennzeichen eines Berufsstandes: der Hofnarren. Im deutschen Sprachgebrauch nannte man ihre Marotte den Narrenkolben oder das Narrenzepter. Sie gehörte zum Hofnarren wie die mit Eselsohren verzierte Narrenkappe, der breite Halskragen und die Schellen.

Die Hofnarren standen meist unter dem Schutz mächtiger Herren, so daß niemand ihnen ihre Scherze übelnehmen durfte. Sie waren liebenswerte Außenseiter der Gesellschaft – eben weil sie eine Marotte hatten.

März, martialisch

Mars

Vor der Einführung des ☞ Julianischen Kalenders im Jahre 46 v. Chr. begann das Jahr im März. Die Monate von September bis Dezember, die auch nach der Reform so genannt wurden, zeigen, daß sie ursprünglich der siebte – lat. *septem* – bzw. der zehnte – *decimus* – Monat des Jahres waren.

Bevor die Römer sich zu einer kriegerischen Nation wandelten, war Mars der Beschützer der Haustiere und der Feldfrüchte. Wollten diese nicht gedeihen, wurde diesem Gott auf dem *Campus Martius* (Marsfeld) ein *ver sacrum*, ein heiliger Frühling, geweiht. Ihm zu Ehren wurden jeweils im Monat *Martius*, im März, aber auch im Oktober nach der Ernte Feste gefeiert. Mars kam in der Götterhierarchie Roms gleich nach Jupiter. Wie dieser ist er auch Namengeber für einen Planeten – den erdähnlichen Mars.

Eine Legende erzählt, wie sich der Gott rettungslos in Minerva, die Göttin des Handwerks und der Kunstfertigkeit, verliebte. Er bat Anna Perenna, die Göttin des Jahreslaufs, zu vermitteln. Bald überbrachte sie Mars erfreuliche Nachricht; Minerva lasse ausrichten, sie sei bereit, ihn zu heiraten. Glücklich rannte Mars zu seiner Braut, aber als er ihren Schleier lüftete, sah er in das Gesicht der alternden Anna Perenna und hatte fortan unter dem Spott seiner Götterkollegen arg zu leiden.

Mars verdanken Männer häufige Vornamen wie Markus, Marcel oder Marcello bzw. weiblich Marcella. Namenstag ist der 31. Januar.

Masochismus

Leopold, Ritter von Sacher-Masoch (1836–1895)

»Unter Masochismus verstehe ich eine eigentümliche Perversion der psychischen Vita sexualis, welche darin besteht, daß das von derselben ergriffene Individuum in seinem geschlechtlichen Fühlen und Denken von der Vorstellung beherrscht wird, dem Willen einer Person des anderen Geschlechts vollkommen und unbedingt unterworfen zu sein, von dieser Person herrisch behandelt, gedemütigt und selbst mißhandelt zu werden. Diese Vorstellung wird mit Wollust betont; der davon Ergriffene schwelgt in Phantasien, in welchen er sich Situationen dieser Art ausmalt; er trachtet oft nach einer Verwirklichung derselben und wird durch diese Perversion seines Geschlechtstriebes nicht selten für die normalen Reize des anderen Geschlechtes mehr oder weniger unempfindlich, zu einer normalen Vita sexualis unfähig.«

Sacher-Masoch und Baronin Pistor

1886 untersuchte und definierte der Psychiater Richard, Freiherr von Krafft-Ebing (1840–1902) in seinem 1886 erschienenen Hauptwerk »Psychopathia sexualis« zum erstenmal das Phänomen des Masochismus. Dieser neue Begriff ging nicht nur binnen kurzer Zeit in den Wortschatz ein, der schlechte Ruf, den sich Sacher-Masoch damit einhandelte, setzte gleichzeitig auch seiner schriftstellerischen Karriere ein Ende. Nur wenige Jahre zuvor hatte die Kritik Sacher-Masoch als »literarischen Erben Goethes« bejubelt, heute wird er höchstens noch im gleichen Atemzug mit Marquis de Sade (1740–1814) genannt, aus dessen Namen der Begriff ☞ *Sadismus* gebildet wurde.

Sacher-Masoch wurde 1836 im galizischen Lemberg in der heutigen Ukraine geboren. Mit zwölf zog er mit seiner Familie nach Prag, später nach Graz. Dort studierte er Geschichte und Philosophie, entschloß sich aber, obwohl er schon im Alter von zwanzig Jahren seine Habilitationsschrift verfaßt hatte, gegen eine Universitätskarriere. Er wandte sich der Schriftstellerei zu und zeichnete sich vor allem durch eine große Produktivität aus; im Verlaufe von fünfundzwanzig Jahren brachte er achtzig Romane, acht Dramen und über einhundert Novellen und Aufsätze zu Papier.

Als Sohn des Polizeipräsidenten genoß Sacher-Masoch in der Öffentlichkeit ein gewisses Interesse. Als er seinen ersten Roman veröffentlichte, erregte dieser großes Aufsehen. Vor allem dem weiblichen Geschlecht hatte der Ritter es angetan. Schon in jungen Jahren konnte er eine ansehnliche Liste interessanter Eroberungen vorweisen – Schauspielerinnen, Aristokratinnen, eine Schriftstellerin und gar eine Baronin. Die Affäre, die ihn vor seiner Eheschließung wohl am nachhaltigsten prägte, war diejenige mit Frau von Pistor. Sacher-Masoch hatte mit ihr einen Vertrag geschlossen, worin er sich verpflichtete, ihr als Sklave Georg überallhin zu folgen und zu dienen. Sie durfte über ihn verfügen und ihn – wenn es die Situation erforderte – auch bestrafen. Er besaß keinerlei Rechte. Frau von Pistor verpflichtete sich im Gegenzug dazu, stets Pelze zu tragen. Das Experiment war auf sechs Monate beschränkt und endete in einer Katastophe.

Dieselbe Konstellation findet sich in seinem Roman »Venus im Pelz« (1870), jenem Buch, das Krafft-Ebing als Vorlage für seine Theorien diente. In »Venus im Pelz« unterwirft sich Protagonist Severin der zügellosen Wanda. Er verspricht ihr zu dienen und ernennt sie zu seiner Domina. Eine Reise führt die beiden nach Italien. Hier macht Wanda die Bekanntschaft eines Griechen, der mit seinem athletischen Bau ihrem Männerideal besser entspricht als der schwächliche Severin. Wanda läßt ihren Sklaven so lange vom Griechen auspeitschen, bis er von seinen sexuellen Phantasien geheilt ist.

Mit dem literarischen Ruhm Sacher-Masochs ging es begab, als seine geschiedene Frau einige Jahre nach seinem Tod ihre Memoiren herausgab. Die umstrittene »Lebensbeichte« erzählt mit bisher nie dagewesener Offenheit vom Eheleben mit Sacher-Masoch, das so gar nicht in die bürgerliche Welt passen wollte. Sie schilderte, wie sie als Wanda auf die Suche nach dem »Griechen« gehen mußte, um die sexuellen Wünsche ihres Gatten zu erfüllen. Verteidiger Sacher-Masochs zweifelten zwar nicht an den Geschehnissen selbst, wohl aber an der naiven Haltung, die Frau von Sacher-Masoch demonstrierte, wohl um damit ihren eigenen Ruf zu retten.

Die Erfüllung seiner Phantasien fand Sacher-Masoch in zweiter Ehe mit Hulda Meister. Sie war ihm jene Geliebte und Herrin, die er immer gesucht hatte. Er folgte ihr nach Altenstadt in Deutschland, wo er am 9. März 1895 geächtet, verarmt und verachtet starb. Der Pfarrer verweigerte vorerst gar das Grabgeläute, das der Bürgermeister dann doch noch durchsetzte.

Bereits zu Lebzeiten hatte Sacher-Masochs Name einen festen Platz im Vokabular der Sexualforscher und Psychologen. Daß auch ein Mensch, dessen Sexualverhalten als »abnorm« bezeichnet wird, ganz normale Gefühle in sich tragen kann, wurde in der Debatte über den Masochismus ganz außer acht gelassen. Mit den letzten Worten kurz vor seinem Tod stellte Leopold von Sacher-Masoch nur eine Forderung: *»Aimez-moi…«*

Mätzchen machen ☞ **Rüpel**
mauscheln ☞ **Rüpel**

Mausoleum

Mausolos, Satrap von Karien (regierte 377 v. Chr.–353 v. Chr.)

Sein Mausoleum, einen monumentalen Grabbau, der seinen Namen unsterblich machen sollte, ließ Mausolos mitten in Halikarnassos, der griechischen Hafenstadt an der Südwestküste Kleinasiens, errichten.

Das Mausoleum war das fünfte von den Sieben Weltwundern der Alten Welt. Der Bau des marmornen Prunkwerkes stand unter der Leitung des berühmten Architekten Pytheos und wurde von den vier größten Bildhauern der Zeit, Bryaxis, Leochares, Skopas und Timotheos, mit Skulpturen geschmückt. Einige ihrer Werke sind noch im Britischen Museum in London zu besichtigen. Das viereckige Grabmal maß mehr als 140 Meter im Umfang und war 40 bis 50 Meter hoch. Auf einem hohen Sockel erhob sich der Grabtempel, dessen Dach von 36 ionischen Säulen getragen wurde. Dieses Stufendach war den Pyramiden nachgebildet; es wurde gekrönt von einer Quadriga (einem Vier-

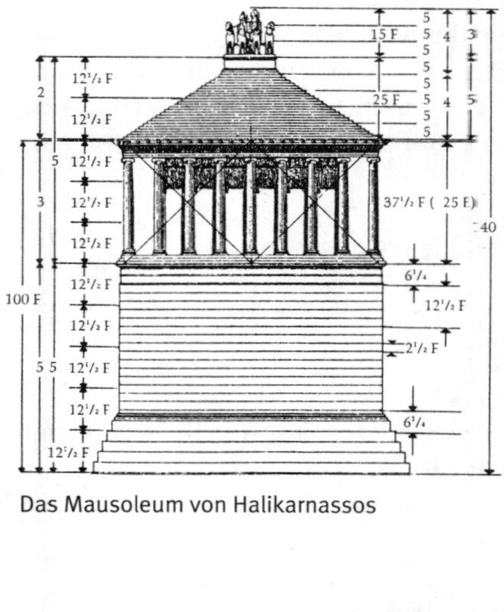

Das Mausoleum von Halikarnassos

gespann), auf dem Wagen standen die Statuen des Herrscherpaars Mausolos und Artemisia.

Das Bauwerk überdauerte die Stürme der Völkerwanderung und des Islam, bevor ein Erdbeben es erschütterte. Dann wurde es von Johanniter-Kreuzrittern abgebrochen, welche die Steine zum Bau einer Festung brauchten. Später grub man die marmornen Fundamente aus, um sie zu Kalk zu brennen. Dabei soll, so die Überlieferung, ein reich geschmückter unterirdischer Raum entdeckt worden sein, der einen prachtvollen Marmorsarg enthielt. Die Öffnung des Sarkophags verschob man auf den nächsten Tag. Aber in der Nacht räumten ihn Grabräuber gründlich aus.

Mausolos war von 377 bis 353 v. Chr. persischer Satrap (Statthalter) der Reichsprovinz Karien in Kleinasien. Er stammte aus der Dynastie der Hekatomniden. Mausolos setzte sich gegen die Bestrebungen Athens zur Wehr, die persische Herrschaft in Kleinasien zu schwächen. Durch den Sieg von 362 baute er seine Stellung in Kleinasien beträchtlich aus.

Im attischen Bundesgenossenkrieg (357–355 v. Chr.) versuchte Athen, die Inseln Chios, Rhodos und Kos, die unter Mausolos' Herrschaft gefallen waren, wieder zurückzugewinnen, mußte jedoch eine vernichtende Niederlage einstecken. Nach diesem Erfolg begann Mausolos mit der Zentralisierung des Reiches und ließ die ganze Politik auf seine Person ausrichten. Mausolos stand unter dem Einfluß griechischer Kultur, förderte das Kunst- und Literaturleben und ließ Halikarnassos zu einer prunkvollen Hauptstadt wachsen.

Den Höhepunkt des Personenkultes bildete der Bau des Mausoleums, der noch zu seinen Lebzeiten begonnen wurde. Nach Mausolos' Tod wurde es von Artemisia im Jahre 351 fertiggestellt. Noch heute bezeichnen wir jedes kunstvolle Grabdenkmal als Mausoleum.

Megäre / Furie

Megaira

In der griechischen Mythologie gehört Megaira, »die Neiderin«, mit ihren Schwestern Alekto, »die nie Aufhörende«, und Tisiphone, »die den Mord Rächende«, zu den Erinnyen, den unerbittlichen

Rächerinnen, die einen Übeltäter verfolgen, bis er für seine Schuld gebüßt hat. Der bekannteste ist der Muttermörder Orestes, den die Erinnyen in den Wahnsinn treiben.

Sie waren aus einem Blutstropfen des Uranos (☞ *Aphrodisiakum)* entstanden, und man schrieb ihnen furchteinflößende Attribute zu: um ihre Köpfe ringelten sich Schlangen; mit brennenden Fackeln jagten sie die Schuldigen aus ihren Verstecken und peinigten sie mit Peitschen. Als Personifikationen des schlechten Gewissens ließen sie Übeltätern keine Ruhe, bis diese den Verstand verloren hatten oder sich selbst töteten.

Die Ableitung ist klar: Aus Megaira wurde die Megäre, ein Begriff, den man für eine wütende oder streitsüchtige Frau verwendet.

Auch die Römer kannten und fürchteten die Erinnyen. In Rom wurden sie *Furiae* genannt, nach *furia,* dem Wort für »Wut«. Und so wird noch heute eine wütende Frau häufig als Furie bezeichnet.

Melitta-Filtertüten

Melitta Bentz (1873–1950)

Kaffeetrinken war lange kein reines Vergnügen. Auf dem Grund der Tasse blieb der dicke Kaffeesatz zurück, der einem den Genuß spätestens beim letzten Schluck vergällte.

Dieser Zustand war für die Dresdener Hausfrau und Kaffeeliebhaberin Melitta Bentz nicht länger tragbar. Kurz entschlossen durchlöcherte sie mit Hammer und Nagel den Boden eines alten Kupfertopfes, bedeckte ihn mit einem Löschblatt aus dem Schulheft ihres Sohnes und brühte mit dieser Methode endlich einen satzfreien Kaffee auf.

Melitta Bentz stieß mit ihrem hausgemachten Kaffeefilter durchwegs auf begeisterte Reaktionen. Die selbstbewußte Sächsin fand, daß sich mit der Idee Geld machen lasse. Nach einigen Veränderungen am Prototyp entwickelte sie schließlich einen dreizehn Zentimeter hohen »Ur-Filter«, den sie beim Kaiserlichen Patentamt in Berlin einreichte. Am 8. Juli 1908 wurde ihr das Patent für ihren *»Kaffeefilter mit an der Unterseite gewölbtem und mit Vertiefung versehenem Boden sowie mit schräg gerichteten Durchflußlöchern«* verliehen.

Noch im selben Jahr nahm die neu gegründete Firma Melitta Bentz mit einem Startkapital von dreiundsiebzig Reichspfennigen die Produktion auf. Als Produktionsstätte diente ein Raum der Familienwohnung. Die ersten Mitarbeiter waren die Tüftlerin Melitta selbst und ihr Mann Hugo, der seine sichere Anstellung als Filialleiter aufgegeben hatte, um sich ganz dem Geschäft seiner Gattin zu widmen. Die beiden minderjährigen Söhne waren für den Vertrieb zuständig: Auf Handwagen karrten sie die bestellten Filter in die Fachgeschäfte.

Das Unternehmen konnte bald erste Erfolge vorweisen. 1914 mußte die Produktion in größere Räumlichkeiten verlegt werden. Zwar erlebte die Firma mit dem Ersten Weltkrieg einen erheblichen Einbruch, doch erholte sie sich Anfang der zwanziger Jahre schnell. 1927 mußte erneut vergrößert werden. In Minden fand der Betrieb geeignete Produktionsstätten.

1936 wurde die Melitta-Filtertüte in jener Form auf den Markt gebracht, die wir heute noch kennen. Auch am geschwungenen Firmenlogo und der rot-grünen Verpackung hat sich wenig geändert. Allein die Filtergrößen wurden 1996 geändert – gebräuchlichste Größe ist Melitta 1 × 4.

Die Unternehmensgruppe Melitta beschäftigt heute weit über 4000 Angestellte und erwirtschaftet einen Jahresumsatz von beinahe zwei Milliarden Mark. Und vertreibt längst nicht mehr nur Filtertüten, sondern eine ganze Produktepalette rund um den Kaffee – vom gemahlenen, vakuumverpackten Kaffeepulver bis zum Kaffeeautomaten.

Mentor

Mentor, Sohn des Alkios aus Ithaka

Als Odysseus *(☞ Odyssee)* in den Trojanischen Krieg zog, bat er seinen Jugendfreund Mentor darum, Gattin Penelope und dem minderjährigen Sohn Telemachos mit Rat und Tat beizustehen. Aus der Tatsache, daß wir heute noch einen besonders erfahrenen und vertrauenswürdigen Berater mit seinem Namen bezeichnen, könnten wir folgern, daß Mentor diese Aufgabe vorbildlich gelöst hat.

Aber der Schein trügt. Nicht etwa, daß Mentor ein schlechter Berater gewesen wäre. Aber meist war nicht er der Erzieher des Telemachos, sondern die weise Göttin Athene. In den ersten vier Büchern der »Odyssee«, der »Telemachie«, beschreibt Homer *(☞ homerisches Gelächter)*, wie die Tochter des Zeus zu diesem Zweck die Gestalt Mentors annahm. Die direkte Konfrontation mit einer Göttin hätte den jungen Sohn des Odysseus wohl allzusehr erschreckt.

Odysseus gehörte zu den besonderen Lieblingen Athenes, denn schließlich kämpfte er gegen den trojanischen Prinzen Paris, der sie einst schwer gedemütigt hatte, als er beim Schönheitswettbewerb zwischen den Göttinnen Athene, Hera und Aphrodite zugunsten der Aphrodite *(☞ Aphrodisiakum)* entschied. Es war wohl auch etwas Bestechung dabei, denn Aphrodite hatte Paris als Gegenleistung Helena, die schönste aller Sterblichen, versprochen.

Auch als Odysseus nach langer Irrfahrt endlich in das Königreich Ithaka zurückkehrte und seine Frau Penelope von zudringlichen Freiern – sie glaubten, Odysseus sei längst tot – umlagert fand, war es wieder Athene in der Gestalt Mentors, die ihn mit ihren guten Ratschlägen unterstützte und ihm half, Penelopes Freier aus dem Weg zu räumen und seinen alten Besitz zurückzugewinnen. Beim Kampf mit den Freiern wurde Odysseus von Telemachos tatkräftig unterstützt – die Erziehung des Jungen war also geglückt.

Mercatorprojektion ☞ Atlas

Mercedes

Mercedes Jellinek (1889–1929)

Im Jahre 1900 gab der deutsche Autohändler Emil Jellinek, der in Nizza lebte, eine sensationell große Bestellung an die Firma Gottlieb Daimler auf: Er orderte nicht weniger als sechsunddreißig Wagen.

Natürlich war diese Bestellung mit Sonderwünschen verbunden. Eine so große Anzahl Autos war allein in Frankreich gar nicht abzusetzen. Emil Jellinek machte deshalb den Alleinvertretungsanspruch für folgende Länder geltend: Frankreich, Belgien, Amerika und Österreich-Ungarn.

KAISERLICHES PATENTAMT.

AUSGEGEBEN DEN 2. NOVEMBER 1886

PATENTSCHRIFT

— № 37435 —

KLASSE 46: Luft- und Gaskraftmaschinen.

BENZ & CO. in MANNHEIM.

Fahrzeug mit Gasmotorenbetrieb.

Patentirt im Deutschen Reiche vom 29. Januar 1886 ab.

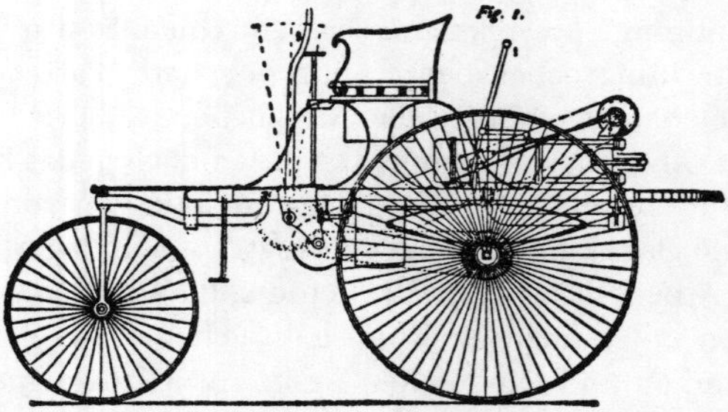

Patentschrift vom 29. Januar 1886

Weiter machte er sich Gedanken, wie er diese Riesenmenge auf dem noch kleinen Markt an den Mann bringen konnte. Das ging nur, wenn die Automarke im Rennen erfolgreich war, denn in der Anfangszeit der Automobilindustrie entschieden die Plazierungen in den Autorennen über das Prestige der einzelnen Marken. Damals waren die Rennboliden ja noch weitgehend identisch mit den Autos, die dem zahlenden Publikum offeriert wurden. In den letzten Jahren hatte aber immer der Konkurrent Panhard & Levassor die Rennen dominiert.

Herr Jellinek verstand nicht nur viel von Marketing, sondern auch vom Automobilbau, und so mischte er sich bei Fragen der Herstellung ein. Kategorisch forderte er Änderungen in der Konstruktion: einen tieferen Schwerpunkt, einen größeren Radstand und – vor allem anderen – einen stärkeren Motor.

Die Firma Daimler hörte auf ihren besten Kunden und entwickelte einen unheimlich starken Wagen, der die sagenhafte Leistung von 35 PS auf die Räder brachte.

Jellineks Rechnung ging auf. 1901 war der neu entwickelte Wagen bei den Rennen in Nizza allen Konkurrenten hoch überlegen. Und die wohlbetuchte männliche Kundschaft riß sich geradezu um das Auto, mit dem man die Damen so stark beeindrucken konnte.

Vielleicht hatte aber auch der neue Name einen Einfluß auf den Verkaufserfolg. Eine der Bedingungen des Herrn Jellinek war nämlich, dem Wagen den Namen seiner elfjährigen Tochter zu geben. Damals war der Kunde wirklich König, denn Daimler übernahm den Namen gleich für die ganze Produktion und behielt ihn auch bei, als die Firma mit dem Konkurrenten Benz aus Mannheim 1926 fusionierte – zur Firma Mercedes-Benz. Nur die Namengeberin hatte wenig Glück. Sie starb bereits mit vierzig in Nizza an einer Blutvergiftung.

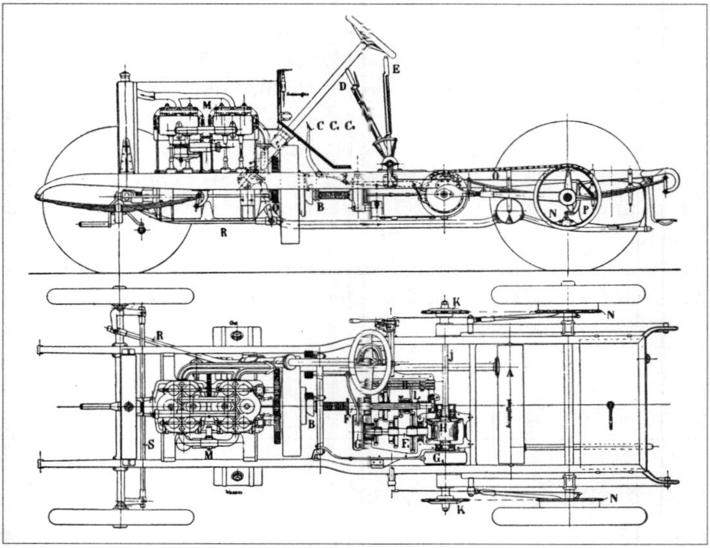

Riß eines Mercedeswagens mit Benzinmotor (um 1910)

Mercerisieren

John Mercer (1791–1866)

Mercerisierte Baumwolle glänzt wie Seide. Daß aber der Erfinder dieser Veredelungstechnik Mercer – auf englisch Seidenhändler – hieß, ist purer Zufall.

John Mercer kannte in seiner Jugend den Luxus schöner Kleider und feiner Stoffe nicht. Er war froh, wenn seine Hose nicht mehr Löcher aufwies, als Schaben in der Küche seiner Mutter hausten. Seine Schulbildung war dürftig, und er wurde zehn Jahre alt, bis er lesen und schreiben lernte. Wie damals üblich, war er bereits als Junge gezwungen, in der Fabrik, einer Baumwollspinnerei, Arbeit zu suchen.

In der Auslage eines Trödlers sah John Mercer eines Tages ein altes Chemiebuch. Er kaufte es und begann, sich im Selbststudium in das Thema zu vertiefen. Es geschah kein Wunder, Mercer wurde nicht von einem Tag auf den anderen ein großer Chemiker; immerhin aber eröffnete ihm sein Wissen bessere berufliche Chancen. 1844 entwickelte er ein Verfahren, mit dem es möglich wurde, Garne und Gewebe aus Baumwolle mit Hilfe starker Natron- und Kalilaugen zu veredeln. Der Stoff wurde dank der Mercerisierung weit waschbeständiger und glänzte wie Seide. Sechs Jahre später wurde John Mercers Entdeckung patentiert.

Merian-Reiseführer

Matthäus Merian d.Ä. (1593–1650)

Matthäus Merian wurde als Sohn eines vermögenden Sägereibesitzers und Ratsherrn in Basel geboren. Obwohl mit diesen Voraussetzungen einer höheren Ausbildung nichts im Wege stand, entschied sich Merian für ein Handwerk. Der Dreizehnjährige verließ sein Elternhaus und verdingte sich in Zürich bei einem Kupferstecher. Nach Abschluß der Lehrzeit ging er von 1610 bis 1619 auf Wanderschaft. Sein Weg führte über Nancy nach Paris. Hier traf er die bedeutendsten Kupferstecher seiner Zeit. Zurück in Deutschland, erhielt Merian Anfragen von mehreren Verlagshäusern; doch den begabten jungen Kupferstecher hielt es nirgendwo lange.

Neun Jahre waren vergangen, seit Merian seine Gesellenfahrt angetreten hatte. Er hätte sie wohl noch fortgesetzt, wäre da nicht die Tochter des Verlegers de Bry in Oppenheim gewesen, bei dem er Station gemacht hatte. Nach seiner Hochzeit, ein Jahr nach seiner Ankunft in Oppenheim, suchte Merian nach Möglichkeiten, sich selbständig zu machen. Er reiste mehrfach nach Heidelberg, wo er ein aufwendiges Panorama der Stadt anfertigte. Damit erhoffte er, das Heidelberger Bürgerrecht zu erlangen, um einen eigenen akademischen Verlag gründen zu können.

Der Dreißigjährige Krieg (1618–1648) verunmöglichte das Vorhaben. Merian flüchtete in seine Heimatstadt Basel, wo er zwischen 1620 und 1624 eine eigene Werkstatt betrieb. Nach dem Tod des Schwiegervaters siedelte er nach Frankfurt am Main um und übernahm zusammen mit seinem Schwager die Brysche Kunsthandlung. Die Verlagsarbeit nahm Merian dermaßen in Anspruch, daß er kaum mehr künstlerisch tätig war.

1642 erschien in Merians Verlag ein Buch über die Städte der Schweiz, dem bis 1654 jedes Jahr pünktlich zur Ostermesse in Frankfurt ein weiterer Band über ein bestimmtes Gebiet im deutschsprachigen Raum folgte. Unter dem Titel »Topographia Germaniae« wurde die Sammlung auch nach Merians Tod weitergeführt. 1788 erschien der letzte der dreißig Bände, die insgesamt 2142 Abbildungen und 92 Landkarten enthalten und heute zu den gesuchtesten Werken im Antiquariat zählen und horrende Preise erzielen. Trotz der für seine Zeit hohen Auflagen sind vollständige Bände Raritäten – mit einzelnen Blättern aus Büchern lassen sich insgesamt weit höhere Preise erzielen als für einen vollständigen Band. So erleiden Merians Bücher dasselbe Schicksal wie andere schön illustrierte Werke – sie werden von den Händlern auseinandergerissen und verstümmelt.

Heute lebt der Name des erfolgreichen Kupferstechers und Verlegers in der gleichnamigen Reisezeitschrift und in den Merian-Reiseführern fort.

Methusalem

Methusalem, Sohn des Henoch

Die Höflichkeit gebietet heute, ältere Menschen nicht »Alte«, sondern »Senioren« zu nennen. Aber bei Methusalem, dem Großvater des Archebauers Noah, kommt kein anderes Wort in Frage. Er wurde alt. Uralt.

Nach dem Alten Testament (Genesis 5) erreichte er das ehrwürdige Alter von 969 Jahren, *»und dann«*, so vermeldet Vers 27 lakonisch, *»starb er«*. Damit hält Methusalem, auch Metuschelach genannt, den biblischen Altersrekord – kein Wunder also, daß sein Name zum geflügelten Wort wurde.

Wenn man die Angaben der biblischen Stammtafeln wörtlich nimmt und nicht in einem symbolischen Kontext versteht, dann lebten die Menschen vor der Sintflut so lange, daß jede Rentenversicherung bankrott gegangen wäre. Methusalems Vater Henoch feierte 365 Geburtstage, Sohn Lamech brachte es auf stolze 777, Enkel Noah gar auf 950 Jahre.

Eine runde Zahl darf man auch mit einer besonderen Flasche Wein begießen – vielleicht sogar mit einer *Methusalem*. Diese größte aller Champagnerflaschen hat ein Fassungsvermögen von acht normalen Flaschen – dies entspricht nicht weniger als sechs Litern.

Molotowcocktail

Wjatscheslaw Michajlowitsch Skrjabin, genannt Molotow (1890–1986)

Wissen Sie, was ein Hammer-Hahnenschwanz ist?

»Molot« heißt auf russisch Hammer – Molotow war in Wirklichkeit der Deckname von Wjatscheslaw Michajlowitsch Skrjabin. Skrjabin wurde 1890 in Kurkarka (heute Sowetsk) geboren. Er stammte aus bürgerlichen Verhältnissen und konnte Gymnasium und Universität in Kazan besuchen. In seiner Studienzeit wurde sein politisches Interesse geweckt. Mit sechzehn Jahren schloß er sich den Bolschewiki an, der von Lenin geführten revolutionären Fraktion der Sozialdemokratischen Arbeiterpartei Rußlands. Als aktives Mitglied wurde er bis zum Ausbruch der Februarrevolution 1917 mehrmals verurteilt und in die abgelegensten Gegenden des Landes verbannt. Es half ihm auch nichts, daß er sich unter dem Pseudonym »Molotow« zu verbergen suchte.

Molotow ließ sich jedoch nicht beirren und gründete zusammen mit anderen Bolschewiki die »Prawda«, deren leitender Redakteur er ab 1912 war.

Unentwegt arbeitete Molotow gemeinsam mit Lenin und Stalin gegen die provisorische Regierung, die nach den Februarunruhen 1917 eingesetzt worden war. Nach der Machtergreifung der Bolschewiken am 25./26. Oktober 1917 (Oktoberrevolution) wurde Molotow ein Protegé Stalins. 1926 wurde er Mitglied des Politbüros und war dann neun Jahre lang zweiter Sekretär in Stalins Zentralkomitee der KPdSU. Bei der Verfolgung und Eliminierung politisch Andersdenkender spielte er als treuer Gefolgsmann Stalins eine wichtige Rolle. Seine Loyalität ging so weit, daß seine jüdische Ehefrau von ihm getrennt im Exil leben mußte. Bis im April 1941 war er Vorsitzender des Rates der Volkskammer, und das Amt des Außenministers bekleidete er gleich zweimal, von 1939 bis 1949 und von 1953 bis 1956.

1939/40 wurde – paradoxerweise in Finnland – der Molotowcocktail erfunden und von den Finnen mit Erfolg gegen russische Panzer eingesetzt. Die Herstellung der Handgranate »Marke Eigenbau« ist kinderleicht. Man braucht dazu lediglich eine Glasflasche. Diese wird mit einem Benzin-Öl-Gemisch gefüllt und mit einem mit Benzin getränkten Stofflappen verstopft, der noch etwas aus dem Hals der Flasche guckt. Die Lunte wird in Brand gesteckt und sofort gegen den Panzer geschleudert. Die Wirkung der einfachen Waffe ist verheerend. Die Finnen benannten die Waffe nach Außenminister Molotow, dessen sture und herzlose Außenpolitik die Hegemonieansprüche der Sowjetunion verkörperte. Die Finnen wollten »Mr. Njet«, wie er genannt wurde, heimzünden.

Als Nikita Chruschtschow (1894–1971) 1953 die Macht übernahm, war es mit Molotows Karriere vorbei. Nach 1956 verlor er nach und nach all seine Ämter. 1962, zwei Jahre vor dem Ende der Ära Chruschtschow, wurde Molotow gar aus der Kommunistischen Partei ausgeschlossen und erst zwanzig Jahre später wieder rehabilitiert.

Molotow zeichnete sich als unkooperativer Außenminister aus, der sklavisch und eisern die Weisungen Stalins befolgte. Er ging deshalb als Neinsager, als »Mr. Njet«, wie ihn die westlichen Medien nannten, in die Geschichte ein.

Moneten ☞ **Juni**

Monroedoktrin

James Monroe (1758–1831)

1947 gab Präsident Truman (1884–1972), der dreiunddreißigste Präsident der Vereinigten Staaten, an der Moskauer Konferenz über die »deutsche Frage« bekannt, die Vereinigten Staaten würden in Zukunft alles daransetzen, der kommunistischen Expansionspolitik Stalins Einhalt zu gebieten. Die Erklärung war eine weltpolitische Sensation, kam sie doch der Schlachtung der »heiligen Kuh« der amerikanischen Außenpolitik gleich.

In seiner Jahresbotschaft an den Kongreß vom 2. Dezember 1823, die von seinem Außenminister John Quincy Adams formuliert worden war, ließ der republikanische Präsident James Monroe (1785–1831) verlauten, daß die Vereinigten Staaten fortan keine weiteren Interventionen außeramerikanischer Mächte in Nord- und Südamerika dulden würden. Ihrerseits verpflichteten sich die Vereinigten Staaten, von jeglicher Einmischung in europäische Angelegenheiten abzusehen. Die Erklärung, die als *Monroedoktrin* bekannt wurde, richtete sich hauptsächlich gegen das Vorhaben der russischen Regierung, von Alaska aus – erst 1867 verkaufte Rußland Alaska für 7,2 Mio. Dollar an die USA – einen großen Teil der amerikanischen Westküste bis hinab nach Kalifornien zu kontrollieren. Andererseits fürchtete man um die junge Unabhängigkeit der ehemals spanischen Kolonialstaaten in Südamerika. Während fast hundert Jahren kam es kaum zu Verletzungen der Monroedoktrin. Nur im amerikanischen Bürgerkrieg versuchten europäische Großmächte, sie zu unterwandern. Spanien intervenierte in Santo Domingo; Frankreich versuchte in Mexiko, den Erzherzog Maximilian von Österreich an die Macht zu bringen – ein Vorhaben, das mit dem Tod des Erzherzogs kläglich endete (er wurde von mexikanischen Nationalisten exekutiert).

Mit dem wachsenden Nationalbewußtsein der Vereinigten Staaten gewann die Monroedoktrin mehr und mehr an Bedeutung. Auch zahlreiche Interventionen im mittelamerikanischen und karibischen Raum wurden mit der Monroedoktrin gerechtfertigt. Immer wenn sich ein lateinamerikanischer Staat über längere Zeit in einer innenpolitischen Krise befand, fühlten sich die Vereinigten Staaten verpflichtet, für Ordnung zu sorgen. Unter Theodor Roosevelt *(☞ Teddybär)*, dem republikanischen Präsidenten, dessen Außenpolitik von imperialistischen Zügen geprägt war, beanspruchten die Vereinigten Staaten die Aufsicht über Venezuela 1902/03, Panama 1903 und Santo Domingo 1905/07.

Im Ersten wie im Zweiten Weltkrieg durchbrachen die Vereinigten Staaten ihre Doktrin. Durch ihr Eingreifen in Europa verletzten sie die von Monroe aufgestellten Richtlinien. Mit dem Eintritt in die Vereinten Nationen am 26. Juni 1945 warfen sie die Monroedoktrin zugunsten eines kollektiven Sicherheitssystems über Bord.

Präsident Monroe, fünfter Präsident der Vereinigten Staaten, wurde ein zweites Denkmal gesetzt. Monrovia, die Hauptstadt der westafrikanischen Rebublik Liberia, wurde nach dem Präsidenten benannt, weil er sich für die Rückführung freigelassener Sklaven nach Afrika eingesetzt hatte.

Montessori-Schulen

Maria Montessori (1870–1952)

Die italienische Ärztin und Pädagogin Maria Montessori glaubte nicht an einen autoritären Unterrichtsstil. In den Kindergärten und Schulen, die auch heute noch nach ihren Grundsätzen geführt werden, wird auf die individuelle Entwicklung der Schülerinnen und Schüler Rücksicht genommen. Gelernt wird auf spielerische Art ohne Zwang.

Während ihrer eigenen Schul- und Studienzeit erlebte Maria Montessori andere Methoden. Schon in der Grundschule wurde der eigenwilligen und selbstsicheren Schülerin viel Wissen vorenthalten, weil neben den täglichen Pflichtübungen die Zeit nicht für einen umfassenden Unterricht ausreichte. Auch an der technischen Schule, in die sie mit zwölf Jahren eintrat, wurde Disziplin großgeschrieben. Maria ließ sich trotzdem die Freude am Lernen nicht nehmen. 1886 schloß sie die Schule ab mit dem Wunsch, sich zur Ingenieurin ausbilden zu lassen. Mehr aus Zufall entschied sie sich dann aber für ein Medizinstudium. Als erste Frau Italiens immatrikulierte sie sich an der Universität in Rom. Während ihre liberale Mutter hinter dieser mutigen Entscheidung stand, erfuhr Montessori von ihrem Vater zuerst Ablehnung. Auch ihre männlichen Kommilitonen fühlten sich in ihrem Stolz verletzt. Maria Montessori konnte sich aber dank ihrer Intelligenz durchsetzen – zumindest im Hörsaal war die traditionelle Geschlechterschranke durchbrochen. Nach ihrer Promotion 1896 arbeitete und forschte sie in der Kinderabteilung der Psychiatrischen Universitätsklinik in Rom und machte sich schnell einen Namen als Expertin für Kinderkrankheiten. 1904–1907 lehrte sie als Professorin für Anthropologie und Hygiene an der Universität Rom.

Als sie 1907 die Leitung einer *»Casa dei Bambini«* in einer Arbeitersiedlung übernahm, galt ihr Hauptaugenmerk der Erziehung zurückgebliebener und leistungsschwacher Kinder. Die Vermittlung des Bildungsgutes rückte in den Hintergrund, wesentlich war ihr die freie Entfaltung jedes einzelnen Kindes nach dessen individuellen Fähigkeiten. Montessoris Grundsatz *»Erst die Erziehung der Sinne, dann die Erziehung des Verstandes«* wurde nach und nach anerkannt, wozu ihre Vortragsreisen rund um den Erdball und die Gründungen von »Vorschulen« (Kindergärten) viel beitrugen. So fanden ihre Methoden auf der ganzen Welt Beachtung.

Die Faschisten strichen Montessoris Methoden aus dem Schulplan. Sie flüchtete und arbeitete lange Jahre in Indien und Ceylon. Bald nach dem Krieg aber erlebten die Montessori-Schulen weltweit Anerkennung. Die mutige Italienerin gilt heute als bedeutendste Pädagogin des Jahrhunderts.

Maria Montessori starb am 6. Mai 1952 in Holland an einer Hirnblutung.

Montgolfiere

Jacques-Etienne de Montgolfier (1745–1799)
Joseph-Michel de Montgolfier (1740–1810)

Gebannt, ja ehrfürchtig starrten Ludwig XVI. (1754–1793) und seine Gemahlin Marie-Antoinette (1755–1793) im September 1783 zusammen mit Hunderten von Schaulustigen auf einen Hahn, ein Schaf und eine Ente: die ersten Passagiere eines Warmluftballons, der Montgolfiere, die im Palastgarten von Versaillles zu ihrer ersten Fahrt ansetzte. Am 21. November 1783 stiegen in Paris erstmals zwei Menschen mit der Montgolfiere auf – zu einem Freiflug von 25 Minuten Dauer.

Die Gebrüder Montgolfier konnten sich erst spät in ihrem Leben ihrer Leidenschaft hingeben. Jacques-Etienne, der Jüngere, war ein exzellenter Schüler. Er studierte in Paris Architektur, Latein und Mathematik. Später stieg er dann in das Unternehmen seines Vaters, eine Papierfabrik, ein und erfand neue Papiersorten. Der Ältere, Joseph-Michel, hatte nicht viel für die Schule übrig; er hantierte aber desto lieber mit Chemikalien – schon früh hatte er sich ein kleines Laboratorium eingerichtet. 1771 gründete er fünfzig Meilen von seinem Elternhaus entfernt eine eigene Papierfabrik.

Die zwei berühmtesten der sechzehn Montgolfier-Geschwister setzten sich über lange Jahre hinweg mit der Theorie des Ballonfahrens auseinander, aber erst 1782 wagten sie es erstmals, ihre Theorien in die Praxis umzusetzen. Viel Energie steckten sie in ihr Projekt, und sie machten in kurzer Zeit enorme Fortschritte. Angefangen hatten sie mit kleinen Papier- und Seidetaschen, die sie mit Wasserstoff und heißer Luft füllten und in den Himmel steigen ließen.

Die Montgolfiere brachte es auf den beachtlichen Durchmesser von mehr als 14 Metern und ein Volumen von 2837 Kubikmetern. Das Prinzip war simpel. Der aus Leinen und Papier gefertigte Ballon wurde über ein Holzkohlefeuer gezogen; sobald er mit Warmluft gefüllt und der Ballast abgeworfen worden war, der ihn gehalten hatte, stieg er in die Höhe.

Die Montgolfiers wurden in Paris für ihre Erfindung ausgezeichnet. Jacques-Etienne schien das zu genügen. Nach nur einem Winter in der Hauptstadt kehrte er in seine Heimatstadt südlich von Lyon zurück. Sein Bruder Joseph-Michel nahm seinen Beruf zwar auch wieder auf, experimentierte aber weiterhin in seinem Laboratorium. Nach der Französischen Revolution entschied er sich, sein Geschäft, das ohnehin schlecht lief, aufzugeben und sich in Paris als Erfinder niederzulassen.

Von Napoleon wurde Joseph-Michel de Montgolfier das Band der Ehrenlegion verliehen. Anscheinend bewunderte dieser genauso wie der hingerichtete König Ludwig XVI. den Menschen, der als erster den Traum vom Fliegen wahrgemacht hatte.

Morphium ☞ **Hypnose**

Morsen

Samuel Finley Breese Morse (1791–1872)

Morse stammte aus einer religiösen amerikanischen Familie. Sein Vater war Jedediah Morse (1761–1826), Pfarrer in Charleston, Massachusetts, und angesehener Geograph – »Vater der amerikanischen Geographie« nannten ihn die Amerikaner, da seine Lehrbücher das wachsende Nationalbewußtsein maßgeblich prägten. Bildung wurde in der Familie Morse großgeschrieben. Samuel Morse wurde an die renommierte ☞ Yale-Universität *(☞ Frisbee)* geschickt. Während seiner Studienjahre fällte Morse eine Entscheidung: Er wollte Maler werden. Aufgrund der aufklärerischen Erziehung, die er im Elternhaus und dann in Yale genossen hatte, sah Morse die Malerei als ideales Mittel an, ideelle und religiöse Vorstellungen zum Ausdruck zu bringen. Einer seiner Lehrmeister wurde der Maler Washington Allston (1779–1843).

Ein Jahr nachdem Morse Yale verlassen hatte, fuhr er nach London, um dort ein Mittel gegen die fehlende Inspiration zu finden.

Von seinem Vater wurde er ermahnt, sich nicht vom Luxus verführen zu lassen. Nach einer vierjährigen Ausbildung kehrte Morse in seine Heimat zurück. Dem Luxus hatte er sich in Europa nicht hingegeben, wohl aber hatte er eine Veränderung durchgemacht. Von seinen politischen und religiösen Ansichten wich er nicht mehr ab, er konnte aufbrausende Reden halten und wurde zum Kreuzritter, wenn es darum ging, die nordamerikanische Kultur zu verteidigen. Endlich war ihm klargeworden, welche Kunstrichtung ihn intellektuell wirklich herausforderte: Seine eigentliche Berufung war die Landschafts- und Historienmalerei. Vorerst aber mußte er sich den Lebensunterhalt mit dem Malen von Porträts verdienen – u.a. von James Monroe *(☞ Monroedoktrin).*

Morse übte seinen Beruf über sechs Jahre hinweg in einer Weise aus, wie er es eigentlich nie vorgehabt hatte. Den Vorsatz, seine Kunst nicht zur bloßen Handelsware verkommen zu lassen, hatte er bereits in London gefaßt. Er kam nun zur Überzeugung, daß die amerikanische Gesellschaft gar nie gelernt hatte, »echte« Kunst zu erkennen und zu schätzen – es fehlten eben auch geeignete Institutionen zur Förderung eines allgemeinen Kunstverständnisses. So machte er es sich zur Aufgabe, die Amerikaner zur Kunst zu erziehen. Seine ganze Kraft und seine finanziellen Mittel investierte er in das monumentale Gemälde *The House of Representatives* (»Das Repräsentantenhaus«) und ließ es überall ausstellen. Die Massen konnte er damit nicht erreichen.

Von 1827 bis 1845 war Morse Präsident der *National Academy of Design* in New York, die er mitbegründet hatte. Hier wollte er seinen Traum von einer amerikanischen Kunst verwirklichen, die, vollkommen losgelöst und unabhängig von Europa, eigene Werte vermitteln sollte. Um neue Inspirationen zu suchen, kehrte Morse

1829 noch einmal für eine größere Reise nach Europa zurück. In Paris malte er »The Gallery of the Louvre«. Zu dieser Zeit wütete in der Metropole die Cholera. Da er nicht erkrankte, sah sich Morse in seiner Arbeit bestätigt. Aber auch dieses Werk, mit dem er dem amerikanischen Publikum eine Übersicht über die alten Meister hatte bieten wollen, brachte nicht den erwarteten Erfolg. Desillusioniert und verbittert, verkaufte er das Gemälde und sprach in seiner Verzweiflung von »geistiger Lähmung«.

Morse legte mit sechsunddreißig Jahren den Pinsel aus der Hand. Nach der mißlungenen Ausstellung seiner Werke und weiteren Fehlschlägen wurde ihm das Malen zur Qual. Er beschloß, sich für den Rest seines Lebens der Politik und ab 1837 der Entwicklung eines elektromagnetischen Schreibtelegraphen zu widmen. Auf der Rückfahrt von seiner zweiten Europareise hatte ihn ein Mitreisender, ein gewisser Dr. Charles Jackson, auf die vielfältigen Möglichkeiten der Elektrizität aufmerksam gemacht und ihm einen Vorläufer des Telegraphen gezeigt. Dieser funktionierte zunächst mit Hilfe einer Zickzackschrift, ab 1844 mit der nach Morse benannten Morseschrift aus Punkten und Strichen, die die Buchstaben aus unserem Alphabet durch verschiedene Kombinationen codiert. Dieses System wird auch heute noch Morsealphabet genannt und ist international standardisiert.

1843 sprach der Kongreß Morse 30 000 Dollar zu, damit er eine Telegraphenverbindung zwischen Washington und Baltimore einrichte.

1844 verblüffte Morse den Kongreß mit den gemorsten Worten aus dem vierten Buch Mose: *»Wie Großes hat Gott getan …«*

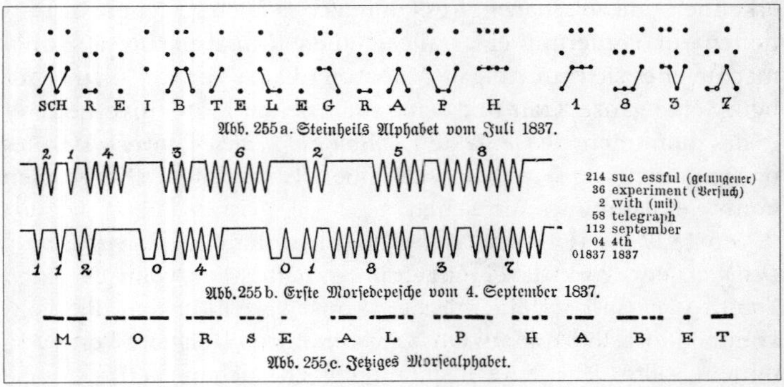

Abb. 255 a. Steinheils Alphabet vom Juli 1837.

Abb. 255 b. Erste Morsedepesche vom 4. September 1837.

Abb. 255 c. Jetziges Morsealphabet.

In wissenschaftlicher und technologischer Hinsicht war der Telegraph ein riesiger Fortschritt, zu dem Morse durch seine Schrift viel beigetragen hat. Für ihn selbst war seine Erfindung lediglich Ausdruck des göttlichen Willens.

Mount Everest

Sir George Everest (1790–1866)

In der ersten Hälfte des 19. Jahrhunderts vermaßen die britischen Kolonialherren das von ihnen beherrschte Indien trigonometrisch, da sie auf genaue Karten dringend angewiesen waren, um den Subkontinent optimal verwalten … und ausbeuten zu können.

Die Aufgabe wurde 1823 dem Geometer und Ingenieuroffizier George Everest übertragen, der sich bereits auf Java bei einem ähnlichen Projekt ausgezeichnet hatte. Vorerst Chefassistent, wurde er 1830 nach dem unerwarteten Tod seines Vorgesetzten mit der Leitung des Vermessungsprojektes beauftragt.

1843 zog sich Everest vom harten Dienst zurück und verbrachte den Rest seines Lebens in England. Für seine Leistungen wurde er 1861 zum Ritter geschlagen.

Im Jahre 1852 wurde von Everests Nachfolgern ein Berg im Grenzgebiet zwischen Nepal und Tibet vermessen. Die Vermessungen ergaben, daß der Berg mit seinen 8848 Metern Höhe nicht nur die höchste Erhebung des Himalajas, sondern der gesamten Erdoberfläche darstellte.

Zu Ehren des ehemaligen Chefgeometers George Everest wurde der Gipfel, der bis zu diesem Zeitpunkt auf englischen Karten nur als Gipfel XV figuriert hatte, Mount Everest genannt.

1921 wurden erste Versuche gemacht, den Mount Everest zu besteigen, und zwar auf der tibetischen Nordseite, ab 1950 auch von der nepalesischen Seite her. Eine Expedition nach der anderen scheiterte – insgesamt fünfzehn. Die Erstbesteigung gelang endlich der britischen Expedition unter der Leitung von Sir John Hunt. Am 29. Mai 1953 erreichten der Neuseeländer Edmund P. Hillary und Sherpa Shri Tenzing Norgay als erste Menschen den Gipfel.

Eigentlich stimmt es nachdenklich, daß dieser würdevolle Berg eigenmächtig nach einem Briten benannt wurde, denn die Tibeter hatten dem Berg schon lange vor den Engländern einen Namen gegeben: Tschomolungma – göttliche Mutter der Berge.

Münze / Moneten ☞ Juni
Myrrhe ☞ Adonis

N

Nach Adam Riese

Adam Ries (1492–1559)

Die häufig benutzte Redewendung »nach Adam Riese« ist nicht ganz richtig, denn der Nachname des deutschen Rechenmeisters lautete Ries.

Über seine Jugend ist wenig bekannt, auch sein genaues Geburtsdatum ist nicht überliefert. Um 1515 muß er in der Bergbaustadt Annaberg im Erzgebirge gewohnt haben, drei Jahre später ließ er sich in Erfurt nieder, wo er als Rechenmeister tätig war. Hier verfaßte Ries seine ersten beiden Lehrbücher: »Rechenung auff der Linihen« (1518) und »Rechenung nach der lenge auff den Linihen und Federn; darzu forteil und behendigkeit durch die Proportiones, Practica genant, mit grüntlichem unterricht des visierens« (1522). Im ersten erläuterte er das Rechenverfahren mit dem Abakus, dem in der Antike und im Mittelalter viel verwendeten Rechenbrett. Das andere Werk enthielt als Ergänzung eine Anleitung zur schriftlichen Lösung von mathematischen Problemen. Sein Stil war in pädagogischer Hinsicht so überzeugend, daß das Lehrbuch bis ins Jahr 1656 in über hundert Auflagen gedruckt worden war.

1523 kehrte Ries nach Annaberg zurück. Dort verbrachte er viel Zeit bei dem wohlhabenden Physiker Georg Sturtz. Dieser war es auch, der ihn dazu animieren konnte, sich vermehrt mit algebraischen Problemen auseinanderzusetzen. Unter dem Begriff »Coss« (abgeleitet von *cosa,* ital. Bezeichnung für die Unbekannte in einer Gleichung) wurde eine Frühform der ☞ Algebra, die in Oberitalien entwickelt worden war, in der zweiten Hälfte des fünfzehnten Jahrhunderts in Deutschland eingeführt. Die neue Methode reizte

Adam Ries, und er verfaßte eine »Coss«, eine Einführung in die Algebra. Allerdings blieb die »Coss« unveröffentlicht und ist nur als Handschrift erhalten geblieben.

Ries ließ sich in Annaberg einbürgern und heiratete Anna Leuber, die ihm – nach Adam Ries(e) – acht Kinder gebar. Ries gründete eine Rechenschule, die einen großen Zulauf genoß, und überarbeitete und erweiterte seine Rechenbücher. Daneben war er im Auftrag der sächsischen Herzöge als Rezeß- und Gegenschreiber im Bergbau tätig, und als »Zehnter auf dem Geyer« hatte er die abgelieferten Zehnten zu überprüfen und war für die Berechnung des Anteiles des Herzogtums verantwortlich.

Ries' Lehrbücher zeichneten sich durch saubere Darstellung und gut strukturierten Aufbau aus. Sie boten dem Leser durch zusätzliche Übungsaufgaben eine gute Grundlage für das kaufmännische Rechnen im Selbststudium und waren deshalb unglaublich beliebt, war doch bisher das Rechnen eine Kunst, die nur einige Privilegierte beherrscht hatten.

Nansen-Paß

Fridtjof Nansen (1861–1930)

»Ich fühlte mich durchaus zur Wissenschaft hingezogen, nur die Frage war – zu welcher? Am meisten liebäugelte ich mit Physik und Chemie, aber mein ›Herr Verantwortungslos‹, den ich seinerzeit noch nicht sehr fest im Griff hatte, hegte für derlei kein gesteigertes Interesse. Eines Tages kam es ihm statt

dessen in den Sinn, Zoologie wäre doch wesentlich attraktiver, weil es hier bei weitem mehr Zerstreuung gäbe, mehr Jagdgelegenheiten und ein Leben an der frischen Luft. Kurz und gut – : wir nahmen Zoologie.«

Tatsächlich verbrachte Fridtjof Nansen nur wenig Zeit in den geschlossenen Räumen einer Universität. Noch bevor der Norweger aus der Nähe von Oslo sein Studium überhaupt beginnen konnte, nahm er an einer ersten Expedition nach Grönland teil. Nansens Faszination für das Eismeer war geweckt. Nach seiner Rückkehr trat er eine Stelle als Museumskurator in Bergen an. Hier verfaßte er mehrere Arbeiten über Meeresbiologie und seine Doktorarbeit über das Zentralnervensystem.

1888 zog es Nansen erneut in den hohen Norden. Als erster Mensch überquerte er gemeinsam mit fünf Begleitern auf Hundeschlitten (Nansenschlitten) die 3000 m hohe Inlandeisdecke Grönlands von der Ost- zur Westküste. Die Reise war strapaziöser als vorausgesehen, und so verpaßten sie das letzte Schiff, das sie vor Wintereinbruch zurück aufs Festland hätte bringen sollen. Sie überwinterten an der Westküste Grönlands bei den Inuit, den Eskimos, die damals noch kaum Kontakte zu Europäern hatten. Nansens anfängliche Meinung, die Inuit würden ihrer »Unterentwicklung« wegen ihre eigene Kultur aufgeben müssen, machte der Einsicht Platz, daß die aggressive Kolonisation durch Europa keinen anderen Ausweg als die Anpassung offenließ. 1891 präsentierte Nansen mit der Monographie »Eskimoleben« eine kritische Studie über die Sozial- und Kulturgeschichte Grönlands.

Nachdem Nansen seinen Bericht über die Inuit publiziert hatte, lancierte er umgehend ein neues Projekt. Um die Strömungen im arktischen Meer nachweisen zu können, ließ er, unterstützt von der norwegischen Regierung und von privaten Gönnern, ein Schiff anfertigen, das dem Druck des Packeises standhalten sollte. Mit der »Fram« (»Vorwärts«) ließ er sich 1893 von den Neusibirischen Inseln aus ins Nordpolarmeer driften. Bei seinen Berechnungen während der Reise wurde ihm klar, daß die »Fram« unmöglich den Nordpol erreichen könne. Gemeinsam mit seinem Mitreisenden Hjalmar Johansen machte er sich deshalb am 14. März 1895 mit 28 Schlittenhunden, drei Schlitten und zwei Kajaks auf, den Nordpol auf dem Landweg zu erreichen. Ihr Ziel sollten die zwei Forscher zwar nicht erreichen, aber immerhin drangen sie weiter nach Norden vor – bis 86°14′ nördlicher Breite – als je ein Mensch vor ihnen.

Der Rückweg wurde zu einer wahren ☞ Odyssee. Weil ihre Uhren versagten, verloren Nansen und Johansen die Orientierung und waren gezwungen, mehr oder weniger auf gut Glück einen Weg nach Süden zu wählen. Der Proviant ging zur Neige, und die schwächeren Schlittenhunde mußten den stärkeren zum Fraß vorgeworfen werden. Kurz vor Wintereinbruch erreichten sie schließlich das Festland und überwinterten in einer Hütte, die sie notdürftig aus Walroßknochen und Eisbärfellen zusammengeflickt hatten. Nach acht Monaten zogen sie weiter, mehr tot als lebendig. Am 17. Juni 1896 trafen sie nach langer Zeit wieder auf einen anderen Menschen. *»Auf der einen Seite der civilisierte Europäer in einem carrirten englischen Anzuge und hohen Gummistiefeln, ordentlich rasiert, frisiert und den Duft parfümierter Seife verbreitend, den die geschärften Sinne des Wilden gleich bemerkten, auf der anderen Seite der Wilde, bekleidet mit schmierigen Lumpen, schmutzig von Öl und Ruß, mit langem, ungekämmtem Haar und zottigem Bart, schwarz von Rauch, mit einem Gesicht, in welchem die natürliche blonde Farbe unmöglich zu erkennen war durch die dicke Schicht von Fett und Ruß ... Kein Mensch konnte vermuthen, wer der Wilde war, und woher er kam.«* Nansen wurde erkannt, denn der »zivilisierte« Europäer war ein englischer Forscher, der in der Nähe in einer Forschungsstation arbeitete.

Nach drei abenteuerlichen Jahren nahm Nansen eine Professur für Zoologie in Oslo an. Später wurde er zum Professor für Ozeanographie berufen. Natürlich unterbrach er seine Lehrtätigkeit regelmäßig, um an kleineren Expeditionen teilzunehmen. Im Zeitraum von 1900 bis 1914 führte er meereskundliche Forschungen im Nordatlantik durch.

Nach dem Ersten Weltkrieg begann sich Nansen intensiv mit humanitären Problemen auseinanderzusetzen. Ab 1920 führte er als Hochkommissar des Völkerbundes für Flüchtlingsfragen eine Hilfsaktion in den Hungergebieten der Sowjetunion durch. Auf Wunsch des Völkerbundes wurde ihm die Aufgabe anvertraut, die Kriegsgefangenen aus Rußland zu repatriieren. Achtzehn Monate lang pendelte Nansen nun von einer Hauptstadt in die andere und arbeitete ununterbrochen. Als die Akte geschlossen wurde, waren 450 000 Kriegsgefangene aus 26 Ländern in ihre Heimat zurückgeführt worden. 1922 wurde auf seine Anregung hin ein international anerkanntes Reisedokument als Paßersatz für staatenlose politische Flüchtlinge geschaffen: der Nansen-Paß. Bis ins Jahr 1938 gab es rund 250 000 Inhaber eines solchen Passes. 1946 erfuhren die Reisedokumente für diese Personengruppen eine Neuregelung durch die »Internationale Flüchtlingskonvention«, die von 53 Staaten ratifiziert worden war. Die im Artikel 28 erwähnten »Travel documents« werden aber auch heute noch als Nansen-Pässe bezeichnet. Für seine Verdienste im humanitären Bereich wurde Nansen 1922 mit dem Friedensnobelpreis *(☞ Nobelpreis)* ausgezeichnet.

Fridtjof Nansen starb am 13. Mai 1930. Im Freien – im Garten seines Hauses.

Narzisse, Narzißmus

Narkissos (lat. Narcissus)

Narkissos, der Sohn des Flußgottes Kephisos, ist in der griechischen Mythologie ein wunderschöner und vielbegehrter Jüngling. Doch erhören wollte er niemanden. Selbst den Liebesbezeugungen der Nymphen, die ihn umgarnten, gab er nicht nach *(☞ Echo)*. Narkissos hatte schon scharenweise Liebhaber und Nymphen verschmäht, als einer der Enttäuschten die Götter anflehte: *»So soll er selbst auch lieben und nicht den Geliebten gewinnen!«* Liebesgöttin Aphrodite selbst war es, welche die Bestrafung an die Hand nahm.

Es geschah, als Narkissos zu einer Quelle kam, deren Wasseroberfläche so klar war, daß er sich darin spiegeln konnte. Narkissos beugte sich über die Quelle, um seinen Durst zu löschen. Er geriet in Verzückung, als er das Antlitz sah, das ihm entgegenblickte. Es schien ihm das schönste und anmutigste zu sein, das er je in seinem Leben gesehen hatte. Vergeblich versuchte er, es zu umfassen und zu küssen. Vor Verlangen aß er nicht mehr und entfernte sich kaum drei Schritte von der Quelle. Qualvoll war die Einsicht, daß er nie würde bekommen können, was er so sehr begehrte. Narkissos wollte sterben, um seinem Leiden ein Ende zu bereiten, doch ihm war bewußt, daß sein Geliebter mit ihm untergehen würde. Weinend beugte er sich über sein Spiegelbild. Als seine Tränen auf die glatte Wasseroberfläche tropften, begann sich diese zu kräuseln, und das geliebte Anlitz drohte zu verschwimmen. Darüber geriet Narkissos derart in ☞ Panik, daß er anfing, wild auf seine Brust einzuschlagen. Seine weiße Haut begann sich rot zu verfärben, doch er schlug weiter, bis ihn seine Kräfte verließen. Bevor er tot zusammenbrach, schaute er seinem Spiegelbild noch ein letztes Mal in die Augen, um sich zu verabschieden.

Als Narkissos' Geschwister von seinem Tod erfuhren, brachen sie in Wehklagen aus und machten sich auf, den Leichnam zu suchen. An seiner Stelle fanden sie jedoch nur eine safrangelbe Blume mit strahlend weißen Blütenblättern – eine Narzisse.

1924 stellte Freud in der Psychoanalyse dem Begriff Narziß(t), mit dem bis dahin ein selbstverliebter Mensch bezeichnet wurde, den Ausdruck Narzißmus gegenüber, um damit der Fixierung der Libido auf die eigene Person eine Definition zu geben. Ein Phänomen, das bei Kleinkindern als normal angesehen wird: *»Wir nennen diesen den absoluten primären Narzißmus. Er hält so lange an, bis das Ich beginnt, die Vorstellungen von Objekten mit Libido zu besetzen.«* Tritt der Narzißmus oder der Autoerotismus (eine Form des erotisch-sexuellen Verhaltens, das den Lustgewinn ohne Partnerbezug zu gewinnen sucht) bei Erwachsenen auf, äußert er sich in einer extremen Selbstverliebtheit und einem völligen Desinteresse der Umwelt gegenüber.

Die Narzisse aber ist die Lieblingsblume der Dichter. Sie stellen Narziß in den Mittelpunkt vieler Gedichte und Romane, wie etwa Oscar Wilde in »Das Bildnis des Dorian Gray« oder Hermann Hesse in »Narziß und Goldmund«. Wohl deshalb heißt die schönste und ursprünglichste Narzisse unter den zahllosen Züchtungen noch heute »Narcissus poeticus« – die Dichternarzisse.

Nescafé

Henri Nestlé (1814–1890)

Ganz klein fing er an, der in Frankfurt geborene Henri Nestlé. Im beschaulichen Städtchen Vevey am Genfersee arbeitete Nestlé als einfacher Kaufmann. In seinem Sortiment führte er zunächst Senf, Sämereien und Petrollampen. 1857 war er Mitbegründer einer kleinen Gesellschaft, die sich auf die Produktion von Kunstdünger und Flüssiggas spezialisierte. Fünf Jahre lang war er damit beauftragt, das Gas für die zwölf Straßenlaternen der Stadt zu liefern.

Angestachelt durch die Umwälzungen im humanitären Bereich – 1864 konnte Henri Dunant (1828–1910), der Gründer des Roten Kreuzes, die erste Genfer Konvention, ein internationales Abkommen zum Schutze der Verwundeten, der Kriegsgefangenen und der Zivilbevölkerung in Kriegszeiten, durchsetzen –, begann sich der leidenschaftliche Tüftler Nestlé mit sozialen Fragen auseinanderzusetzen. Die hohe Kindersterblichkeit brachte ihn auf die Idee, ein Produkt herzustellen, das Babies, die von ihren Müttern nicht gestillt werden konnten, mit den nötigen Nährstoffen ausreichend versorgen sollte. Henri Nestlé war schon über fünfzig Jahre alt, als er der Öffentlichkeit erstmals ein Kindermehl aus einer ausgewogenen Mischung von Trockenmilch und gebackenem, zu Pulver zerriebenem Brot (»farine lactée«) präsentierte. Zuerst reagierte seine Umgebung mit Skepsis auf die Babynahrung, denn schließlich verfügte Henri Nestlé über keine medizinische oder chemische Ausbildung. Als aber von Ärzten und Müttern positive Rückmeldungen kamen, fand das neue Produkt bald viele Abnehmer.

1868 wurde das Kindermehl in Vevey, Lausanne und in Frankfurt am Main gleichzeitig auf den Markt gebracht. Der Erfolg war vielversprechend. Noch im selben Jahr lancierte Nestlé das Produkt auch in Frankreich und eröffnete eine Vertretung in London. Im folgenden Jahr verließen täglich 500 Kilogramm Kindermehl die Fabrikationsräume, um die steigende Nachfrage zu decken. Sogar aus den USA kamen Bestellungen ins Haus. Der Deutsch-Französische Krieg 1870/71 schwächte das Unternehmen vorübergehend, aber 1873 kam das Kindermehl schon auf der ganzen Welt zum Einsatz.

1874 fühlte Henri Nestlé mit seinen sechzig Jahren, daß ihm die Führung seines Unternehmens, das mittlerweile unüberschaubare Dimensionen angenommen hatte, langsam über den Kopf wuchs. Im folgenden Jahr verkaufte er es für eine Million Franken und einen luxuriösen Zweispänner. 1890 verstarb Henri Nestlé kinderlos in Montreux.

Die Firma wurde nach dem Verkauf in eine Aktiengesellschaft umgewandelt, der Name Nestlé wurde beibehalten, ebenso das Vogelnest im Firmenlogo. Die weitere Firmengeschichte des Erfolgsunternehmens läßt sich unter den Schlagworten Expansion und Fusion zusammenfassen. In die Forschungsarbeit wurden hohe Summen gesteckt. Nestlé sei Dank für Milchschokolade, Instantgetränke, Kondensmilch, die uns allen den Namen des Firmengründers tief eingeprägt haben: Nestea statt Teebeutel, Nesquick für Schokoladengetränke und last but not least der international beliebte Nescafé. Aber auch in Bereichen, wo man den langen Schatten der Firma nicht unbedingt erwarten würde, hat Nestlé die Finger im Spiel. L'Oréal, Maggi *(☞ Maggi-Suppenwürze),* Chambourcy oder Perrier gehören ebenso zum Konzern wie die Pharmagesellschaft Alcon und zahllose andere Firmen und Marken. Heute ist Nestlé einer der größten Lebensmittelkonzerne der Welt – und einer der erfolgreichsten dazu. Ein »Multi« eben. Und Multis pflegen von Zeit zu Zeit ins Kreuzfeuer der Kritik zu geraten.

Ab 1973 lagen Nestlé-Produkte vielen Konsumenten schwer auf dem Magen. Es entflammte eine Kontroverse um die Verwendung von Instant-Säuglingsnahrung in der Dritten Welt. Nestlé wurde beschuldigt, durch Profitgier den Tod von Kleinkindern in Kauf zu nehmen. Durch massive Werbung, so die Kritik, ließen sich viele Mütter in Entwicklungsländern dazu verführen, ihre Babys nicht mehr selbst zu stillen und statt dessen Nestlé-Trockenmilch zu verwenden. Damit verschlechterte sich nicht nur die finanzielle Situation der Familien in der Dritten Welt. Infolge der miserablen hygienischen Zustände *(☞ Hygiene)* mußte das Babypulver oft mit verunreinigtem Wasser angerührt werden und gefährdete so die Gesundheit vieler Kleinkinder. Der Nahrungsmittelmulti hatte sich vor Gericht zu verantworten und den neuen Verordnungen der Weltgesundheitsorganisation WHO unterzuordnen. Unzählige Organisationen riefen damals weltweit zum ☞ Boykott von Nestlé-Produkten auf. Elf Jahre später unterzeichneten das »Internationale Komitee für den Boykott der Nestlé-Produkte« und Nestlé eine gemeinsame Erklärung, aber der Konflikt flammt von Zeit zu Zeit neu auf.

Vielleicht wären die Nachfolger Henri Nestlés gut beraten, einem Wort ihres Firmengründers nachzuleben: *»Bleiben wir immer auf dem guten Weg, den wir bisher beschritten haben, indem wir versuchen, auf solider wissenschaftlicher Basis zu arbeiten. Das ist viel mehr wert als finanzieller Erfolg.«*

Newton

Isaac Newton (1643–1727)

Das Newton ist jene Kraft, die erforderlich ist, einem Körper der Masse 1 kg die Beschleunigung von 1 m/s^2 zu erteilen. Es ist benannt nach dem englischen Physiker und Mathematiker Isaac Newton, der als Wegbereiter der modernen Naturwissenschaften gilt. Beinahe wäre er kurz nach seiner Geburt gestorben. Seine Mutter hatte eine Frühgeburt, und Isaac war ein Siebenmonatskind – die Ärzte gaben ihm nur geringe Überlebenschancen.

Den negativen Prognosen zum Trotz wuchs Newton, von seiner Mutter gehätschelt, heran. Seinen Stiefvater scheint er aus tiefster Seele gehaßt zu haben, denn Isaac drohte ihm damit, das Haus anzuzünden. Wohl um dies zu verhindern, gab die Mutter ihn für einige Jahre in die Obhut seiner Großmutter. In der Schule konnte sich Isaac nicht konzentrieren, der Stoff interessierte ihn wenig. Lieber bastelte er an mechanischen Geräten herum. Als Isaac fünfzehn war, rief ihn die Familie nach Hause zurück; er mußte in der Landwirtschaft mitarbeiten. Aber auch hier fand er Möglichkeiten, sich vor der ungeliebten Arbeit zu drücken und statt dessen zu basteln oder zu lesen. Ein vermögender Onkel glaubte an seine Intelligenz und schickte ihn ans *Trinity College* in Cambridge. 1664 wurde er Scholar. Als im folgenden Jahr in Cambridge die Pest ausbrach, flüchtete Newton zurück zu seiner Familie aufs Land. Zu der Zeit muß ihm wohl der berühmte Apfel auf den Kopf gefallen sein, der ihn zu seinem Gravitationsgesetz inspiriert haben soll, das er 1666 formulierte: Die Gravitationskraft (Schwerkraft) ist umgekehrt proportional zum Quadrat des Abstands vom Erdzentrum.

Als die Seuchengefahr gebannt war, kehrte Newton nach Cambridge zurück, um sein Studium wieder aufzunehmen. 1668 promovierte er zum *»Master of Arts«* (Magister Artium). Bereits ein Jahr später übernahm er den Lehrstuhl seines Mathematikprofessors Isaac Barrow (1630–1677). 1672 wurde er in die *Royal Society* aufgenommen und beschäftigte sich vorwiegend mit Problemen der Optik und Mathematik.

Mit Leibniz (☞ *Leibnizkeks*) stritt er sich bald um die Urheberschaft eines Verfahrens auf dem Gebiet der Infinitesimalrechnung, der Differential- und Integralrechnung, die beide Wissenschaftler unab-

Allegorische Darstellungen zur Physik Newtons: Die Farben des Regenbogens / Das Gravitationsgesetz (London 1728)

hängig voneinander entwickelt hatten. Newton mochte als Mensch zurückhaltend sein, wenn es um seine Arbeit ging, war er gnadenlos. 1692 war sein Schicksalsjahr. Seine geliebte Mutter starb, und ein Zimmerbrand zerstörte viele seiner Manuskripte. Newton litt von nun an unter Depressionen und war manchmal derart verwirrt, daß er fürchtete, den Verstand zu verlieren.

In seinem Hauptwerk *»Philosophiae naturalis principia mathematica« (»Mathematische Grundlagen der Naturwissenschaft«),* das für den Fortschritt der astronomischen und der physikalischen Forschung wegweisend war, formulierte Newton 1687 seine drei Axiome (Grundsätze, die nicht von früher erstellten Sätzen abgeleitet, d. h. nicht bewiesen werden können): Das erste Axiom besagt, daß alle Körper ihren Bewegungszustand beibehalten, solange dieser nicht durch eine äußere Kraft beeinflußt wird. Das zweite Gesetz definiert Kraft als Produkt aus Masse und Beschleunigung. Das dritte Axiom schließlich macht deutlich, daß jede Wirkung auch eine Gegenwirkung hat – das Prinzip von *actio* und *reactio*. Mit seinen drei Thesen erklärte Newton die Einflüsse, die Himmelskörper aufeinander ausüben. Die Bahnen von Kometen beschrieb er ebenso wie die Entstehung der Gezeiten, Strömungs- und Schwingungsvorgänge und die damit zusammenhängenden akustischen Fragen. Damit gelang es ihm, die umstrittenen Keplerschen Gesetze (Johannes Kepler, 1571–1630) zu deuten und schlüssig zu beweisen.

1699 wurde Newton zum Direktor der königlichen Münzanstalt ernannt. 1705 adelte ihn Königin Anna (1665–1714) für seine Verdienste, und im selben Jahr wurde er zum Präsidenten der *Royal Society* und von der Pariser Akademie zu einem ihrer acht auswärtigen Mitglieder gewählt. Diese Ämter bekleidete er bis zu seinem Tode.

Isaac Newton war nur seiner Wissenschaft verpflichtet. Nach dem Tod seiner Mutter ging er keine emotionalen Bindungen mehr ein. Auch seine Depressionen, ein Blasenleiden, eine Lungenentzündung und eine schmerzhafte Gicht konnten Newton nicht davon abhalten, rastlos zu arbeiten und zu forschen. 1727 verstarb Isaac Newton in London. Er wurde in Westminster Abbey beigesetzt.

Nickel / Pumpernickel

Nikolaus

Der Eigenname Nickel (Verkleinerungsform von Nikolaus) wurde oft als Schelte gebraucht. Die Bergleute des Erzgebirges stießen auf ein Metall, das dieselbe Farbe hatte wie Kupfer, aber kein Kupfer enthielt. Sie nannten es deshalb verächtlich »Kupfernickel«. Dieser Kupfernickel wurde erst salonfähig, als es der schwedische Mineraloge von Cronstedt um die Mitte des 18. Jahrhunderts genauer unter die Lupe nahm und aus dem vermeintlich wertlosen »kopparnickel« ein neues, silbern glänzendes Erz gewann, das er Nickel taufte.

Nickel fand in ein weiteres deutsches Wort Aufnahme, wiederum in verächtlichem Sinne. In Kombination mit dem frühneuhochdeutschen »pumper« (Furz) bezeichnet es einen unangenehmen Menschen und seit dem 17. Jahrhundert schwerverdauliches Brot. Eine hübsche, aber sicher falsche Etymologie leitet das Wort aus folgender Episode her: Als Napoleon in Deutschland einmarschiert war, soll man seinem Stallknecht ein Stück Schwarzbrot (eben Pumpernickel) angeboten haben. Darauf soll dieser angewidert ausgerufen haben: *C'est du pain pour Nicole (☞ Caran d'Ache).* Er meinte damit, daß man dieses Brot höchstens Napoleons Pferd Nicole verfüttern könne.

Nikotin

Jean Nicot de Viblemain (1513–1588)

Schon ein sechzehntel Gramm des »oleum tabaci« genügt, um bei Menschen schwere Vergiftungserscheinungen hervorzurufen. Brennen in Hals und Magen, Hitzewallungen mit darauf folgender extremer Abkühlung der Extremitäten, Muskelschwäche, Schwindel, Übelkeit, rasender Puls sind die Symptome. Das Opfer kollabiert und stirbt, wenn nicht umgehend geeignete Gegenmaßnahmen getroffen werden.

Nicht sehr schmeichelhaft für Jean Nicot de Viblemain, daß ein derart starkes Gift nach ihm benannt worden ist.

Nicot wurde 1513 als Sohn eines Notars in Nizza geboren. Er studierte an der Sorbonne Rechtswissenschaft und wurde bald nach Studienabschluß französischer Gesandter am Hof zu Lissabon. Bei einem Aufenthalt in Bordeaux bot ihm ein flämischen Händler Pflanzenblätter an, die in Frankreich bis anhin unbekannt waren – Tabak. Er schickte der Gattin des französischen Königs Heinrich II. (1547–1559), Katharina von Medici (1519–1589), eine Probe des pulverisierten »herbe à Nicot«. Die Königin litt unter heftigen Migräneanfällen und war bereit, jede Medizin zu testen, die Erleichterung versprach. Das durch die Nase eingezogene feine Pulver zeigte schnell Wirkung: Die Königin nieste, was das Zeug hielt, und die königlichen Kopfschmerzen waren im Nu weggeblasen. Das Tabakschnupfen kam am französischen Hof groß in Mode, und so wurde die Tabakpflanze vom französischen Botaniker J. Dalechamps 1586 Nicot zu Ehren »Nicotiana« genannt.

Schon bald spaltete das auffällige Kraut die Menschheit in begeisterte Raucher, Schnupfer und Kauer auf der einen Seite und leidenschaftliche Nichtraucher. Die »Sauferei des Nebels«, die »trokkene Trunckenheit« läßt heute kaum einen Menschen kalt. Lassen wir einen frühen Verteidiger der Rauchkultur und eine vehemente Gegnerin des Tabakskrauts stellvertretend zu Wort kommen:

»Einer, der studiert, muß notwendig viel Tabak rauchen, damit die Geister nicht verlorengehen, oder da sie anfangen, zu langsam umzulaufen, weshalb der Verstand, sonderlich schwere Sachen nicht wohl faßt, wieder möge erweckt werden, worauf alles und deutlich dem Geiste überliefert wird und er wohl überlegen und beurteilen kann.«

Soweit Beintema von Palma, ein holländischer Arzt im 17. Jahrhundert.

Die bedeutende Schriftstellerin Madame de Staël (1766–1817) dagegen war bekannt für ihre scharfe Zunge und ihre Abneigung gegen »Nicotiana«:

»Wer Tabak raucht, riecht wie ein Schwein.
Wer Tabak schnupft, sieht aus wie ein Schwein.
Wer Tabak kaut, ist ein Schwein.«

Jean Nicot hat versucht, sich mit Büchern über grammatikalische und geschichtliche Themen einen Namen zu machen; seine eigenen Publikationen haben aber auch nicht ansatzweise das Interesse geweckt, das die zahllosen Abhandlungen, Schmähschriften und Verteidigungreden über Nikotin gefunden haben, den im Tabak enthaltenen Stoff, der wohl die halbe Menschheit süchtig gemacht hat.

Nimrod

Nimrod, Sohn des Kusch

Auf eines der wohl ältesten Eponyme stoßen wir im alten Testament (1. Mose 10,8 ff.). Dort heißt es von einem der Söhne des Kusch: *»Kusch aber zeugte den Nimrod; der war der erste Gewaltherrscher auf Erden. Dieser ward ein gewaltiger Jäger vor dem Herrn. Daher sagt man: ein gewaltiger Jäger vor dem Herrn wie Nimrod.«*

Nimrods Reich umfaßte nach der Bibel Akkad, Babel und Chalne im Lande Sinear. Er erbaute Ninive, Rehoboth-Ir, Kalah und Resen zwischen Ninive und Kalah. Auch Assyrien wurde als Land Nimrods bezeichnet. So wurde im Tempel Nimrods *Sanherib,* der Zerstörer Babylons, 681 v. Chr. ermordet. Als Ninurta ist er der sumerisch-akkadische Gott der Vegetation, der Jagd und des Krieges. Zwei Lehrgedichte schildern Nimrods Taten, darunter wie er den gewaltigen Sturmvogel Anzû tötete.

Noch heute bezeichnen wir erfolgreiche und leidenschaftliche Jäger als Nimrode.

Nobelpreis

Alfred Bernhard Nobel (1833–1896)

Einmal im Jahr wird in Stockholm der Nobelpreis an Forscher und Forscherinnen auf den Gebieten der Chemie, Physik, Medizin sowie an eine Schriftstellerin oder einen Schriftsteller vergeben. Ein fünfter Preis – der Friedensnobelpreis – geht an diejenige Person, die sich am meisten um die Förderung und Erhaltung des Friedens verdient gemacht hat. Seltsam genug, da der Stifter, der schwedische Chemiker und Industrielle Alfred Nobel, vor allem durch die Entwicklung des »sicheren« Dynamits (1867), durch eine friktions- und stoßsichere Sprenggelatine (1877) und durch das rauchschwache Pulver Ballistit (1887) berühmt geworden war – Erfindungen, die den Grundstein für die moderne Kriegführung legten.

Der Sohn eines verarmten Schiffbauers wurde 1833 in Stockholm geboren. Seine entbehrungsreiche Jugend führte dazu, daß der stets etwas kränkliche Erfinder sein Leben lang unter Minderwertigkeitskomplexen litt und auf soziale Ungerechtigkeiten empfindlich reagierte. »*… für solche Erinnerungen gibt es ja keinen Schwamm wie für Schiefertafeln …*«, rechtfertigte er seine Nächstenliebe und fügte an: »*Ich frage nicht danach, wo ihre Väter herkamen oder welchen Liliputgott sie verehren; Hilfsbereitschaft – die richtige – kennt keine Landesgrenze und ist konfessionslos.*«

Einen großen Teil seiner Jugend verbrachte er mit der Familie in St. Petersburg, wo Nobel schon früh in der Fabrik seines Vaters arbeitete. Als er siebzehn war, schickte ihn sein Vater nach Amerika. Allerdings unter einer Bedingung: Alfred mußte die aufkeimende Liebe zur Schriftstellerei aufgeben. Nobel reiste im Laufe seines Lebens noch oft nach Amerika, seine literarischen Ambitionen verfolgte er trotzdem weiter. Er pflegte eine gewaltige Privatkorrespondenz und verfaßte zwei Romane und ein Drama – allerdings von zweifelhaftem literarischem Wert. Auf seinen vielen Reisen hatte er eine Art Kopiermaschine bei sich, denn von allen Briefen pflegte er Kopien anzufertigen.

Manchmal reiste Alfred Nobel auch mit Flaschen hochexplosiven Nitroglyzerins in der Tasche. Er hatte Glück – für andere aber waren seine Experimente alles andere als ungefährlich: Nobels erste Fabrik ging 1864 in die Luft, fünf Personen kamen ums Leben, darunter ein jüngerer Bruder.

Über diesen und ähnliche Zwischenfälle äußerte er sich in der Öffentlichkeit nie. Über seine gefährlichen und durchaus kriegstauglichen Erfindungen entwickelte er eine eigene Philosophie: Die Perfektionierung von Waffen zur Massenvernichtung wirke weitaus abschreckender als alle Friedenskongresse zusammen. »*Ich würde gerne ein Mittel oder eine Maschine von so schrecklicher massenvernichtender Wirkung erfinden, daß Krieg dadurch für immer unmöglich gemacht würde.*«

Der an Philosophie interessierte Alfred Nobel besuchte in späteren Jahren verschiedene Friedenskongresse. In einem Brief entwickelte er 1893 zum erstenmal die Idee eines Nobelpreises für bahnbrechende Leistungen.

Mit zunehmendem Alter wurde Nobel immer einsamer. Verschiedene Prozesse und der Neid, der dem Schwerreichen entgegenschlug, machten ihn seinen Mitmenschen gegenüber immer mißtrauischer. Gesellschaftlichen Anlässen ging er aus dem Weg, er beteiligte sich nur ungern an der Konversation und zog sich bei Empfängen, an denen er teilnehmen mußte, oft in eine Ecke zurück. Allerdings schien er mit dieser Situation nicht sehr glücklich zu sein: *»Leider ist es im Leben so, daß derjenige, der sich jedem gebildeten Umgang entzieht und den Ideenaustausch mit denkenden Menschen vernachlässigt, am Ende untauglich dazu wird und sowohl in seinen eigenen als auch in den Augen anderer die Achtung verliert, die er sich erworben hat.«*

Als sich sein Gesundheitszustand zu verschlechtern begann, kreisten seine Gedanken immer öfter um den Tod. Alfred Nobel hatte panische Angst davor, lebendig begraben zu werden. In seinem Testament verlangte er, daß ihm nach seinem medizinisch festgestellten Tod die Pulsadern aufgeschnitten werden sollten.

Im Dezember 1896 erlitt Nobel einen Schlaganfall, an dessen Folgen er bald darauf starb. – An seinem Totenbett standen einzig seine Diener.

Notar

Marcus Tullius Tiro (1. Jh. v. Chr.)

Daß uns die berühmten Reden Marcus Tullius Ciceros (106–43 v. Chr.) erhalten geblieben sind, verdanken wir einem Mann: Marcus Tullius Tiro, dem Privatsekretär Ciceros.

Tiro, ursprünglich Sklave, ab 53 v. Chr. Freigelassener, war seiner Zuverlässigkeit und seiner hohen Bildung wegen ein geschätzter Mitarbeiter des größten römischen Redners. Er wurde Herausgeber der Reden und Briefe seines Herrn und schrieb auch eine, leider verlorengegangene, Biographie Ciceros. Zudem verfaßte er verschiedene sprachwissenschaftliche Werke.

Bekannt wurde Tiro als Erfinder der Stenographie, der »tironischen Notenschrift«, »Notae Tironianae«. Das von ihm entwickelte Kurzschriftsystem war allerdings kompliziert. Tiro verwendete zum Teil einzelne Buchstaben, für Vorsilben und Endungen gab es eigene Zeichen. Häufige Wörter wurden ebenfalls mit gesonderten Zeichen bezeichnet. Die »Notae Tironianae« wurden vielfach ergänzt, so daß das System schließlich über 13 000 Zeichen umfaßte. Trotzdem hielt sich Tiros Kurzschriftsystem über tausend Jahre. Plutarch, der griechische Philosoph und Historiker (50–125 n. Chr.), schreibt, daß die »Notae Tironianae« am 5. Dezember 63 v. Chr. zum erstenmal offiziell im Senat angewandt worden seien. Das letzte Protokoll in der tironischen Notenschrift stammt aus dem Mittelalter.

Die Schnellschreiber, die bei Gerichtsverhandlungen und Senatsdebatten im alten Rom eingesetzt wurden, um die einzelnen Voten festzuhalten, waren Vorgänger der Stenographen, die heute an Tagungen, Gerichtsverhandlungen und Parlamentssitzungen mit Hilfe einer Kurzschrift genaue Protokolle anfertigen.

Personen, welche die »Notae Tironianae« beherrschten, nannte man kurz »Notarii«. Der Notar war früher also nicht die Amtsperson, als die wir ihn heute kennen. Ein Notar war einfach jemand, der in der Lage war, besonders schnell zu schreiben. Und da damals die meisten Leute weder lesen noch schreiben konnten, war das Amt des »Notarius« ein verantwortungsvoller Posten.

O

Öchslegrad

Christian Ferdinand Oechsle (1774–1852)

Archimedes (285–212 v.Chr.) soll vor Verzückung nackt durch die Straßen Syrakus' gerannt sein, als er in der Badewanne das physikalische Gesetz des Auftriebes (Auftrieb = Gewicht der verdrängten Flüssigkeit) entdeckte. Auf diesem Gesetz beruht auch das Aräometer, ein Instrument zur Ermittlung des spezifischen Gewichts einer Flüssigkeit mittels eines Schwimmkörpers. Dieser taucht um so tiefer, je weniger dicht eine Flüssigkeit ist.

Nach demselben Prinzip funktioniert auch die Öchslewaage, die vom schwäbischen Goldschmied und Feinmechaniker Christian Ferdinand Oechsle entwickelt wurde. Die Senkwaage, auch Mostwaage genannt, wird von Winzern eingesetzt, um den Zuckergehalt im Traubenmost zu messen. Teilt man den in Öchslegraden gemessenen Wert durch fünf, erhält man den ungefähren prozentualen Zuckeranteil. Ein Traubenmost von 80° Öchsle enthält demnach rund 16% Zucker.

Aus den Öchslegraden kann aber auch der zu erwartende Alkoholgehalt nach der Gärung bestimmt werden: Teilt man nämlich die

Öchslegrade durch acht, erhält man den Alkoholgehalt in Volumenprozenten. Unser Traubenmost enthält durchgegoren also etwa 10 Volumenprozente Alkohol – ein leichter Tischwein.

Eine Rechnung, die wahrscheinlich auch Archimedes entzückt hätte.

Ödipuskomplex

Ödipus (griech. Oidipus, lat. Oedipus)

Den Begriff Ödipuskomplex führte Sigmund Freud (1856–1939) in die Psychoanalyse ein. Er meinte damit das sexuelle Verlangen eines Mannes nach der eigenen Mutter. Die Bezeichnung führt uns auf die altgriechische Ödipus-Sage zurück, wie sie von Sophokles (496–406 v. Chr.) in seinen Dramen »König Ödipus« und »Ödipus auf Kolonos« so bewegend geschildert wird. Dort verhält sich Ödipus allerdings anders, als wir es nach Freud vermuten würden.

Zwar war Ödipus auch bei Sophokles mit seiner Mutter verheiratet und für die vier Kinder halb Vater, halb Bruder. Die seltsame Konstellation war aber durch unglückliche Umstände und ohne Wissen der Protagonisten zustande gekommen.

Ödipus war der Sohn des Laios, des Königs von Theben, und seiner Frau Iokaste (oder Epikaste). Das Orakel zu Delphi hatte Laios verkündet, er würde durch die Hand des eigenen Sohnes sterben. Darauf setzte Laios sein Kind mit durchstochenen Füßen (Ödipus' Name bedeutet »Schwellfuß«) auf dem Berg Kitharion aus. Ein Schäfer fand den Neugeborenen und brachte ihn zu Polybos, dem König von Sikyon, der das Kind aufzog.

Erst als Jüngling erfuhr Ödipus durch eine Indiskretion, daß Polybos nicht sein Vater war. Da Polybus diesem Gerücht widersprach, suchte Ödipus das Orakel zu Delphi auf, um die Wahrheit zu erfahren. Dieses sagte ihm voraus, daß er seinen eigenen Vater umbringen und seine Mutter heiraten werde. Aus Furcht beschloß er, von zu Hause wegzugehen. Doch er konnte seinem Schicksal nicht entgehen: Ohne ihn zu erkennen, erschlägt Ödipus seinen leiblichen Vater Laios in einem Streit. Damit hat sich der erste Teil des Orakels erfüllt.

Auf seinem weiteren Weg gelangt er nach Theben. Die Stadt wird von Sphinx, einem geflügelten Ungeheuer mit dem Körper eines Löwen und menschlichem Haupt, tyrannisiert. Indem er ihr Rätsel löst, befreit Ödipus die Stadt aus der Herrschaft des Ungeheuers. Die Bevölkerung jubelt dem Retter zu und setzt ihn auf den verwaisten Thron. Er nimmt Iokaste zur Frau; sie gebiert ihm zwei Söhne, Eteokles und Polyneikes, und zwei Töchter, Antigone und Ismene.

Als Theben einige Jahre später von der Pest heimgesucht wird, fordert Delphi die Beseitigung des Unheilbringers. Mit Hilfe des blinden Sehers Tiresias wird das dunkle Geheimnis des Königs enthüllt. Iokaste begeht aus nacktem Entsetzen Selbstmord. Ödipus sticht sich vor Schmerz selbst die Augen aus und wird von seiner Tochter Antigone ins Exil geführt …

Der Begriff »Ödipuskomplex«, den Freud 1905 in seinen *»Drei Abhandlungen zur Sexualtheorie«* einführte, widerspricht also in einem ganz wesentlichen Punkt der Konstellation, die wir in der griechischen Mythologie antreffen: Freuds Ödipus ist sich seines Tuns bewußt, während dies bei der Gestalt aus der griechischen Mythologie nicht der Fall ist.

Woody Allens Filmmama ist von diesem Unterschied anscheinend nicht beeindruckt und läßt in putenhaft jiddisch-amerikanischer Manier verlauten: *»Ödipus – Schmödipus. Hauptsache, der Junge liebt seine Mutter!«*

Odyssee

Odysseus

Nachdem sie Troja nach zehnjähriger Belagerung endlich besiegt hatten, machten sich die griechischen Helden auf, in ihre Heimat zurückzukehren. Odysseus, dem König von Ithaka und einem der Hauptheldenr der *»Ilias«* und der *»Odyssee«*, will die Rückfahrt jedoch nicht so schnell gelingen.

Homer schildert in 24 Büchern die Irrfahrt des Odysseus und seiner Begleiter, wie sie in ständiger Gefahr von einem Abenteuer in das nächste geraten. Im ersten Buch des Epos wird Odysseus von der Nymphe Kalypso sieben Jahre auf einer Insel festgehalten. Im

Götterrat plädiert Athene erfolgreich für die Freilassung des Helden, und Hermes, der Götterbote *(☞ hermetisch)*, wird zu Kalypso gesandt, um ihr den Beschluß der Götter zu überbringen. Ein Floß wird gebaut, damit Odysseus die Heimreise antreten kann. Doch Meeresgott Poseidon, der keinen Griechen mehr haßt als Odysseus, läßt das Floß kentern. Mit der Hilfe der Seenymphe Leukothea erreicht der schiffbrüchige Held Scheria, die Insel der Phäaken. Am folgenden Tag entdeckt ihn Nausikaa, die Tochter des Königs. Odysseus wird bei Hof empfangen und erzählt von seiner abenteuerlichen Reise:

Durch falsche Winde wurde er mit seiner Flotte nach Ismarus abgetrieben, wo er viele seiner Gefährten verlor. Mit der verbleibenden Besatzung gelangte er ins Land der Lotophagen, der Lotosesser, einem Volk, das sich von narkotisierenden Pflanzen ernährte. Odysseus hatte seine liebe Mühe damit, seine Gefährten, die von der Lotospflanze gekostet hatten, zur Weiterreise zu überreden. Die Reise führte weiter zu den Kyklopen, den einäugigen Riesen, die sich wie Bestien auf die Reisenden stürzten. Durch eine List gelang es Odysseus, deren Anführer Polyphem zu blenden und seine überlebenden Kameraden zu retten. Dann, erzählt der Held, waren sie die Gäste von Äolus, dem Windgott *(☞ Äolsharfe)*, fielen darauf in die Hände der menschenfressenden Lästrygonen und landeten schließlich auf der Insel der Zauberin Kirke *(☞ becircen)*, wo sie ein Jahr verbrachten. Bevor Odysseus mit seinen verbleibenden Gefährten in die Heimat aufbrechen durfte, mußte er die Unterwelt besuchen, wo er mit dem Geist des Achilleus *(☞ Achillesferse)* und seiner Mutter sprechen konnte, die ihm zu schildern versuchte, wie sich der Tod anfühlt.

Weitere Gefahren erschwerten die Heimreise. Doch mit Hilfe der Zauberin Kirke überwand Odysseus sie alle: den betörenden Gesang der Sirenen, den Felsen der Skylla und den reißenden Strudel der Charybdis. Er wähnte sich schon nahe der Heimat, als ein paar hungrige Gefährten auf der Insel Trinakria heilige Rinder aus der Herde des Sonnengottes schlachteten und dafür bestraft wurden. Das Schiff wurde von einem Blitz zerschmettert, so daß alle Männer ertranken; nur Odysseus blieb am Leben, gelangte auf die Insel Ogygia, wo er, wie eingangs erwähnt, von der Nymphe Kalypso festgehalten wurde.

Nachdem Odysseus seine Erzählungen beendet hat, tritt er endlich die Heimreise nach Ithaka an. Doch in den zwanzig Jahren seiner Abwesenheit hat sich auf Ithaka einiges verändert. Odysseus' Frau Penelope wird von Freiern belästigt, die sich im Palast schon häuslich niedergelassen haben, da sie den listigen Kämpen Odysseus längst tot glaubten. Nur mit der Hilfe seines Sohnes Telemach *(☞ Mentor)* kann Odysseus die Eindringlinge töten und die alte Ordnung wiederherstellen.

Die Odyssee ist eine Gratwanderung zwischen Sagenwelt und Realität und kann als Parabel für die Irrungen und Wirrungen des menschlichen Daseins gelesen werden. In dieser Symbolhaftigkeit besteht wohl auch der Reiz, von dem das Epos seit seiner Entstehung in der zweiten Hälfte des 8. Jahrhunderts v. Chr. nichts eingebüßt hat. Durch die Jahrtausende hinweg war die Odyssee ein beliebter Stoff für Künstler, Schriftsteller und Komponisten. Der neugriechische Schriftsteller Nikos Kazantzakis (1883–1957) schrieb 1938 eine Fortsetzung der Homerischen Odyssee (»Odysseia«) in 33 333 siebzehnsilbigen Versen, aus Claudio Monteverdis (1567–1643) Feder stammt die Oper *»Il ritorno di Ulisse in patria«*, und James Joyce (1882–1941), der Verfasser des Romans *»Ulysses«*, in dem mythische und historische Bezüge zur *»Odyssee«* geknüpft werden, pries sie als *»den menschlichsten Stoff der Weltliteratur«*. Und vielleicht ist er auch der schönste – ein Beispiel möge diese kühne These verdeutlichen:

»Aber ein Hund lag dort. Der hob das Haupt und die Ohren,
Argos, des Dulders Odysseus Hund, den jener vor Zeiten
selber gepflegt, doch ohne Gewinnst, noch eh er zur frommen
Ilios fuhr. Ihn hatten hernach die jungen Gesellen
gegen den Wildbock öfters geführt und Hasen und Rehe.
Aber der Herr blieb fort – so lag er lange, verachtet,
draußen am Tor […]
So lag Argos daselbst, der Hund, voll bösen Geziefers.
Und doch kannt' er den Herrn, den Odysseus, welcher herankam,
wollt' ihn grüßen und regte den Schweif und senkte die Ohren.
Aber er war zu schwach, dem Herrn entgegenzulaufen,
sondern er blieb am Boden. Der König sah von fern ihn,
wischte verstohlen die Träne vom Aug und sprach zu Eumaios
[…]
Aber den Argos raffte der Tod und die finstere Kere
gleich, da er den Herrn erschaut im zwanzigsten Jahre.«
(Übersetzung von Rudolf Alexander Schröder)

Ohm

Georg Simon Ohm (1789–1854)

Ohm wurde als Sohn eines Erlanger Schlossermeisters geboren. Sein Volksschullehrer war Strumpfwirker; und der Hilfspfarrer der Gemeinde, der ihn auf dem Gymnasium in Mathematik unterwies, verstand sich weitaus besser auf Gleichnisse als auf Gleichungen.

Weil er seinen Söhnen eine solide Bildung auf den Lebensweg mitgeben wollte, kaufte Ohms Vater Algebra- und Geometrie-Lehrbücher und eignete sich in seiner knapp bemessenen Freizeit gemeinsam mit Georg Simon und später mit dessen Bruder Martin großes Wissen an. Als Sechzehnjähriger konnte Ohm das Studium der Mathematik, Physik und der Philosophie aufnehmen. Doch anstatt sich mit wissenschaftlichen Problemstellungen auseinanderzusetzen, vergnügte er sich nun beim Tanzen und verbesserte seine Treffsicherheit im Billardspiel. Das jahrelange disziplinierte Lernen war ihm zuviel geworden – er wollte endlich seine Jugend genießen. Als Georg Simon sich schließlich auch noch verschuldete, überwarf sich der enttäuschte Vater mit ihm.

1806 trat Georg eine Stelle als Lehrer an einem Privatinstitut in der Schweiz an. Nach zwei Jahren zog er als Hauslehrer weiter nach Neuchâtel (Neuenburg, bis 1857 in preußischem Besitz). Von dort schickte er seltsame und wirre Briefe nach Hause, so daß sein beunruhigter Vater (die beiden hatten sich wieder versöhnt) Sohn Martin als Kundschafter losschickte. Der konnte aber nur Erfreuliches berichten – Georg war glücklich, vergnügt und verliebt. 1811 kehrte Ohm nach Erlangen zurück und promovierte noch im gleichen Jahr. Als Privatdozent und Lehrer versuchte er sich danach über Wasser zu halten. Meinungsverschiedenheiten mit der Schulbehörde und eine Arbeit, die ihn völlig unterforderte, brachten Ohm dazu, Erlangen den Rücken zu kehren. Am Jesuitengymnasium in Köln war er als Oberlehrer für Physik und Mathematik erheblich erfolgreicher. Um in seinen Klassen ein hohes Niveau zu erreichen, opferte er seine Freizeit und gab unbezahlte Nachhilfestunden. Der *»unstreitig tüchtigste Lehrer der Anstalt«* begann sich erst zu beklagen, als er immer mehr Schüler zu unterrichten hatte.

Ohm reduzierte seine Unterrichtszeit auf die bezahlten Stunden und begann sich auf die Forschung im Physiklabor zu konzentrieren. Sein Ziel war es, hinter die Geheimnisse der Elektrizität zu kommen. Bald ließ er sich für ein Jahr beurlauben, um seine Beobachtungen in Ruhe auszuwerten. Sein Bruder Martin, inzwischen Professor in Berlin, unterstützte ihn tatkräftig bei dieser Entscheidung und ließ ihn bei sich wohnen. Ohm definierte 1826 das nach ihm benannte »Ohmsche Gesetz«: Bei konstanter Temperatur ist die elektrische Stromstärke in einem metallischen Leiter proportional der zwischen den Leiterenden herrschenden Spannung.

Der erhoffte Ruhm blieb aus. Die nächsten Jahre verbrachte Ohm damit, um für die Anerkennung seines Gesetzes zu kämpfen. Er veröffentlichte sein Hauptwerk *»Die galvanische Kette, mathematisch bearbeitet«*, verkaufte aber nur wenige Exemplare an Freunde, die er noch dazu überreden mußte. Sechs Jahre lang versuchte er auch vergeblich, eine neue Anstellung zu finden.

Etwa zur gleichen Zeit, als Ohm endlich eine Professur für Physik an der Polytechnischen Schule Nürnberg zugesprochen erhielt, begann man im Ausland auf seine Arbeit aufmerksam zu werden. Über Nacht war Ohm berühmt. Seine Schule ernannte ihn 1839 zum Direktor, er wurde korrespondierendes Mitglied der Berliner Akademie der Wissenschaften, die *Royal Society* zeichnete ihn mit einer Medaille aus und ernannte ihn ebenfalls zum Mitglied. Der Erfolg stieg Ohm nicht zu Kopfe, verlieh ihm aber neue Energien, um seine Forschungstätigkeit wieder aufzunehmen.

Auf seine alten Tage hin erfüllte sich sein sehnlichster Wunsch: 1849 wurde er als ordentlicher Professor an die Universität München berufen. Ohm starb 1854 im Beisein seiner Freunde und seiner Studenten.

1881 erklärte ein Kongreß von Elektrotechnikern in Paris das »Ohm« zur Maßeinheit für den elektrischen Widerstand.

Ölgötze, Götze, Götzendienst

Gottfried, eventuell Godefridus

Ein Götze ist die bildliche oder figürliche Darstellung eines heidnischen Gottes. Bekannt war dieses Wort schon im 14. Jahrhundert. Allerdings bezeichnete es damals einfach ein aus Holz geschnitztes

Heiligenbild oder Bildwerk. Schon bei Luther findet sich dann aber die negative Bedeutung eines falschen Gottes, eines Abgottes (»die Götzen ihrer Götter«).

Der Begriff selbst ist nichts anderes als eine Koseform des Namens Gottfried. Einige glauben, es habe sich um einen ganz bestimmten Gottfried gehandelt, der für die Götzen Pate stehen muß: Von 1097 bis 1127 lebte in Westfalen der heilige Godefridus, dessen Bilder, auf lokaler Ebene als Kultobjekte verehrt, so manche Kirchenwand geschmückt haben sollen. In Frankfurt am Main wird 1376 ein »Heincz Franke, gotzendreger« erwähnt, nichts anderes als ein Straßenverkäufer von Heiligenbildern.

Wer den Ausdruck Ölgötze geprägt hat und wann er zum erstenmal erscheint, ist unklar. Einen großen Beitrag zur Verbreitung dieses Begriffes hat unbestritten wiederum Luther geleistet. *»Der Weihbischof macht sechs oder siben mal im jar Ölgötzen«* ist bei ihm nachzulesen. Damit tat er in den Wirren der Reformation seine Meinung über das Ritual der Salbung in der katholischen Priesterweihe und seine Verachtung gegenüber den jungen Geistlichen, den *»beschornen und geölten Götzen«,* ungeschminkt kund. Es ist aber auch möglich, daß es sich bei dem Begriff um eine verkürzte Form des Begriffes Ölberggötze handelt, eine Anspielung auf die schlafenden Jünger Jesu am Ölberg, nachzulesen in Mat. 26,40. In Frage kommt auch die Stelle im Johannesevangelium, in der die Häscher durch Jesu unerwartetes Auftreten überrascht werden: *»Als er nun zu ihnen sagte: Ich bin's, wichen sie zurück und fielen zu Boden«* (Joh. 18,6). Öleberger hießen in der Studentensprache die Stadtsoldaten (Häscher).

Heute ist ein Ölgötze weder ein Häscher noch ein Priester, sondern ein verdutzter, überrumpelter, teilnahmsloser und verständnisloser Mensch.

Omnibus

Monsieur Omnès

Woher das Wort Bus kommt? Ganz einfach, es ist die Abkürzung für Omnibus, die lateinische Pluralform des Dativs, und bedeutet »allen, für alle«. Ein Omnibus ist ein Wagen, den jedermann benüt-

Elektrischer Omnibus mit Oberleitung um 1900

zen kann, er ist für alle da und wird deshalb Omnibus genannt. Ganz einfach, oder?

Wirklich, ganz einfach, doch die Sprache beschreitet in ihrer Entwicklung oft seltsame Umwege.

Die Geschichte nahm ihren Anfang mit einem napoleonischen Offizier namens Stanislaus Baudry. Nach Beendigung seiner militärischen Karriere wurde er Besitzer einer Badeanstalt in Richebourg in der Nähe von Nantes. Natürlich war Monsieur Baudry daran interessiert, daß möglichst viele Bürger von Nantes seine Anstalt besuchten. Er ließ deshalb Wagen von Nantes nach Richebourg fahren, die jedermann benutzen konnte. Das war im Jahre 1825.

Der Abfahrtsort befand sich vor dem Laden eines Kaufmannes namens Omnès. Dieser Monsieur Omnès wußte, daß sein Name auf lateinisch »alle« bedeutet, so daß er sehr bald einen passenden Werbeslogan dazu erfand: *Omnès pour tous! Omnès für alle! Omnès Omnibus!* Diesen Spruch ließ er auf ein Schild malen, das er über seiner Ladentüre festmachte.

So soll also der Omnibus zu seinem Namen gekommen sein. Wie dem auch sei, der Begriff bürgerte sich rasch ein und war bereits wenige Jahre später in Konversationslexika zu finden.

Ursprünglich war der Omnibus natürlich ein Pferdewagen. Mit der Entwicklung des Automobils entstand durch die Zusammenziehung dieses Wortes und des Omnibus das Kompositum »Autobus«, umgangssprachlich ganz einfach »Bus« genannt.

Wenn Sie mal wieder auf den Bus warten müssen – denken Sie doch einen kurzen Moment an Monsieur Omnès, mit dem alles anfing.

Onanie

Onan ben Jehuda

Im 38. Kapitel des 1. Buches Mose, 4–10, ist die Geschichte von Onan, dem Sohn Judas, nachzulesen. Und wer die Stelle aufmerksam liest, dem wird klar, daß Onan zwar von Gott bestraft wurde, weil er seinen Samen auf die Erde vergoß, daß dieser Akt aber nichts mit dem Begriff Onanie, wie wir ihn heute kennen, zu tun hat.

Um die Geschichte richtig zu verstehen, muß man das alttestamentarische Erbrecht kennen: Wenn eine Frau kinderlos zur Witwe wurde, konnte sie das Erbe nicht antreten. Erbberechtigt waren nur die direkten Nachkommen und, falls keine vorhanden waren, die Geschwister des verstorbenen Ehemannes.

Nach alter Sitte war es jedoch erlaubt, daß gewissermaßen postum noch Nachkommen gezeugt werden konnten. Für den Verstorbenen sollte dessen Bruder den Akt der Zeugung übernehmen. Und die Kinder, die die Witwe zur Welt brachte, galten als die Kinder des Toten und waren somit auch erbberechtigt.

Onans Bruder war kinderlos gestorben. Sein Vater forderte Onan auf, mit Tamar, der Witwe seines Bruders, ein Kind zu zeugen. Aber Onan wollte den Befehl seines Vaters nicht befolgen, denn wenn sein Bruder Kinder haben würde, war er selbst nicht mehr erbberechtigt.

Nur dem Schein nach erfüllte Onan seine Aufgabe. Er schlief mit seiner Schwägerin Tamar, praktizierte dabei jedoch jene Verhütungsmethode, die »Coitus interruptus« genannt wird. Und für diese Tat aus egoistischen Motiven wurde er von Gott getötet.

Übrigens, für nicht ganz Bibelfeste sei hier nachgetragen: Tamar kam doch noch zu ihrem Nachwuchs – zu Zwillingen. Der Vater war ihr Schwiegervater Juda.

Oscar (Academy Award)

Oscar Price

Das Besondere an Mr. Price ist die Tatsache, daß er nie etwas Besonderes geleistet und trotzdem Weltberühmtheit erlangt hat.

Das war das Verdienst seiner Nichte Margaret Herrick, die als Bibliothekarin bei der *Academy of Motion Picture Arts and Sciences* arbeitete, deren Direktorin sie später werden sollte.

1927 hatten die Verantwortlichen dieser Organisation beschlossen, etwas für ihr Prestige und für ihr Image zu tun. Alljährlich sollten künftig in Hollywood Preise für die besten künstlerischen Einzelleistungen des amerikanischen Films in den Sparten Darstellung, Regie, Musik, Drehbuch usw. verliehen werden: der *Academy Award*. Bei der Schaffung eines geeigneten Preises ließ man sich nicht lumpen und ging nach dem Motto »mehr ist besser« vor. Nach Entwürfen von Cedric Gibbons wurden vergoldete Bronzestatuetten mit einem Gewicht von dreieinhalb Kilogramm gegossen.

Vier Jahre lang hatte die protzige Statuette keinen Namen – bis Margaret Herrick zum erstenmal so ein Ding in die Finger bekam. Sie kriegte einen mächtigen Schrecken und rief: *»Der sieht ja genau so aus wie mein Onkel Oscar!«* Und weil gerade ein Journalist dabei war und diesen Ausspruch dankbar aufnahm und auch veröffentlichte, wurden die Statuetten fortan nach Mr. Oscar Price benannt.

Unter den ersten mit dem Academy Award Ausgezeichneten war 1929 der deutsche Schauspieler Emil Jannings (1884–1950); er erhielt ihn für seine großen Leistungen in den Paramount-Filmen *»The last command« (»Das letzte Kommando«)* und *»The way of all flesh« (»Der Weg allen Fleisches«).*

Ottomotor

Nikolaus August Otto (1832–1891)

Reisende waren für Otto schon von früher Jugend an ein vertrauter Anblick, denn seine verwitwete Mutter führte zusammen mit einem Schwager ein Gasthaus in Holzhausen, einer kleinen Ortschaft zwischen Koblenz und Wiesbaden. Die fremden Menschen in ihren Kutschen weckten in dem Jungen die Ahnung, daß es in der Welt mehr geben müsse als ein beschauliches Leben auf dem Dorfe.

Nachdem Nikolaus in der Grundschule bewiesen hatte, daß er Talent hatte, schickte seine Mutter ihn in das Städtchen Langenschwalbach auf die Realschule. Durch die Revolution von 1848/49 und die schlechte ökonomische Situation sah sich die alleinerziehende Mutter gezwungen, ihren Sohn von der Schule zu nehmen und in eine kaufmännische Lehre zu geben. Nach einer dreijährigen Lehrzeit fand Otto eine Anstellung als Vertreter für Kolonialwaren. Befriedigung fand er in seiner anstrengenden Arbeit nicht. Erst als er sich an einem Maskenball in die Kaufmannstochter Anna Gossi verliebte und über eine gemeinsame Zukunft nachzudenken begann, wurde ihm klar, daß er nur schon ihretwegen eine einträglichere Arbeit finden mußte.

Zu dieser Zeit wurde überall mit großen Worten für einen vom Franzosen Lenoir neu entwickelten gasbetriebenen Motor geworben. Trotz der Reklame war der Motor aber noch stark störungsanfällig. Otto begann zusammen mit seinem Bruder Wilhelm über eine verbesserte Version nachzudenken. In der Zwischenzeit hatte er sich ausgiebig mit technischen Problemen auseinandergesetzt und fühlte sich in der Lage, den Motor zu optimieren. 1861 reichten die Gebrüder Otto ein Patentgesuch für ihre verbesserte Version ein, bei der das benötigte Gas im Motorzylinder selbst und nicht wie bisher in einem gesonderten Kessel verbrannt wurde. Das Gesuch wurde mit der Begründung abgelehnt, eine Verbesserung allein mache noch keine neue Maschine.

Der Erfindergeist Nikolaus August Ottos wurde durch diese Antwort erst recht angestachelt, obwohl Wilhelm Otto inzwischen resigniert hatte. Mit Geld aus dem Erbe, das die Mutter hinterlassen hatte, ließ er sich einen Modellmotor mit einem Kolben bauen und experimentierte Sonntag für Sonntag daran herum. An einem Sonntag war es schließlich soweit, daß er auf das Prinzip des Viertaktmotors stieß; Ansaugen, Verdichten und Zünden, Ausdehnen und schließlich Ausschieben. In seiner Euphorie ließ er sofort einen Motor mit vier miteinander verbundenen Kolben anfertigen. Otto glaubte, endgültig am Ziel angelangt zu sein, und gab sofort seine Anstellung als Vertreter auf. Sein Motor wies aber noch immer zu viele Schwachstellen auf, um wirtschaftlich genutzt werden zu können. Bald ging ihm das Geld aus, und seine Braut mußte sich weiter gedulden.

1863 reichte Otto beim Königlich Preußischen Handelsministerium erneut eine Patentschrift über eine verbesserte Variante des Motors ein, bei dem die Explosionsgefahr stark vermindert war. Wieder wurde der Antrag abgelehnt. Otto war nun tief verschuldet, als er im Ingenieur und Unternehmer Eugen Langen (1833–1895) einen Partner fand. 1864 wurde in Köln die Gesellschaft »N. A. Otto & Cie.« gegründet. Langen sah nach fehlenden Erfolgen sein investiertes Kapital davonfließen und war nahe daran, den Vertrag mit Otto wieder aufzulösen. Nach zweijähriger Forschung reichte Otto zum drittenmal ein Patentgesuch beim Handelsministerium ein. Diesmal erhielt er eine positive Antwort. 1867 wurde sein »athmosphärischer Gasmotor« an der Weltausstellung in Paris vorgestellt. Obwohl die Maschine vor allem durch ihre lauten Betriebsgeräusche auffiel, stand nach Messungen fest, daß sie einen viel größeren Wirkungsgrad aufwies als alle anderen ausgestellten Motoren. Otto und Langen wurde für diese Leistung die höchste Auszeichnung, eine Goldmedaille, verliehen.

Endlich war der Erfinder überzeugt, seiner Braut eine komfortable Zukunft bieten zu können. Über zehn Jahre hatte die treue Anna Gossi auf diesen Tag gewartet. Am 23. Mai 1868 wurden sie getraut.

Der Motor war aber noch verbesserungswürdig; aus diesem Grunde wurden zahlungskräftige Teilhaber gesucht und auch gefunden. 1872 wurde die »Gasmotorenfabrik Deutz A. G.« gegründet. Für die technische Leitung konnte man Gottlieb Daimler (1834–1900) gewinnen, der neben Carl Friedrich Benz (1844–1929) als der Schöpfer des modernen Kraftwagens gilt. 1876 konnte Otto mit einer weiter entwickelten Motorvariante aufwarten: dem Viertaktgasmotor mit verdichteter Ladung – kurz Ottomotor genannt. 1877 patentiert, stellte der neue Motor alles bisher Dagewesene in den Schatten und wurde bald weltweit bekannt.

1881 übertraf sich Nikolaus August Otto selbst durch die Erfindung eines äußerst effektiven Zweitaktmotors. Um 1885 folgte endlich die Entwicklung der »Niederspannungsabreißzündung«. Dadurch wurde dank Otto erstmals die Verwendung flüssiger Brennstoffe möglich. Nikolaus August Otto verstarb 1891, seine Frau Anna – finanziell glänzend abgesichert – überlebte ihn um volle einundzwanzig Jahre.

Ozean

Okeanos (lat. Oceanus)

Der Ozean umfließt das Paradies (aus der Lutherbibel von 1545)

In der Vorstellung der alten Griechen war die Weltscheibe von einem großen Strom umgeben, als dessen göttlicher Repräsentant Okeanos angesehen wurde. Okeanos, Sohn des Uranos und der Gaia, Bruder und Gemahl der Tethys und Vater der 6000 Okeaniden (Meernymphen) und der Flüsse, war der älteste der zwölf Titanen. Im furchtbaren Kampf des Zeus gegen Kronos, in dem alle Titanen außer Prometheus und Themis auf der Seite von Kronos standen, war Okeanos der einzige seines Geschlechts, der nach dem Sieg Zeus' nicht in die Unterwelt verbannt wurde. Okeanos hatte nämlich während des Kampfes Zeus' Gattin Hera verborgen und beschützt.

Der mächtige Okeanos soll im äußersten Westen gewohnt haben, dort, wo ☞ Atlas einst die Welt abstützte. Seefahrer brachten ihm über Jahrhunderte bei der Ausfahrt Opfer dar und baten um seinen Schutz.

Im 17. Jahrhundert bürgerte sich der Begriff in der deutschen Sprache ein und bezeichnet seither die gewaltigen Weltmeere, welche die Kontinente umspülen: den Atlantik, den Stillen oder Pazifischen Ozean und den Indischen Ozean.

P

Pamphlet

Pamphilus (12. Jh.)

Als Schmähschrift kann das erste Pamphlet nun wirklich nicht bezeichnet werden. Unter dem Titel *Pamphilus seu de amore (»Pamphilus, oder von der Liebe«)* erschien im 12. Jahrhundert in Frankreich eine mittellateinische Liebeskomödie eines unbekannten Autors. Das Werk umfaßt nur wenige Seiten. Inhaltlich geht es, grob gesagt, darum, daß der arme Pamphilus mit Hilfe von Venus und einer Kupplerin die reiche Galathea gewinnt.

Im Mittelalter erfreute sich das Stück großer Beliebtheit. So wie man die Fabeln des Äsop als »Äsopet« bezeichnete, nannte man die kleine Liebeskomödie »Pamphilet«.

Die Schreibweise veränderte sich und mit ihr auch die Bedeutung. Im 14. Jahrhundert stand der Begriff »pamphlet« in England für kleine Flugschriften oder Broschüren. In den Niederlanden wurden sie »pamfletten«, in Frankreich »le pamphlet« genannt. Seit 1760 steht der Begriff »Pamphlet« im deutschen Sprachgebrauch für eine kurze Schrift, die in der Regel polemisch argumentiert und jemanden persönlich attackiert. Ein Pamphlet ist also eine Schmähschrift, die bewußt verletzen und Mißstände (oder vermeintliche Mißstände) an den Pranger stellen will. – Von der Liebeskomödie zur Schmähschrift: eine seltsame Wandlung!

Panik, Panflöte

Pan

Im Mittelalter versetzte das Bild des gehörnten Teufels auf Bocksfüßen die Menschen in panische Angst. Der griechische Hirtengott Pan glich ein wenig dem Teufel; daß auch er mit seinen Hufen und seinem Kopf aussah wie ein Ziegenbock, ist kein Zufall, war er doch bekannt dafür, daß er – lüstern wie ein Bock – allen Nymphen nachsetzte (☞ *Echo*). Mit den Silenen und Satyrn, den festfreudigen Wesen mit Pferdeohren, Hufen und Schweif, gehörte er gelegentlich auch zum Gefolge des Dionysos, des Gottes des Weins und der Ekstase.

Pan liebte es, Menschen und Tiere zu erschrecken. In der Mittagshitze, wenn alles ruhte, sprang er hinter einem Baum hervor und gab unheimliche Laute von sich, durch die er die Ruhenden aus dem Schlaf riß und in panikartige Zustände versetzte.

Daß er zum »Erfinder« der Panflöte wurde, ist seiner großen Leidenschaft zuzuschreiben, die er für alle Nymphen hegte. Einst verfolgte er Syrinx, deren Keuschheit ihn besonders reizte. Er jagte ihr nach, bis sie zu einem Fluß gelangten. Als Syrinx sah, daß es kein Entkommen gab, verwandelte sie sich in ein Schilfrohr, um ihre Unschuld zu schützen. Der Hirtengott schnitzte aus dem Rohr eine Flöte mit sieben Pfeifen, die seither Syrinx oder Panflöte heißt – eine verteufelt gute Idee, die bis heute unter Musikbegeisterten viele Anhänger gefunden hat. Panik wird mit den Klängen der Panflöte allerdings nicht verbreitet. Im Gegenteil: In Wolfgang Amadeus Mozarts »Zauberflöte« gelingt es dem Vogelfänger Papageno gar, seine Papagena mit diesem Instrument anzulocken.

Paparazzo (Plural: Paparazzi)

Ennio Flaiano (1910–1972)

Das pulsierende Leben in der Römer Via Veneto übte in den spätern fünfziger Jahren eine besondere Anziehungskraft auf Menschen in aller Welt aus. Berühmtheiten scharten sich um die Tischchen der Straßencafés: Schauspieler und Adlige, Intellektuelle, Künstler und Schaulustige, die sich an dem Spektakel erfreuten. Dazwischen sensationslüsterne Fotografen, die alles aufs Spiel setzen, um Prominente in möglichst verfänglichen Situationen vor die Linse zu kriegen, die ihrerseits (fast) alles tun, um gesehen zu werden. In diesem *»Jahrmarkt der Eitelkeit«* (auch dies ein geflügeltes Wort, nach dem Titel des berühmten Romans von William Makepeace Thackerey, 1811–1863) spielt auch Federico Fellinis berühmter Film *La dolce vita* (»Das süße Leben«). Der Film eroberte 1960 die Kinos im Sturm und ging in die Filmgeschichte ein.

Eine der Haupfiguren ist der Klatschjournalist Marcello, der von Marcello Mastroianni gespielt wird. Für seinen fotografierenden Kollegen konnte Fellinis Drehbuchautor Ennio Flaiano lange keinen Namen finden. Mehr durch Zufall geriet er eines Tages an einen Werbeprospekt für Kalabrien und stieß dort auf den Nachnamen eines Hoteliers, der wie angegossen auf den Fotografen paßte: *Paparazzo*. Heute muß der Name des armen kalabresischen Wirtes für die gesamte Zunft der Prominentenjäger herhalten, die einen ausgesprochen zweifelhaften Ruf genießt.

Pappenheimer

Gottfried Heinrich, Graf zu Pappenheim (1594–1632)

Der Graf zu Pappenheim zählte zu jenen Naturen, die sich nur auf dem Schlachtfeld wohl fühlen. Der Dreißigjährige Krieg (1618–1648) bot ihm ausreichend Gelegenheit, seiner üblen Leidenschaft nachzugehen.

Schon als Kind stand ihm die militärische Laufbahn auf die Stirn geschrieben – in Form eines Muttermals, das an zwei gekreuzte Schwertklingen erinnert haben soll. Er diente sich vom einfachen Reitersoldaten bis zum General hoch. 1620 führte er unter Tilly die Reiterei des Kurfürsten von Bayern in der Schlacht am Weißen Berg durch seine Tollkühnheit zum Sieg. Drei Jahre später war er General eines Reiterregiments. 1632 starb er auf dem Schlachtfeld bei Lützen – wohl nicht ganz so, wie er es sich gewünscht hatte: Statt an der Spitze einer Reiterattacke den Heldentod zu sterben, wurde er im Lager von zwei Musketenkugeln niedergestreckt.

Obwohl er Lutheraner war, kämpfte Pappenheim in diesem Religionskrieg auf katholischer Seite. Ob er die Fronten aus Überzeugung oder aus Karriereüberlegungen wechselte, ist nicht überliefert.

Fest steht, daß Graf Pappenheim fast zwei Jahrzehnte von Schlacht zu Schlacht, von Belagerung zu Belagerung zog und dabei so oft verwundet wurde, daß ihn seine Soldaten seiner vielen Narben wegen »Schrammhans« nannten.

Daß sein Name in den allgemeinen Sprachgebrauch eingegangen ist, verdankt Pappenheim Friedrich Schiller (1759–1805) *(☞ Schil-*

lerlocke). Im »Wallenstein« spricht der Feldherr im dritten Akt von »Wallensteins Tod« (III, 15) den oft (und falsch) zitierten Satz: *»Daran erkenn' ich meine Pappenheimer.«*

Wenn Schillers Wallenstein von seinen »Pappenheimern« spricht, also von den Truppen des Grafen Pappenheim, dann meint er dies durchaus anerkennend. Daß die Redewendung heute eher scherzhaft gebraucht wird, hat mit den historischen Tatsachen wenig zu tun. Die Soldateska des Grafen Pappenheim muß ein Haufen von üblen Mordbuben gewesen sein, deren Helden- oder Greueltaten (je nach Perspektive) die Zeit mitgeprägt haben. Hier soll nur die Erstürmung Magdeburgs 1631 erwähnt werden, bei der Pappenheims Truppen Tausende von Menschen niedermetzelten und schließlich die eroberte Stadt in Brand setzten.

Parkinsonsche Krankheit Parkinsonsches Gesetz

James P. Parkinson (1755–1824) Cyrill Northcote Parkinson (geb. 1909)

Über das Leben des Paläontologen und Arztes aus London wissen wir nur wenig. Immerhin haben seine zahlreichen Abhandlungen und Zeitungsartikel eine dünne Spur gelegt. Parkinson engagierte sich sehr für politische Reformen, z.B. für das allgemeine Stimmrecht. In zahllosen ☞ Pamphleten unter dem Pseudonym »Old Hubert« prangerte er die sozialen Mißstände seiner Zeit an und bejubelte die Französische Revolution. 1794 stand er unter dem Verdacht, sich an dem Komplott gegen Georg III. beteiligt zu haben, aber es konnte ihm nichts nachgewiesen werden. Seine zweite große Leidenschaft war seine Fossiliensammlung, die er in jahrelanger Arbeit zusammengestellt hatte. Die Ergebnisse seiner Forschungen präsentierte er in seinem dreibändigen Werk *»Organic Remains of a Former World« (»Organische Überbleibsel einer früheren Welt«),* das er zwischen 1804 und 1811 verfaßt hatte.

Parkinsons medizinische Publikationen waren nicht nur für Fachkreise, sondern oft auch für ein breiteres Publikum bestimmt. Sein Ratgeber *»Medical Admonitions Addressed to Families Respecting the Prac-*

tice of Domestic Medicine and the Preservation of Health« enthält Anleitungen für Laien, wie man selber einfachere Krankheiten heilen konnte und welche Maßnahmen man zur Vermeidung und Heilung von Krankheiten zu treffen hatte.

1817 beschrieb Parkinson in *»An Essay on the Shaking Palsy«* anhand von sechs Krankheitsbildern verschiedene Formen der Schüttellähmung *(Paralysis agitans)*. Er zeigte den typischen Verlauf dieses degenerativen Leidens auf, von dem Teile des Gehirns betroffen sind, die die Bewegungen des Körpers steuern. Merkmale sind Muskelstarre, schlecht kontrollierte und langsame Muskelbewegungen, ständiges Zittern und eine Veränderung der Körperhaltung und oft ein starrer, maskenhafter Gesichtsausdruck. Parkinson mußte sich, was die Ursachen der Krankheit anbelangt, mit Vermutungen zufriedengeben.

Seine Arbeit über die sogenannte »Schüttellähmung« erschien lediglich in kleiner Auflage. Es sollte ein halbes Jahrhundert vergehen, bis sie ernst genommen und die Krankheit nach ihrem Autor »Parkinsonsche Krankheit« genannt wurde.

In jüngerer Zeit schuf ein Namensvetter und Landsmann Parkinsons, der Historiker Cyrill Northcote Parkinson (geb. 1909) einen weiteren geflügelten Begriff – die »Parkinsonschen Gesetze«. Damit wird die Unfähigkeit bürokratischer Apparate bezeichnet, sich zu erneuern. Im Endstadium bläht sich die Bürokratie zunehmend auf, beschäftigt sich ausschließlich mit sich selbst und geht letztlich daran zugrunde. Eine witzige und scharfsinnige These, die leider im Alltagsleben kaum widerlegt wird.

Pasteurisation

Louis Pasteur (1822–1895)

Pasteur stammte aus einfachen Verhältnissen. Seinem Vater war unter Napoleon das Kreuz der Ehrenlegion verliehen worden, und er schwärmte noch Jahre danach von der ruhmreichen Vergangenheit. Dies tröstete den Gerber über die triste Gegenwart hinweg. Louis war das dritte von fünf Kindern. Sein älterer Bruder verstarb früh. So wuchs Louis mit drei Schwestern auf. In seiner Schulzeit tat er sich nie als besonders guter Schüler hervor, seine Noten lagen im Durchschnitt. Im letzten Schuljahr wurde Pasteur von Ehrgeiz gepackt. Er schloß mit exzellenten Resultaten ab, so daß er zu einem Vorbereitungskurs am höheren Gymnasium in Paris zugelassen wurde. Nach einem Monat litt er unter starkem Heimweh und kehrte zur Familie zurück. 1814 schloß er seine Ausbildung am Literargymnasium im nahen Besançon ab. In Physik waren seine Leistungen knapp genügend, in Chemie mittelmäßig.

Er fiel durch die Aufnahmeprüfung zur Polytechnischen Hochschule in Paris und begann eine Ausbildung als Lehrer. 1847 promovierte er tatsächlich in Physik. Als seine Mutter an einer Hirnblutung starb, fühlte er die Verantwortung seinen Geschwistern gegenüber und ließ sich 1848 als Professor für Physik nach Dijon versetzen, in unmittelbare Nähe der Familie. Aber schon wenige Wochen später wechselte er an die Straßburger Universität. Dort muß ihn die Liebe wie ein Blitz getroffen haben, denn eine Woche nach der Ankunft in Straßburg hielt er um die Hand der Tochter des Rektors an. 1854 wurde Pasteur als Chemieprofessor an die neugegründete Universität in Lille berufen, später als wissenschaftlicher Direktor an die *Ecole Normale* in Paris. Es folgte der Lehrstuhl für Chemie an der ☞ Sorbonne und 1888 die Gründung des *Institut Pasteur*.

In Lille fand er heraus, weswegen Wein oft sauer wurde und was dagegen unternommen werden konnte. Er empfahl den Weinbauern, die Maische kurz auf unter 100 °C zu erhitzen, um die Hefebakterien, die den Gärungsprozeß einleiten, abzutöten und damit die Gärung zu unterbrechen. Die Bauern waren entsetzt. Doch rasch setzte sich die Idee durch. Das »Pasteurisieren« wurde auch auf Milch- und viele andere Produkte ausgedehnt und ist aus der modernen Nahrungsmittelaufbereitung nicht mehr wegzudenken.

Die Entdeckung, daß Mikroorganismen an chemischen Reaktionen beteiligt sind, warf die Frage auf, woher diese kamen. Bis dahin wurde vermutet, daß Mikroorganismen spontan aus unbelebter (anorganischer) Materie entstünden. Pasteur lehnte diese These aus wissenschaftlicher Sicht und aus religiösen Gründen ab – die Schaffung neuen Lebens sei allein bei Gott. Es gelang Pasteur, Spuren von Mikroorganismen in der Luft nachzuweisen, die sich in keimfreien Stoffen einnisten und dort den Fäulnisprozeß in Gang setzen. Diese Erkenntnis machte Pasteur berühmt und setzte einer Jahrhunderte alten Debatte ein Ende. Seine Forschungsergebnisse publizierte er

1862 in seinem berühmten Werk *»Mémoire sur les corpuscules organisés qui existent dans l'atmosphère« (»Die in der Atmosphäre vorhandenen organisierten Körperchen«).*

Pasteurs Erkenntnis, daß Bakterien die Ursache für Infektionskrankheiten sind, führte Lord Lister 1865 zu der die Chirurgie revolutionierenden Praxis, die chirurgischen Instrumente vor einer Operation mit Karbolsäure zu sterilisieren.

1865 wurde Pasteur gegen eine Epidemie zu Hilfe gerufen, von der die südfranzösische Seidenraupenzucht befallen war. Es gelang ihm, die Bestände durch Isolierung der kranken von den gesunden Raupen zu retten.

1880 gelang Pasteur ein Durchbruch: Sein Assistent hatte eine Kultur von Hühnercholeraerregern den Sommer über liegengelassen. Diese wurden gesunden Hühnern eingespritzt und zeigten nur schwache Folgen. Denselben Hühnern wurden nun frische Erreger eingespritzt, was diese unversehrt überlebten. Neue Hühner hingegen, die die erste Spritze nicht erhalten hatten, brachen unter der zweiten Injektion zusammen. Pasteur hatte damit eine Schutzimpfung gegen die Hühnercholera entdeckt. 1885 konnte er dem neunjährigen Joseph Meister mit einer Tollwutimpfung das Leben retten. Meister lebte noch 55 Jahre und arbeitete als Pförtner im *Institut Pasteur*. Als er 1940 von den Nazis aufgefordert wurde, Pasteurs Grab zu öffnen, beging er Selbstmord.

Philippika

Philipp II. von Makedonien (382 v. Chr.–336 v. Chr)
Demosthenes (384–322 v. Chr.)

Eine Philippika ist eine Kampf-/Anklagerede oder eine »Standpauke«. Aber welcher Philipp hat sie wem gehalten?

Philipp II. von Makedonien war das, was wir heute einen »Realpolitiker« nennen. Jedes Mittel war ihm recht, wenn es darum ging, seine Macht zu stärken, auch Bestechung und Krieg. Sein politisches Credo soll er in folgenden Worten zusammengefaßt haben: *Auch die höchstgelegene Festung kann eingenommen werden, wenn sie ein mit Gold beladener Esel erreichen kann …*

Nach dem Tod seines Bruders Perdikkas III. übernahm er die Regentschaft für dessen unmündigen Sohn Amyntas. Er übte das Amt so gut aus, daß ihn das Volk 359 v. Chr. zum König ausrief. Philipp plante und verwirklichte den Aufstieg Makedoniens zur Großmacht. Er eroberte Illyrien und Epirus und stieß bis zum Bosporus vor. Doch der Ausbau der makedonischen Macht auf dem Balkan rief Athen auf den Plan – es kam zu ersten Kämpfen. Der Friede von 346 v. Chr. währte nur wenige Jahre. Wieder kam es zum Krieg, und wieder siegte Philipp.

Der König wollte die Griechen nicht vernichten, sondern in sein Reich eingliedern. Als Führer des panhellenischen Reiches wollte er danach den Kampf gegen die Perser aufnehmen, die von Kleinasien her eine ständige Bedrohung bildeten. Dazu sollte es nicht mehr kommen. Bei der Hochzeit seiner Tochter Kleopatra in Aigai fiel Philipp 336 v. Chr. einem Mordanschlag zum Opfer. Es blieb Sohn Alexander *(☞ Alexandriner)* vorbehalten, die Pläne des Vaters in die Tat umzusetzen.

Athen empfand von Beginn der Expansion an die Erfolge Philipps als Bedrohung. Der Widerstand gegen ihn wurde angeführt von dem glänzenden Redner und Politiker Demosthenes. Die Begabung, seine Zuhörer mitzureißen, war diesem nicht in die Wiege gelegt worden. Er stotterte, lispelte und litt unter Kurzatmigkeit. Durch eisernes Training – er legte sich sogar einen Kieselstein unter die Zunge – verbesserte er schließlich seine Aussprache so, daß er zu einem der berühmtesten Redner des Altertums wurde. Vor dem ersten Friedenschluß mit dem Makedonier hielt Demosthenes 352 seine erste Philippika, in der er die attische Freiheit beschwor, die er durch Philipp bedroht sah. 349 griff Philipp die Stadt Olynth an – Demosthenes verlangte in seinen drei »olynthischen Reden« von den Athenern, daß sie der Stadt zu Hilfe eilten. Doch in Athen hörte man nicht auf ihn, und Olynth fiel in die Hände Philipps. 344 brachte die zweite Philippika die Athener dazu, ein Friedensangebot Philipps abzulehnen. Philipp mischte sich nun offen in innerathenische Belange ein, und Demosthenes hielt seine dritte und vierte Philippika. Sie konnten nicht verhindern, daß Philipp den attischen Bund in der Schlacht von Chaironeia im Herbst 338 entscheidend schlug.

Schon in der Antike wurde die Philippika sprichwörtlich: Cicero nannte seine vierzehn Reden, die er nach der Ermordung Julius Cäsars 44 v. Chr. gegen Marcus Antonius hielt, »philippicae«.

Philipp II. erscheint auch im berühmten »geflügelten Wort« *(☞ Büchmann)* von Shakespeare (Julius Cäsar, IV, 3): *»Nun, zu Philippi will ich denn dich sehn«*, woraus wurde: *»Bei Philippi sehen wir uns wieder.«* Cäsars Mörder Brutus wiederholt damit, was ihm vom Geiste Cäsars angekündigt worden ist. Tatsächlich wird Brutus zusammen mit Cassius 42 v. Chr. von Octavian und Marcus Antonius bei Philippi besiegt werden, der Stadt, die von Philipp II. erobert und nach ihm benannt worden war.

Piepmatz ☞ Rüpel
Pilatus ☞ Von Pontius zu Pilatus

Platonische Liebe

Platon (lat. Plato) (428/27 v. Chr.–347 v. Chr.)

Das Schicksal vieler bedeutender Denker, Wissenschaftler und Künstler ist es, daß sie in der Öffentlichkeit oft nur wegen eines Details aus ihrem gesamten Schaffen bekannt werden.

So erging es ☞ Röntgen oder ☞ Pasteur und vielen anderen. Und so erging es auch Platon, dem großen griechischen Philosophen.

Die Tatsache, daß Platon eigentlich Aristokles hieß, ist kaum bekannt, denn seine Schüler nannten ihn seiner breiten Schultern wegen Platon – »der Breite«. Und nur unter diesem Namen kennen wir den Philosophen.

Platon stammte aus einem vornehmen Athener Geschlecht. Eine politische Laufbahn schien vorbestimmt. Unter dem Einfluß seines Lehrers Sokrates (470–399 v. Chr.) wurde er sozialen Ungerechtigkeiten gegenüber sensibilisiert. Es wurde ihm unmöglich, in einer Oligarchie (Herrschaft der wenigen) seine Ideale zu verwirklichen.

Platon schuf ein neues philosophisches System, das vorsokratische Elemente mit sokratischen Fragestellungen verband: die Grundlage der westlichen Philosophie. Platon ging in seinen meistens als Dialoge geschriebenen Schriften von einer sichtbaren und einer unsichtbaren, nur dem Geist zugänglichen Welt aus.

Am vollkommensten beschreibt er seine Ideen in der Schrift »Symposion« (»Das Gastmahl«). Er erklärt hier den Eros (die Liebe)

Ausschnitt aus dem Gemälde »Die Schule von Athen« von Raffael

zur treibenden Kraft des philosophischen Strebens nach dem Schönen und Guten. »Er gibt damit diesem Wort, das ursprünglich im Griechischen die Liebe (den Zeugungstrieb) bezeichnete – auch der Liebesgott heißt Eros *(☞ Erotik, Eros)* –, eine vergeistigte und höhere Bedeutung. Eros ist das Streben, vom Sinnlichen zum Geistigen fortzuschreiten; der Drang des Sterblichen, sich zur Unsterblichkeit zu erheben, und zugleich das Verlangen, diesen Trieb in andern wachzurufen« (H. J. Störig). Wenn wir von »platonischer Liebe« sprechen, so meinen wir damit eine rein geistige Liebe, die jeden sinnlichen, sexuellen Kontakt vermeidet. Das ist aber nicht in Platons Sinne: Ihm geht es darum, daß der Leib nicht *mehr* als die Seele geliebt werde. Im übrigen bezieht sich die entsprechende Stelle bei Platon nicht auf die Liebe zwischen Mann und Frau, sondern zwischen Männern, die damals weit verbreitet war.

Noch ein anderes Wort in unserer Sprache führt uns auf Platon zurück. Nach dem Tode Sokrates' *(☞ Xanthippe)* (er wurde wegen »Gottlosigkeit« verurteilt und mußte den Schierlingsbecher nehmen) gründete Platon seine eigene Schule in der Nähe der Kultstätte des Heros Hekademos bzw. Akademos in Athen. Diese Schule im Olivenhain wurde bald *Akadémeia* genannt, eine Bezeichnung, mit der sich noch heute zahlreiche Hochschulen schmücken.

Plutokrat, Plutokratie

Plutos

In den politischen Karikaturen der Arbeiterbewegung vor allem der Zwischenkriegszeit ist der Plutokrat, der reiche »Geldsack«, die bestgehaßte Figur: Er trägt einen Zylinder, pafft eine dicke Zigarre, und als Sitzmöbel bevorzugt er er einen vollen Geldsack.

Die alten Griechen, die in Plutos die Gottheit des Getreidevorrates, später des Reichtums verehrten, hätten den Sack mit Getreidekörnern gefüllt, denn in ihrer ursprünglich agrarisch geprägten Kultur war der größte Reichtum ein wohlgefüllter Getreidespeicher. Deshalb galt Plutos auch als Sohn der Erdgöttin Demeter. Auf einem frisch gepflügten Felde soll sie ihn mit dem Sterblichen Iasion gezeugt haben. Entsprechend oft erscheint er auf Vasen als Junge mit Füllhorn oder Ährenkorb.

Anders sah Komödiendichter Aristophanes (445–385 v. Chr.) den Gott des Reichtums. In seinem Stück *»Plutos« (»Der Reichtum«)* (388) ist Plutos ein von Zeus zur Blindheit verdammter Greis, der seine Gaben den Falschen, nämlich den Ungerechten und Habsüchtigen, zukommen läßt. Er wird gegen den Widerstand der Göttin der Armut geheilt. Im Besitz des Augenlichts, verteilt er den Reichtum gerecht an die Rechtschaffenen und Armen. Die Reichen und Neureichen gehen jetzt leer aus. Sie beklagen sich bei Plutos, werden von diesem aber abgewiesen.

Verdienen sich Plutokraten ihren Reichtum etwa nicht durch harte Arbeit? Diese Unterstellung würden sie bestimmt vehement von sich weisen – und Aristophanes, der geniale Satiriker, würde sich über ihren Ärger freuen.

Pompadour

Jeanne-Antoinette Poisson, Marquise de Pompadour (1721–1764)

Was die Marquise de Pompadour trug, wurde Mode. So zum Beispiel das kleine beutelförmige Handtäschchen, Pompadour genannt, das sie als modisches Accessoire gerne bei sich trug.

Geboren wurde die Marquise als Bürgerliche; sie hieß Jeanne-Antoinette Poisson. Ob Monsieur Poisson wirklich ihr Vater war, ist fraglich. Schließlich war es ein offenes Geheimnis, daß sich ein reicher Herr namens Lenormant de Tournehem sehr innig um ihre Mutter gekümmert hatte. Später verbandelte der Verehrer der Mutter die junge Jeanne-Antoinette mit seinem Neffen, dem Finanzbeamten Normant d'Étioles, den Jeanne-Antoinette 1741 ehelichte. Die Ehe wurde schon 1744 geschieden, denn der jungen Dame stand der Sinn nach Höherem.

In Paris führte sie einen beliebten Salon. Künstler und Literaten, etwa der berühmte Voltaire (1694–1778), gaben sich die Klinke in die Hand, denn Madame war nicht nur schön, sondern auch überaus geistreich.

1745 erreichte Jeanne-Antoinette ein Zwischenziel. Sie wurde bei Hof eingeführt. Bald erlangte sie die Gunst Ludwigs XV. (1715–1774). Der König machte sie zu seiner Mätresse und verlieh ihr den Adelstitel Marquise de Pompadour. Auch der sarkastische Friedrich II. von Preußen, genannt der Große (1740–1786), bedachte sie aufgrund ihrer Karriere, die sie ganz offensichtlich in den Schlafgemächern einflußreicher Männer gemacht hatte, mit einem Titel: Verächtlich nannte er sie »Ihro Majestät Kotillon III.« (Majestät Unterrock).

Die Marquise zeichnete sich nicht nur als Gesellschaftsdame bei Bällen und anderen Festen am Hofe aus, sie nutzte auch ihre privilegierte Stellung und machte ihren Einfluß in der Politik geltend. Es gelang ihr, die wichtigsten politischen Machthaber der Zeit davon zu überzeugen, daß Österreich nicht zu schwächen, sondern als Bündnispartner gegen Preußen und England einzusetzen sei. Die Folge dieser Politik war der Siebenjährige Krieg (1756–1763), den Friedrich gewann. Der Krieg hatte verheerende Auswirkungen und trieb Frankreich an den Rand des Ruins.

Dies kümmerte die Pompadour wenig. Viele Frauen eiferten ihr nach, imitierten die offenherzige Kleidung der Marquise und trugen ihr Haar zu wahren Türmen auffrisiert »à la Pompadour«. Im Volk aber war Madame ihrer unsinnigen Verschwendungssucht und der zahlreichen Skandale wegen verhaßt. Aber sie scherte sich den Teufel darum – »nach uns die Sintflut« soll ihre Devise gelautet haben. Die intelligente Frau schaffte es jedenfalls, ihren Einfluß auf den König auch dann zu bewahren, als dieser sich längst jüngeren Gespielinnen zugewandt hatte.

Potemkinsche Dörfer

Grigorij Alexandrowitsch, Fürst Potemkin (russ. Potjomkin) (1739–1791)

Der sächsische Diplomat G. A. W. von Helbig (nach anderer Quelle hieß er Essen) begleitete 1787 zusammen mit anderen Diplomaten aus Westeuropa Katharina II. (1729–1796) auf einer Reise in den Süden ihres Reiches. Die Zarin wollte die neukolonialisierten Gebiete im Süden und die Halbinsel Krim besichtigen und wohl auch die Diplomaten gebührend beeindrucken.

Helbig hatte sich vor Antritt der Reise Informationen beschafft, die wenig verheißungsvoll klangen. Seine Erwartungen erfüllten sich nicht. Die Leitung der Reise unterstand Fürst Potemkin, dem Günstling, Geliebten und politischen Ratgeber der Zarin. Unter seinem Oberbefehl hatte Rußland die Krim 1783 annektiert. Der Fürst hatte eine steile Karriere hinter sich: Er war Generalgouverneur der südlichen Provinzen, Vizepräsident und ab 1784 Präsident des Kriegskollegiums sowie Feldmarschall. Ab 1785 bekleidete er überdies das Amt eines Generalinspekteurs der Armee.

Potemkin hatte für alles gesorgt; achtzig Boote standen den geladenen Gäste für die Reise auf dem Dnjepr zur Verfügung, sieben davon waren originalgetreue Nachbildungen römischer Galeeren. An Bord sorgten Musiker für Stimmung. Nach Einbruch der Dunkelheit wurden die Gäste mit Feuerwerken unterhalten. Einen nachhaltigen Eindruck hinterließ zweifellos auch die Begegnung mit der Bevölkerung: Immer dann, wenn die Schiffe eines der schön herausgeputzten Dörfer passierten, standen am Ufer junge, kraftstrotzende Menschen und jubelten der Zarin zu.

Zarin Katharina II., die Große

Helbig traute seinen Augen nicht; das Bild, das sich ihm hier bot, konnte nicht echt sein. Es war doch nicht möglich, daß Rußland innert kürzester Zeit die Steppengebiete der Krim zu zivilisieren vermochte. In seinen Aufzeichnungen zeigte er sich überzeugt davon, daß Bewohner aus anderen Landstrichen in dieses Gebiet zwangsumgesiedelt worden waren, um der Zarin und ihren Begleitern ein eindrucksvolles Schauspiel vorzuführen. Weiter vermutete er, daß immer die gleiche Viehherde in der Nacht die Reisegesellschaft überholte, um am folgenden Tag auf einer anderen Weide zu grasen. Helbig wollte nicht einmal glauben, daß die Dörfer echt waren: Wohl mußte er zugeben, daß die Häuser in Wassernähe auch wirklich bewohnbare Gebäude waren, doch in den hinter diesen stehenden glaubte er Attrappen erkannt zu haben. Die schmucken Siedlungen waren für ihn »Potemkinsche Dörfer«.

Ein wenig hat Potemkin wohl schon geschummelt. Alte und Kranke durften sich der Zarin nicht zeigen, und die Farbe an den Häusern roch frisch – aber daß sich die Mär von den »Potemkinschen Dörfern« bis heute hartnäckig in vielen Geschichtsbüchern hält, hat Potemkin nicht verdient, denn seine Leistungen als Kolonisator waren beachtlich. Nicht nur siedelte er russische und fremde Bauern im Schwarzmeergebiet an (auch deutsche Siedler waren darunter), er gründete auch Städte wie Sebastopol, Feodosia und Cherson und schuf die russische Schwarzmeerflotte. Reine Verleumdung also, der wir immerhin ein geflügeltes Wort verdanken, das immer dann verwendet wird, wenn etwas mehr scheinen soll, als es in Wirklichkeit ist.

Praline

César, Herzog von Choiseul, Graf von Plessis-Praslin (1598–1675)

Ganz so »zuckersüß«, wie man meinen könnte, war Graf du Plessis-Praslin nicht. Zur Zeit des Dreißigjährigen Krieges (1618–1648) war er Generalleutnant und Marschall von Frankreich. In den Kämpfen der Fronde (1648–1653), der politischen Bewegung des französischen Hochadels, die sich gegen die absolutistischen Machtbestrebungen Ludwigs XIV. (1643–1715) erhob, schlug er sich frühzeitig auf die Seite des Königs. Als Dank für seine Loyalität wurde ihm 1665 der Titel eines Herzogs verliehen.

Wie jeder Feldherr träumte wohl auch er davon, ruhmvoll in die Geschichte einzugehen; aber der Herzog von Choiseul ist nicht wegen seiner militärischen Verdienste berühmt geworden, sondern wegen seines Kochs. Dieser probierte immer wieder neue Rezepte aus, um dem verwöhnten Gaumen seines Herrn Abwechslung zu bieten. Einmal röstete er Mandeln, wendete sie in flüssigem Zucker und überzog sie schließlich mit einer Glasur.

Die neue Leckerei hatte Erfolg. Der Koch gab ihr nicht etwa seinen eigenen Namen, sondern den seines Herrn. Er nannte die süße Versuchung »Prasline«. Im Laufe der Jahrhunderte verlor sich das »s« im Wort, auch die Rezeptur wurde verbessert und verfeinert.

So entstand der Name für die heute noch beliebte Köstlichkeit, die Praline. Das war wohl nicht der Weg, auf dem der Herzog in die Unsterblichkeit einziehen wollte.

Prießnitzumschlag

Vincenz Prießnitz (1799–1851)

Selten beginnt eine erfolgreiche Karriere mit einem Unfall.

Vincenz Prießnitz, Sohn eines schlesischen Landwirtes, zog sich als Siebzehnjähriger Rippenbrüche und starke Quetschungen zu, als er von einem durchgehenden Pferd stürzte. Die Behandlung nahm er in seine eigenen Hände. Er verarztete sich mit kalten Umschlägen und genas rasch. Die Methode hatte er Bauern abgeschaut, die damit verletzte Tiere gesundpflegten. Neugierig geworden, wandte er die Methode zuerst bei Familienmitgliedern an, später konsultierten ihn die Menschen seines Dorfes, denn seine ungewöhnlichen Heilerfolge hatten sich herumgesprochen.

Damit war der Grundstein für eine Heilmethode gelegt, die Prießnitz berühmt machen sollte – die Prießnitzwickel: Kaltwasserumschläge aus mehreren Stoffschichten, die unter einem groben Wolltuch langsam trockneten und Erleichterung und Heilung verschafften. Ab 1826 fanden sich auch wohlhabende Kranke aus der weiteren Umgebung ein, um sich im neuerbauten Badehaus in Prießnitz' Heimatdorf Gräfenberg kurieren zu lassen. Ärzte und Behörden begegneten Prießnitz mit Mißtrauen. Zweimal wurde Klage wegen Kurpfuscherei erhoben – ohne Erfolg. Die Prießnitzwickel waren zum Begriff geworden.

Heute gilt Prießnitz mit ☞ Kneipp und ☞ Schroth, seinem Konkurrenten in nächster Nähe, als einer der Begründer der Naturheilkunde. Leider hat der Heilkundige seine Behandlungsmethoden nie schriftlich festgehalten – er besaß nur eine rudimentäre Schulbildung. Viele Ärzte studierten seine Verfahren und übernahmen sie mitsamt den Diätvorschriften und den Anleitungen für die Leibesübungen, die von seinen Anhängern eifrig befolgt wurden.

Der Sturz vom Pferd hat Prießnitz nicht nur berühmt gemacht, sondern auch reich – das Vermögen, das er hinterließ, wurde auf acht bis zehn Millionen ☞ Taler geschätzt.

Pullmanwagen

George Mortimer Pullman (1831–1897)

Wer in der Zeit zwischen der Mitte des letzten und der Mitte unseres Jahrhunderts exklusiv reisen wollte, reservierte sich ein Schlafabteil in einem Pullmanwagen, dinierte im fahrenden Pullmanrestaurant und genoß die Aussicht mit einem Glas Sherry in der dazugehörigen Pullmanlounge.

George Mortimer Pullmans Familie hätte sich eine solche Reise nicht leisten können. Pullmans Vater arbeitete als Mechaniker und

Demonstration der Widerstandsfähigkeit eines Pullmanwagens bei einem Zusammenstoß

verfügte nicht über die finanziellen Mittel, um seinen zehn Kindern eine höhere Ausbildung bieten zu können. George Mortimer ging schon mit vierzehn Jahren von der Schule und nahm einen Job in einem Laden an. Nach drei Jahren stieg er in das Tischlergeschäft seines Bruders ein. Als die Auftragslage knapp wurde, beschloß er, sich in Chicago niederzulassen, wo es Arbeit in Hülle und Fülle gab.

Seit seiner Reise von New York nach Chicago trug er sich mit dem Gedanken, die unbequemen Schlafgelegenheiten in den Waggons zu verbessern. 1858 schloß er mit der *Chicago & Alton Railroad* einen Vertrag und baute drei Reisewagen in wohnlich ausgestattete Schlafwagen um. Obwohl sich diese Wagen bald großer Beliebtheit erfreuten, gaben sich die anderen Bahngesellschaften noch zurückhaltend. 1865 konnte jedoch der erste »richtige« Pullmanwagen mit luxuriöser Innenausstattung in Betrieb genommen werden. Nach anfänglichen Schwierigkeiten – die ersten Wagen waren so hoch gebaut worden, daß sie durch keine Tunnels fahren konnten – stellte sich schließlich der Erfolg ein. Bald verkehrten die Pullmanwagen auf dem gesamten Schienennetz der Vereinigten Staaten, später auch in Europa. Die Produktion wurde ausgebaut und auf mehrere Fabriken verteilt. Besonderes Ansehen genoß die Niederlassung in der Arbeitersiedlung Pullman, die nach dem innovativen Industriellen benannt wurde. Die Vorstadt Chicagos wurde 1880 eigens für die Angestellten der Pullmanwerke erbaut und galt lange Zeit als gesündeste Industriesiedlung der Welt. Auch investierte Pullman die gewaltige Summe von 1,2 Millionen Dollar in die Einrichtung einer Handwerkerschule, deren Besuch kostenlos war.

In den siebziger Jahren unseres Jahrhunderts schien die Zeit der Pullmanwagen abgelaufen. Die meisten von ihnen wurden verschrottet, andere überleben in Museen. Nostalgische Eisenbahnfreunde kamen auf die Idee, die Pullmanwagen zu erhalten und Luxusfahrten zu organisieren. Das Angebot hatte Erfolg – so können wir noch heute den Luxus unserer Vorfahren genießen, wenn wir das nötige Kleingeld aufbringen.

Pumpernickel ☞ Nickel

Pyrrhussieg

Pyrrhos I., König von Epirus (319–272 v. Chr.)

Im zarten Alter von zwölf Jahren bestieg Pyrrhus den Thron von Epirus, wurde kurz danach abgesetzt und mußte mehr als zehn Jahre warten, bis es ihm mit Hilfe seines Schwiegervaters, Ptolemaios I., im Jahre 297 v. Chr. endlich gelang, die Herrschaft in Epirus wieder zurückzugewinnen. Ptolemaios war einer der Generäle Alexanders *(☞ Alexandriner)*, die nach dessen Tod das Reich unter sich aufteilten (sogenannte »Diadochen«. Auf sie gehen die »Diadochenkämpfe« zurück, die Konkurrenzkämpfe um die Nachfolge für ein bedeutendes politisches oder wirtschaftliches Amt.)

Sein ganzes Leben lang war Pyrrhos vom Traum beseelt, das einstmalige Weltreich Alexanders wieder zu errichten, wobei der neue Alleinherrscher selbstverständlich Pyrrhos heißen sollte.

Pyrrhos war beliebt, von edlem Charakter und ein begnadeter Feldherr. Tatsächlich schaffte er es, Makedonien, das Stammland Alexanders, zu besetzen und es 274 v. Chr. zurückzuerobern. Bald aber wurde er zurückgedrängt, und er mußte sich nach neuen Kampfesfeldern umsehen.

Als ihn Tarent, die spartanische Kolonie in Unteritalien, gegen Rom zu Hilfe rief, sah Pyrrhos die Gelegenheit gekommen, im Westen ein neues Reich zu erobern. Mit fünfundzwanzigtausend Soldaten und zwanzig Kriegselefanten fiel er in Italien ein. Er errang zwei große Siege über das römische Heer, aber die Schlachten von Herakleia (280 v. Chr.) und Ausculum bei Apulien (279 v. Chr.) tru-

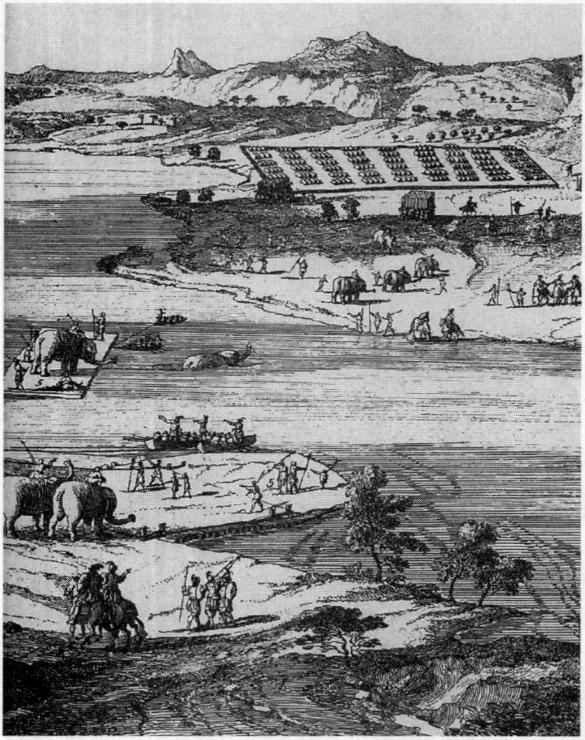

Wie Pyrrhus setzte auch Hannibal Kriegselefanten im Kampf gegen die Römer ein

gen seinem eigenen Heer so schwere Verluste ein, daß er angesichts der riesigen Zahl gefallener Krieger ausrief: *»Noch einen solchen Sieg, und wir sind verloren!«* Als er schließlich (275 v. Chr.) nach Epirus zurückkehren mußte, begleiteten ihn gerade noch achttausend seiner Soldaten.

Pyrrhussiege, nach denen zwar die Schlacht gewonnen, der Krieg hingegen verloren ist, hat es in der Weltgeschichte immer wieder gegeben. Daß man sie nach ihm benannte, ehrt Pyrrhos durchaus, sein Ende hingegen war weniger ruhmvoll: Er starb während eines Straßenkampfes in Argos – erschlagen von einem Ziegelstein.

Q

Quisling

Vidkun Abraham Lauritz Quisling (1887–1945)

Obwohl Quisling 1887 in der Provinz Telemark geboren wurde, hat der berühmt-berüchtigt gewordene Norweger nichts mit dem Skifahren zu tun. Sein Name ist zum Inbegriff des Landesverräters geworden.

Quisling konnte seinen Eltern nie verzeihen, daß sie ihm neben dem nordischen Vornamen Vidkun auch noch den Vornamen Abraham gegeben hatten. Denn auf Juden war er Zeit seines Lebens schlecht zu sprechen.

Quisling absolvierte eine Militärkarriere und brachte es bis zum Major im Generalstab. Nachdem er zuerst mit den Sowjets sympathisiert hatte, brachte seine Tätigkeit als Militärattaché in Rußland 1922–1926 einen Gesinnungswandel. Von nun an machte er den Marxismus für alle Übel der Welt verantwortlich.

Sein Heil glaubte er nun im Faschismus gefunden zu haben. 1933 gründete Quisling die erzkonservative Partei »Nasjonal Samling« (»Nationale Sammlung«). 1931/32 bekleidete er das Amt des Kriegsministers, verlor jedoch den Posten, nachdem er in einer großen Rede den Führern der Arbeiterpartei revolutionäre Machenschaften und landesverräterische Absichten vorgeworfen hatte.

Ziel seiner Partei war es, Norwegen zu alter Größe zurückzuführen – das Wikingerreich sollte auferstehen. Mit seinen Ideen stieß Quisling im eigenen Land auf wenig Gegenliebe. Aus der Tatsache, daß er mit Hitler-Deutschland sympathisierte, machte er kein Hehl. 1939 unterrichtete er Hitler von der bevorstehenden britischen Okkupation norwegischer Häfen und schlug diesem die Besetzung Norwegens vor. Als am 9. April 1940 die überlegene deutsche Armee die Kapitulation Norwegens erzwang, schlug Quislings große Stunde. Er baute seine Partei nach dem Vorbild der NSDAP aus und verlieh sich selbst den Titel eines »Förer«. Am 1. Februar 1942 wurde unter seiner Ägide eine »Nationale Regierung« gebildet, die mit aller Härte gegen oppositionelle Kräfte, Arbeiter, Juden und Kommunisten vorging.

Der Zusammenbruch des nationalsozialistischen Deutschlands bedeutete Quislings Ende. Am 9. Mai 1945 wurde er verhaftet, vor Gericht gestellt und wegen Hochverrats zum Tode verurteilt.

R

Rasta

Haile Selassie I. (Ras Tafari) (1892–1975)

Wer würde auf Anhieb vermuten, daß die Wurzeln der jamaikanischen Rastafari-Bewegung, die in der Reggae-Musik ihre bekannteste Ausdrucksform findet, auf dem afrikanischen Kontinent liegen?

Haile Selassie I., König und später Kaiser von Äthiopien, wurde 1892 in Harar als Tafari Makonnen geboren. Als Sohn eines Ras, eines Adligen, genoß er eine angemessene Schulbildung und verständigte sich schriftlich und mündlich in den Sprachen Ge'ez (Alt-Äthiopisch, Kirchensprache der christlichen Äthiopier), Amharisch (offizielle Landessprache) und Französisch. Erste Gehversuche auf der politischen Bühne machte er früh: Kaum sechzehnjährig, wurde Tafari zum Herrscher über eine Provinz im Süden ernannt. 1910 kehrte er als Statthalter in die Heimatstadt Harar zurück. Nachdem der damalige Herrscher abgesetzt worden war, wurde 1916 Tafaris Tante Zauditu zur Kaiserin gekrönt, während Tafari Makonnen – mittlerweile in den Rang eines Ras erhoben – zum Thronfolger aufrückte und die Regierungsgeschäfte seiner Tante führte. Ras Tafari vertrat in dieser Regierungszeit eine fortschrittliche Politik: Mit großem Einsatz kämpfte er für die internationale Anerkennung Äthiopiens, das er 1923 in den Völkerbund führte, für bessere Lebensbedingungen und Ausbildungsmöglichkeiten und die Abschaffung der Sklaverei.

1930 sollte Ras Tafari Makonnen Nachfolger seiner Tante werden und gleichzeitig den Namen Haile Selassie I. annehmen. Für die Rastafarianer war ein anderes Datum allerdings weitaus bedeutsamer: 1928, bevor Ras Tafari den Thron bestieg, wurde er zum Negus gekrönt. In Wochenschauen flimmerten die Bilder um die ganze Welt. Nirgendwo hinterließen sie einen tieferen Eindruck als in Jamaika. Die Anhänger der dortigen »Back to Africa«-Bewegung deuteten die Krönung Ras Tafaris als Zeichen für die erhoffte Befreiung der Schwarzen in Amerika. Der äthiopische König und spätere Kaiser wurde zum Messias der Glaubensgemeinschaft.

Die religiöse Lehre der Rastafari-Anhänger beruht im wesentlichen auf dem mosaischen Recht, wobei sie sich vor allem auf das dritte Buch Mose (Leviticus) berufen *(☞ Leviten lesen)*, das Gesetze für Priester enthält. Sie sehen sich dem gleichen Schicksal wie die Israeliten ausgesetzt und fühlen sich wegen der jahrhundertelangen Unterdrückung und Ausbeutung durch die Weißen als die »wahren Juden«.

Haile Selassie I. hatte oft mit innen- und außenpolitischen Schwierigkeiten zu kämpfen. Nach der Eroberung Äthiopiens durch Italien mußte er 1936 nach England ins Exil flüchten, kehrte jedoch 1941 nach dem Zusammenbruch der italienischen Herrschaft in sein Heimatland zurück. Nach dem Zweiten Weltkrieg blieb Äthiopien trotz Modernisierungsversuchen und Finanzspritzen aus dem Ausland eines der ärmsten Länder der Erde. 1955 wurde eine neue Verfassung ausgerufen, das Parlament erhielt ein größeres Mitspracherecht; eine Landreform, die der feudalen Gesellschaftsordnung ein Ende machen sollte, konnte Haile nicht durchsetzen.

An der Gründung der OAU, der *Organisation für die Einheit Afrikas*, deren Zentralsekretariat in Addis Abeba Sitz hat, war Haile 1963 maßgeblich beteiligt, und auch bei Versuchen zur Vermittlung in innerafrikanischen Streitigkeiten (u. a. im Biafrakrieg) verschaffte er sich Respekt.

Ein erster Putschversuch des Militärs 1960 mißlang; 1974, nach einer entsetzlichen Hungersnot, versuchte es das Militär nochmals – diesmal mit Erfolg. Haile Selassie wurde entmachtet und unter Hausarrest gestellt. Am 27. August 1976 wurde sein Tod bekanntgegeben. Seine sterblichen Überreste wurden erst 1992 gefunden und in einer Gedenkfeier beigesetzt, an der auch viele Rastafari-Anhänger aus Jamaika teilnahmen. Sie bezeichneten die Zeremonie allerdings als »Geburtstagsfeier«, denn ein Gott kann ja schließlich nicht zu Grabe getragen werden.

Reaumur-Skala

René-Antoine Ferchault de Réaumur (1683–1757)

Die Tierversuche, die der französische Techniker und Biologe Réaumur zu Forschungszwecken anstellte, waren harmlos und würden heute bei engagierten Tierschützern kaum Proteste hervorrufen: Um zu beweisen, daß Verdauung ein chemischer und kein mechanischer Prozeß ist, wie dies zu Réaumurs Zeit noch geglaubt wurde, verabreichte er einer Möwe Nahrung in einer kleinen Metallhülse, deren Öffnung mit einem Drahtnetz verschlossen war. Die Möwe schlang die Hülse hinunter und würgte sie nach wenigen Stunden wieder aus. Die Nahrung war schon halb verdaut – die Magensäfte waren durch das Gitter in die Hülse geflossen und hatten dort ihre »zersetzende« Wirkung entfaltet.

Réaumur war ein vielseitiger Forscher. Aus wohlhabender Familie stammend und schon früh vom König mit einer Jahrespension zusätzlich gefördert, widmete er sich ausschließlich seiner Forschungstätigkeit. Der Jungeselle nahm auch kaum am gesellschaftlichen Leben teil.

Hervorragende Ergebnisse erzielte er als Naturwissenschafter. Er verfaßte ein Werk über den Aufbau des Bienenstaates und bewies nach eingehendem Studium von Mollusken und Korallen, daß sie Tiere und nicht Pflanzen sind, wie man bis anhin geglaubt hatte.

Auch der Technik verhalf er zu neuen Erkenntnissen: Hervorzuheben sind seine Untersuchungen zur Stahlgewinnung, zur Schmiedekunst und Porzellanherstellung. Insbesondere sein Werk *»L'art de convertir le fer forgé en acier et l'art d'adoucir le fer fondu«* (*»Über die Kunst, Schmiedeeisen in Stahl umzuwandeln«*, 1722) war bahnbrechend: Réaumur unterschied erstmals verschiedene Eisenformen nach der Art ihrer Struktur, wie sie sich an den Bruchstellen zeigt. Er erkannte, daß die Qualitätsunterschiede auf Unterschiede im Kohlenstoffgehalt zurückzuführen waren, und gab eine hervorragende Erklärung für den Zementierungsprozeß, bei dem die Oberfläche geschmiedeten Eisens eine Stahlstruktur annimmt, da sie Kohlenstoff von der Holzkohle aufnimmt. Erst Jahrzehnte später konnten seine Erkenntnisse wissenschaftlich durch genaue Messungen erhärtet werden – Praktiker allerdings hatten seine Theorien längst angenommen und umgesetzt.

1715 beauftragte die französische Akademie der Wissenschaften Réaumur damit, eine Enzyklopädie der Technik zu verfassen, an der er zusammen mit anderen Wissenschaftlern ein Leben lang arbeitete. Das voluminöse mehrbändige Werk erschien in den Jahren 1761–1789, also nach Réaumurs Tod, und trug den Titel *»Descriptions des arts et métiers«*. Aus Réaumurs Feder stammten über hundert der Artikel. Schon ein Jahr nach Erscheinen des ersten Bandes wurde die Enzyklopädie laufend ins Deutsche übertragen. Im Auftrag der Preußischen Akademie der Wissenschaften erschien *»Schauplatz der Künste und Handwerke«* bis 1805 in insgesamt 21 Bänden.

Nicht auf dem neusten Stand war Réaumur, als er mit der Entwicklung eines Thermometers begann. ☞ Fahrenheit hatte schon zehn Jahre früher ein ausgezeichnetes Meßgerät erfunden. Anders als sein Kollege aus Danzig wählte Réaumur eine Skala, die den Gefrierpunkt zwar auch bei Null, den Siedepunkt dagegen bei achtzig Grad festlegte. Sein Meßinstrument war auch ungenauer, da er den Einfluß des Luftdrucks nicht berücksichtigte.

Trotzdem war die Reaumur-Skala (ein Grad Celsius entspricht vier fünftel Grad R) in Frankreich maßgebend, vor allem nachdem P. L. de Luc (1727–1817) eine verbesserte Version entwickelt hatte. Sie ist in Frankreich noch gelegentlich in Gebrauch.

Reineclaude, Reneklode

Claude de France (1499–1524)

Political Correctness ist *der* Begriff der neunziger Jahre unseres Jahrhunderts. Die Manie aber, Verhaltensweisen ändern zu wollen, indem man »unkorrekte« Worte auf den sprachlichen Index setzte, trieb ihre wildesten Blüten schon während der Französischen Revolution.

Mit dem Bannstrahl aus den Reihen der adelsfeindlichen Sprachreformer wurde sogar eine harmlose Pflaume bedacht. Die *Citoyens*, die Bürger der neugeschaffenen Republik, mußten unbedingt vor argen ideologischen Rückfällen bewahrt werden. Denn solche drohten, wenn sie in eine Frucht bissen, deren Namen an eine Königin erinnerte. Nach dem Willen der Revolutionäre sollte die gelbe Pflaumensorte *(Prunus Italica)* ab sofort nicht mehr Reineclaude (Königin Claude), sondern Citoyenneclaude (Bürgerin Claude) heißen.

Die Sprachreformer setzten sich zum Glück nicht durch. Die schmackhafte Pflaume trägt auch heute noch den Namen der Tochter von Ludwig XII. und der Anne de Bretagne. Die Geschichte weiß von ihr lediglich, daß Königin Claude die Frau Franz' I. (1494–1547) war, ihm die Bretagne mit in die Ehe brachte und in rascher Folge sieben Kinder gebar. Vielleicht war ihre Fruchtbarkeit der Grund dafür, daß einst ein längst vergessener Obstbauer die neugezüchtete Pflaumensorte nach ihr benannte.

Ihr Gatte Franz ist bekannter. Er war ein großer König, dem das Glück nicht immer wohlgesinnt war. Die Schweizer allerdings vergessen ihn nie, denn er war es, der die Eidgenossen bei Marignano 1515 vernichtend schlug und damit das Ende der eidgenössischen Großmachtträume einleitete.

Röntgenstrahlen

Wilhelm Conrad Röntgen (1845–1923)

Röntgens Eltern waren Vetter und Base; sie gingen trotz der verwandtschaftlichen Beziehung die Ehe ein. Entgegen der verbreiteten Meinung entsprang der früher nicht unüblichen Verbindung kein degenerierter Kretin, sondern ein wahres Genie. Röntgens Begabung wurde aber nicht sofort erkannt. Willy, wie er genannt wurde, absolvierte die Schule in Holland. Mit siebzehn Jahren besuchte er eine technische Schule in Utrecht, um sich auf ein Hochschulstudium vorzubereiten. Willy war älter als seine Kameraden. Nicht überliefert ist, ob der späte Einstieg seiner schlechten Vorbildung zuzuschreiben ist oder ob er ein schlechter Schüler war. Nach einem Zwischenfall, bei dem Röntgen einen Kameraden in Schutz nehmen wollte, wurde er von der Schule gewiesen. Zwar konnte sein Vater durchsetzen, daß Willy auf seine Hochschulreife hin geprüft wurde. In der Expertenkommission saß ein ehemaliger Lehrer. Prompt fiel Röntgen durch das Examen.

Röntgenapparat 1895

Ein Schweizer machte ihn darauf aufmerksam, daß es möglich sei, an der 1854 eröffneten Eidgenössischen Technischen Hochschule Zürich ein Aufnahmeexamen abzulegen. Er bestand die Prüfung und nahm im Wintersemester 1865 sein Studium an der mechanisch-technischen Abteilung auf. Nach ersten Zwischenprüfungen wurde er vom Direktor persönlich abgemahnt, da Mitarbeit und Leistungen zu wünschen übrigließen. Offenbar verfehlte der Tadel seine Wirkung nicht, denn die Zensuren, die Röntgen bei seiner Diplomprüfung erzielte, waren hervorragend. Seine Freizeit verbrachte der junge Forscher am liebsten mit seinen Freunden in der Wirtschaft »Zum grünen Glas«. Dort konnte er sich in aller Ruhe über physikalische Probleme unterhalten – zudem hatte es ihm die Tochter des Wirtes angetan.

1870 wurde dem in Zürich lehrenden Experimentalphysiker August Adolph Eduard Eberhard Kundt (1839–1894) eine Professur in Würzburg angeboten. Röntgen folgte seinem Professor, der ihn dazu ermuntert hatte, das Physikstudium aufzunehmen, und der ihn auch sonst in jeder Beziehung förderte, als Assistent nach. Die Wirtetochter Anna Bertha wurde sofort geehelicht und fuhr nach Würzburg mit; fünfzig glückliche Ehejahre sollte Röntgen mit ihr verbringen.

In Würzburg hielt man an alten Traditionen fest. Da Röntgen kein Abitur hatte, wurde ihm verwehrt, hier den Doktor zu machen. Auf Kundts Anraten wechselte er nach Straßburg. Dort habilitierte er und wurde ein Jahr später als Professor für Physik und Mathematik an die 1817 durch Wilhelm I. gegründete »Königlich Württembergische Landwirtschaftliche Unterrichts- und Versuchsanstalt« in Hohenheim bei Stuttgart berufen. Da hier die Möglichkeit zur Forschung beschränkt waren, bemühte er sich um eine andere Anstellung. 1876 wurde ihm eine Professur in Straßburg angeboten, die er drei Jahre innehatte. Danach war er Professor in Gießen (1879), dann in – ausgerechnet! – Würzburg (1888), ab 1900 in München.

In Würzburg machte Röntgen eine sensationelle Entdeckung. Während der Arbeit mit Kathodenstrahlen entdeckte er 1895 eine bis dahin unbekannte Art von Strahlen, die Röntgen selbst dann noch konsequent als X-Strahlen bezeichnete, als sie schon lange nach ihm benannt wurden. Das Besondere an den Strahlen war, daß man mit ihnen feste Gegenstände durchdringen und auf Fotoplatten die Strukturen der Gegenstände erkennen konnte. An die Öffentlichkeit trat er damit erst ein Jahr später. Er meinte, *»daß die Leute, wenn sie es erfahren, sagen würden: ›Der Röntgen ist wohl verrückt geworden.‹«*

Niemand bezeichnete ihn nach der Veröffentlichung als verrückt. Aber von Neidern wurde ihm vorgeworfen, er habe seine Entdeckung aus Zufall gemacht und verdiene nicht, dafür geehrt zu werden. Dabei wurde vergessen, daß Röntgen auch sonst einer der begabtesten Physiker seines Jahrhunderts war. In einer wissenschaftlichen Zeitung wurde er treffend mit folgenden Worten verteidigt: *»Nehmen wir an, daß der Zufall wirklich eine Rolle spielte. – Es gab viele galvanische Wirkungen auf der Welt, ehe Galvani (☞ Galvanismus) zufällig die Zuckungen eines Froschschenkels an dem eisernen Gitter sah. Die Welt ist voll solcher ›Zufälle‹, aber es gibt nur wenige Galvanis und Röntgens.«*

Unzählige Auszeichnungen wurden ihm zuteil; Ehrentitel, Orden, eine persönliche Einladung des Kaisers. Die Erhebung in den Adelsstand durch den Prinzregenten von Bayern lehnte er ab. 1901 erhielt Röntgen den erstmals verliehenen ☞ Nobelpreis für Physik. Das Preisgeld nahm er nicht für sich in Anspruch, sondern spendete es der Universität Würzburg.

Röntgen bewahrte trotz der Bewunderung, die ihm von allen Seiten entgegengebracht wurde, eine bescheidene und freundliche

Art. In seiner Forschung blieb er selbstkritisch, die Veröffentlichung seiner Ergebnisse zögerte er oft lange hinaus, da er sie wieder und wieder überprüfte. Denselben Perfektionismus verlangte er auch von seinen Studenten, denn *»die Physik ist ein Gebiet, um das mit ehrlicher Mühe geworben werden muß. Man kann allenfalls so vortragen, daß ein Laienkreis in die irrtümliche Ansicht versetzt wird, er habe das Vorgetragene verstanden. Das bedeutet aber die Begünstigung der Halbbildung, und die ist schlimmer und gefährlicher als Unbildung.«*

Rorschachtest

Hermann Rorschach (1884–1922)

Im Gymnasium – so will es die Überlieferung – wurde Hermann Rorschach »Klecks« genannt. Den Spitznamen hatte er sich eingehandelt, da er es nicht lassen konnte, in den Unterrichtsstunden in seine Schulhefte zu kritzeln und zu zeichnen.

Rorschach studierte in Neuenburg, Bern, Berlin und schließlich in seiner Heimatstadt Zürich Medizin. Nachdem er sein Staatsexamen abgelegt hatte, arbeitete er zunächst als Assistent, bevor er 1913 ein Praktikum in Moskau absolvierte. Nach seiner Rückkehr in die Schweiz trat er 1911 als Arzt in die Heil- und Pflegeanstalt Herisau ein, wo er bis kurz vor seinem frühen Tod 1922 arbeitete.

Schon während des Studiums wurde Rorschachs Aufmerksamkeit auf die Psychoanalyse gelenkt. In Zürich stand er unter dem Einfluß seines Professors, des bekannten Psychiaters Eugen Bleuler (1857–1939), der als einer der ersten überzeugten Anhänger Sigmund Freuds (1856–1939) außerhalb Wiens gilt. Später setzte sich Rorschach mit den Arbeiten C. G. Jungs (1875–1961) auseinander und wurde in Medizinerkreisen als vehementer Verfechter der umstrittenen Psychoanalyse bekannt.

In seinem Hauptwerk *»Psychodiagnostik«* stellte er 1921 seine Methode der Persönlichkeitsanalyse vor. Im sogenannten Rorschachtest werden Patienten zehn Tafeln mit symmetrischen, schwarzen und farbigen Flächenfiguren (Klecksographie) vorgelegt mit der Aufforderung zu beschreiben, was die Kleckse für sie bedeuten. Die Antworten werden auf Persönlichkeitsaspekte wie Intelligenz, Erlebnistypus, Affektivität, Phantasie, Charakter, Talente und Krankheit augeschlüsselt. Die Analyse erlaubt eine Deutung der Gesamtpersönlichkeit des Patienten und ist deshalb bis heute in der Persönlichkeitsdiagnostik umstritten.

Im Volksmund wird der Rorschachtest auch Tintenkleckstest genannt. Es scheint, als hätten Hermann Rorschachs ehemalige Mitschüler eine Vorahnung gehabt.

Rüpel

Ruprecht, Moses, Matthias, Jan, Johann

Seit dem Mittelalter macht sich die deutsche Sprache einen Spaß daraus, geläufige Personennamen mit mehr oder weniger schmeichelhaften Bedeutungen zu belegen. Eine ganze Reihe von Eponymen gehen auf Kose- und Diminutivformen zurück.

»Ein rüpelhafter Grobian ist ein echter Schinderhannes, wenn er versucht, mit einem mauschelnden Schlendrian Mätzchen zu machen« ist ein Satz, in dem fast nur Eigennamen vorkommen: Rüpel ist nichts anderes als die Diminutivform von Ruprecht. Möglicherweise steht die Bedeutung »ungeschliffener, grober Mensch« unter dem Einfluß der Figur des Knechts Ruprecht, der am 6. Dezember den Nikolaus auf seinem Rundgang begleitet und damit droht, unartige Kinder in seine Tasche zu packen.

Der Grobian und der Schlendrian stehen vielleicht mit dem nordischen Namen Jan in Verbindung.

Schinderhannes – er ist übrigens auch der Held einer Räubergeschichte (*»Der Schinderhannes«* von Carl Zuckmayer) – hieß mit richtigem Namen Johann Bückler und arbeitete als Henkersknecht, bevor er als Wegelagerer die Landstraße zu seiner Heimat machte. Es ist gut möglich, daß er bei seinen Überfällen aus dem Hinterhalt seine Opfer aufforderte, keine Mätzchen (keine Schwierigkeiten) zu machen. Dieser Ausdruck ist von Matthias (Matthäus) abgeleitet. Die Verkleinerungsform »Matz« bezeichnet einen vorwitzig-frechen kleinen Kerl und ist uns auch als Piepmatz geläufig. Das Mauscheln endlich bezeichnet nicht nur eine undeutliche Ausdrucksweise, sondern steht auch für undurchsichtiges Geschäftsgebaren und Betrügereien. Es leitet sich vom jüdischen Eigennamen Moses in der aschkenasischen Aussprache Mausche oder Moische ab. Ins Deutsche ist der Ausdruck über die Gaunersprache Rotwelsch eingeflossen. Hier ist Mausche gleichbedeutend mit Jude, und mauscheln bezeichnet demzufolge Menschen, die in jüdischer bzw. jiddischer Sprache miteinander sprechen und von den gojischen (nichtjüdischen) Mitmenschen deswegen nicht verstanden wurden.

S

Sachertorte

Franz Sacher (1816–1907)

So richtig gut schmeckt die Sachertorte nur in Wien, wenn wir uns dazu einen Einspänner mit Obers (Mokka mit Schlagsahne) servieren lassen.

Besonders delikat mundet das Tortenstück im legendären Hotel Sacher, das zwischen dem Stephansdom und der Wiener Staatsoper liegt. Dort nämlich wird die Torte seit mehr als einem Jahrhundert nach einem geheimem Originalrezept hergestellt.

Erfunden wurde die Sachertorte vom Konditormeister Franz Sacher, der nach einer Ausbildung zum Koch eine Anstellung in der Schloßküche des Fürsten von Metternich (1773–1859) fand. 1832 kreierte Sacher dort die berühmte Torte, deren Rezept wir hier verraten wollen, auch wenn es nicht autorisiert ist: 140 g Butter mit 80 g Zucker schaumig rühren, 180 g geschmolzene Schokolade, danach 8 Eigelb und 1 Päckchen Vanillezucker darunterrühren, 8 sehr steif geschlagene Eiweiß mit 80 g Zucker verrühren und unter die Masse ziehen, zuletzt noch 140 g Mehl vorsichtig hineinmischen, die Masse in eine gebutterte, mit Bröseln bestreute runde Backform füllen und bei mäßiger Hitze backen. Die ausgekühlte Torte umdrehen, mit 200 g Aprikosenmarmelade bestreichen und mit Schokoladenfondant überziehen. Serviert wird die Torte mit Schlagobers.

Sadismus

Donatien-Alphonse-François, Marquis de Sade (1740–1814)

»Die Vernunft, die Vernunft allein muß uns darüber aufklären, daß es nicht glücklich macht, den Mitmenschen zu schaden …, da zu ihrem Glück beizutragen für uns das größte ist, was die Natur uns auf der Erde gegeben hat; alle menschliche Moral ist in diesem Wort enthalten: Man mache die anderen ebenso glücklich, wie man es selbst zu sein wünscht, und füge ihnen nicht mehr Böses zu, als man selbst ertragen möchte.«

Auf den ersten Blick mag verwundern, daß dieser Satz ausgerechnet aus der Feder des Marquis de Sade stammt. Befaßt man sich eingehender mit der Philosophie dieses *Homme de Lettres*, wird klar, daß der überzeugte Atheist mit bürgerlichen Moralvorstellungen nichts anfangen konnte.

Einen Tag nach seiner Geburt, am 3. Juni 1740, wurde der Sprößling aus altem französischem Adelsgeschlecht auf den Namen Donatien-Alphonse-François getauft – versehentlich: Diener brachten den Kleinen zur Kirche, vergaßen aber unterwegs die aufgetragenen Namen, worauf der Pfarrer zur Selbsthilfe griff. Als Donatien vier Jahre alt war, schickten ihn die Eltern zur Großmutter in die Provence und betrauten seinen Onkel Abbé Jacques de Sade mit seiner Erziehung. Standesgemäß trat er später in das beste Internat in Paris ein und wurde 1754 in die Militärakademie der königlichen Garde in Versailles aufgenommen. Als er 1756 im Siebenjährigen Krieg (1756–1763) eingesetzt wurde, bekleidete er bereits den Rang eines Hauptmanns. Nach seiner Rückkehr gab sich der junge Marquis dem Vergnügen und den Frauen hin. Davon hielt ihn auch die Hochzeit 1763 mit der wohlhabenden Renée-Pélagie de Montreuil nicht ab – er hatte sie schließlich nur auf Drängen seines bankrotten Vaters geehelicht. Kaum ein halbes Jahr nach der Hochzeit kam Sade zum erstenmal mit dem Gesetz in Konflikt. Ein Verfahren wegen Unzucht wurde gegen ihn eingeleitet. In der Folge ließ ihn seine Schwiegermutter beschatten, erstaunlicherweise aber verzieh sie ihm alle Affären.

1768 kam es wieder zum Skandal. Angezeigt wurde der Marquis von einer Bettlerin, die er auszupeitschen versucht hatte, was ihm sieben Monate Haft eintrug. Vier Jahre später lautete die Anklage auf Sodomie und Giftmordanschlag. Um vier Prostituierte dazu zu animieren, sich gegenseitig auszupeitschen und zu befriedigen, reichte er ihnen ☞ Pralinen, denen er ein nicht ungefährliches ☞ Aphrodisiakum beigemischt hatte, die »spanische Fliege«, eine Drüsenabsonderung des Käfers *Lytta vesicatoria* aus der Familie der Ölkäfer. Die spanische Fliege war als wirksames »Stärkungsmittel« bekannt – da es das starke Gift Kantharidin enthält, liegt die wirksame Dosis nicht weit entfernt von der schädlichen, ja manchmal tödlichen. Die Frauen verspürten nach dem Genuß der Pralinen Übelkeit und glaubten zu Recht, vergiftet worden zu sein. De Sade konnte sich mit seiner Geliebten und Schwägerin gerade noch rechtzeitig nach Italien absetzen, um der Hinrichtung zu entgehen. Nach mehrjährigem Versteckspiel und weiteren Skandalen kehrte er schließlich 1777 nach Frankreich zurück und wurde auf geheimen königlichen Haftbefehl für mehr als elf Jahre eingekerkert. Einen Teil der Haftstrafe saß er in der Bastille ab. In jener Zeit entstand eines seiner berühmt-berüchtigsten Werke *»Les cent-vingt journées de Sodome« (»Die 120 Tage von Sodom«).*

Die Erstürmung der Bastille 1789, mit der die Französische Revolution eingeleitet wurde, und die damit verbundene Ungültigkeitserklärung der königlichen »Lettres de Cachet« (mit dem königlichen Siegel versehene Geheimbefehle, mit denen Verurteilungen ohne ordentliches Gerichtsverfahren angeordnet wurden) gaben dem Marquis 1790 die Freiheit zurück. Während der nächsten Jahre beteiligte sich de Sade aktiv am revolutionären Geschehen. Er wurde zum Richter ernannt, mußte diesen Posten seiner milden Haltung wegen aber bald an einen blutrünstigen Kollegen abtreten. Mit fadenscheinigen Anschuldigungen wurde de Sade, dessen ideologiefreie Grundhaltung bei Maximilien de Robespierre (1758–1794), einem der Drahtzieher der Französischen Revolution, Mißtrauen erregt hatte, 1793 ein weiteres Mal festgenommen und entkam nur knapp der ☞ Guillotine. 1801 wurde er erneut verhaftet und ins Gefängnis eingeliefert. Auf Veranlassung Napoleons wurde de Sade schließlich in die Irrenanstalt von Charenton eingewiesen, wo er am 1. Dezember 1814 verstarb.

Marquis de Sade war ein überaus produktiver und vielseitiger Schriftsteller, der sich mit den literarischen und philosophischen Strömungen seiner Zeit intensiv auseinandersetzte. In Frankreich, ja in ganz Europa standen de Sades Werke auf dem Index, allzusehr wurde in ihnen nach Meinung der Zensoren das Böse zelebriert und die Pornographie verherrlicht. De Sades Werk ist aber durchaus ernst zu nehmen, auch wenn seine Schilderungen extremer sexueller Praktiken nicht nach jedermanns Geschmack sein dürften. Immerhin hat de Sade Schriftsteller wie Charles Baudelaire (1821–1867) und Gustave Flaubert (1821–1880) stark beeinflußt. Doch wem gelingt es, Sade zu lesen, ohne sofort an den Sadismus zu denken?

Sandwich

John Montagu, 4. Earl of Sandwich (1718–1792)

Der Earl of Sandwich war ein passionierter Spieler. Weil er das Spiel nicht unterbrechen wollte, ließ er sich von Dienern einen kleinen Imbiß, den er mit einer Hand essen konnte, an den Tisch bringen. (Nach anderer Lesart allerdings soll der Earl die freie Hand gebraucht haben, um Damen zu betatschen.)

Es soll hier aber nicht der Eindruck erweckt werden, der Earl of Sandwich sei ein zur Bequemlichkeit neigender Mensch gewesen, denn sein bewegtes Leben ließ ihm keine Zeit, sich körperlich oder geistig gehenzulassen. Nach Beendigung der Schulzeit reiste er mit Freunden durch Europa. Damals war es üblich, sich auf diese Weise geographisches Wissen anzueignen; allerdings beschränkte man sich normalerweise auf Reiseländer wie Frankreich oder Italien. Sandwichs Interesse für alte Kulturen war aber so ausgeprägt, daß er auch Griechenland und die Türkei bereiste.

1739 wurde er Mitglied des Oberhauses, des »House of Lords«. Er arbeitete kompetent und ernsthaft in Ausschüssen mit und genoß bald hohes Ansehen. Seine junge Ehe war glücklich. Schon bald konnte der Earl, der während des österreichischen Thronfolgekrieges als Diplomat und Stratege wichtige Arbeit geleistet hatte, seine politischen Fähigkeiten weiter unter Beweis stellen. Der junge Mann machte schnell Karriere: 1748 erster Lord der Admiralität, 1753 Staatssekretär. Zu seinen Ehren benannte James Cook (1728–1779, ☞ Bougainvillea), der englische Weltumsegler, der von Sandwich gefördert wurde, den neuentdeckten hawaiischen Archipel »Sandwich Islands«.

Neben dem Kartenspiel widmete sich der Earl zahlreichen anderen Hobbies; Kricket, Tennis und Segeln zählten zu seinen Lieblingssportarten. Seit seiner Jugendzeit hatte er sich erstaunliche Kenntnisse als Linguist und Orientalist angeeignet, daneben beherrschte er die klassischen Sprachen Latein und Griechisch. Mit ähnlichem Enthusiasmus beschäftigte er sich mit Geschichte, Astronomie und Numismatik.

So erfolgreich seine politische Karriere auch verlief, über seinem Privatleben hingen dunkle Wolken. Seine Frau litt seit der Geburt ihres Sohnes John unter starken Depressionen und wurde schließlich in ein Irrenhaus eingeliefert. Vier seiner Söhne und zwei Schwiegertöchter sah Sandwich sterben. Von seinen Enkelkindern überlebte ihn nur ein einziges. Sandwich nahm sich eine siebzehnjährige Geliebte, Martha Ray, und gründete mit ihr einen neuen Haushalt. Martha wurde das Opfer eines jungen Offiziers, der sich hoffnungslos in sie verliebt hatte – er erschoß Martha vor der Oper in Covent Garden aus Eifersucht, da sie nicht von Sandwich lassen wollte.

Zur selben Zeit wurde auf der politischen Bühne heftig gegen den Earl intrigiert. Taktische Fehler und ein Korruptionsverdacht, der auf ihm lastete, zwangen Sandwich zur Demission.

Sandwichs bestanden zu Zeiten des Earls aus zwei dünnen gebutterten Weißbrotscheiben mit Rindfleisch dazwischen. Die zweite Lage Brot diente ausschließlich der ☞ Hygiene. Die Finger wurden nicht fettig, und die Spielkarten blieben sauber.

Saxophon

Antoine-Joseph (genannt Adolphe S.) Sax (1814–1894)

Sax' Vater war Instrumentenmacher in Brüssel. Er baute Violinen, Gitarren und Harfen, seine Vorliebe jedoch galt den Blechblasinstrumenten. Sohn Adolphe trat in seine Fußstapfen, nachdem er am Konservatorium in Brüssel mit Erfolg Flöte und Klarinette studiert hatte. Der junge Sax vereinte das Wissen des Instrumentenbauers und des Musikers auf ideale Weise. Bald begann er an Klarinetten und Baßklarinetten zu experimentieren.

1842 reiste er nach Paris, da er in Brüssel im Schatten seines Vaters stand. Adolphe nahm ein Exemplar eines von ihm neu entwickelten Instruments mit. In Paris richtete er sich ein kleines Atelier ein und baute mit Erfolg erstklassige Standardinstrumente.

Nach kurzer Zeit hatte er wichtige Kontakte geknüpft und stieß mit seinem Saxophon bei berühmten Musikern auf reges Interesse. Vor allem im französischen Komponisten Hector Berlioz (1803–1869) fand er die notwendige Unterstützung. Eines Tages sprach Sax beim Kriegsminister persönlich vor, beschwerte sich über das tiefe Niveau der Militärmusik und bot ihm eine Marschkapelle an, die auf den von ihm erbauten Instrumenten spielte. Ein öffentlicher Wettkampf wurde durchgeführt. Die achtunddreißigköpfige Kapelle, die auf Sax-Instrumenten spielte, gewann die Gunst des zahlreich aufmarschierten Publikums gegen die viel größere Militärkapelle. Damit hatte sich Sax das Monopol im Bereich der Militärmusik gesichert.

Er reichte Patentanträge für Instrumente wie das Saxhorn (Bügelhorn), die Saxtromba und natürlich das Saxophon ein, das er in acht verschiedenen Größen herstellte.

Sax war bekannt für seine Streitsucht und sein egozentrisches Verhalten. Pressekampagnen wurden gegen ihn gestartet, seine besten Arbeiter abgeworben, ein mysteriöser Brand zerstörte einen Teil seiner Werkstatt, und auch von tätlichem Angriff blieb er nicht verschont. Obwohl von seinen Rivalen oft kopiert, schreckte auch Adolphe nicht davor zurück, fremde Ideen als seine eigenen auszugeben. Eine Reihe von Gerichtsverfahren wurden gegen ihn eingeleitet, die zum Ziel hatten, seine Patente für ungültig zu erklären. Zweimal ging er gar bankrott. Einige hängige Prozesse waren noch bei seinem Tod nicht entschieden.

Von all den Querelen unberührt, fand das Saxophon seinen Weg weit über die Militärmusik hinaus. Dank des Jazz wurde es eines der meistgespielten und -geliebten Instrumente unseres Jahrhunderts. Schade, daß Sax weder Sidney Bechet noch Charlie Parker, Coleman Hawkins, Lester Young, Stan Getz, Gerry Mulligan, Jimmy Guiffre je auf seinem Instrument hat spielen hören.

Scharwenzel, scharwenzeln

Wenzel I. der Heilige (um 910–929 n. Chr.)

Der Bube im Kartenspiel, besonders im Skat, ist seit dem 18. Jahrhundert auch unter der Bezeichnung Scharwenzel bekannt. Der Begriff ist vom Männernamen Wenzel abgleitet. Der berühmteste Vertreter dieses Namens ist der heiliggesprochene Herzog Wenzel I. von Böhmen (tschechisch Václav).

Die Herrschaft des Herzogs stand zu Beginn seiner Regierungszeit (um 921) unter bayrischem Einfluß. So verwundert es nicht, daß die Burgkirche, die Wenzel in Prag erbauen ließ, dem heiligen Veit (☞ *Veitstanz*), dem Lieblingsheiligen des Herzogs Arnulf von Bayern, geweiht wurde. Später distanzierte sich Wenzel von der bayrischen Oberhoheit und ging ein Bündnis mit dem deutschen König Heinrich I. (regierte 919–936) ein, wohl weil dieser seiner Kirche eine wertvolle Reliquie vermachen konnte – einen Arm des heiligen Veit. Seine Biographen finden für Wenzel nur lobende Töne. Der Herzog war hoch gebildet, trieb die Christianisierung des Landes voran und soll wie ein Heiliger gelebt haben. Auch den Anschluß Böhmens an das Deutsche Reich unterstützte er tatkräftig. Allerdings waren nicht alle Untertanen mit den politischen und konfessionellen Ideen Wenzels einverstanden und setzten sich vehement zur Wehr. Es war Wenzels eigener Bruder Boleslaw I., der die heidnisch-nationale Opposition anführte und sich schließlich dazu entschloß, eigenhändig für einen Machtwechsel in Böhmen zu sorgen: 929 ermordete er den heiligen Wenzel. Dieser hatte ihm eben die Macht übertragen wollen. Boleslaw hatte zu spät davon erfahren. Von Reue erfüllt, überführte er die Leiche des Bruders in den Veitsdom.

Der politische und ideologische Kurs, den Wenzel während seiner kurzen Regierungszeit eingeschlagen hatte, verfehlte seine Wirkung im Lande nicht. Als Landespatron von Böhmen war und ist Wenzel unglaublich populär.

»Scharwenzel« bezeichnete später über die Spielkarte hinaus einen ungemein dienstbeflissenen Menschen, der den lieben langen Tag um Höhergestellte »herumscharwenzelt«, nach unten aber kräftig zu treten pflegt.

Im Gegensatz zum Scharwenzler führt sich der Fatzke alles andere als unterwürfig auf: Er tut sich durch Hochmut und Eitelkeit hervor. Namenspatron ist jedoch ebenfalls Wenzel. Über die Koseformen seines Namens, Wacek bzw. Wacku, hat der heilige Wenzel ein zweites Mal Eingang in unsere Sprache gefunden. Der Festtag des Heiligen, den die nach seinem Namen gebildeten Eponyme wohl wenig freuen würden, ist der 28. September.

Schillerlocke, Schillerkragen

Friedrich von Schiller (1759–1805)

Heute können sich junge Menschen, die Friedrich Schillers Dramen im Deutschunterricht mehr als Pflichtlektüre denn als Lesegenuß empfinden, nur schwer vorstellen, welch revolutionäre Sprengkraft diese in ihrer Zeit besaßen. Nach der Uraufführung der »Räuber« 1782 beschimpfte ihn das Establishment, die »Szene« aber bejubelte ihn – und beide taten es aus demselben Grund: Da hatte einer ganz neue Töne gewagt.

Wie es sich für einen echten Star gehört, wurde Schiller auch in Fragen der Mode zum Trendsetter. Sein offener Hemdkragen, ohne die steife Halsbinde getragen, wurde von einer ganzen Generation von Dichtern und Möchtegernen nachgeahmt, die sich mit ihren Schillerkragen demonstrativ gegen die Konventionen der Gesellschaft stellten.

Auch Schillers Haartracht wurde kopiert. In einer Zeit, in der ein seriöser Mensch noch Perücke zu tragen hatte, ließ sich Schiller mit seinen eigenen, ungebärdigen Locken sehen. Viele taten es ihm nach.

Schiller-Verehrer von damals wären wohl betrübt zu sehen, daß heute die Schillerlocke nur noch als kulinarischer Leckerbissen Bedeutung hat. Die Definitionen im ☞ Duden: *»Dünner, geräucherter, eingerollter Streifen vom Bauchlappen des Dornhais«* und *»Aus Blätterteig hergestelltes Gebäck in Form einer Rolle, die mit Schlagsahne gefüllt ist.«*

Aber warum sollte es Schiller besser ergehen als andern Großen, die zur süßen Kugel (Mozart), zum Keks *(☞ Leibnizkeks)* oder zum sauren Hering (Bismarckhering) wurden?

Schinderhannes ☞ Rüpel
Schlendrian ☞ Rüpel

Schmock

Schmock

Einen Schmock nennen wir einen gesinnungslosen Journalisten oder Schriftsteller. Er gibt nur große Worte von sich, da er kein Ohr für Zwischentöne hat. Ein Phrasendrescher also, der gar nicht erst den Versuch macht, die Spreu seiner Gedanken vom Weizen zu trennen. Mit viel Getöse sattelt er jedesmal seinen Pegasus, auch wenn er dann nur bis zur nächsten Ecke reitet, um Zigaretten aus dem Automaten zu ziehen.

Gustav Freytag, Radierung von Karl Stauffer-Bern, 1887

Was er in seinen »verschmockten« Texten schreibt, entspricht immer dem Zeitgeist. Der Inhalt ist ihm Nebensache; wenn es gewünscht wird, wechselt er über Nacht seine Meinung – Hauptsache, er findet glänzende Formulierungen.

Ursprünglich ein slowenischer Schimpfname (»Narr«), wandelte sich das Wort in Prag »zur Schelte des verschrobenen jüdischen

Phantasten« (Friedrich Kluge). Der Schriftsteller Gustav Freytag (1816–1895) lernte das Wort durch einen Freund kennen und verwendete es als Name für einen Schreiberling in seinem Lustspiel »Die Journalisten«, das 1852 uraufgeführt wurde. Das Stück steht heute auf keinem Spielplan mehr, die Nebenfigur des Schmock aber, der sich so wortreich darüber beklagen kann, daß sein Chefredakteur *»lauter Brillantes, die Zeile zu fünf Pfennig«* von ihm verlange, hat sich als Begriff verselbständigt. Vielleicht, weil es – nicht nur unter Journalisten – immer neue Schmöcke gibt.

Schrapnellgeschoß

Henry Shrapnel (1761–1842)

Schon in seiner Jugend übten schwere Geschütze auf Henry Shrapnel eine mächtige Faszination aus. Folgerichtig trat er 1779, als Achtzehnjähriger, in die königliche Artillerie ein. Mit seiner Einheit war er in Neufundland, auf Gibraltar und in Westindien stationiert.

Seine große Zeit begann im Jahre 1804, als er zum Artillerie-Inspektor ernannt und in das Arsenal von Woolwich versetzt wurde. Dort wurde ihm die Möglichkeit geboten, an der Entwicklung tödlicher Geschosse herumzutüfteln.

Er erfand ein mit Hartblei- oder Stahlkugeln gefülltes Hohlgeschoß, das bald nach ihm benannt wurde. Durch einen Zeitzün-

Die Völkerschlacht bei Leipzig

der wird der Sprengsatz kurz vor dem Einschlag der Granate gezündet. Der Mantel zerbirst, und die Kugeln und Metallfetzen decken viel »effizienter« als die herkömmlichen Geschosse einen großen Bereich ab, mit verheerenden Folgen.

Die Waffenkonstrukteure Shrapnel (sein plötzlicher Tod verhinderte, daß er geadelt wurde) und Sir William Congreve (1772–1842) – er baute die ersten Raketen – vervielfachten die Zerstörungskraft englischer Waffen im frühen 19. Jahrhundert. Ihre Geschosse säten bald Tod und Entsetzen in aller Welt. Schrapnellgeschosse wurden erstmals gegen Napoleon eingesetzt und trugen zu den entscheidenden Niederlagen des Kaisers in der Völkerschlacht bei Leipzig (1813) und bei Waterloo (1815) bei.

Schrebergarten

Daniel Gottlob Moritz Schreber (1808–1861)

Schreber gilt als Begründer der Schrebergartenbewegung – die Kleingärten wurden allerdings erst einige Jahre nach seinem Tod nach ihm benannt und waren ursprünglich auch keine Gärten, sondern Kinderspielplätze …

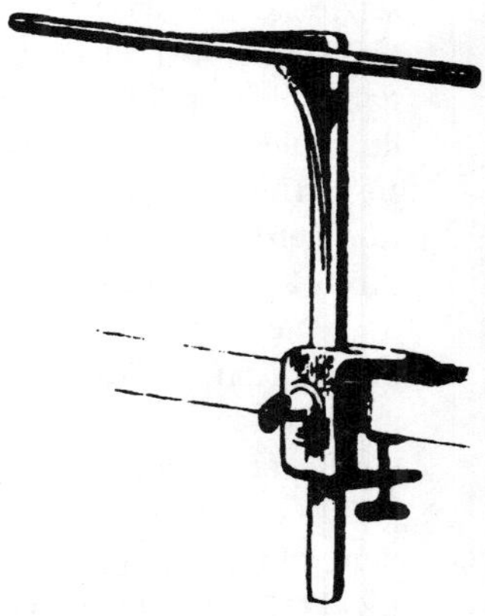
Der Geradehalter nach Schreber

Schreber leitete eine orthopädische Klinik in Leipzig. Er behandelte Kinder mit Haltungsschäden. Durch seinen Beruf fühlte er sich gedrängt, Präventivmaßnahmen zu empfehlen. Er hielt zahllose Vorträge und verfaßte viele Schriften über Fragen der Gesundheit und der Kindererziehung. Sein Buch »Ärztliche Zimmergymnastik« war weit verbreitet. Schrebers Ansichten erscheinen uns heute oft abstrus – beispielsweise sollte der »Geradehalter«, eine Stütze an der Tischkante, die wir geradezu sadistisch finden, Kinder davon abbringen, sich beim Schreiben vornüberzubeugen. Zu seiner Zeit aber waren dies eher gemäßigte Vorschläge.

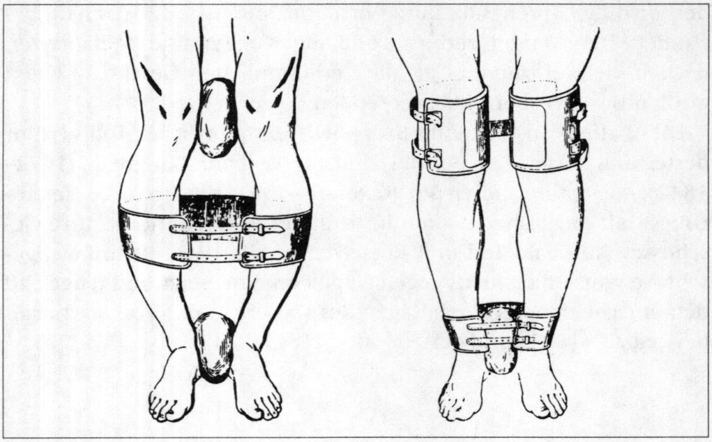

Vorrichtungen zur Behandlung von O- und X-Beinen nach Schreber

Um 1865 wurde in Leipzig ein pädagogischer Verein gegründet, der zu seinen Ehren Schreberverein genannt wurde. Die Vereinigung setzte sich für die Schaffung von Spielplätzen an frischer Luft ein. Schließlich wurden geeignete Grünflächen gefunden. Bald war klar, daß ohne tatkräftige Mitarbeit der Eltern die Plätze verwildern würden. Diese übernahmen die Schreberplätze – bald aber begannen sie Gartenbeete anzulegen, pflanzten Gemüse, Obst und Beeren an und verbrachten die Sonntage vom Frühjahr bis in den Herbst mit ihren Kindern im Freien. Die ersten Hütten und Lauben entstanden. Die Schrebergärten wurden zur liebsten Freizeitbeschäftigung der Arbeiter und Kleinbürger. Die ursprüngliche Zweckbestimmung ging allerdings nach und nach verloren. Wehe, wenn nun ein Kind ein Beet zertrampelte oder einen Ast abbrach …

Schreber hatte fünf Kinder, drei Töchter und zwei Söhne. Von den Söhnen beging der ältere, Daniel Gustav, Selbstmord, und Daniel Paul, der jüngere, ging als einer der berühmtesten Fälle Freuds *(☞ Ödipuskomplex)* in die Geschichte der Psychoanalyse ein. Er veröffentlichte unter dem Titel *»Denkwürdigkeiten eines Nervenkranken«* ein Buch über seine Erfahrungen als psychisch Kranker. Das Schicksal der beiden Söhne hat den schlechten Ruf, den der Vater oft genießt, noch verschlimmert. Dafür wird er vor allem von den Anhängern der Schrebergartenbewegung um so mehr geschätzt.

Schrothkur

Johann Schroth (1800–1856)

Schroth wurde als Sohn eines Fuhrmannes in Böhmischdorf in Nordmähren geboren. Er besuchte einige Jahre die Schule, lernte lesen, schreiben und rechnen. Nach dem frühen Tod seines Vaters mußte er sich um die Leitung des Fuhrbetriebs und um den dazugehörigen Pferdebestand kümmern. Eines der Tiere versetzte ihm 1818 einen derart heftigen Tritt, daß Schroths rechtes Kniegelenk in Brüche ging. Der Bruch heilte bald, die Kniescheibe blieb aufgeschwollen, das Bein steif. Auf Anweisung eines Ordensbruders behandelte Schroth das lädierte Knie mit feuchten Umschlägen und gewann nach wenigen Wochen uneingeschränkte Beweglichkeit zurück. Überzeugt von diesem einfachen Verfahren, therapierte er in der Folge Menschen und Tiere mit warmem Wasser.

Allmählich entwickelte er eine umfassende Kurmethode. Die Patienten wurden auf strenge Diät gesetzt: Sie erhielten altbackene Brötchen, Wasserbei und Haferschleim, zur Abwechslung auch einen Schluck sauren Weines. Die Schrothkur, auch Semmelkur genannt, erfreute sich bald großer Beliebtheit, insbesondere bei übergewichtigen Menschen. Schroth wollte keineswegs seine Patienten quälen, er hatte aber bei kranken Pferden beobachtet, daß sich diese an einen ruhigen, warmen Platz zurückzogen und die Nahrung verweigerten. Schroths Roßkur, von der sich die Kurgäste Heilung von Hautleiden, Magenkrankheiten und gar ☞ Syphilis versprachen, war nicht ungefährlich. Die Gäste klagten über Energielosigkeit und hohes Fieber. Gegen Anzeichen von Skorbut, hervorgerufen durch Mangel an Vitamin C, wurde der saure Wein eingesetzt.

Schroths Kurbetrieb lag in Lindenwiese bei Gräfenberg. Hier hielten sich auch Kurgäste auf, die auf die Methode von Vincenz Prießnitz *(☞ Prießnitzwickel)* schworen. Begegneten Prießnitz-Anhänger auf ihren Spaziergängen Schrothkur-Gästen, zeigten sie sich vom Anblick der ausgemergelten »schrothschen Gespenster« schockiert und fühlten sich gleich viel gesünder. Ein seltsamer Zufall, daß zwei Männer, die gar zusammen die Schulbank gedrückt haben sollen, unabhängig voneinander »alternative Heilmethoden« entwickelt haben und ihre Kurbetriebe in unmittelbarer Nähe des Konkurrenten aufbauten.

Nach Schroths Tod setzte sein Sohn den Kurbetrieb fort. Die Schrothkur findet – verbessert und verändert – noch heute viele Anhänger, mehr jedenfalls als die Prießnitz'sche Methode.

Schwarzpulver

Berthold Schwarz (Berthold der Schwarze / Bertholdus Niger (2. Hälfte 14. Jh.)

Niemand kann diesem Franziskaner- oder Zisterziensermönch nachsagen, er habe das Pulver nicht erfunden. Und auch nicht, er habe als erster mit Kanonen auf Spatzen geschossen. Beides wäre falsch. Pulvermischungen waren bereits den alten Chinesen bekannt, und die ersten Geschütze wurden 1326 in Florenz gebaut. Immerhin aber hat Schwarz das nach ihm benannte Pülverchen wiederentdeckt.

Berthold stammte aus der Diözese Konstanz (oder aus Freiburg i. Br.), wo er das Amt eines Domherren innegehabt haben soll. Um die Jahrhundertmitte soll er an der Universität Paris *(☞ Sorbonne)* gelehrt haben.

Das ihm zugeschriebene Schwarzpulver müßte eigentlich Anklitzen-Pulver heißen, denn Berthold Schwarz hieß wohl Konstantin Anklitzen. Den Vornamen Berthold nahm er bei seinem Übertritt ins Kloster an; seine Klosterbrüder gaben ihm den Übernamen »der schwarze Berthold«, weil er seine Freizeit hauptsächlich chemischen Experimenten widmete und aus diesem Grunde wohl oft einen wenig reinlichen Eindruck machte.

Bertholdus Niger nach der Erfindung des Schwarzpulvers? (Aus Wilhelm Busch, Max und Moritz)

Berthold soll versuchsweise Schwefel mit Salpeter und Holzkohle gemischt haben. Der Erfolg seines Experimentes war dann im wahrsten Sinne des Wortes durchschlagend.

Obwohl Schwarz Mönch war, behielt er seine ganz und

gar nicht friedliche Entdeckung nicht für sich. Er und die namenlosen anderen Entdecker von Schießpulver, Feuerwaffen und Geschützen haben den Lauf der Welt verändert. Wie der gesamten Menschheit brachte auch Bertholdus Niger sein Pulver kein Glück. Seiner Erfindungen wegen soll er um 1388 zum Tod verurteilt worden sein.

Silhouette

Etienne de Silhouette (1709–1767)

Finanzminister erfreuen sich keiner großen Beliebtheit. Wer zahlt schon gerne Steuern? Doch nur wenige waren bei der Bevölkerung so verhaßt wie der französische Politiker Etienne de Silhouette, der 1759 zum Generalkontrolleur der Finanzen ernannt wurde.

Seine Unbeliebtheit war zum Teil auf die Tatsache zurückzuführen, daß die Marquise de ☞ Pompadour im Hintergrund ihre Fäden gezogen und sich für seine Berufung stark gemacht hatte. Ihre Verschwendungssucht war sprichwörtlich – wahrscheinlich wollte sie vorbeugend neue Quellen erschließen.

Der 1709 in Limoges geborene Finanzminister übte sein Amt zunächst erfolgreich aus. Eine Sanierung der maroden Staatskasse war lange überfällig, und so machte er sich zügig an die Durchführung einer Finanzreform.

Seine Tüchtigkeit wurde am Hofe des Königs geschätzt. Aber dann ging der pflichteifrige Minister zu weit. Nun wollte er auch noch den Landbesitz der Adeligen besteuern – wo diese doch der festen Überzeugung waren, daß nur Bauern und Bürger für eine volle Staatskasse zu sorgen hatten. Als er dann auch noch ihre Pensionen kürzen wollte, war es um ihn geschehen. Er fiel in Ungnade und wurde nach nur neun Monaten seines Amtes enthoben.

Auch nach seiner Absetzung geriet er nicht in Vergessenheit. Im Volksmund wurde mit seinem Namen alles bezeichnet, was mit übertriebener Sparsamkeit, Pfennigfuchserei und Schäbigkeit zusammenhing.

Gar eine neue Kunstform wurde nach Etienne de Silhouette benannt. Im Volk wurde gemunkelt, der knausrige Silhouette stelle seine Gäste regelmäßig im Profil vor eine Leinwand oder Papierwand und zeichne ihre Schattenrisse mit Kohle nach, um sich keine kostspieligen Gemälde leisten zu müssen. Ein billiger Ersatz ganz im Sinne des Herrn Ministers.

Silvester

Papst Silvester I. (Amtszeit 314–335)

Der heilige Silvester hat sowohl durch seinen Todestag als auch durch eine der kühnsten und erfolgreichsten Fälschungen der Weltgeschichte Berühmtheit erlangt.

Zunächst der Todestag: Papst Silvester (auch Sylvester) starb am 31. Dezember 335 n. Chr. Nach seiner Heiligsprechung wurde der letzte Tag des Jahres zu seinem Namenstag.

Aus der Geschichte kennt man Papst Silvester vor allem als den Empfänger der sogenannten »Konstantinischen Schenkung« *(Donatio Constantini)*. In diesem Dokument übertrug der römische Kaiser Konstantin I. (der Große, 280–337), der sich selbst zum Gott der Christen bekannte, der römisch-katholischen Kirche die Vormachtstellung über alle Kirchen und die weltliche Herrschaft über die Stadt Rom, Italien und die römischen Provinzen; außerdem versah er den Papst mit den kaiserlichen Insignien. Die Urkunde, die 3000 Worte umfaßt, ist in Wahrheit zwischen 752 und 806 entstanden, lange nach dem Tod Konstantins, als es um die Vormachtstellung zwischen der römisch-katholischen und der griechisch-orthodoxen Kirche ging. Bis ins Mittelalter wurde die Konstantinische Schenkung für echt gehalten, und die Kirche berief sich nur allzugerne auf die Urkunde, um ihre weltlichen Ansprüche geltend zu machen. Die ersten Zweifel an deren Echtheit wurden im 15. Jahrhundert laut. Und im 18. Jahrhundert widersprach dann schon niemand mehr, als Voltaire (1694–1778) das Dokument schlicht als eine großartige Fälschung bezeichnete, eine Behauptung, die Mitte des 19. Jahrhunderts schließlich selbst von katholischen Geschichtsschreibern bestätigt wurde.

Sisyphusarbeit

Sisyphos (lat. Sisyphus)

Auf ewig bleibt Sisyphos verdammt, einen massiven Marmorblock einen steilen Hügel hinaufzuwälzen. Immer verlassen ihn kurz vor dem Ziel die Kräfte. Der Marmorblock entgleitet seinen Händen, poltert den Hang hinunter, und Sisyphos beginnt wieder von vorn. Eine echte Sisyphusarbeit eben, die er sich aber selbst eingebrockt hat.

Zeus wollte sich vergnügen und raubte die Nymphe Ägina, Tochter des Flußgottes Asopos. Der verzweifelte Vater machte sich gleich auf die Suche nach seinem Kind und gelangte dabei nach Korinth, wo Sisyphos als König herrschte. Der verschlagene Sisyphos hatte gesehen, auf welche Insel Zeus mit Ägina geflüchtet war, und verlangte für seine Auskunft eine kleine Gegenleistung. Der Flußgott sollte mitten im Burghof eine Quelle entspringen lassen, um die uneingeschränkte Wasserversorgung des Palastes zu gewährleisten.

Zeus war doppelt erzürnt über Sisyphos' Denunziation. Zum einen natürlich, weil dieser sein Versteck ausgeplaudert hatte, zum andern, weil Sisyphos dafür auch noch entlöhnt worden war. So kam es, daß Zeus Thanatos, den Tod, nach Korinth schickte, um Sisyphos in die Unterwelt zu bringen. Dieser war aber so gerissen, daß es ihm gelang, selbst den Tod zu überlisten und zu fesseln, was zur Folge hatte, daß während geraumer Zeit kein Mensch mehr sterben mußte.

Weil das nicht so bleiben konnte, sandte Zeus Kriegsgott Ares aus, um den Tod zu befreien. Der erlöste Tod erfüllte umgehend seine Pflicht und beförderte Sisyphos in den Hades. Der König hatte aber damit gerechnet, daß er doch sterben sollte, und seiner Frau Merope verboten, die vorgeschriebenen Totenopfer für ihn abzuhalten.

Der tote Sisyphos konnte die Götter der Unterwelt, Hades und Persephone, schnell davon überzeugen, daß dies nachgeholt werden müsse. Er durfte nach Korinth zurückkehren, um die nötigen Vorkehrungen zu treffen.

Dort angekommen, dachte Sisyphos nicht mehr an Rückkehr in den Hades. Er genoß das Leben vielmehr in vollen Zügen, während Hades und Persephone vergeblich auf ihn warteten. In hohem Alter starb Sisyphos eines natürlichen Todes. Die Götter waren so verärgert über den Neunmalklugen, daß sie sich eine grausame Strafe für ihn ausdachten.

So rollt nun Sisyphos bis in alle Ewigkeit einen Marmorblock den steilen Hang hinauf – immer wieder und wieder.

Sorbonne

Robert de Sorbon (1201–1274)

Tag für Tag strömen lernbegierige Studenten und Studentinnen in die Sorbonne, ohne zu wissen, wer der Universität mitten im Herzen des Quartier Latin den Namen gab.

Robert de Sorbon wurde am 9. Oktober 1201 in Sorbon, nahe Reims, geboren und wuchs in einfachen Verhältnissen auf. Als junger Mann entschied er sich für die Laufbahn eines Geistlichen und studierte Theologie. Er wurde Hofkaplan unter König Ludwig IX. (»der Heilige«, 1220–1270) und kam in den Genuß verschiedener Privilegien. Oft durfte er an der Tafel des Königs speisen, wo nur seine Tischmanieren ab und zu an seine Herkunft erinnerten.

Mit der Ernennung zum Domherrn und zum Rektor der Universität 1258 fand seine Karriere eine glänzende Fortsetzung. 1264 erschien sein Name in der Liste der berühmtesten Theologen seiner Zeit.

Wohl bereits um das Jahr 1245 setzte sich Sorbon mit der Frage auseinander, wie unbegüterten Studenten das Theologiestudium erleichtert werden könne. Religiöse Orden, vorab Dominikaner und Franziskaner, die in Paris Priesterkollegien unterhielten, überließen ihre ärmeren Mitglieder sich selbst; es war durchaus üblich, daß Studenten um Almosen betteln mußten. Sorbons Anliegen war es, einen Ort zu schaffen, wo die materielle Versorgung gewährleistet war, damit die Studenten ungestört ihren Studien nachgehen konnten und nicht in Versuchung geführt wurden. 1253 öffnete ein erstes, noch provisorisches Hospiz für zwanzig Studenten seine Tore. 1257 wurde das Domus Sorbonica in der Rue Coupe-Gueule eingeweiht, einer, wie der Straßenname sagt, ungastlichen Gegend. Neben dem König, der das Projekt von Anfang an mitgetragen hatte, sicherten auch viele andere Gönner ihre finanzielle Unterstützung zu.

Robert de Sorbon erließ strikte Richtlinien für den Betrieb des Kollegiums. Nicht nur waren die Studienziele klar definiert, auch Anweisungen über die Verpflichtungen jedes einzelnen Studenten wurden erlassen. Es herrschte eine freundschaftliche und gelehrte Atmosphäre frei von Ablenkungen weltlicher Art. Bald wurde das Haus in kirchenrechtlichen und theologischen Fragen bestimmend, denn es hatte erstklassige Lehrkräfte und wurde wenige Jahre nach der Gründung zur eigenständigen theologischen Fakultät erhoben.

Ende des 15. Jahrhunderts erhielt die theologische Fakultät zu Ehren des Stifters den Namen *»La Sorbonne«;* er wurde später auf weitere Fakultäten übertragen und galt bald für die gesamte Universität.

Sousaphon

John Philip Sousa (1854–1932)

Man nannte ihn »König der Märsche«. Viele seiner Kompositionen erfreuen sich auch heute noch großer Beliebtheit. Die wohl berühmteste darunter ist »The Stars and Stripes Forever«, ein Marsch, der sich den Status einer inoffiziellen Nationalhymne der Vereinigten Staaten erworben hat.

John Philip Sousa wurde 1854 in Washington geboren. Seine Mutter stammte aus Bayern, der Vater war als Sohn portugiesischer Eltern in Spanien aufgewachsen. Schon mit dreizehn Jahren besuchte Sousa neben der Schule das Konservatorium. Nach seinem Schulabschluß studierte er gewissenhaft Theorie, Harmonie- und Kompositionlehre. Er trat in die *U. S. Marine Band* ein, deren Leitung er bereits mit sechsundzwanzig übernahm. Paradoxerweise hatte sich Sousa während seines Studiums auf ein Instrument konzentriert, das nicht so recht zu den Klängen der Blasmusik paßte: Er war nämlich Violinist. Er verstand es aber, sich Achtung zu verschaffen, und das Orchester, dem er zwölf Jahre als Dirigent vorstand, war in seiner Präzision unübertroffen.

Doch Sousa gab sich damit nicht zufrieden. Er stellte ein eigenes Orchester zusammen, das aus ausgewählten Solisten bestand. Mit dieser bald eingespielten Formation erntete er auf Gastspielreisen, die ihn um die ganze Welt führten, große Erfolge.

John Philip Sousa war ein kreativer Künstler. Rund 140 Märsche hinterließ er, die sich durch außergewöhnliche rhythmische und instrumentale Effekte von anderen Märschen wohltuend abheben. Er komponierte auch Operetten und fand nebenher noch Zeit, Abhandlungen über Trompete und Violine, eine Autobiographie und drei Romane zu schreiben.

Der Erfinder des nach ihm benannten Sousaphons war John Philip Sousa allerdings nicht. Unter dem Namen Helikon war die Form der Tuba (vor allem der Kontrabaßtuba) schon länger bekannt. Nach Sousas Anregungen aber wurde das Instrument verbessert und eigenständig weiterentwickelt.

Das Sousaphon weiß durch seine originelle Form und seine Ausmaße zu beeindrucken. Der Musiker muß sozusagen durch das runde Instrument hindurchschlüpfen, so daß das kreisförmige Rohr auf der linken Schulter zu liegen kommt und gleichzeitig unter dem rechten Arm hindurchführt.

Sousas Beitrag zu diesem Instrument war eine Veränderung am Schallbecher. Zuerst ließ er ihn so montieren, daß er zum Himmel zeigte. Dieses Modell, das bald den Übernamen »Regenfänger« erhielt, setzte sich nie richtig durch. Heute ist beim Sousaphon der riesige Schallbecher so angebracht, daß er über dem Kopf des Musikers direkt ins Publikum zeigt.

Sousa starb, wie ein großer Musiker es sich nur wünschen kann: beim Musizieren.

Steinerschule ☞ Waldorf-Astoria-Hotel

Sütterlinschrift

Ludwig Sütterlin (1865–1917)

Wenn heutzutage jemand von der Sütterlinschrift spricht, so denken wir gleich an die pingelige, überkorrekte deutsche Schönschreibschrift unserer Großeltern, die keine Persönlichkeitsmerkmale aufweist. Mit dieser Einschätzung tun wir ihrem Urheber, Ludwig Sütterlin, unrecht, denn er wollte genau das Gegenteil erreichen.

Mit einer Grundschrift, die von jedem Schüler nach eigenem Gutdünken variiert werden konnte, wollte der Graphiker und Lehrer am Kunstgewerbemuseum Berlin den Abc-Schützen die Möglichkeit zur persönlichen Entfaltung geben – denn für Sütterlin war die Schrift ein zentrales Element der Charakterbildung und des Charakterausdrucks.

Die gute Absicht war die eine, die Traditions- und Regelliebe der Schulmeister die andere Sache. Zu seinen Lebzeiten stießen Sütterlins Reformvorschläge auf kein großes ☞ Echo. Zwar wurde 1914 an preußischen Volksschulen ein erster Versuch mit seinem Modell gestartet, aber erst etwa zwanzig Jahre später wurde die Sütterlinschrift oder »deutsche Schreibschrift« an allen Schulen Deutschlands eingeführt.

Kaum hatte sie sich im Lehrbetrieb etabliert, galt sie auch schon wieder als veraltet und wurde 1941 von der »deutschen Normalschrift«, einer lateinischen Schrift, abgelöst.

Aus einer Schulfibel (um 1940)

Syphilis / Harter Schanker / Lustseuche / Franzosenkrankheit

Syphilus

»Singen will ich heut und sagen,
wie einst durch des Schicksals Mächte
Jener Same ward gesäet
Einer Krankheit, die – gar seltsam
Ferne Zeiten nie gesehen,
Aber heute ganz Europa,
Asien, das ferne Libyen,
Hat durchwütet; wie die Seuche.«

1521 verfaßte der italienische Arzt, Humanist und Dichter Girolamo Fracastoro (1478–1553) ein Lehrgedicht über eine seuchenartige ☞ venerische Krankheit (lat. *lues venerae*), eine Geschlechtskrankheit, von der man glaubte, sie sei von den Matrosen Christoph Kolumbus' aus der Neuen Welt nach Europa eingeschleppt worden. In Tat und Wahrheit gab es sie in Europa längst vor Kolumbus, nur wurde sie nicht als eigene Krankheit genannt und benannt.

Girolamo Frascatoro

Unter dem Titel *»Syphilis sive de morbo gallico«* wurde das Gedicht 1530 erstmals veröffentlicht. Fracastoro wählte als Erzählrahmen den Kult um Sonnengott Apollo aus der griechischen Mythologie. Der Hauptprotagonist der Handlung ist der Hirte Syphilus, der in blasphemischer Weise den Opferdienst verweigert und seine Mitmenschen dazu anstiftet, den König als neuen Gott zu verehren. Zur Strafe schickt Apollo dem Volk eine Seuche.

»Syphilus packt sie als ersten,
Schlimm wird ihm der Leib zerrissen
Von gar garstigen Geschwüren,
Schmerzend reißt es in den Gliedern,
Seine Nächte flieht der Schlaf.«

Fracastoro beschreibt, wie die Krankheit an den Kräften der Infizierten zehrt. Heute weiß man, daß die Kranken drei Krankheits-

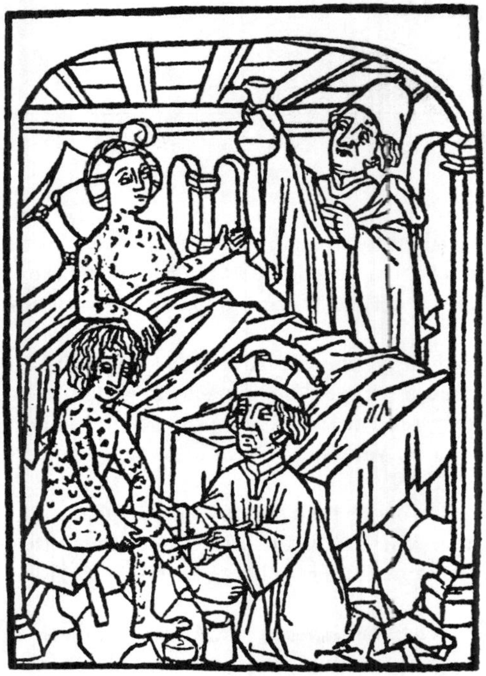

Behandlung der »Neapolitanischen Seuche« oder »Franzosenkrankheit« mit Quecksilbersalzen. Holzschnitt (Ende 15. Jh.)

phasen durchlaufen und daß die Krankheit meist beim Geschlechtsverkehr übertragen wird. Im primären Stadium bilden sich vor allem an den Geschlechtsorganen Geschwüre, und die Lymphknoten werden angegriffen, was starke Schmerzen im ganzen Körper zu Folge hat. Im sekundären Stadium, das ungefähr fünf Jahre andauert, wird der ganze Körper von einem hochinfektuösen, juckenden Hautausschlag befallen. Nach einer oft jahrelangen erscheinungsfreien Phase (Latenzperiode) werden im tertiären Stadium Haut und Schleimhäute mit großen Geschwüren übersät, die auch auf die inneren Organe und auf das Zentralnervensystem übergreifen.

Nach der Infektion mit dem Erreger kann es bis zu dreißig Jahre dauern, bis die Krankheit in ihrer letzten Phase ausbricht. Der Erreger siedelt sich entweder im Gehirn oder im Rückenmark an. Als Folge der Krankheit wird das Nervensystem geschädigt, und es treten Persönlichkeitsveränderungen auf.

»Und nach ihm benennt die Menschheit
Heute noch die gleiche Sache,
Es empfängt von ihm die Krankheit
Nun den Namen: Syphilis!«

T

Taler / Dollar

St. Joachim

»Money makes the world go (a)round …«

Darüber, welche Währung hier gemeint ist, brauchen wir nicht zu rätseln; daß die grünen Scheine aus den USA allerdings etwas mit der Gewinnung von Silber und Heiligen zu tun haben, ist wohl nur wenigen bekannt.

Die sprachliche Herkunft des Dollars geht auf das 16. Jahrhundert zurück. Wenn wir es genauer nehmen, beginnt sie einige Jahrhunderte früher mit der Heiligsprechung Joachims aus Sepphoris, unweit von Nazareth. Er war der Vater der Jungfrau Maria. Sein Festtag ist der 16. August.

Joachim ist Namenspatron des kleinen böhmischen Bergbaustädtchens Sankt Joachimsthal (Jáchymov) im Erzgebirge. Im Mittelalter war das Erzgebirge bekannt für seine Silber-, Eisen-, Zinn-, Blei- und Zinkerze.

In der Nähe der Stadt lag ein Silberbergwerk. Aber nicht die Joachimsthaler Bevölkerung machte damit das große Geld, die Erträge flossen vielmehr in die Taschen von Graf Stephan von Schlick (1487–1526), dem Gründer von St. Joachimsthal. 1518 hatte der Graf so viel Silber in seiner Schatzkammer angehäuft, daß er beschloß, eigene Münzen prägen zu lassen. Die Silbermünzen trugen das Bildnis des heiligen Joachim und wurden – wie könnte es anders sein – Joachimst(h)aler genannt.

Weil das Wort etwas lang war, wurde St. Joachim weggelassen; übrig blieb die Bezeichnung *Thaler*. In dieser Form verbreitete sich die Bezeichnung in kurzer Zeit im ganzen deutschen Sprachgebiet. Noch bis 1873 war die offizielle Münzeinheit Deutschlands der T(h)aler.

Gegen Ende des 16. Jahrhunderts war der Daalder oder Daler in Holland, der Taler in Polen verbreitet. Weiter ging es mit dem skandinavischen Dahler, dem italienischen Tallari, Talaro oder Tellero, den spanischen Dollera und Dolera. Ja sogar in Äthiopien war der Talari verbreitet. Aus der englischen Form Daller entstand dann schließlich der amerikanische Dollar, heute die wichtigste Leitwährung der Welt. Seit dem 2. April 1792 ist er offizielle Hauptwährungseinheit der USA und seit dem Zweiten Weltkrieg das beliebteste Zahlungsmittel in aller Welt.

Talmi

Tallois (1. Hälfte 19. Jh.)

Über das Leben des französischen Goldschmieds Tallois wissen wir wenig. Immerhin war er so stolz auf seine Erfindung, daß er ihr seinen eigenen Namen gab: *Tallois demi-or*, in der Kurzform *Talmi*. Das hätte er besser nicht getan, denn heute ist dieses Wort ein Synonym für Tand und Schund, ja sogar für Fälschung. Im Sinne Tallois' stand er für eine mit Gold hauchdünn überwalzte Kupfer-Zink-Legierung, die auf den ersten Blick täuschend echt nach purem Gold aussieht.

Dabei war die Bezeichnung eigentlich gutgemeint. Sie deklarierte deutlich, daß es sich nicht um echtes, sondern nur um Scheingold handelte. Immerhin war Talmi gelungen, wovon die Alchimisten des Mittelalters nur geträumt hatten – Gold zu machen.

Seine Legierung bot der echten Vergoldung gegenüber viele Vorteile. Sie war nicht nur in der Verarbeitung praktischer, sie sparte auch sehr, sehr viel Geld. Das Material sah wie Gold aus, war aber in Wirklichkeit keines. Es bestand aus 86,4% Kupfer, 12,2% Zink, 1,1% Zinn und 0,3% Eisen. Eine dünne Schicht echten Goldes wird darüber gelegt und ausgewalzt.

Talmi bot vielen Menschen endlich die Gelegenheit, mit »Goldschmuck« zu prunken, den sie sich echt nicht hätten leisten können. Der Talmi kündete vom vermeintlichen Reichtum des Besitzers, auch wenn sich ein Goldschmied natürlich nicht täuschen ließ. In unseren Breitengraden ist das »Neugold« nicht mehr so beliebt, es ist vielmehr ein Symbol für alles Unechte: mehr Schein als Sein.

Tantalusqualen

Tantalos

Als Sohn des Göttervaters Zeus erfreute sich Tantalos, König von Sipylos in Phrygien, außergewöhnlicher Privilegien und war über alle Maßen reich. Nicht selten genoß er die Gastfreundschaft der Götter. Weilte er im Olymp, durfte er süßen Nektar und unsterblich machendes Ambrosia kosten, während die Gastgeber aus dem Nähkästchen plauderten. Doch anstatt sich dankbar zu zeigen, hinterging Tantalos die Götter. Er entwendete Nektar und Ambrosia, ließ seine sterblichen Freunde davon kosten und trinken und erzählte brühwarm weiter, was er an Klatsch im Olymp mit angehört hatte.

Eines Tages wollte der eitle Tantalos die Allwissenheit der Götter auf die Probe stellen und ersann einen grausamen Plan. Er ließ seinen einzigen Sohn Pelops wie ein Tier schlachten, kochen und den Göttern in goldenen Schüsseln vorsetzen. Einzig die zerstreute Demeter kostete von einer Schulter, die anderen Götter erkannten sofort, welch frevle Tat ihr Schützling begangen hatte. Pelops wurde wieder zum Leben erweckt und die fehlende Schulter durch eine Prothese aus Elfenbein ersetzt. Tantalos jedoch wurde in den Tartaros geschleudert, jenen Teil der Unterwelt, in dem die Büßer hausen müssen und die Erinnyen wohnen. Hier ist Tantalos bis in alle Ewigkeit schrecklichen Peinigungen ausgesetzt: Klares Quellwasser steht ihm bis zum Halse, will er davon trinken, sinkt der Wasserspiegel so rasch, daß er nicht einmal die Lippen netzen kann. Über Tantalos hängen Äste mit reifen, prallen Früchten; will er danach greifen, werden sie von einem Windstoß in unerreichbare Höhen gehoben. Und wie wenn dem nicht genug wäre, schwebt über dem Kopf des Unglücklichen ein gewaltiger Felsbrocken, der jederzeit auf ihn hinunterzustürzen droht und ihm stete Marter bereitet … Verbrechen lohnt sich also wohl doch nicht.

Tantalusqualen sind in unserem Sprachgebrauch sprichwörtlich und bezeichnen Qualen, die wir erleiden müssen, wenn Heißersehntes zum Greifen nahe scheint, jedoch ewig unerreichbar bleibt.

Teddybär

Theodore Roosevelt (1858–1919)

Theodore Roosevelt war der sechsundzwanzigste Präsident der Vereinigten Staaten, nicht zu verwechseln mit Franklin Delano Roosevelt (1882–1945), dem zweiunddreißigsten. Der amtierende Präsident William McKinley wurde am 14. September 1901 ermordet. Vizepräsident Roosevelt rückte im Amt nach, wie es die Verfassung vorsieht. Mit seinen zweiundvierzig Jahren war Roosevelt der jüngste Präsident, den die USA je erlebte.

Roosevelt stand gern im Rampenlicht. Ein kritischer Beobachter umschrieb das Phänomen einmal mit den Worten: *»Er war darauf aus, auf jeder Hochzeit die Braut zu geben und auf jeder Beerdigung die Leiche.«* Kaum ein Tag verging, an dem die Zeitungen nicht über ihn, seine Taten und Worte berichteten – obwohl die Presse damals noch um einiges zurückhaltender war als heute.

Der Republikaner Roosevelt machte sich auf vielen Gebieten verdient. Auf diskrete Art sorgte er dafür, daß der Einfluß der Wirtschaft auf die Politik nicht zu groß wurde, setzte sich im sozialen Bereich für einen besseren Arbeitsschutz ein und vertrat ökologische Interessen. 1906 erhielt er für seine erfolgreiche Vermittlerrolle im Russisch-Japanischen Krieg den Friedensnobelpreis.

Aus Fotos könnte man schließen, der Teddybär habe seinen Namen wegen einer gewissen Ähnlichkeit mit dem Präsidenten erhalten. Der Grund ist aber ein anderer.

Eine Karikatur von Clifford K. Berryman, die 1904 in der *Washington Post* erschien, zeigte den Präsidenten – einen passionierten ☞ Nimrod, wie er aus Mitleid einen Jungbären verschonte. Aus Begeisterung über den warmherzigen Präsidenten nannten die Amerikaner ihre Plüschbären von nun an Teddy.

Zum eigentlichen Durchbruch aber verhalf dem Teddy nicht etwa die amerikanische Spielzeugindustrie, sondern die Firma Steiff im schwäbischen Giengen, die mit dem Teddybären den Weltmarkt eroberte.

Thespiskarren

Thespis (6. Jh. v. Chr.)

Tragischer Schauspieler in der Antike

Die Nachwelt windet dem Mimen keine Kränze? Das gilt nicht für den griechischen Tragödienschreiber und Schauspieler Thespis, der vor mehr als zweieinhalb Jahrtausenden lebte. In unserer Sprache ist er zumindest im Zusammenhang mit dem Begriff Thespiskarren lebendig geblieben.

Wer mit dem Thespiskarren unterwegs ist, betreibt eine Wanderbühne. Genau dies, so berichtet die Sage, soll Thespis getan haben. Verlassen wir uns auf die vom römischen Dichter Horaz in seiner »Ars poetica« (»Von der Dichtkunst«) erwähnte Überlieferung, zog Thespis durch Attika von einer religiösen Feier zur anderen und rezitierte vor versammeltem Publikum seine Heldengesänge.

Aus dem fahrenden Barden wurde der fahrende Schauspieler. Thespis soll der erste gewesen sein, der bei seinen Auftritten nicht allein vor Publikum stand, sondern Dialoge mit einem Partner führte. Darum gilt er als der erste Tragödiendichter.

Aber mit Überlieferungen ist es so eine Sache. Wirklich belegt ist nur, daß Thespis erstmals im Jahre 534 v. Chr. an einem Agon – einem Wettstreit unter Sportlern (oder Musikern und Rezitatoren) – anläßlich der Dionysien – des Fests zu Ehren des Wein- und Fruchtbarkeitsgottes Dionysos *(☞ Panik)* – als Tragöde aufgetreten ist.

Vielleicht ist Thespis tatsächlich mit seinem legendären Wagen vorgefahren, einer Art fahrenden Bühne, auf der er seine Werke spielte. Dann wäre er tatsächlich der Urvater aller umherziehenden Schauspielertruppen.

Tournedos à la Rossini

Gioacchino (Antonio) Rossini (1792–1868)

Plötzlich ging nichts mehr …

Zu Beginn seiner Karriere zwischen 1815 und 1823 komponierte Rossini in Italien zwei Opern pro Jahr. Seine Produktivität ließ deutlich nach, als er via London nach Paris wechselte und dort als königlicher Generalmusikintendant die Leitung der Italienischen Oper übernahm. Nach der Uraufführung des »Guillaume Tell« im Jahre 1829 war Schluß mit der Opernherrlichkeit.

Zu Unrecht sagt die Fama, daß sich der großartige italienische Komponist seinerzeit zur Ruhe gesetzt habe, um ungestört seiner zweiten großen Leidenschaft, der Tafel, zu frönen. Daß sich der aus Bologna stammende Rossini fast vierzig Jahre vor seinem Tod aus der Opernwelt zurückzog, hatte vorwiegend gesundheitliche Gründe.

Rossini hatte eine umfassende musikalische Erziehung genossen. Seine ersten Erfolge verzeichnete er mit komischen Opern – er ist *der* Meister der *Opera buffa.* Die Nachfrage – einmal hatte er in sechzehn Monaten sieben Auftragswerke zu bewältigen; »Il Barbiere di Seviglia« (»Der Barbier von Sevilla«) vollendete er in nur gerade drei Wochen – zwang den einfallsreichen jungen Komponisten zur Wiederholung. Erst im Laufe seiner Karriere konnte sich Rossini vom Genre der *Opera buffa* lösen und der ernsten Oper zuwenden. Seine Werke eroberten nach 1815 die Bühnen ganz Italiens im Sturm und fanden spätestens nach 1822 auch ihren festen Platz auf dem Spielplan der großen europäischen Häuser, zu deren Stammrepertoire sie noch heute gehören.

Der alternde Rossini wurde in Anekdoten gerne als Bonvivant dargestellt. Er selbst trug mit seinen Äußerungen maßgeblich zur Aufrechterhaltung dieses Bildes bei: *»Essen, Lieben, Singen und Verdauen, das sind – in Wahrheit gesprochen – die vier Akte der komischen Oper, die ›das Leben‹ heißt und vergeht wie der Schaum einer Flasche Champagner. Wer sie verrinnen läßt, ohne sie genossen zu haben, ist ein vollendeter Narr.«* Diese Aussage deutet auf einen lebenslustigen Menschen hin, was auf seine jüngeren Jahre durchaus zugetroffen haben mag; seine zweite Lebenshälfte hingegen war geprägt von schwerer Krankheit und Depression.

Eine Anekdote will wissen, daß der Gourmet Rossini selbst den Tournedos à la Rossini kreiert hat. Sie erzählt, Rossini sei der ewig gleichen Fleischgerichte in seinem Pariser Stammlokal überdrüssig geworden und habe deshalb persönlich beim Küchenchef vorgesprochen, um ihm ein neues Rezept vorzuschlagen. Der Koch protestierte, ein solches Gericht serviere er nicht, es sei schlichtweg unpräsentierbar. Rossini konterte: »Na, dann sorgen Sie dafür, daß es nicht gesehen wird.« Darauf soll der Küchenchef dem großen Meister den Tournedos – *tourne le dos* – hinter dem Rücken der anderen Gäste serviert haben. Vielleicht steckt in der Anekdote ein Körnchen Wahrheit, denn viele einfallslose Küchenchefs wehren sich gegen Neuerungen. Des Tournedos aber hätte er sich nicht schämen müssen:

Tournedos à la Rossini, eine rund geschnittene Scheibe aus dem Rindsfilet, 4–5 cm dick und etwa 100 g schwer, wird mit der Hand leicht breitgedrückt und mit einem Faden rundherum gebunden, damit die Form erhalten bleibt. Das Fleischstück wird rosa oder blutig gebraten oder gegrillt – beidseitig, wie der Name sagt! Serviert wird auf getoastetem Weißbrot, mit getrüffelter Gänseleber. Der karge Fond wird mit Madeira ergänzt, eingedickt und mitserviert. Tournedos in dicker Tunke schwimmen zu lassen, ist ein unverzeihliches Verbrechen! Stilecht mit ein bißchen Jus und Reis serviert, zählt das Tournedos à la Rossini noch heute zu den beliebtesten exklusiven Gerichten der französischen Küche.

V

Veitstanz

Vitus (Veit, 1. Hälfte 4. Jh.)

Es scheint, als sei Sankt Vitus ein Schutzpatron gegen alles Ungemach. In seinen Zuständigkeitsbereich fallen unter anderem Besessenheit, Epilepsie, Hysterie, Tollwut, Aufregung, Bettnässen, Schlangenbiß, Unwetter, Blitz, Unfruchtbarkeit. Er ist auch Bewahrer der Keuschheit und schützt gegen den Veitstanz. Kein Wunder also, gilt Veit als einer der vierzehn Nothelfer der katholischen Christenheit.

Um den Märtyrer ranken sich wundersame Legenden. Geboren wurde er in einem kleinen Ort an der Westküste Siziliens. Sein Vater Hylas war ein überzeugter Gegner des Christentums und wehrte sich heftig gegen die religiöse Neigung seines kleinen Sohnes. Vitus muß sehr jung zu seinem Glauben gekommen sein, denn als er starb, war er – je nach Quelle – sieben oder zwölf Jahre alt. Mit allen möglichen Tricks versuchte sein Vater ihn vom Christentum abzubringen. Er wurde zur Strafe mit Blindheit geschlagen, auf Fürbitte seines Sohnes aber wieder geheilt, wofür sich der Vater beim Sohn mit noch schlimmeren Verfolgungen bedankte. Vitus beschloß deshalb, zusammen mit der Amme Kreszentia und dem Erzieher Modestus dem Elternhaus zu entfliehen.

In Rom heilte Vitus den Sohn des Kaisers Diokletian (240–305 n. Chr,) von dessen Besessenheit. Als er sich weigerte, den Befehlen des Kaisers – auch dieser ein standhafter Heide – nachzukommen und den Göttern zu opfern, wurde der kleine Wunderheiler festgenommen und in einen Kessel siedenden Pechs geworfen. Nichts geschah. Nachdem Vitus eine Weile in der schwarzen Brühe gebadet hatte, entstieg er unversehrt dem Kessel. Diokletian, der die Christen gnadenlos verfolgen ließ, warf ihn daraufhin den Löwen zum Fraß vor. Die wilden Tiere aber legten sich schnurrend neben den Jungen und begannen, ihm die Füße zu lecken. Schließlich wurde Vitus gemeinsam mit Kreszentia und Modestus auf einer Streckbank gefoltert. Während der Folter wurde Rom umgehend von einem schweren Erdbeben heimgesucht. Die Kerkermauern brachen, und die Seelen der drei Märtyrer wurden auf unerklärliche

Weise an den Fluß Selo in Süditalien gebracht, von wo sie als weiße Tauben gen Himmel flatterten.

Es versteht sich, daß die Gebeine des hochheiligen Vitus als Reliquien begehrt waren. Unter der Herrschaft des Karolingers Pippin des Kleinen wurden sie aus Lukanien in Unteritalien nach Paris überführt, wo sie bis ins 9. Jahrhundert im Kloster St-Denis aufbewahrt wurden. 836 n. Chr. wurden die Reliquien nach dem Kloster Corvey an der Weser gebracht. Auch in dieser Zeit sollen zahlreiche Wunder geschehen sein. Heinrich I. (876–936 n. Chr.) ließ einen Arm des heiligen Vitus nach Prag bringen, wo Wenzel (☞ *Scharwenzel)* dem Märtyrer zu Ehren den Veitsdom erbauen ließ. Was mit den übrigen Gebeinen geschah, ist unklar. Würden alle Reliquien an einem Ort zusammengeführt werden, ergäben sich daraus wohl mehrere Heilige.

Unklar ist, wie die Krankheit Veitstanz – in älteren Quellen auch in der lateinischen Version *»Chorea Sancti Viti«* anzutreffen – zu ihrem Namen gekommen ist. Eine mögliche Erklärung ist, daß die ruckartigen Muskelzuckungen, charakteristische Symptome dieser Krankheit, an die wilden Tänze erinnern, die am Tag des heiligen Vitus aufgeführt wurden. Allerdings haben die Tänze nichts mit dem Märtyrer zu tun. Denn ihr Ursprung ist viel älter. Der Tag des Vitus ist der 15. Juni und fällt damit fast auf das Datum der heidnischen Sommersonnenwende am 21./22. Juni. Einmal mehr ist zu fragen, ob es sich dabei um einen Zufall handle oder es geschickte Kirchenpolitik war, die den alten, heidnischen Bräuchen einen christlichen Rahmen geben sollte.

Als einer der vierzehn Nothelfer wird Vitus heute vor allem in Deutschland verehrt. Als Schutzheiliger ist er für ein bunt gemischtes Ressort verantwortlich: Er sorgt sich um Jugendliche, Kupfer- und Kesselschmiede, Bierbrauer, Apotheker, Bergleute, Winzer, Schauspieler, Gehbehinderte, Gehörlose, Blinde, um Haustiere, Geflügel und um die Quellen.

Venerische Krankheiten

Venus

Die altitalische Göttin des Gartenbaus wurde von den Römern schon früh mit der griechischen Aphrodite gleichgesetzt und übernahm dabei auch deren Eigenschaften und Funktionen. Von Aphrodite unterscheidet sie sich vor allem in einem Punkt: Die ersten Kaiser nahmen sie nämlich in ihren Stammbaum auf, um ihre überirdische Abstammung zu behaupten und so die neue Herrschaft als gottgewollt zu rechtfertigen.

Bacchus, Venus und Ceres (Hendrick Goltzius, 1604)

Julius Cäsar (☞ *Kaiser*) führte im Jahre 46 v. Chr. den Kult der *Venus Genetrix* als der Stammutter des julischen Geschlechts ein. Er stützte sich dabei auf Vergils (70–19 v. Chr.) Epos »Äneis«, nach dem der Trojanerfürst Äneas der Sohn der Aphrodite (= Venus) und des Anchises war. Da Äneas schließlich nach einer langen ☞ Odyssee zum Gründervater des römischen Volkes wurde, liegen die Zusammenhänge nahe.

Überhaupt wurde Venus im letzten Jahrhundert der Republik auch politische Bedeutung zuteil: Der Diktator Sulla (138–78 v. Chr.) erkor sie zur Glücksbringerin *Venus Felix*, Pompejus zur Siegesgöttin *Venus Victrix*.

Trotz dieser schönen Bezeichnungen war es nicht immer ratsam, das Schicksal in die Hände der Venus zu legen. In der Gestalt der *Venus Felix* war sie nämlich auch die Patronin Pompejis – doch auch sie konnte die Stadt beim Ausbruch des Vesuvs 79 n. Chr. nicht vor dem Untergang bewahren.

Auch in unserem Sprachgebrauch bringt es nicht immer Glück, wenn man sich mit Venus einläßt. Wer von einer venerischen Krankheit, einer Geschlechtskrankheit, befallen wird, sieht sich wohl so unangenehm überrascht wie eine Fliege, die sich der mörderischen Umarmung der fleischfressenden Venusfliegenfalle, eines Sonnentaugewächses, nicht mehr entziehen kann.

verballhornen ☞ ballhornisieren

Volt

Alessandro Giuseppe Antonio Anastasio Graf Volta (1745–1827)

Alessandro Volta entstammte einer angesehenen, aber verarmten und sehr religiösen Familie. Über die Kindheit des Physikers ist wenig bekannt. Mit fünfzehn Jahren trat Volta in die öffentliche Jesuitenschule in Como ein und besuchte später ein Seminar. Als einziges männliches Mitglied seiner Familie schlug er nicht eine kirchliche, sondern eine naturwissenschaftliche Laufbahn ein. Bereits mit neunundzwanzig wurde er Rektor des Gymnasiums in

Como, fünf Jahre später Professor an der Universität Pavia, wo er bis 1804 lehrte.

Volta war ein unermüdlicher Forscher. In seinem Labor in einem Turm experimentierte er Tag und Nacht. Mit den Ergebnissen seiner Experimente konnte er in der Kontroverse mit Galvani *(☞ Galvanismus)* den Beweis antreten, daß elektrischer Strom nicht aus organischem Gewebe stammt, wie sein Kontrahent behauptet hatte. Die von Volta entwickelte und durch Experimente untermauerte Theorie zeigte, daß allein der Kontakt unterschiedlicher Metalle die elektrische Spannung erzeugt.

1799 gelang es Volta, einen Vorläufer der elektrischen Batterie zu entwickeln, die »Voltasche Säule«. Dies kam einer wissenschaftlichen Sensation gleich – erstmals konnte elektrische Energie gespeichert werden.

Im folgenden Jahr wurde er von Napoleon nach Frankreich eingeladen, um dort eine Reihe von Vorträgen zu halten. Volta kam in den Genuß zahlreicher Ehrungen und war Mitglied aller wichtigen Akademien der Wissenschaft in Europa. Napoleon erhob ihn 1800 in den Grafenstand und erwies ihm weitere Ehrungen, um ihn in Paris zu halten. Doch Volta zog es nach Pavia zurück. 1810 wurde er Senator des damaligen lombardischen Königreichs.

Voltas Name steht seit dem Internationalen Elektrizitätskongreß von 1881 für die SI-Einheit der elektrischen Spannung: 1 Volt (Spannungseinheit) ist 1 ☞ Watt (Leistungseinheit) geteilt durch 1 ☞ Ampère (Stromstärkeeinheit).

Von Pontius zu Pilatus

Pontius Pilatus (1. Jh. n. Chr., 26–36 röm. Statthalter von Judäa)

Manchmal siegt die Freude an Wortspielereien über das logische Empfinden. Denn Pontius und Pilatus, zwischen denen wir auf einer ☞ Odyssee durch die Amtsstuben sprichwörtlich hin- und hergejagt werden, sind ein und dieselbe Person. Ursprünglich lautete die Redewendung anders: »jemanden von Herodes zu Pilatus schicken« – dies macht historisch auch mehr Sinn.

Pontius Pilatus wirkte von 26 bis 36 als Prokurator (Statthalter) der römischen Provinz Judäa. Als Vertreter des römischen Kaisers betrachtete er sich als absoluten Herrscher, und er schreckte nicht davor zurück, Geld aus dem Schatz des Tempels in Jerusalem zur Finanzierung öffentlicher Bauten zu verwenden. Seine Hauptaufgabe sah er darin, die aufkeimende Unabhängigkeitsbewegung in der jüdischen Bevölkerung zu unterdrücken und die römische Herrschaft zu sichern.

Als dieser Bewegung in der Person des Jesus von Nazareth ein geistiger Führer zu erwachsen schien, griff Pontius Pilatus hart durch. Er tat sich sogar mit den konservativen jüdischen Priestern zusammen, um dem selbstproklamierten »König der Juden« den Prozeß zu machen. Das Urteil stand von Beginn an fest: Tod durch Kreuzigung.

Um den weiteren Verlauf von Pontius Pilatus' Leben ranken sich die Legenden. Historisch überliefert ist lediglich, daß er im Jahre 36 nach Rom zurückbeordert wurde, um sich dort für die Ermordung von Samaritern, einer jüdischen Minderheit auf dem Berg Garizim, zu verantworten.

Einer Legende zufolge sollen ihn nagende Schuldgefühle über die Verurteilung Jesu in den Selbstmord getrieben haben. Aber auch seinem Leichnam war keine Ruhe gegönnt. Der Tiber, die Rhone und der Genfersee spien ihn wieder aus, bis er schließlich am Fuß des *Mons Fractus* am Vierwaldstättersee landete und endlich seinen Frieden fand. Und so kam der Luzerner Hausberg zu seinem neuen Namen: »Pilatus«.

Vulkan

Volcanus / Vulcanus

Auf den zu Italien gehörenden Liparischen Inseln – dort wo es teilweise noch heute unter der Erdoberfläche brodelt – vermuteten die alten Römer den Sitz des Volcanus, des Gottes des Feuers und der Schmiedekunst. Obwohl sein Namen auf etruskische oder gar kretische Quellen zurückgehen soll, ist seine Mythologie jener des griechischen Gottes Hephaistos zum Verwechseln ähnlich.

Zeichnung aus dem 19. Jh.

Volcanus war der Sohn des Jupiter (☞ *Jovialität)* und der Juno (☞ *Juni)*. Der von seiner Gattin, der Liebesgöttin Venus (☞ *venerische Krankheiten)*, vielfach Gehörnte nahm süße Rache an ihr und ihrem Liebhaber, dem Kriegsgott Mars (☞ *März)*. In Ovids *»Metamorphosen«* ist nachzulesen, wie er ein Netz aus Erz schmiedete, so fein gearbeitet, daß es von bloßem Auge nicht zu erkennen war. Als Venus und Mars sich der Liebe hingeben wollten, schnappte die Falle zu. Sobald die beiden wie Fische im Netz zappelten, öffnete Volcanus die großen Flügeltüren seines Ehegemachs und ließ alle Götter Anteil am ungewöhnlichen Spektakel nehmen.

Volcanus' älteste Kultstätte, das Volcanal, lag am Rand des römischen Forums in der *Area Volcani*. Im 3. Jahrhundert v. Chr. wurde zu seinen Ehren ein Tempel auf dem Marsfeld errichtet. Dort wurde der Gott auch jedes Jahr am 23. ☞ August mit den Volcanalia gefeiert.

Die Bezeichnung Vulkan für feuerspeiende und rauchende Berge bürgerte sich im deutschen Sprachraum Mitte des 17. Jahrhunderts ein. Bis sich das Verb vulkanisieren durchsetzen konnte, das den Herstellungsprozeß von Gummi aus Rohkautschuk beschreibt, dauerte es danach nochmals gut zweihundert Jahre.

W

Waldorf-Astoria-Hotel, Waldorfsalat, Waldorfschule

John Jakob Astor (1763–1848)

Er gilt als eine Personifizierung des *American Dream:* Johann Jakob, später »John« Astor, brachte es vom Tellerwäscher zum Millionär.

Astor wuchs im deutschen Provinznest Walldorf bei Heidelberg auf. Der Sohn eines Metzgers riß mit sechzehn Jahren aus und versuchte sein Glück in England. Hier besaß sein älterer Bruder ein Musikgeschäft. Astor arbeitete als Instrumentenbauer so lange im Betrieb seines Bruders, bis er genug Geld für die Überfahrt nach Amerika zusammengespart hatte.

Schon während der Reise knüpfte er wichtige Kontakte. Ein Landsmann wies ihn darauf hin, daß der Pelzhandel *das* Geschäft der Zukunft werden könnte. Kaum im Land der Träume gelandet, konzentrierte sich Astor auf diese verheißungsvolle Branche und machte mit dem Verkauf von Pelzen und von Musikinstrumenten rasch ein kleines Vermögen. Dieses steckte er umgehend in Grundstücke, die er vorwiegend in Manhatten zusammenkaufte. Während der Pelzhandel weiterhin blühte, beteiligte sich Astor an weiteren Firmen und gründete selbst neue Unternehmen. Bald war er einer der reichsten Industriellen in ganz Amerika.

Um seine Person und um sein Vermögen rankten sich Gerüchte: Den Grundstein seines Vermögens soll ein sagenhafter Piratenschatz gebildet haben. Oder Astor habe als skrupelloser Geschäftemacher seinen Reichtum auf Kosten der Armen New Yorks zusammengerafft. Sein Ruf war also nicht der beste, auch wenn er sich oft als spendabler Herr erwies. Die letzten zehn Jahre seines Lebens und einen Großteil seines Privatvermögens widmete er dem Aufbau der *Astor Library*, der ersten öffentlichen Bibliothek in den USA. Sie bildete 1895 den Grundstock der berühmten *New York Public Library*. Auch seiner Heimatgemeinde Walldorf gegenüber zeigte er sich nicht kleinlich und stiftete 50 000 Dollar – damals eine riesige Summe.

Trotzdem blieb genügend Geld beisammen, um seine Nachkommenschaft zu einer der ersten Familien der New Yorker High-Society zu machen.

Aus dieser Familie stammen auch die Gründer des Luxushotels Waldorf-Astoria, die Urenkel William Waldorf Astor und John Jakob Astor IV. Ursprünglich handelte es sich übrigens um zwei Hotels, das »Waldorf« und das »Astoria«, die allerdings schon bald zusammengelegt wurden. Als das erste Luxushotel New Yorks um die Jahrhundertwende seine Tore öffnete, war es mit seinen 1500 Betten nicht nur eines der prunkvollsten Hotels der Welt, sondern auch das mit Abstand größte seiner Zeit.

Wem das nötige Kleingeld fehlt, um im Waldorf-Astoria zu essen und zu übernachten, der kann immerhin den berühmten Salat aus der Hotelküche selber zubereiten. Hier das Originalrezept für den Waldorfsalat: Man nehme sehr kleine Würfel oder feine Streifen von rohem Knollensellerie und säuerlichen Äpfeln und binde sie mit Mayonnaise, die mit einigen Tropfen Zitronensaft verfeinert wurde. Darüber werden gehobelte Walnüsse gestreut.

Die ehemalige deutsche Zigarettenfabrik »Waldorf-Astoria« – die Zigaretten hießen wohl so, weil mit dem Namen des Hotels die Welt der Schönen und Reichen evoziert werden sollte – gab einer pädagogischen Richtung ihren Namen. Nach dem Ersten Weltkrieg ließ der damalige Direktor Emil Molt eine Schule für die Kinder seiner Arbeiter gründen. Der anthroposophische Pädagoge Rudolf Steiner erhielt hier die Gelegenheit, seine Vorstellungen über Erziehung, die er schon mehrfach publiziert hatte, in die Tat umzusetzen. Waldorfschulen, in der Schweiz heißen sie Rudolf-Steiner-Schulen, sind »freie« Schule, d. h. Schulen, die vom Staat kein Geld erhalten und ganz aus den Beiträgen der Eltern finanziert werden müssen. Steiners Prinzipien heißen: Freiheit der Kultur, Gleichheit vor dem Recht und Brüderlichkeit in der Wirtschaft. Im Sinne dieser drei Idealvorstellungen soll das einzelne Kind erzogen werden. Die Ziele werden erreicht, indem das Kind nicht bevormundet und nicht dem herkömmlichen Leistungszwang unterzogen wird, sondern sich zu einer harmonischen Gesamtpersönlichkeit entwickeln kann. Zensuren gibt es in der Waldorfschule nicht, nur Einschätzungen und Besprechungen, bei denen aber immer der ganze Lebenslauf, das Umfeld und das Verhalten des Kindes berücksichtigt werden. Steiners Philosophie, die an den Waldorfschulen in der ganzen Welt vermittelt wird, steht in krassem Gegensatz zu den kapitalistischen Grundsätzen des Astor-Clans.

Walpurgisnacht

Walpurgis (Walburga, Waldburga, um 710–779; Waluburg, Seherin aus dem Stamm der Semnonen, 2. Jh. n. Chr.)

Glaubt man der christlichen Geschichtsschreibung, war die heilige Walpurgis eine englische Äbtissin, die als Missionarin nach Deutschland geschickt worden war. Zuerst war sie Nonne im Kloster Tauberbischofsheim, nach dem Tod ihrer Schwester Winebald übernahm sie deren Stelle als Äbtissin des Klosters Heidenheim. Walpurgis starb am 25. Februar 779, der auch ihr Festtag ist. Heiliggesprochen wurde sie aber an jenem 1. Mai, an dem ihre Gebeine in die Kirche St. Walburg zu Eichstätt überführt wurden.

Die heilige Walpurgis gilt als Patronin der Wöchnerinnen, der Bauern und Haustiere. Weil sie für das Wachstum der Feldfrüchte verantwortlich ist, wird sie im Bild oft mit drei Ähren dargestellt. Charakteristisch ist auch, daß sie mit einer Flasche »Walpurgisöl« in der Hand dargestellt wird, das angeblich bei Augenleiden helfen soll. Walpurgis ruft an, wer an Husten erkrankt oder von einem tollen Hund gebissen wird. Auch vor der Pest soll die vielseitige Heilige schützen.

Über Herkunft und Amtszeit wird gerätselt. Wahrscheinlich ist, daß Walpurgis als *Waluburg* eine germanische Seherin war, die von der katholischen Kirche durch die Heiligsprechung vereinnahmt wurde. Waluburgs Name findet sich auf einem Tonscherben aus dem 2. Jahrhundert. Ob eine innere Beziehung zwischen ihr und den nach ihr benannten Walpurgisnächten (die neun Nächte vor dem 1. Mai) besteht, bleibt unklar.

Zurück zur heiligen Walpurgis: Seltsamerweise fallen der Tag ihrer Heiligsprechung sowie das germanische Fest, an dem Gericht gehalten und Bittopfer an die Erdmutter geleistet wurden, auf den 1. Mai, was vielleicht die These stützt, daß der Name von einer Seherin stammt.

Der Volksglauben war überzeugt, daß in der Nacht vom 30. April auf den 1. Mai alle guten und schlechten Dämonen und alle Hexen zusammenkamen. Auch in Goethes *»Faust«* treffen sich die Hexen alljährlich in der Walpurgisnacht am »Blocksberg«, dem 1142 m hohen Brocken im Harz. Das Volk malte Kreuze an die Hauswände, Maien wurden aufgebunden, um Geister und Hexen fernzuhalten.

Walpurgisnacht auf dem Blocksberg (Holzschnitt, 1669)

Hier und an anderen unheimlichen Orten sollen sich Frauen mit dem Teufel verabredet haben. Sie küßten Satan den Hintern und schworen ihm ewige Treue. Der Volksglauben will auch von schauerlichen Messen wissen, in denen Gewalt und Sexualität zelebriert wurden.

1977 gingen Frauen in verschiedenen Städten Deutschlands in

der Walpurgisnacht auf die Straße. Der Tod einer jungen Frau, die an den Folgen einer Vergewaltigung gestorben war, hatte sie dazu veranlaßt, gegen die alltägliche Gewalt zu demonstrieren. Ganz im Sinne der weisen Frauen früherer Zeiten – damals als Hexen bezeichnet – lautete ihre Parole: »Wir erobern uns die Nacht zurück!«

Wankelmotor

Felix Wankel (1902–1980)

Der ☞ Ottomotor hat seinem Erfinder zur sprachlichen Unsterblichkeit verholfen, ebenso der Dieselmotor dem seinen. Ob der Wankelmotor sich auf Dauer in diese illustre Gruppe wird einreihen können, ist unsicher. Obwohl er auf einem revolutionären Konstruktionsprinzip beruht, wird er in der Praxis noch immer von Problemen geplagt.

Dabei ist der Grundgedanke einleuchtend. Als der junge Ingenieur Felix Wankel in den dreißiger Jahren eine systematische Untersuchung der Verbrennungsmotoren durchführte, hatte er sich für seine Arbeit ein klares Ziel gesetzt: Die Zahl der beweglichen Teile mußte vermindert, das Gewicht des Motors gesenkt werden. Je weniger Motorengewicht ein Gefährt mitschleppen muß, desto effizienter wird Treibstoff verbrannt.

Die Lösung, die er fand, war genial. Beim traditionellen Viertaktmotor erfolgt der Arbeitsprozeß *nacheinander* in Zyklen – ansaugen, verdichten, zünden, ausstoßen. Wankel entwickelte einen neuartigen Kreiskolben- oder Rotationsmotor, der denselben Ablauf in gegeneinander verschobenen Zyklen dreimal gleichzeitig stattfinden läßt. Der Kreiskolben, in der Form eines gleichseitigen Dreiecks mit nach außen gerundeten Seiten, rotiert in der Brennkammer und teilt sie dabei in drei kleinere Kammern auf.

Wankels Forschungen wurden von den NSU-Motorenwerken finanziell unterstützt, die das neue Verfahren ursprünglich als Antrieb bei Motorrädern einsetzen wollte. Wankel konnte jedoch erst 1956 einen Prototyp vorlegen. Das erste in Serie produzierte Auto, das von einem Wankelmotor angetrieben wurde, war 1964 der Ro 80. Seine Besitzer wurden nicht müde, Laufruhe und Effizienz des neuen Motors zu preisen. Trotzdem hatten sie einiges zu erdulden. Davon zeugt der »Ro-80-Gruß«: die Anzahl der hochgereckten Finger signalisierte die Anzahl der Austauschmotoren, die der stolze Besitzer schon hatte einbauen lassen müssen ... NSU ist 1969 in der Audi NSU Auto Union aufgegangen, die dem VW-Konzern gehört. Der einst berühmte Name NSU ist verschwunden.

Wankelmotoren erweisen sich in der Praxis als störungsanfällig. Bis heute ist es nicht gelungen, mit der Kreiskolbentechnik die einzelnen Brennkammern perfekt abzudichten. Der Verschleiß führt dazu, daß die Kammern nach und nach undicht werden. Inzwischen hat VW die Patente nach Japan verkauft – aber auch die Japaner tun sich offensichtlich schwer damit.

Darum läßt sich nicht mit Sicherheit sagen, ob unsere Nachfahren mit dem Wort »Wankelmotor« noch etwas werden anfangen können.

Watt

James Watt (1736–1819)

Watt wuchs als Sohn eines Schiffsbauers in Glasgow auf. Die Schule besuchte er nur kurze Zeit. Der Knabe verbrachte die meiste Zeit in der Werkstatt seines Vaters. Dort konnte er seine Fertigkeiten in der Feinmechanik entwickeln, die er bald zum Beruf machen sollte. Ein Jahr lang lebte und lernte er in London und arbeitete hart für einen Hungerlohn. Sieben Jahre hätte die Lehrzeit betragen – dafür war Watt zu ungeduldig. Er kehrte in seine Heimatstadt zurück. Die Innung verwehrte ihm die Eröffnung einer eigenen Werkstatt, da seine Ausbildung nicht genüge. Der einzige Freiraum, der ihm blieb, war der Campus der Universität, auf den sich die Macht der Innung nicht erstreckte. Unterstützt von wohlgesinnten Professoren und Studenten, gelang es Watt 1757, auf dem Universitätsgelände eine Werkstatt zu eröffnen.

Watts Werkstatt wurde bald zum wichtigen Treffpunkt. Die Professoren – sie kamen stets mit einigen Studenten im Schlepptau – brachten defekte Geräte persönlich zur Reparatur. Es hatte sich herumgesprochen, daß der findige Watt auch Unmögliches möglich

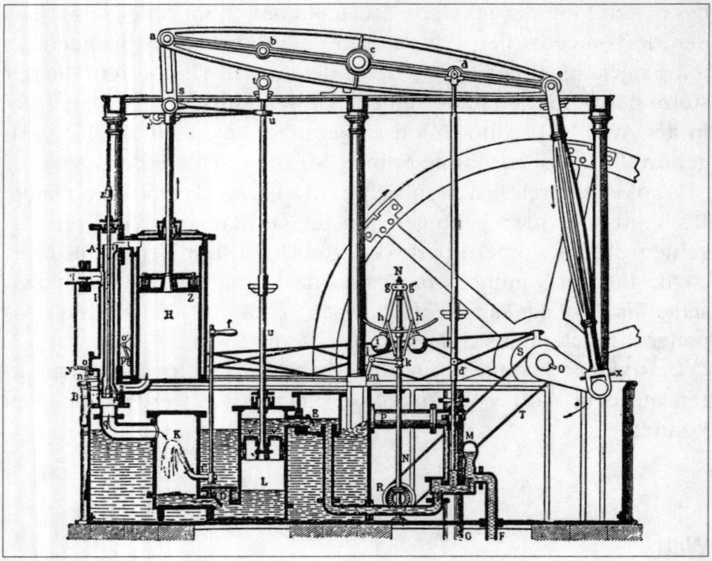

Watts Niederdruckdampfmaschine

machte. Vor Ort konnten die Lehrer Anschauungsunterricht in Mechanik und Physik bieten. Im Winter 1763 erhielt der Universitätsmechanikus eine defekte »atmosphärische Dampfmaschine« zur Reparatur, die Thomas Newcomen (1663–1729) konstruiert hatte. Die Instandsetzung der Maschine war kein Problem. Kopfzerbrechen bereitete Watt hingegen ihr Wirkungsgrad: zu viel Dampf verpuffte unnötig, so daß die Maschine nicht wirklich effizient genutzt werden konnte. Nach zahllosen Versuchen gelang ihm 1765 die entscheidende Verbesserung durch den Einbau eines vom Zylinder getrennten Kondensators – die erste direkt wirkende Niederdruckdampfmaschine war erfunden. Das Patent dafür erhielt Watt 1769.

1775 eröffnete Watt eine eigene Firma. Als Teilhaber gewann er den Industriellen Matthew Boulton. In Soho bei Birmingham spezialisierten sich Boulton & Watt logischerweise auf die Herstellung von Dampfmaschinen. Watts in den Jahren 1782–1784 konstruierte doppeltwirkende Dampfmaschine brachte den Durchbruch für die breite industrielle Nutzung. Die aufkeimende Industrie wurde von der Wasserkraft unabhängig und verbreitete sich in kürzester Zeit über das ganze Land, um möglichst nah bei den Absatzmärkten produzieren zu können. Watts epochemachende Erfindungen, der Kondensator, die Luftpumpe, die doppeltwirkende Dampfmaschine und die Zwillingsmaschine, trugen entscheidend zur industriellen Revolution bei und sorgten dafür, daß das angehende 19. Jahrhundert zum »Dampfzeitalter« wurde.

Weckglas

Johann Weck (1841–1914)

Die Firma J. Weck u. Co. wurde am 1. Januar 1900 gegründet – ein zukunftsträchtiges Datum, wie sich zeigen sollte. Dem Jungunternehmer Johann Weck war es gelungen, die Patentrechte für eine neue Konservierungstechnik, das »Rempelsche Patent«, zu erwerben.

1892 hatte der deutsche Chemiker Rudolf Rempel zwei Konservierungsmethoden unter einen Hut beziehungsweise einen Deckel gebracht. Daß Lebensmittel in einem Vakuum haltbar gemacht werden können, war ein offenes Geheimnis. Bereits im 17. Jahrhundert hatte der französische Physiker Denis Papin (1647–1714) Versuche durchgeführt, um Lebensmittel durch Luftabschluß haltbar zu machen. Und ☞ Pasteur hatte Jahrzehnte zuvor den Beweis erbracht, daß Fäulnisbakterien durch Erhitzen abgetötet werden. Rempel entwickelte ein simples Verfahren, mit dem er gleichzeitig den verderblichen Inhalt seiner Vorratsgläser erhitzen und ☞ hermetisch verschließen konnte.

Schnitt durch einen Einwecktopf mit Gläserhalter und Thermometer

Johann Weck kaufte die Rechte vorwiegend aus ideologischen Gründen. Als überzeugter Vegetarier und Antialkoholiker wollte er seinen Mitmenschen ermöglichen, auch im Winter Gemüsegerichte auf den Teller zu bekommen und die Früchte nicht aus dem Schnapsglas, sondern aus dem »Weckglas« zu genießen.

Seinem Geschäftspartner und späteren Alleininhaber der Firma, Georg van Eyck, ist es zu verdanken, daß das Einwecken populär wurde. Er verbesserte die Technik – insbesondere der rotbraune Gummiring, der für den Luftabschluß zu sorgen hatte, bereitete Probleme, da er oft spröde und damit durchlässig wurde. Aber auch im Marketing agierte er klug – es gelang ihm, die Gilde der Hauswirtschaftslehrerinnen für die Methode zu begeistern. Diese machten ihre Schülerinnen mit der neuen Konservierungsmethode vertraut. Bald hatte die Firma Weck den Markt vollständig im Griff. Das »Weckglas« wurde genauso zum stehenden Begriff wie die entsprechende Tätigkeit, das »Einwecken«.

Ab den fünfziger Jahren dieses Jahrhunderts gingen Konservenindustrie und Tiefkühler der Firma Weck buchstäblich »ans Eingemachte«. Das Einwecken kam beinahe aus der Mode – erfreulicherweise aber erlebt es seit Mitte der achtziger Jahre eine kleine Renaissance. Auch junge Frauen greifen heute wieder vermehrt auf das Einweckglas zurück – jene Konservierungsmethode, die ohne Stabilisatoren, Emulgatoren, Farb- und Aromazusätze auskommt und das Eingemachte so beläßt, wie es in der Natur wächst.

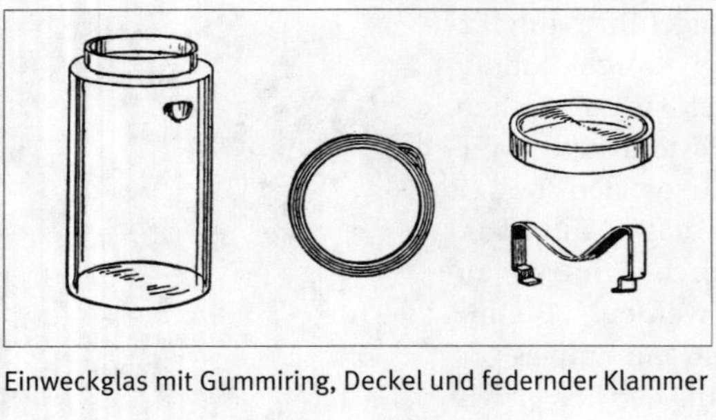

Einweckglas mit Gummiring, Deckel und federnder Klammer

XY

Xanthippe

Xanthippe

Die Bezeichnung »Xanthippe«, ☞ verballhornt »Zankhippe«, steht für eine zänkische Frau, die ihrem Gatten keine ruhige Minute gönnt. Xanthippe war die Gattin des griechischen Philosophen Sokrates *(☞ Platon)*, der im fünften Jahrhundert v. Chr. in Athen lebte. Die beiden müssen spät geheiratet haben, denn als Sokrates mit siebzig Jahren den berüchtigen Schierlingsbecher leeren mußte, waren die drei Söhne Lamprokles, Sophroniskos, Menexenos noch nicht volljährig.

Wir wissen von Xanthippe nicht viel mehr, als daß sie ihrem Gatten andauernd Vorwürfe gemacht haben soll, da er sich zu wenig um den Lebensunterhalt der Familie kümmerte. Xenophon, ein Schüler des Sokrates, nennt sie im »Symposium« die »unangenehmste aller Frauen«. Eine dumme Bemerkung, die wohl auf die Eifersucht der Schüler hindeutet, die den geliebten Lehrer ganz für sich haben wollten. Aber die Antike ging generell nicht zimperlich mit Hausfrauen um. Wiederum Xenophon behauptete: »Durch das Schaffen des Mannes kommt Geld ins Haus, durch das Wirtschaften der Frau geht das meiste drauf.«

Sokrates ließ seine Frau nicht an seiner Philosophie teilhaben. Überhaupt verhielt er sich in der Öffentlichkeit so, als würde sie nicht existieren. Das hatte nichts mit ihrer angeblich zänkischen und schwatzhaften Art zu tun. In der Männergesellschaft des alten Griechenland war es nicht schicklich, daß sich verheiratete Frauen in den Vordergrund drängten.

Was für eine Beziehung zwischen den beiden bestand, zu wie vielen Ideen Xanthippe ihren Gatten inspirierte, bleibt ungeklärt. Eine Behauptung können wir trotzdem aufstellen: Sokrates wäre, wie viele große Männer, nicht in der Lage gewesen, Geschichte zu machen, hätte ihm nicht eine realistisch denkende Frau zur Seite gestanden und den Rücken freigehalten.

Yale-Universität ☞ Frisbee

Z

Zar ☞ Kaiser

Zeppelin

Ferdinand Graf von Zeppelin (1838–1917)

»Ferdinand [...] ein blauäugiges blondgelocktes Engelsköpfchen, der Liebling der Onkel und Tanten, wird in auswärtigen Kreisen ›Herzkäfer‹, zu Hause aber ›Knöpfleschwab‹ genannt.« Als Zeppelins Mutter diese Zeilen schrieb, war Zeppelin fünfeinhalb Jahre alt und hatte gerade sein erstes Paar Stiefel bekommen.

Zeppelin verbrachte seine harmonische Kindheit und Jugend im Elternhaus am Bodensee. Es verwundert deshalb nicht, daß der junge Graf die ersten Jahre an der Polytechnischen Schule in Stuttgart unter Heimweh litt. Auch später schrieb der Schüler der Kriegsschule Ludwigsburg sehnsüchtige Briefe nach Hause.

1858 erhielt Zeppelin sein Leutnantspatent und wurde im selben Jahr an die Universität Tübingen abkommandiert. Da sich die politische Situation zuspitzte, wurde der Graf erneut eingezogen. In den folgenden Jahren bildete sich Zeppelin auf Reisen durch ganz Europa militärisch weiter. 1863 ließ er sich vom König von Württemberg beurlauben. Er verfolgte über vier Monate den amerikanischen Sezessionskrieg auf der Seite der Nordstaaten und unternahm dann eine Reise zu den Quellen des Mississippi. Im selben Jahr bestieg er erstmals einen Ballon. Bei all seinen Unternehmungen hinterließ er einen glänzenden und bleibenden Eindruck. Der hanseatische Gesandte in Washington schrieb über ihn: *»Er ist wirklich ein allerliebster, kleiner Mensch, voller Allgemeininteressen, wie man sie bei einem Kavallerieoffizier nicht vermuten würde.«*

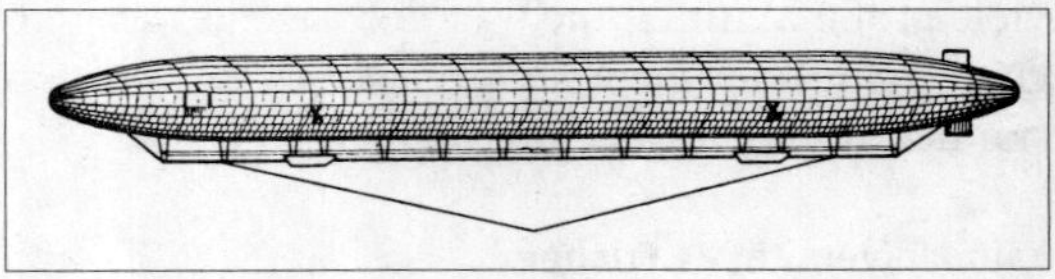

Zeppelin-Luftschiff LZ 1 (1900)

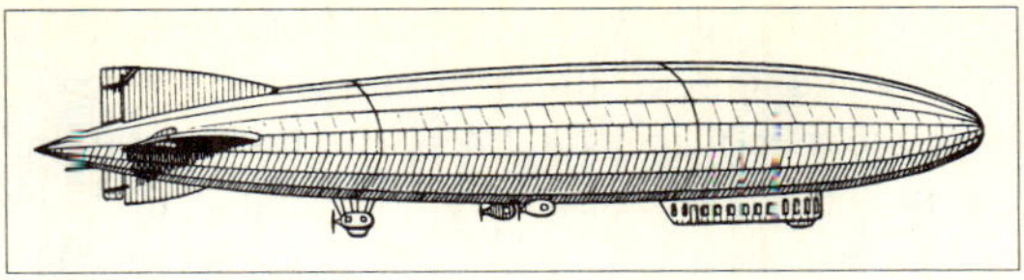

Zeppelin-Luftschiff »Bodensee« (1919)

Wieder in Europa, wagte Zeppelin 1870, kurz vor Ausbruch des Deutsch-Französischen Krieges, einen abenteuerlichen Patrouillenritt, der ihn vierzig Kilometer tief in Feindesgebiet führte. Der Parforceritt machte Zeppelin bekannt. Theodor Fontane berichtete in »Der Rekognoszierungsritt des Grafen Zeppelin« über die heroische Tat. 1890, nach langen Jahren als Offizier und Diplomat, quittierte Generalleutnant Zeppelin den Dienst.

Mit zweiundfünfzig Jahren fühlte sich der Graf zu jung für den Ruhestand und suchte sich ein neues Tätigkeitsfeld. Stets hatte er mit Interesse die Entwicklung im Ballonwesen verfolgt. Schon als Soldat spielte er mit dem Gedanken, ein lenkbares Luftschiff zu entwickeln, das die Vorläufer der Franzosen Giffard (1852), Renard und Krebs (1884) und des Ungarn David Schwarz (1897, dessen Patente Zeppelin später aufkaufte) übertreffen sollte. Was anfänglich ein Hirngespinst war, nahm bald konkretere Formen an. Bereits 1887 hatte Zeppelin König Karl I. von Württemberg eine Denkschrift über Luftschiffe zukommen lassen und damit den Anfang für eine lange Reihe von Eingaben gesetzt. 1892 nahm er den Ingenieur Theodor Kober in seine Dienste und ließ seine Pläne von ihm durchrechnen. 1898 konnte Zeppelin endlich Industrielle zur Gründung einer »Aktiengesellschaft zur Förderung der Luftschiffahrt« gewinnen. Das Mißtrauen war aber noch immer groß. Zeppelin mußte die Hälfte des Kapitals von 800 000 Mark aus eigenen Mitteln einschießen.

Am 2. Juli 1900 startete der erste Prototyp LZ 1, mit dem bahnbrechenden starren Innengerüst, zu seiner Jungfernfahrt (ein Zeppelin fliegt nicht, er fährt!) und ließ die Skeptiker vorübergehend verstummen. Nach den ersten Probefahrten waren die vorhandenen Mittel erschöpft. Es kam zu Pannen und Zwischenfällen. Bald verloren die Investoren ihre Zuversicht. Schon im September ging die Gesellschaft in Liquidation. In den Folgejahren hatte sich Zeppelin gegen Angriffe seiner Kritiker zur Wehr zu setzen. Das Vertrauen in sein Luftschiff verlor er jedoch nie. 1906, als sein zweites

Modell durch einen Steuerungsdefekt eine Havarie erlitt, nahm er nach dem ersten Schock alle seine Kräfte zusammen und baute ein drittes, verbessertes Modell. Endlich erhielt Zeppelin finanzielle Unterstützung durch den Reichstag zugesprochen. Im Nu wurde aus dem »närrischen Erfinder« ein Volksheld. 1909 beteiligten sich Städte, Banken und Private mit einem Kapital von drei Millionen an der Gründung der »Deutschen Luftschiffahrts-AG«. Die extravagante Schriftstellerin Marie von Bunsen (1860–1941) hielt ihr Zusammentreffen mit dem triumphierenden Zeppelin in ihrem Tagebuch fest: *»Er ist entschieden klein, er wirkt streng militärisch, dabei aber ungezwungen und natürlich. Besonders fesselnd sind die blauen Kinderaugen, die, visionär, das noch nicht Erschaffene schauen.«*

Erfinder Zeppelin sah in seinem Luftschiff eine Bereicherung für die Menschheit. Als dann der Erste Weltkrieg ausbrach, sah der Offizier dessen militärische Möglichkeiten. Noch bis kurz vor seinem Tod setzte er sich für den Fronteinsatz der Zeppeline ein. Die Niederlage seines Vaterlandes erlebte der erfinderische »Knöpfleschwab« nicht mehr. Er starb am 8. März 1917 im Alter von 78 Jahren.

Der Ära der Luftschiffe, im Volksmund »Zeppeline« genannt, setzte am 6. Mai 1937 die »Katastrophe von Lakehurst« (bei New York) ein jähes Ende. Zeppelin LZ 129, getauft auf den Namen »Hindenburg«, ging dabei in Flammen auf. Der Untergang der 245 m langen imposanten »Hindenburg« (Durchmesser 41,4 m; Gasraum 200 000 m^3) bewegte die fortschrittsgläubige Menschheit so tief wie seinerzeit (1912) der Untergang der Titanic.

Aber die Geschichte der Zeppeline scheint noch nicht abgeschlossen. Neue Luftschiffe sind im Bau. Bereits 1998/99 soll eine neue Generation in Betrieb genommen werden – als preiswerte und umweltfreundliche Transportmaschinen, als Touristenattraktion soll der Zeppelin eine Renaissance erleben. Als Heimathafen ist vorerst der Flughafen Basel-Mulhouse in Gespräch. Und natürlich verspricht sich auch die Werbeindustrie von den »fahrenden Zigarren« neue »Events«, die selbst die abgebrühtesten Zeitgenossen beeindrucken können.

Bibliographie

Biographisches

Abbott, David (Hg.): *The Biographical Dictionary of Scientists: Chemists*. Blond Educational, London 1983–1985.

Allgemeine deutsche Biographie. Duncker & Humblot, Berlin 1967–1971.

Asimov, Isaac: *Biographische Enzyklopädie der Naturwissenschaften und der Technik*. Herder, Freiburg im Breisgau 1973.

Baker, Daniel B. (Hg.): *Explorers and Discoverers of the World*. Gale Research Inc., Detroit 1993.

Biographical Encyclopedia of Scientists. Institute of Physics Publishing 1994.

Biographical Dictionary of Mathematicians. Charles Scribner's Sons, New York 1991.

Biographisch-Bibliographisches Kirchenlexikon. Traugott Bautz, Hamm 1992.

Bircher, Ralph: *Leben und Lebenswerk Bircher-Benner. Bahnbrecher der Ernährungslehre und Heilkunde*. Bircher-Benner-Verlag, Zürich 1959.

Bircher-Benner, Maximilian: *Vom Werden des neuen Arztes. Erkenntnisse und Bekenntnisse*. Heyne, Dresden 1938.

Blackmore, John (Hg.): *Ernst Mach – a deeper Look. Documents and new perspectives*. Kluner, Dordrecht 1992.

Bohlander, Richard E. (Hg.): *World Explorers and Discoverers*. Macmillan, New York 1992.

Bougainville, Louis-Antoine de: *Reise um die Welt*. Ritzdorfer, Berlin 1985.

Calogeras, Roy C.: *Die Kruppdynastie und die Wurzeln des deutschen Nationalcharakters*. Verlag Internationale Psychoanalyse, München 1989.

Calvogoressi, Peter: *Who's who in der Bibel*. dtv, München 1990.

Carlier, Pierre: *Demosthène*. Fayard, Paris 1990.

Casanova, Giacomo: *Casanovas Abenteuer* (Bearbeitet von Erich v. Holst). Schreitersche Verlagsbuchhandlung, Berlin 1950.

Casanova, Giacomo: *Memoiren*. Rowohlt, Hamburg 1958.

Centassi, René / Masson, Henri: *L'homme qui a défié Babel*. Ramsay, Paris 1995.

Childs, J Rives : *Giacomo Casanova de Seingalt in Selbstzeugnissen und Bilddokumenten*. Rowohlt, Hamburg 1960.

Degregorio, William A.: *The Complete Book of US Presidents*. Wings, New York 1991.

Deutsche Biographische Enzyklopädie. Saur, München 1995ff. (bis Band 6).

Dictionary of American Biography. Scribner, New York 1928.

Dictionary of National Biography. Institute of Hist. Studies, Calcutta 1972–.

Dictionnaire de Biographie Française. Librairie Letouzey et Ané, Paris 1933–.

Eckardt, H.: *Matthäus Merian. Eine kulturhistorische Studie*. H. Eckardt's Verlag, Kiel 1892.

Eckener, Hugo: *Graf Zeppelin. Sein Leben nach eigenen Aufzeichnungen und persönlichen Erinnerungen*. Cotta, Stuttgart 1938.

Fant, Kenne: *Alfred Nobel. Idealist zwischen Wissenschaft und Wirtschaft*. Birkhäuser, Basel 1995.

Gabriel, Astrik L.: *The Paris Studium. Robert of Sorbonne and his Legacy.* Selected Studies. Josef Knecht, Frankfurt am Main 1992.
Geison, Gerald L.: *The Private Science of Louis Pasteur.* Princeton University Press, Princeton (New Jersey) 1995.
Gillispie, Ch. C. (Hg.): *Dictionary of Scientific Biography.* Charles Scribner's Sons, 1981.
Glasser, Otto: *Wilhelm Conrad Röntgen und die Geschichte der Röntgenstrahlen.* Springer, Berlin 1995.
Gottwald, Siegfried: *Lexikon bedeutender Mathematiker.* Harri Deutsch, Thun 1990.
Guiffrey, Jules: *Les Gobelins et Beauvais.* Laurens, Paris 1908.
Henze, Dietmar: *Enzyklopädie der Entdecker und Erforscher der Erde.* Akademische Druck- und Verlagsanstalt, Graz 1978.
Hepp, Frieder: *Matthäus Merian in Heidelberg.* Heidelberger Verlagsanstalt, Heidelberg 1993.
Hirsch, August: *Biographisches Lexikon der hervorragendsten Ärzte aller Zeiten und Völker.* Urban & Schwarzenberg, Berlin 1929–1935.
Hügli, A. / Lübecke, P. (Hg.): *Philosophie-Lexikon.* Rowohlt, Hamburg 1991.
Israëls, Han: *Schreber: Vater und Sohn. Eine Biographie.* Verlag Internationale Psychoanalyse, München 1989.
Italiaander, Rolf: *Ferdinand Graf von Zeppelin. Reitergeneral – Diplomat – Luftschiffpionier.* Stadler, Konstanz o. J.
Kant, Horst: *Gabriel Daniel Fahrenheit / René-Antoine Ferchault de Réaumur / Anders Celsius.* Teubner, Leipzig 1984.
Karl Friedrich Drais von Sauerbronn. Ein badischer Erfinder. Ausstellung zu seinem 200. Geburtstag. Stadtarchiv, Karlsruhe 1985.
Keaveney, Arthur: *Lucullus. A Life.* Routledge, London 1992.
Kollenbach, Dorothea: *Maximilian Oskar Bircher-Benner (1867–1939). Krankheitslehre und Diätetik.* Medizinische Fakultät der Universität Köln, Köln 1974.
Krafft, Fritz (Hg.): *Große Naturwissenschaftler.* VDI, Düsseldorf 1986.
Kuczera, Josef: *Heinrich Hertz.* Teubner, Leipzig 1987.
Kurylo, Friedrich, Karl: *Georg Simon Ohm. Bändiger der Kraft.* Nachrichtenamt der Stadt Köln, Köln 1976.
Kytzler, Bernhard: *Frauen der Antike.* Artemis, Zürich 1994.
Lancaster-Brown, Peter: *Halley and His Comet.* Blandford Press, Poole 1985.
Lange-Eichbaum / Kurth: *Genie, Irrsinn und Ruhm. Band 9: Die Wissenschaftler und Forscher.* Ernst Reinhardt, München 1992.
Lange-Eichbaum / Kurth: *Genie, Irrsinn und Ruhm. Band 11: Die Revolutionäre und Sozialreformer.* Ernst Reinhardt, München 1992.
Larkin, Robert P. / Peters, Gary L.: *Biographical Dictionary of Geography.* Greenwood Press, Westport (Connecticut) 1993.
Lennig, Walter: *Marquis de Sade in Selbstzeugnissen und Bilddokumenten.* Rowohlt, Hamburg 1965.
Lockot, Hans Wilhelm: *The Mission. The Life, Reign and Character of Haile Selassie I.* Hurst, London 1989.
Louis, A.: *Matthieu de l'Obel. Episode de l'Histoire de la Botanique.* Story-Scientia, Ghent-Louvain 1980.
Minerva Lexikon berühmter Persönlichkeiten. Minerva, Leipzig 1929.

Neue deutsche Biographie. Duncker & Humblot, Berlin 1953ff.
Olofsson, Rune Pär: *Der Dynamitkönig Alfred Nobel*. Kiepenheuer, Leipzig 1993.
Österreichisches Biographisches Lexikon. Österreichische Akademie der Wissenschaften, Wien 1957ff.
Pogendorff, J. C.: *Biographisch-literarisches Handwörterbuch der exakten Naturwissenschaften*. Akademie-Verlag, Berlin 1956ff.
Prause, Gerhard: *Genies ganz privat. Tratschkes aktuelle Weltgeschichten*. dtv, München 1994.
Rodger, N. A. M.: *The Insatiable Earl. A Life of John Montagu, 4th Earl of Sandwich*. Harper Collins Publishers, London 1993.
Schedel, Angelika: *Der Blick in die Menschen. Wilhelm Conrad Röntgen und seine Zeit*. Urban & Schwarzenberg, München 1995.
Scherließ, Volker: *Gioacchino Rossini*. Rowohlt, Hamburg 1991.
Schmitz, Siegfried: *Große Entdecker und Forschungsreisende*. Econ, Düsseldorf 1983.
Schütz, Wilhelm: *Michael Faraday*. Teubner, Leipzig 1982.
Schweizer Pioniere der Wirtschaft und Technik. Verein für wirtschaftshistorische Studien, Zürich 1955.
Schwenk, Ernst: *Mein Name ist Bequerel. Wer den Maßeinheiten den Namen gab*. dtv, München 1993.
Sealy, Raphael: *Demosthenes and his time*. Oxford University Press, Oxford 1993.
Sittauer, Hans L.: *James Watt*. Teubner, Leipzig 1981.
Sittauer, Hans L.: *N. A. Otto / Rudolf Diesel*. Teubner, Leipzig 1978.
Staiti, Paul J.: *Samuel B. Morse*. Cambridge University Press, Cambridge 1989.
Svenskt Biografiskt Lexikon. Bonniers, Stockholm 1918ff.
Torsy, Jakob (Hg.): *Lexikon der deutschen Heiligen, Seligen, Ehrwürdigen und Gottseligen*. J. P. Bachem, Köln 1959.
Vie des Saints et des bienheureux. Editions Letouzey et ané, o. O. 1956.
Wanda und Leopold von Sacher-Masoch: *Szenen einer Ehe. Eine kontroversielle Biographie*. Milena, Wien 1995.
Weber, Robert L.: *Pioneers of Science. Nobel Prize Winners in Physics*. Hilger, Bristol 1990.
Wilson, Derek: *The Astors 1763–1992. Landscape with Millionaires*. Weidenfeld & Nicolson, London 1993.
Wussing, Hans Ludwig (Hg.): *Fachlexikon der Forscher und Erfinder*. Harri Deutsch, Thun 1992.
Zey, René (Hg.): *Lexikon der Forscher und Erfinder*. Rowohlt, Hamburg 1997.
Zweig, Stefan: *Baumeister der Welt*. Ex Libris, Zürich 1951.

Geschichtliches

Beckett, James Camlin: *Geschichte Irlands*. Kröner, Stuttgart 1991.
Bengtson, Hermann: *Geschichte der alten Welt*. Fischer, Frankfurt a. M. 1989.
Boesch, Joseph: *Weltgeschichte*. Rentsch, Zürich 1991.
Bosl, Karl (Hg.): *Handbuch der Geschichte der böhmischen Länder*. Bd I. Hiersemann, Stuttgart 1966.
Braudel, Fernand: *Sozialgeschichte des 15.–18. Jahrhunderts*. Kindler, München 1986.

Clark, Sir George (Hg.): *The Oxford History of England*. Clarendon Press, Oxford 1934–1991.
Doherty / Hickey: *A Chronology of Irish History since 1500*. Barnes and Noble, London 1990.
Franzen, August / Bäumer, Remigius: *Papstgeschichte*. Herder, Freiburg i. Br. 1988.
Friedell, Egon: *Kulturgeschichte Griechenlands*. Phaidon Press, London 1949.
Die Geschichte des Christentums. Bischöfe, Mönche und Kaiser (642–1054). Herder, Freiburg i. Br. 1994.
Hertslett, William T. / Hofmann, Winfried: *Der Treppenwitz der Weltgeschichte*. Ullstein, Berlin 1995.
Heuss, Alfred: *Römische Geschichte*. Steiner, Stuttgart 1995.
Kluxen, Kurt: *Geschichte Englands*. Kröner, Stuttgart 1985.
Kornemann, Ernst: *Römische Geschichte*. Kröner, Stuttgart 1977.
Kügler, Dietmar: *Der Sheriff*. Gondrom, Bindlach 1995.
Lademacher, Horst: *Geschichte der Niederlande*. Wissenschaftliche Buchgesellschaft, Darmstadt 1983.
Ketz, Louise Bilebof (Hg.): *Dictionary of American History*. Charles Scribner's Sons, New York 1976–1978.
O'Neal, Bill: *Gunfighter. Alle Revolvermänner des Wilden Westens. Eine Enzyklopädie*. Oesch, Zürich 1997.
Der große Ploetz. Ploetz, Freiburg i. Br. 1991.
Pronty, Chris / Rosenfeld, Eugene: *Historical Dictionary of Ethiopia and Eritrea*. Scarecrow Press, London 1994.
Propyläen Weltgeschichte. Eine Universalgeschichte. Propyläen, Berlin 1961ff.
The modern Encyclopedia of Russian and Soviet History. Academic International Press, o. O. 1984.
Saeculum Weltgeschichte. Herder, Freiburg i. Br. 1965–1975.
Schwanitz, Dietrich: *Englische Kulturgeschichte 1500–1914*. Eichborn, Frankfurt a. M. 1996.
Strasburger, Gisela: *Lexikon zur frühgriechischen Geschichte*. Artemis, Zürich 1984.
Volmuller, H. W. J. (Hg.): *Nijhoffs Geschiedenislexicon*. Nijhoff, Gravenhagen 1981.

Sachliches

Boelderl, Artur R.: *Alchimie, Postmoderne und der arme Hölderlin. Drei Studien zur philosophischen Hermetik*. Passagen, Wien 1995.
Bonov, Angel: *Sternbilder, Sternsagen*. Urania, Leipzig 1990.
Bork-Qaysieh, Waltraud: *Die Geschichte von Kain und Abel in der sunnitisch-islamischen Überlieferung*. Klaus Schwarz Verlag, Berlin 1993.
Borne, Roswitha von dem: *Der Clown. Geschichte einer Gestalt*. Urachhaus, Stuttgart 1993.
Büchmann, Georg: *Geflügelte Worte. Der Zitatenschatz des deutschen Volkes*. Ullstein, Berlin 1972.
Büscher, Gustav: *Buch der Wunder*. Scheffler, Frankfurt a. M. 1952.
Daguerre, Louis Jacques Mandé: *Das Daguerreotyp und Diorama*. Metzler, Stuttgart 1839.

Dizikes, John: *Opera in America. A Cultural History*. Yale University, New York 1993.
Drosdowski, Günther: *Duden-Lexikon der Vornamen*. Bibliograph. Institut, Mannheim 1954.
Erlenbach, Erich / Gotta, Frank: *So funktioniert die Börse*. Societäts-Verlag, Frankfurt a. M. 1988.
Forbes, R. J.: *Vom Steinbeil zum Ultraschall*. List, München 1954.
Friedlaender, Ludwig: *Sittengeschichte Roms*. Weltbild, Augsburg o. J.
Gartmann, Heinz: *Sonst stünde die Welt still*. Econ, Düsseldorf o. J..
Glaser / Lehmann / Lubos: *Wege der deutschen Literatur. Eine geschichtliche Darstellung*. Ullstein, Berlin 1993.
Heer, Jean: *Nestlé. Hundertfünfundzwanzig Jahre 1866–1991*. Nestlé AG, Vevey 1991.
Heydecker, Joe J.: *Die Schwestern der Venus. Die Frau in Mythen und Religionen*. Nymphenburger, München 1991.
Heyden, Thomas: *Biedermeier als Erzieher. Studien zum Neubiedermeier in Raumkunst und Architektur 1896–1910*. Verlag und Datenbank für Geisteswissenschaften, Weimar 1994.
Kalender im Wandel der Zeiten. Ausstellungskatalog. Badische Landesbibliothek, Karlsruhe 1982.
Klossowski, Pierre: *Sade – mein Nächster*. Passagen, Wien 1996.
Kneipp, Sebastian: *Meine Wasserkur*. Oesch, Zürich 1997.
Knie, Andreas: *Wankel-Mut in der Autoindustrie / Aufstieg und Ende einer Antriebsalternative*. Edition Sigma, Berlin 1994.
Krämer, Walter / Trenkler, Götz: *Lexikon der populären Irrtümer*. Eichborn, Frankfurt a. M. 1997.
Kucirek, Xenia: *Die Bildungsphilosophie Rudolf Steiners und ihre Realisierung an der Waldorfschule*. Peter Lang, Frankfurt a. M. 1994.
Larsen, Egon: *Abenteuer der Technik*. Dressler, Berlin o. J.
Latour, Bruno: *The Pasteurization of France*. Harvard University Press, Cambridge (Massachusetts) 1988.
Löw, Alfred: *Luftspiegelungen. Naturphänomene und Faszination*. Wissenschaftsverlag, Mannheim 1990.
Panati, Charles: *Universalgeschichte der ganz gewöhnlichen Dinge*. Eichborn, Frankfurt a. M. 1994.
Panofski, Dora und Erwin: *Die Büchse der Pandora. Bedeutungswandel eines mystischen Symbols*. Campus, Frankfurt a. M. 1992.
Perret, Renzo: *C.I.W.L. / Die Pullman-Wagen*. Franckh'sche Verlagsbuchhandlung, Stuttgart 1986.
Potonniée, Georges: *Histoire de la découverte de la photographie*. J. M. Place, Paris 1989.
Kasper, Muriel: *Reclams Lateinisches Zitaten-Lexikon*. Reclams, Stuttgart 1996.
Rosen, Frederic (Hg. / Ü.): *The Algebra of Mohammed ben Musa*. Olms, Hildesheim 1986.
Rudloff, Holger: *Pelzdamen. Weiblichkeitsbilder bei Thomas Mann und Leopold von Sacher-Masoch*. Fischer, Frankfurt a. M. 1994.
Saurer, Wolfgang Werner: *Der »Duden«. Geschichte und Aktualität eines »Volkswörterbuchs«*. Metzler, Stuttgart 1988.
Schivelbusch, Wolfgang: *Das Paradies, der Geschmack und die Vernunft. Eine Geschichte der Genußmittel*. Hanser, München 1980.

Schmidt-Brücken, Katharina: *Von al-Choresmi zum »algorithmischen Denken«. Zur Geschichte des Algorithmusbegriffs*. Technische Universität, Berlin 1996.
Schwartzman, Steven: *The Words of Mathematics. An Etymological Dictionary of Mathematical Terms Used in English*. Mathematical Association, Washington 1994.
Scruton, Roger (Hg.): *Xanthippic dialogues*. Sinclair-Stevenson, London 1993.
Sedillot, René: *Muscheln, Münzen und Papier. Die Geschichte des Geldes*. Campus, Frankfurt a. M. 1997.
Sournia / Poulet / Martiny: *Illustrierte Geschichte der Medizin*. Andreas, Salzburg 1980–1984.
Uthmann, Jörg von: *Es steht ein Wirtshaus an der Lahn. Wegweiser zu den verschwiegenen, geheimnisvollen, kuriosen, zuweilen auch morbiden und makabren Sehenswürdigkeiten Deutschlands*. Oesch, Zürich 1998.
Vollmann, Rolf: *Die wunderbaren Falschmünzer. Ein Roman-Verführer. 1800 bis 1930*. Eichborn, Frankfurt a. M. 1997.
Wechsberg, Joseph: *Die Küche im Wiener Kaiserreich*. Time Life International 1970.

Nachschlagewerke

Bertelsmann Lexikon. Bertelsmann Lexikothek, Gütersloh 1994.
Boerner, Franz: *Taschenwörterbuch der botanischen Pflanzennamen*. Paul Parey, Berlin 1989.
Brockhaus Enzyklopädie. Diverse Ausgaben. F. A. Brockhaus, Wiesbaden.
Corsten / Pflug: *Lexikon des gesamten Buchwesens*. Hiersmann, Stuttgart 1987ff. (bis Lieferung 38).
The Dictionary of Art. Grove, London 1996.
Eccardt, Klaus: *Herrscher der Welt. Lexikon aller Regenten vom Jahr 3400 v. Chr. bis zur Gegenwart. Von Afghanistan bis Zypern*. Battenberg, München 1968.
The new Encyclopaedia Britannica. Encyclopaedia B., Chicago 1993.
Encke, Fritz / Buchheim, Günther / Seybold, Siegmund: *Zander Handwörterbuch der Pflanzennamen*. Ulmer, Stuttgart 1993.
Enzyklopädie des Automobils. Weltbild, Augsburg 1994.
Gasper / Müller / Valentin: *Lexikon der Sekten, Sondergruppen und Weltanschauungen*. Herder, Freiburg 1990.
Gorys, Erhard: *dtv-Küchen-Lexikon*. dtv, München 1977.
Grand Dictionnaire encyclopédique Larousse. Librairie Larousse, Paris 1982–1992.
Greenspan, Karen: *The Timetables of Women's History*. Simon & Schuster, New York 1994.
Grimm, Jacob und Wilhelm: *Deutsches Wörterbuch*. dtv, Frankfurt a. M. 1984.
Großes modernes Lexikon. Bertelsmann Lexikothek, Gütersloh 1983.
Gurlitt, Wilibald / Eggebrecht, Hans G. (Hg.): *Riemann Musik-Lexikon*. Schott, Mainz 1959–1975.
Hellmut / Brunner (Hg.): *Lexikon alte Kulturen*. Meyers Lexikonverlag, Mannheim 1990–1993.
Hermann, Joachim / Quitta, Hans (Hg.): *Lexikon früher Kulturen*. Pahl-Rugenstein, Köln 1984.
Hiltbrunner, Otto: *Kleines Lexikon der Antike*. Francke, Tübingen 1995.

Kienast, Dietmar: *Römische Kaisertabelle*. Wissenschaftliche Buchgesellschaft Darmstadt, Darmstadt 1990.
Koch, Klaus u. a. (Hg.): *Bibellexikon*. Büchergilde Gutenberg, Frankfurt a. M. 1992.
Koch Willi A.: *Musisches Lexikon*. Kröner, Stuttgart 1965.
Koebner, Thomas (Hg.): *Filmklassiker. Beschreibungen und Kommentare. Bd. 2*. Reclam, Stuttgart 1995.
Kollmann, Franz und Gustav: *Das kleine Lexikon der Technik*. Union, Stuttgart 1955.
Krichbaum, Jörg (Hg.): *Made in Germany*. dtv, München 1997.
Kuhn, Annette (Hg.): *Die Chronik der Frauen*. Chronik Verlag, Dortmund 1992.
Kunzmann / Burkhard / Wiedmann: *dtv-Atlas zur Philosophie*. dtv, München 1991.
Lexikon der Frau. Encyclios, Zürich 1953–1954.
Lexikon der Kunst. Seemann, Leipzig 1987–1994.
Lötscher, Andreas: *Von Ajax bis Xerox. Ein Lexikon der Produktenamen*. Artemis, Zürich 1992.
Meyers großes Universal-Lexikon. Bibliographisches Institut, Mannheim 1981ff.
Philo-Lexikon / Handbuch des jüdischen Wissens. Jüdischer Verlag, Königstein 1982.
Propyläen Technikgeschichte. Ullstein, Berlin 1997.
Reclams Lexikon der Antike. Reclam, Stuttgart 1996.
Rischbieter, Henning (Hg.): *Theater-Lexikon*. Orell Füßli, Zürich 1983.
Sadie, Stanley (Hg.): *Meister der italienischen Oper*. Metzler, Stuttgart 1993.
Sadie, Stanley (Hg.): *The New Grove of Music and Musicians*. Macmillan, London 1980.
Schindlmayr, A.: *Keysers Lexikon der Pflanzen*. Keyser, Heidelberg 1956.
Schott, Heinz: *Die Chronik der Medizin*. Chronik Verlag, Dortmund 1993.
Schubert / Wagner: *Botanisches Wörterbuch*. Ulmer, Stuttgart 1993.
Schweizer Lexikon. Encyclios, Zürich 1945–1948.
Schweizer Lexikon. Mengis + Ziehr, Luzern 1991ff.
Sullivan, Thomas: *Benedictine Monks at the University of Paris AD 1229–1500*. E. Brill, Leiden 1995.
Walker, Barbara G.: *Das geheime Wissen der Frauen*. dtv, München 1995.
Walton, John: *The Oxford Companion to Medicine*. Oxford University Press, Oxford 1996.
Wieland, Wolfgang (Hg.): *Geschichte der Philosophie in Text und Darstellung*. Band 1: Antike. Reclam, Stuttgart 1978.

Religion / Mythologie

Bellinger, Gerhard J.: *Knaurs Lexikon der Mythologie*. Droemer Knaur, München 1989.
Bocian, Martin: *Lexikon der biblischen Personen mit ihrem Fortleben in Judentum, Christentum, Islam, Dichtung, Musik und Kunst*. Kröner, Stuttgart 1989.
Bonnard, André: *Die Götter Griechenlands*. Büchergilde Gutenberg, Zürich 1946.
Die Heilige Schrift des Alten und des Neuen Testaments. Verlag der Zürcher Bibel, Zürich 1980.
Fehling, Detlev: *Amor und Psyche. Die Schöpfung des Apuleios und ihre Einwirkung auf das Märchen, eine Kritik der romantischen Märchentheorie*. Steiner, Wiesbaden 1977.

Grant, Michael / Hazel, John: *Who's Who in Classical Mythology*. Routledge, London 1996.

Haussig, H. W. (Hg.): *Götter und Mythen im alten Europa. Wörterbuch der Mythologie*. Klett, Stuttgart 1973.

Homer: *Odyssee*. Reclam, Stuttgart 1986.

Hunger, Herbert: *Lexikon der griechischen und römischen Mythologie*. Hollinek, Wien 1969.

Kerény, Karl: *Antike Religion*. Langen-Müller, München 1971.

ders.: *Auf den Spuren des Mythos*. Langen-Müller, München 1967.

ders.: *Die Mythologie der Griechen*. Rhein, Zürich 1951.

Knibb, Michael / Van der Horst (Hg.): *Studies on the Testament of Job*. Cambridge University Press, Cambridge 1989.

Lurker, Manfred: *Götter und Symbole der alten Ägypter*. Barth, Bern 1974.

Mercatante, Anthony S.: *The Facts on File Encyclopedia of World Mythology and Legend*. Facts on File, New York 1988.

Musaph-Andriesse, Rosetta C.: *Von der Tora bis zur Kabbala. Eine kurze Einführung in die religiösen Schriften des Judentums*. Vandenhoeck und Ruprecht, Göttingen 1986.

Ovid: *Metamorphosen. In Prosa neu übersetzt von Gerhard Fink*. Fischer, Frankfurt a. M. 1997.

Ranke-Graves, Robert von: *Griechische Mythologie*. Rowohlt, Hamburg 1960.

Roscher, W. H. (Hg.): *Ausführliches Lexikon der griechischen und römischen Mythologie*. Teubner, Leipzig 1884–1937.

Schwab, Gustav: *Die schönsten Sagen des klassischen Altertums*. Goldmann, Berlin 1988.

Simek, Rudolf: *Lexikon der germanischen Mythologie*. Kröner, Stuttgart 1984.

Sobel, Hildegard: *Hygieia. Die Göttin der Gesundheit*. Wissenschaftliche Buchgesellschaft, Darmstadt 1990.

Staubli, Thomas: *Die Bücher Levitkus und Numeri (Neuer Stuttgarter Kommentar – Altes Testament 3)*. Verlag katholisches Bibelwerk, Stuttgart 1996.

Waldenfeld, Hans (Hg.): *Lexikon der Religionen*. Herder, Freiburg 1987.

Sprache

Cortelazzo, Maulio / Zolli, Paolo: *Dizionario etimologico della lingua italiana*. Zanichelli, Bologna 1983.

Duden. Das große Fremdwörterbuch. Duden-Verlag 1994.

Etymologisches Wörterbuch des Deutschen. dtv, München 1997.

Etymologisches Wörterbuch des Deutschen. Akademie-Verlag, Berlin 1993.

Hermann, Ursula: *Herkunftswörterbuch*. Bertelsmann, Gütersloh 1994.

Hiersche, Rolf: *Deutsches etymologisches Wörterbuch*. Winter, Heidelberg 1986ff.

Klein, Ernest: *A Comprehensive Etymological Dictionary of the English Language*. Elsevier, Amsterdam 1966/67.

Kluge, Friedrich: *Etymologisches Wörterbuch der deutschen Sprache*. de Gruyter, Berlin 1995.

Kluge, Friedrich: *Unser Deutsch. Einführung in die Muttersprache*. Quelle & Meyer, Heidelberg.

Küpper, Hein: *Wörterbuch der deutschen Alltagssprache*. dtv, München 1971.
Onions, C. T. (Hg.): *The Oxford Dictionary of English Etymology*. Clarendon Press, Oxford 1978.
Reinius, Josef: *On Transferred Appelations of Human Beings*. Zachrissons Boktryckeri, Göteborg 1903.
Schulz, Hans: *Deutsches Fremdwörterbuch*. de Gruyter, Berlin 1995ff.
Wolf, Sigmund A.: *Wörterbuch des Rotwelschen*. Buske, Hamburg 1985.

Eponyme

Douglas, Auriel: *Webster's New World Dictionary of Eponyms*. Webster, New York 1990.
Germa, Pierre: *Du nom propre au nom commun, dictionnaire des éponymes*. Bonnetons, Paris 1993.
Haller, Klaus Jürgen: *Wörter wachsen nicht auf Bäumen. 99 Allerweltsbegriffen auf der Spur*. Econ, Düsseldorf 1989.
Hendrickson, Robert: *The Dictionary of Eponyms*. Stein and Day, New York 1972.
Müller, Fritz C.: *Wer steckt dahinter? Namen, die Begriffe wurden*. Econ, Düsseldorf 1964.
Zusne, Leonard: Eponyms in Psychology. Greenwood Press, New York 1987.

Bill O'Neal

Billy the Kid und seine Brüder

Alle Revolverhelden des Wilden Westens

Aus dem Amerikanischen von Georg Schmidt

Band 14366

Billy the Kid, Wyatt Earp, Jesse James, Butch Cassidy und Sundance Kid, die Dalton Brothers – sie gehören zum festen Inventar unseres Bildes vom Wilden Westen. Zahllose Legenden ranken sich um ihr abenteuerliches Leben als Gesetzlose. Die Wirklichkeit sah anders aus. Bill O'Neal, selbst Urenkel eines Revolvermannes, hat Leben, Kämpfe und Sterben aller 255 »Gunfighter« sorgfältig erforscht und aus den Gerichtsakten dokumentiert. Sein Lexikon ist eine Fundgrube für alle, die wissen wollen, was damals wirklich geschah, als Billy the Kid am O. K. Corral in Tombstone auf Doc Holiday traf, wie Wyatt Earp starb und was es mit »Wild Bill« Longleys später Einsicht auf sich hat...

Fischer Taschenbuch Verlag

fi 721 / 4

Christian Graf/Burghard Rausch

Rockmusiklexikon Europa

2 Bände:

Band 1: ABC – Kursaal Flyers
Band 12387

Band 2: Lake – Zombies
Band 12388

Als die Beatles in den sechziger Jahren in Erscheinung traten und sich zur erfolgreichsten Band ihrer Zeit entwickelten, war die Welt der Rockmusik noch einigermaßen überschaubar. Bei schätzungsweise 20000 Solisten und Gruppen ist heute selbst der intimste Kenner der Rockmusik überfordert. Auch den Autoren blieb nichts anderes übrig, als eine letztlich subjektive Auswahl zu treffen. Vorgestellt werden über 700 Gruppen bzw. Solisten der europäischen Rockszene, darunter natürlich Gruppen wie die Rolling Stones, die immer mal wieder für Schlagzeilen sorgten, wie auch Gruppen, die nie über ihren Insiderstatus hinauskamen, der Rockmusik aber ebenfalls neue Impulse gaben.

Fischer Taschenbuch Verlag

fi 1687 / 5

Christian Graf / Burghard Rausch

Rockmusiklexikon

Amerika, Afrika, Asien, Australien

2 Bände:

Band 1: Lee Aaron – It's A Beautiful Day
Band 13872

Band 2: Janet Jackson – ZZ Top
Band 13873

Seit Elvis Presley, der King of Rock ›n‹ Roll, 1956 mit ›Heartbreak Hotel‹ die Pop-, Country- und R&B-Charts stürmte, hat sich in der Rockmusik einiges getan. Tausende von Bands und Musikern in Amerika, Afrika, Asien und Australien haben mit mehr oder weniger Erfolg die Szene betreten und u. a. mit Blues, Country, Folk, Reggae, New Wave, Punk, Heavy Metal, Techno, Rap und HipHop alte und neue Stilrichtungen erprobt. Die um 400 auf über 1000 Biographien erweiterte und aktualisierte Ausgabe kann selbstverständlich nur eine Auswahl bieten, die jedoch Bluesveteranen ebenso berücksichtigt wie die Teenie-Stars von heute. Neben Rockstars werden Musiker oder Bands vorgestellt, die stilbildend gewirkt oder nur mit einem Hit für Furore gesorgt haben.

Fischer Taschenbuch Verlag

Fi 1671 / 5

Hansjürgen Blinn

Informationshandbuch
Deutsche Literaturwissenschaft

Band 12588

Die dritte – und zugleich erste gesamtdeutsche – Ausgabe des *Informationshandbuches Deutsche Literaturwissenschaft* erlaubt schnellen Zugriff und liefert zuverlässige Angaben über: die wichtigsten Bücher (Einführungen, Handbücher, Lexika, Bibliographien) und Zeitschriften zur Deutschen und Vergleichenden Literaturwissenschaft, zur Literaturdidaktik, Theaterwissenschaft und Medienkunde; eine Vielzahl von Institutionen wie Bibliotheken und Archive (mit Spezialbeständen), Datenbanken, Literaturmuseen, Lehr- und Forschungsstätten, Autorenverbände, Literarische Gesellschaften und Literaturpreise (mit rund 1000 Preisträgern) in Deutschland, Österreich und der Schweiz. Das seit vielen Jahren bewährte Handbuch ist mittlerweile für alle, die sich mit Literatur beschäftigen, unverzichtbar.

»Der Informationssuchende, der Literatur bibliographieren und Zugang zu den Beständen, Sammelstätten und Informationsstellen finden möchte, erhält in diesem kompendiösen, kompakten, übersichtlich angelegten und zuverlässig recherchierten Nachschlagewerk und Adreßbuch eine Fülle von Auskünften.« *Dr. Carl Paschek,*
Stadt- und Universitätsbibliothek, Frankfurt am Main

»Das vorzügliche *Informationshandbuch Deutsche Literaturwissenschaft* ist für uns fern von Deutschland geradezu unentbehrlich.«
Prof. Dr. Gerhard Schulz, University of Melbourne

Fischer Taschenbuch Verlag

fi 1034 / 5

Erich und Hildegard Bulitta

Wörterbuch der Synonyme und Antonyme

18000 Stichwörter mit 200000 Worterklärungen
Sinn- und sachverwandte Wörter und Begriffe sowie deren Gegenteil und Bedeutungsvarianten

Band 10224

Ein hilfreiches Wörterbuch, das auf den Schreibtisch eines jeden gehört, der differenzierter mit der deutschen Sprache arbeitet!
Die Wortgegensätze werden umfassend in den verschiedenen Bedeutungsvarianten aufgeführt und einander zugeordnet. Der Begriff der Antonyme ist dabei weit gefaßt und bezieht auch Bereiche ein, auf die der Suchende nicht so leicht gekommen wäre. Auch werden schwierige, nicht sofort erkennbare Bedeutungsvarianten der Gegenwörter aufgeführt.
Ob Redner, Schriftsteller, Wissenschaftler, Lehrer, Studenten, Schüler, Journalisten, Redakteure oder Texter – sie alle können mit Hilfe dieses Buches ihre Sprache bewußter und variationsreicher einsetzen, Kreativität beweisen.
Das »Wörterbuch der Synonyme und Antonyme« gibt dem Benutzer Anregung, Hilfe und Unterstützung im täglichen Leben. Es verleiht Sicherheit im Umgang mit der deutschen Sprache und aktiviert den passiven Wortschatz.

Fischer Taschenbuch Verlag

4009 / 5

Otto F. Best

Handbuch literarischer Fachbegriffe

Definitionen und Beispiele

Band 11958

Diese Neubearbeitung des bewährten Wörterbuchs literarischer Fachbegriffe umfaßt die wichtigsten Termini der Stilistik, Metrik, Grammatik sowie Epochen- und Gattungsbezeichnungen. Im Gegensatz jedoch zu den üblichen Sachwörterbüchern der Literatur beschränkt es sich nicht auf Definitionen, sondern legt das Schwergewicht auf das erläuternde Beispiel. Indem sich Begriffsbezeichnung und praktisches Beispiel gegenseitig erhellen, wird der Unsicherheitsfaktor, der zwischen Theorie und Praxis, Beschreibung und Anwendung liegt, auf ein Minimum verringert.
Als Handbuch, dem das Wesentliche mehr gilt als verwirrende Allseitigkeit, dient es mit seinen angewandten Definitionen nicht nur der kurzen und zuverlässigen Einführung in die Begriffssprache der Literaturwissenschaft, sondern auch als Nachschlagewerk für Fachleute und Laien.

Fischer Taschenbuch Verlag

fi 1317 / 5

Otto F. Best

Die blaue Blume im englischen Garten

Romantik – ein Mißverständnis?

Band 12399

Ist die deutsche Romantik »romantisch«? Ist sie »deutsch«? Oder meint »romantisch« und »deutsch« am Ende gar das gleiche? Fragen dieser Art sind mehr als Provokation. Sie deuten auf Widersprüche, die zu überspielen zur häufig geübten deutschen Gewohnheit geworden ist. Die späte Romantik ist keineswegs Vollendung der frühen revolutionären Phase, die um 1804/05 überraschend ihr Ende fand. Geprägt von Napoleonischen Kriegen und Metternichscher Restauration steht sie im Zeichen von Abbruch und Verlust. Ihr prominentestes Opfer ist der Witz, »Prinzip und Organ der Universalpoesie« (Friedrich Schlegel). Heine wirft den Romantikern vor, den »Boden der Wirklichkeit« verlassen zu haben, und bei Goethe heißt es: »Das Classische nenne ich das Gesunde, und das Romantische das Kranke.«

Best macht in seiner Darstellung deutlich, daß solche einseitigen oder gar polemischen Äußerungen den Blick auf die frühe revolutionäre Phase der Romantik – die Jenaer Schule – über lange Zeit verstellt haben.

Fischer Taschenbuch Verlag

fi 1142 / 5

Barry Sanders

Der Verlust der Sprachkultur

Aus dem Englischen von Kurt Neff

Band 13696

Die kommenden Generationen scheinen sich den Kulturtechniken des Lesens und Schreibens zunehmend zu entfremden. Es ist uns kaum noch bewußt, wie untrennbar unsere Zivilisation inzwischen an den Umgang mit dem geschriebenen Wort geknüpft ist, wie nachhaltig infolgedessen unser Zusammenleben in Frage gestellt und bedroht wäre, wenn tatsächlich ein nennenswerter Teil der kommenden Generationen die Teilnahme an der »Literalität« aufkündigen sollte. Wie wir denken, wie wir uns selbst sehen, wie wir uns erinnern, wie wir uns in der Welt orientieren, wie wir Zeit empfinden – all dies ist, wie Sanders in einer brillanten Mischung aus einfallsreicher Kulturgeschichte und engagierter Kulturkritik zeigt, geprägt von der Schriftlichkeit.

Wir sind jedoch in Gefahr, dieses Kapital zu verspielen. Barry Sanders These lautet, daß immer mehr Kindern eine familiäre Umgebung vorenthalten bleibt, in der die Geborgenheit des von Mensch zu Mensch gesprochenen Wortes vermittelt wird. Statt dessen werden sie mit elektronischer »Kommunikation« abgespeist. Sanders sieht einen direkten Zusammenhang zwischen dem mittlerweile besorgniserregenden Analphabetismus in der nordamerikanischen Gesellschaft und ihrer zunehmenden Gewalttätigkeit.

Fischer Taschenbuch Verlag

fi 4013 / 13